本书为国家社科基金青年项目"基于可驳斥性逻辑的法律推理研究"(项目号:15CFX005)结项成果

基于可驳斥性逻辑的法律推理研究

陈坤 著

中国社会科学出版社

图书在版编目（CIP）数据

基于可驳斥性逻辑的法律推理研究／陈坤著．—北京：中国社会科学出版社，2021.8
ISBN 978-7-5203-8682-1

Ⅰ.①基… Ⅱ.①陈… Ⅲ.①法律—推理—研究 Ⅳ.①D90-051

中国版本图书馆 CIP 数据核字（2021）第 126706 号

出版人	赵剑英
责任编辑	杨晓芳
责任校对	张 蓝
责任印制	王 超

出　　版	中国社会科学出版社
社　　址	北京鼓楼西大街甲 158 号
邮　　编	100720
网　　址	http://www.csspw.cn
发 行 部	010-84083685
门 市 部	010-84029450
经　　销	新华书店及其他书店

印刷装订	三河弘翰印务有限公司
版　　次	2021 年 8 月第 1 版
印　　次	2021 年 8 月第 1 次印刷
开　　本	710×1000　1/16
印　　张	20.75
字　　数	330 千字
定　　价	109.00 元

凡购买中国社会科学出版社图书，如有质量问题请与本社营销中心联系调换
电话：010-84083683
版权所有　侵权必究

目　　录

导论　逻辑在法律推理中的作用与限度 ……………………（1）
　第一节　对法律推理的逻辑考察的若干质疑及回应 …………（2）
　第二节　逻辑在法律推理中的作用 ………………………………（17）
　第三节　逻辑在法律推理中的限度 ………………………………（28）
　第四节　本书的主旨与框架 ………………………………………（34）

第一章　可驳斥性推理与可驳斥性逻辑：一个概览 …………（36）
　第一节　推理、论证与逻辑 ………………………………………（36）
　第二节　可驳斥性推理的常见类型与重要性质 …………………（48）
　第三节　两种不同的可驳斥性逻辑 ………………………………（56）

第二章　法律推理的概念、特征及相关问题 …………………（62）
　第一节　作为一个原型范畴的法律推理 …………………………（62）
　第二节　法律推理的独特性 ………………………………………（69）
　第三节　证成的理由与可能的误区 ………………………………（77）
　第四节　刻画法律推理时需要注意的问题 ………………………（93）

第三章　法律推理的可驳斥性 …………………………………（96）
　第一节　法律推理可驳斥性的体现 ………………………………（96）
　第二节　法律推理可驳斥性的根源 ………………………………（102）
　第三节　可驳斥性法律推理与法治 ………………………………（109）

第四章　经典逻辑的法律应用及困境 …………………………（119）
　第一节　经典逻辑及其特征 ………………………………………（119）

第二节　经典逻辑在法律领域中的应用 …………………… （130）
　　第三节　经典逻辑在法律应用中的困境 …………………… （137）

第五章　非单调逻辑及其在法律领域的应用 ………………… （150）
　　第一节　缺省逻辑的提出与发展 …………………………… （151）
　　第二节　缺省逻辑在法律领域中的应用 …………………… （157）
　　第三节　理由逻辑（RBL）：构造法律逻辑的一个尝试 …… （168）
　　第四节　一个简单的总结 …………………………………… （194）

第六章　论辩逻辑及其在法律领域的应用 …………………… （196）
　　第一节　论辩逻辑的基本思路与抽象论辩框架 …………… （196）
　　第二节　三个典型的论辩逻辑系统 ………………………… （203）
　　第三节　论辩逻辑在法律领域的若干应用 ………………… （217）
　　第四节　一个简单的总结 …………………………………… （229）

第七章　一个非单调法律论辩系统的构想 …………………… （231）
　　第一节　非单调法律论辩系统的理论来源与构造思路 …… （232）
　　第二节　非单调法律论辩系统的逻辑层 …………………… （236）
　　第三节　非单调法律论辩系统的论辩层 …………………… （249）
　　第四节　非单调法律论辩系统的应用与扩展 ……………… （263）

结语 ……………………………………………………………… （272）

附录　指导性案例的效力：对"应当参照"规则的分析 ……… （276）
　　一　"应当参照"规则的基本含义 …………………………… （278）
　　二　"应当参照"规则的逻辑结构 …………………………… （285）
　　三　"应当参照"规则的规范意旨 …………………………… （294）
　　四　"应当参照"规则的合法性 ……………………………… （304）

主要参考文献 …………………………………………………… （315）

导　论

逻辑在法律推理中的作用与限度

本项研究旨在提供一个适当的刻画法律推理的形式逻辑框架。[①] 它建立在经典形式逻辑的基础上，并充分地借鉴了逻辑学的最新研究成果，尤其是非单调逻辑与形式论辩理论。通过这一逻辑框架，我们可以更加清晰地考察法律推理的过程与环节，以深入对它的理解；同时，还可以用来评估某个法律推理是否有效，以及至少在一定程度上指导人们从事法律推理活动。之所以要构造一个新的逻辑框架，是因为经典逻辑以及现有的逻辑系统无法很好地刻画法律推理的一些重要性质、不同方面或一些特殊类型的法律推理，从而也很难用来作为指导法律推理的思维工具。

本项研究从一开始就会遇到一些质疑的声音，它们或者是关于对法律推理进行逻辑考察的可能性的，或者是关于进行这种考察的必要性的。这些质疑或者误解了逻辑，或者误解了法律推理，或者同时误解了这两者。为使本项研究顺利进行，在导论部分就打消这些质疑是必要的。此外，本导论部分还想较为详细地讨论：一般地说，逻辑在法律推理领域，能做什么，不能做什么。因为逻辑能做而尚未做到的，正是本项研究试图构造一个新的逻辑框架的意义所在；而逻辑在原则上不能做到的一些事情，正是本项研究的限度，因为它所提出的新的逻辑框架同样无能为力。在这个意义上说，我们可以通过考察逻辑的能与不能点明本项研究

[①] 在无特殊说明的情况下，本书所说的"逻辑"都是指形式逻辑，包括经典逻辑以及经典逻辑的各种扩充或择代系统、各种非单调逻辑以及形式论证逻辑等，但不包括通常被称为"非形式逻辑"的非形式论证理论，或有时被不妥当地称为"法律逻辑"的法律方法论。

的意义与限度。由于逻辑不能完成的这些任务实际上正是法律方法论、非形式论证理论以及法律领域知识（domain knowledge）的用武之地，这一导论也有助于揭示逻辑与法律方法论、非形式论证理论以及法律领域知识，在人们做出与评估法律推理的过程中是如何相互协作的。这是这一导论的独立意义。

第一节 对法律推理的逻辑考察的若干质疑及回应

几乎每一位反对将逻辑运用到法律领域中来的人都会抛出曾任美国联邦最高法院大法官霍姆斯（Oliver W. Holmes）的那句名言："法律的生命从来都不是逻辑，而是经验。"[①] 这一"箴言"最早出现在霍姆斯为兰代尔（Christopher C. Langdell）的《合同法案例选集》第二版所撰的书评上。曾任哈佛大学法学院院长的兰代尔主张，要像研究与教授科学一样去研究和教授法律。在他看来，作为一门科学的法律由一定数量的原则或教义所组成；并且"如果组织得体的话，它们的数量并不会多到令人畏惧"。[②] 这些原则经由归纳性的研究从庞杂凌乱的案例素材中整理出来，然后作为指导未来判决的公理。霍姆斯的反对主要表现在两方面。一是，在霍姆斯看来，法律不是一个经由少数原则推导出来的公理系统。在上述"箴言"首次出现的篇章中，霍姆斯随后谈到，法律随着历史变迁与人类需求而持续"生长"，从而试图将法律整理为一个逻辑系统的做法本身就是不科学的，这种做法误解了法律领域中问题与数据的本性。二是，兰代尔高估了原则或教义在判决中的作用与地位。"抽象命题并不决定具体案件，判决更多地是建立在实质性的直觉或判断的基础上，而不是清

[①] Oliver W. Holmes: "The Common Law, (1881)", in S. M. Novick, eds. *The Collected Works of Justice Holmes*, Chicago: University of Chicago Press, 1995, p. 115.

[②] Christopher C. Langdell, *A Selection of Cases on the Law of Contracts*, Boston, MA: Little Brown, 1871, viii. ("Law, considered as a science, consists of a certain number of principles or doctrines.... If these doctrines could be classified and arranged that each should be found in its proper place, and nowhere else, they would cease to be formidable in their number.")

晰的大前提上"，① 在决定案件的结果时，"流行的政治道德理论，甚至法官及其同胞的偏见，也比三段论能够起到更大的作用"②。霍姆斯这两个主张经常被人们用来作为反对逻辑在法律领域的运用的理由，由于上述"箴言"在学界的影响与地位，我们首先来看从它们出发的两种质疑，然后考察另外三种常见的质疑：一种是基于"法的发现"与"法的证立"这一传统二分；另一种是凯尔森提出的，基于意志行为与推理活动的区分；最后一种是所谓的约根森困境（Jørgensen's dilemma），它声称"规则没有真值，因此不能作为推理的前提或结论"。

一　法律公理系统

当霍姆斯反对将法律视为一个公理系统时，同时表达了两层意思。一是，现有的法律素材无法被重构为一个公理系统；二是，法律规则并不是来自于基于少数原则的逻辑推演，而是来自于立法主体的政策性决定。无论这两个主张是否正确，它们都不能用以作为反对法律领域中的逻辑与逻辑分析的理由。

首先，对于法律无法成为一个公理系统这一主张，在一些限定下，可以认为霍姆斯是对的。早在近三百年前，莱布尼茨（Gottfried W. Leibniz）就曾设想过要将法律体系重构为一个所有结论都能从中自动得出的公理系统，但这一梦想一直没有实现。虽然有些学者对未来抱有一定的乐观态度——例如，以色列学者约瑟夫·霍尔维茨（Joseph Horovitz）认为，在一些虽然迄今尚不存在但有希望构造出来的"适当的"归纳逻辑系统的支持下，法律理论在理论上是可以形式化的③——但在短期内，这一梦想看起来并无真正实现的前景。一方面，庞杂零散、不断更新而且可能具有内在冲突的法律素材很难被整理成由少数原则构成的公理及其演绎后承的集合。另一方面，法律知识的运用需要大量常识的配合，而常识编

---

① Lochner v. New York, 198 U.S. 545, 547, (1905), Holmes dissenting.
② Oliver W. Holmes: "The Common Law, (1881)", in S. M. Novick, eds., *The Collected Works of Justice Holmes*, Chicago: University of Chicago Press, 1995, p. 115.
③ [以] 约瑟夫·霍尔维茨：《法律与逻辑：法律论证的批判性说明》，陈锐译，中国政法大学出版社2015年版，序言（总体介绍），第19页。

码的困难在人工智能领域可谓人所共知。① 不过，虽然一个全局的、封闭的或至少在一定时间段内保持相当稳定的法律公理系统很难建立起来，但建立一个局部的、动态开放的准公理系统并不是不可想象的。实际上，当下已有的一些基于知识的法律专家系统（legal expert systems）就是这种准公理系统的雏形，② 虽然人们对其究竟有多大作用还有争议。③ 也许事实正在验证试图将经典逻辑运用到法律推理领域中的德国学者克卢格（Ulrich Klug）的主张："严格的公理化只出现在可数学化和演算化的学科中。在像法律论证这样的领域中这基本上是不可能的，但无论如何在这一领域中依然要进行准公理化的论证。"④

问题在于，法律公理系统是否可能是一回事，法律领域内的逻辑应用是另一回事。哪怕一个准公理系统是不可行的，也不意味着法律推理不受逻辑的制约，或对法律推理无法进行逻辑分析。将公理系统与逻辑应用混同的原因可能是：逻辑在习惯上被称为一个公理系统。但公理其实并不是一个逻辑系统的必需品。逻辑还可以被理解为一个推论规则（rules of inference）的集合。没有公理的逻辑系统也被称为自然演绎系统。实际上，在当下的逻辑学课程中，经典逻辑更常被构造为自然演绎系统而非公理系统，⑤ 虽然在最早出现的时候，它是以公理系统的面貌问

---

① 主导 Cyc 项目的雷纳特（Douglas Lenat）从 1984 年开始试图将人类的常识编码。雷纳特曾说"智能就是一千万条规则"。他希望 Cyc 在到达这一临界点之后能够带来可观的应用。但时至今日，仍然看不到明确的应用前景。读者可以访问这一项目的网站（http://www.cyc.com），随时了解这一项目的进展。

② 例如，Thorne McCarty 构造的纳税人（TAXMAN）系统，英国帝国理工学院的一些学者建立的英国国籍法专家系统，处理货物买卖法第 16—20 条的专家系统。See e. g., Thorne McCarty: "Reflections on TAXMAN: An experiment in Artificial Intelligence and Legal Reasoning", *Harvard Law Review*, Vol. 90, No. 5, Mar., 1977, pp. 837 – 89.

③ 多数学者觉得没什么用处。See e. g., P. Leith: "Fundamental Errors in Legal Logic Programming", *The Computer Journal*, Vol. 29, No. 6, June 1986, pp. 545 – 552; Robert N. Moles: "Logic Programming: An Assessment of its Potential for Artificial Intelligence Application in Law", *Journal of Law and Information Science*, Vol. 2, 1991, pp. 148 – 164.

④ ［德］乌尔里希·克卢格：《法律逻辑》，雷磊译，法律出版社 2016 年版，第 216 页。

⑤ 国内外常用的逻辑学教科书，例如，欧文·M. 柯匹、卡尔·科恩：《逻辑学导论》（第 13 版），张建军等译，中国人民大学出版社 2014 年版；保罗·蒂德曼、霍华德·卡哈尼：《逻辑与哲学：逻辑导论》（第 9 版），张建军等译，中国人民大学出版社 2017 年版；《逻辑学》编写组：《逻辑学》（第 2 版），高等教育出版社 2018 年版。

世的。① 虽然相同的有效推理或定理既可以通过公理的方法，也可以通过自然演绎的方法产生出来，就此而论，它们仅具有构造形式上的不同，但由于公理系统更注重必然真理，从而就容易让人误以为逻辑在某个知识领域内能否运用，取决于这个领域内的知识能否被形式化为一个结构相仿的公理系统：其中存在有限数量的公理，从中可以推出所有需要的定理。如果将逻辑理解为一个推论规则的集合，则在很大程度上可以避免这种误解。作为推论规则集合的自然演绎系统重视的是推理的有效性，而不是合式公式（well formed formulas）的逻辑真实性；它能否在一个领域内运用，与该领域内是否存在必然真理毫无关系，而只取决于这个领域内的推理是否具有合理性的要求。

　　值得注意的是，由于作为公理系统与自然演绎系统的经典逻辑仅在构造形式不同，因此从理论上说，无论将逻辑理解为必然真理的集合还是推论规则的集合都不必然会"导致"上述误解。该误解的产生，严格说来，过错并不在于将逻辑理解为公理系统，而在于混淆了逻辑系统与法律领域知识系统。从而将法律领域内的原则与规则，与一个逻辑系统中的公理与定理，进行了简单类比；并毫无来由地赋予了这种类比高度的重要性。这不仅导致了上述误解，而且进一步导致了这样的误解：如果法律规则不能来源于基于少数原则的逻辑推演，像一个逻辑系统中的定理来源于基于公理的逻辑推演那样，那么关于或根据这些规则的推理就不受逻辑的制约。正是基于这种误解，一些学者以上述第二层意思作为理由反对逻辑在法律领域内的应用。但实际上，对于那些基于法律规则的推理来说，逻辑并不关心，作为推理前提的法律规则——或者更准确地说，陈述法律规则内容的主张——是从某些原则中推导出来的，还是从生活经验中总结出来的，是立法主体发现的，还是立法主体根据人们的实践需要创造的。逻辑只关心前提是否能够支持结论。同样，对于那些旨在得出有效法律规则的推理来说，逻辑也不关心它的前提是什么。只要法律规则的产生过程是深思熟虑的，而不是任意的，例如，建立在对于"什么样的规则是正当的、有效率的或对于目前的情况是最好的"

---

① See e.g., Alfred N. Whitehead and Bertrand Russell, *Principia Mathematica*, Cambridge: Cambridge University Press, 1910.

等问题的思考之上，逻辑在它的产生过程中就有用武之地。因为要回答这些问题，人们就要从一些前提出发进行推理；而要想得出合理的或者至少值得严肃对待的结论，人们就不仅要从可信赖的前提出发进行推理，而且还要符合逻辑地进行推理。实际上，如果没有符合逻辑这一要求，任何前提都能得出任何结论，也就没有必要寻找可信赖的前提了。归根结底，任何理性的思考都受到逻辑的制约，从而也都可以进行是否符合逻辑的评估。

二 法律形式主义的失败

同样来源于霍姆斯的第二个反对意见认为：法律推理的演绎模型是靠不住的，因为在决定案件的结果时，流行的政治道德理论，甚至"法官及其同胞的偏见"，也比三段论能够发挥更大的作用。对于霍姆斯来说，这不仅是一种事实描述，在他所审理的诸多案件中，霍姆斯都不遗余力地倡导一种反形式主义的司法态度，主张根据情势需要灵活地适用法律，而非拘泥于法律规则的字面含义。①

当霍姆斯主张法律三段论不能完全决定案件的结果时，他无疑是正确的。众所周知，在很长一段时间内，都存在一种对于法律推理的形式主义的理解，认为所有的法律推理都是将案件事实涵摄到相应的法律规则之下的过程。② 这一过程被描述为以法律规则为大前提、案件事实为小前提、判决结果为结论的三段论。③ 例如：

---

① See e. g. , Lochner v. New York, 198 U. S. 545, 547（1905）, Holmes dissenting（"一般命题不能决定具体的案件，比起清晰的大前提，判决更实质性地依赖于直觉或判断"）; Missouri v. Holland, 252 U. S. 416, 433（1920）（"当前的案件必须根据我们的全部经验而非一百多年前的规则而决定"）; Springer v. Philippine Islands, 277 U. S. 189, 211（1928）（"我们无法在立法与执法行为之中划出清晰的界限，即便能做到这一点，划出这一界限也没什么好处"）。

② 有些文献使用"法律规范"这一概念。一般地说，法律规则比法律规范的外延更大，后者是以某种行为模式的道义状态（应当、禁止、允许或任意）为法律后果的那部分法律规则；由于并不是所有的法律规则都以某种行为模式的道义状态为法律后果，法律规范是法律规则的一个真子集。

③ 严格地说，应当是，以"表述法律规则内容的命题"为大前提，以"表述案件事实内容的命题"为小前提，以"表述判决结果的命题"为结论。

大前提：天然孳息由原物所有权人取得；

小前提：果树 A 所结的果实 a 是天然孳息；

结论：果实 a 由果树 A 的所有权人取得。

对法律推理的形式主义理解显然过于低估了它的复杂性。将表述清晰的规则适用到同样表述清晰的事实中只占据法律推理工作的极少部分。更多的工作围绕如何得出表述清晰的规则与事实而进行。例如，法律规则是一般性的，案件事实是具体的表述，从而在将规则适用到事实之前往往需要先对规则的一般用语进行解释；规则之间会相互冲突，需要消解冲突以得出适于手头案件事实的规则；严格适用规则可能会产生实质不公正的结果；如此等等。这些工作经常会实质性依赖于霍姆斯所提到的那些因素，然而，法律形式主义是错误的，并不意味着形式逻辑对于法律推理来说是不重要的。

这一反对意见可能来源于将演绎逻辑，甚至将亚里士多德的三段论逻辑，视为评估法律推理唯一可用的工具，从而导致了这样的错误认识：法律推理经常得出必然性的结论，而符合形式逻辑的推论规则的推理，所得出的结论是必然性的，因此，无法用形式逻辑来刻画法律推理。首先应当澄清的是，任何推理都无法得出必然性的结论。一个推理符合演绎逻辑的推论规则，并不能保证得出真的结论，而只能保证在前提为真的情况下得出真的结论。所以更为贴切的表述是，法律推理经常不是演绎有效的。这的确是事实。有时，法律推理采取类推或归纳的形式，即便采取类似于演绎推理的形式，由于法律规则经常遇到例外，法律推理的结论也经常在前提不撤回的情况下撤回。然而，这并不意味着逻辑不能刻画法律推理，而只意味着为了刻画法律推理，我们可能需要一个非演绎保真的逻辑系统。

遗憾的是，恰恰是一些法律逻辑的倡导者在一定程度上助长了只有演绎逻辑才能刻画法律推理的错误认识。因为在其讨论法律逻辑或逻辑的法律应用的文献中，使用最多的是演绎逻辑系统，并明示或暗示形式逻辑与演绎逻辑是一回事。例如，塔麦洛（Ilmar Tammelo）在其《逻辑在法律中的应用》一书中，所应用的只是一阶谓词逻辑系统，并且依据是否保真区别逻辑推理与"探究性推理"。① 在《法律逻辑》一书中，克卢格也明确表示，他所说的"法律逻辑"是一阶谓词逻辑在法律中的应用，并且坚决否认非保真推理的有效性："人们有时会说，在不添加其他前提的情况下，这种推理'不是必然的'。这是不准确的，因为在前提不完整的情形中，相关的推断根本就是不容许的。"② 实际上，如果我们注意到法律推理的可驳斥性（defeasibility）特征，就会认识到，经典的演绎逻辑远不能作为刻画法律推理的良好工具。但正如上文所述，形式逻辑并不等于演绎逻辑。虽然法律推理的非保真性使得人们无法通过演绎逻辑加以很好地刻画，但人们可以运用一些非演绎的形式逻辑系统来刻画它。例如，上面说过，霍尔维茨将构造一个法律专家系统的希望寄托于一个成熟的归纳逻辑系统，哈赫（Jaap Hage）则提出了"基于理由的逻辑"（Reason-Based Logic，RBL）；③ 还有些学者试图在某种论辩逻辑的框架下来刻画法律推理。④

另外一个可能的误解是：在法律推理的过程中，只有规则适用才涉及逻辑操作，大、小前提的确定并不涉及逻辑。基于这一误解，有学者认为，形式逻辑对于整个法律推理是相对不重要的，重要的是一种能够帮助我们确定大小前提的"实质逻辑"或"法律逻辑"。⑤ 这里存在一些术语上的混用。对于后者，更为妥当的称呼应是"法律方法论"而非"逻辑"。当然，术语之争本身是无甚意义的，但这一混用的原因是混淆了两种不同的规则。一种是某个逻辑系统中的推论规则；另一种是解决

---

① 参见［奥］伊尔玛·塔麦洛：《逻辑在法律中的应用》，李振江等译，中国法制出版社2012年版，导论，第2—3页。

② ［德］乌尔里希·克卢格：《法律逻辑》，雷磊译，法律出版社2016年版，第220页。值得注意的，克卢格允许似真性的结论。但前提是它是从一个似真性的前提中得出的。"如果法官借助似真性的前提得出一个关于事件经过的稳固确信那么也绝非违反逻辑的。"可以看出，克卢格不是不容许不必然的结论，而是不容许非演绎的推理。

③ See e. g., Jaap Hage and H. B. Verheij, "Reason-Based Logic: A Logic for Reasoning with Rules and Reasons", *Law, Computers and Artificial Intelligence*, Vol. 3, 1994, pp. 171 – 209; Jaap Hage, *Reasoning with Rules*, Dordrecht: Kluwer Academic Publishers, 1997.

④ See e. g., Arno R. Lodder, *DiaLaw: On Legal Justification and Dialogical Models of Argumentation*, Dordrecht: Kluwer Academic, 1999.

⑤ See e. g., Ch. Perelman, "What is Legal Logic", *Israel Law Review*, Vol. 3, No. 1, January 1968, pp. 1 – 6.

某些法律疑难的实质性规则，例如解释规则。[①] 为了适用法律规则，需要判断案件事实中的某个事物是否在规则所用的某个概念的外延下，当这一判断遇到困难时，要求助于一些解释规则。因此，当一些学者说，我们需要一些解释规则来解决实践难题时，他们无疑是对的。但这并不意味着逻辑中的推论规则就不重要了，也不意味着某种所谓的"实质逻辑"能够取代"形式逻辑"。

例如，为了判断牛黄是不是天然孳息，需要对"天然孳息"这一概念进行解释。假设在此案中，应当遵循的解释规则为：法律概念应当按照通常理解进行解释。再假设对"天然孳息"的通常理解是"按照自然规律产生的收益"。那么可以得出结论，"天然孳息"应该被解释为"按照自然规律产生的收益"。之所以能够得出这个结论，不仅是因为存在上述解释规则，而且是因为下述推理：

（1）法律概念应当按照通常理解进行解释；
（2）"天然孳息"的通常理解是"按照自然规律产生的收益"；
因此，（3）"天然孳息"应被解释为"按照自然规律产生的收益"。

这是符合一般的形式逻辑系统中的推论规则的。

在确定大、小前提的推理过程中，不仅需要法律方法论所提供的实质规则，而且需要推论规则。推论规则固然不能取代实质规则，但实质规则也不能取代推论规则。无论存在多少实质规则，无论它们多么周到、严密，在推理过程中都是被作为前提而使用的。显然，前提本身是无法保证从前提到结论的过渡是否是有效的。就此而论，法律方法论与逻辑之间是存在清晰界限的，从而不仅规则适用推理，而且在大、小前提的确定过程中，同样需要逻辑。

三 "法的发现"与"法的证立"的二分

"发现的脉络"与"证立的脉络"之间的区分最早由逻辑实证主义者

[①] 例如，佩岑尼克将一些指导人们如何解释法律的规范称为"推理规范"（reasoning norms）。See Aleksander Peczenik, *On Law and Reason*, (2nd ed.), New York: Springer, 2008, p.307.

提出，通过将"发现的脉络"排除在科学哲学之外来维护它的理性传统，以应对知识社会学以及种种似是而非的后现代主义理论的挑战——虽然有学者随后强调，即便只考虑"证立的脉络"，科学发展的过程也不是完全理性的；就此而论，这两个脉络之间并不存在本质上的区别。① 在一些学者看来，在法律领域中区分"法的发现"与"法的证立"对于理解法律论证来说同样"十分关键"。因为"判决的做出是一个心理过程"，只有"法的证立"才涉及法律论证。② 基于此，有学者进一步认为，法律推理"通常以法律直觉的形式完成"，因此不受逻辑规则的支配。③ 这一论证的思路可以总结为：

（1）"法的发现"是"法律人实际思考得出某个法律结论的过程"，"法的证立"是"他对这个结论提供论据进行论证说理的过程"；④ 或者简单地说，"法的发现"与法律推理相对应、"法的证立"与"法律论证"相对应。

（2）作为得出结论的心理过程，"法的发现"是靠预感（hunch）、直觉等进行的。⑤

（3）因此，法律推理过程是不受逻辑支配的。

在这一论证中，"法的发现"是在两种不同的意义上使用的。在"发现的脉络"与"证立的脉络"这一传统区分中，"发现"指的是某个假设的提出，人们通常认为，假设的提出是一个由灵感所激发的非理性过程，例如阿基米德发现浮力定律的过程。当人们说"法的发现"主要靠直觉进行时，是指提出一个判决（或法律问题的答案）假设的过程。但提出一个判决假设，并不能算是得出一个判决，要真正得出一个判决，

---

① 例如，[美]托马斯·库恩：《科学革命的结构》，金吾伦等译，北京大学出版社2003年版，第7页。

② 参见焦宝乾《法的发现与证立》，《法学研究》2005年第5期。

③ 例如，缪四平：《法律推理与法律论证》，《逻辑与认知》2004年第4期。

④ 参见雷磊《什么是法律逻辑？》（译者序），[德]乌尔里希·克卢格：《法律逻辑》，雷磊译，法律出版社2016年版，第14页。

⑤ See e.g., Joseph C. Hutcheson, Jr., "The Judgement Intuitive: The Function of the 'Hunch' in Judicial Decision", *Cornell Law Quarterly*, Vol. 14, (1928-1929), pp. 274-288; Jerome Frank, "Are Judges Human? Part 1: The Effect on Legal Thinking of the Assumption That Judges Behave Like Human Beings", *U. Penn. Law Review*, Vol. 80, 1931, p. 24.

人们还必须至少在脑海中证明这个假设是正确的。因此，当人们说"法的发现"是得出判决结论的过程时，是指提出判决假设并证明这一假设的完整过程。

为避免这一混淆，最好不要使用"法的发现"与"法的证立"这样的措辞。因为真正的发现必然内在包含证立的环节。显然，谁也不能仅仅基于自己假定了某个结论就声称自己发现了某个结论，否则我现在就可以声称自己发现了哥德巴赫猜想的结论。最好代之以"法的假定"与"法的证立"。这也有利于将这一区分与法律推理与法律论证之间的区分明确区别开来。"法的证立"就是一个将某些理由作为前提支持某个结论的过程。它并不是与"法律论证"相对应的，因为它固然可能发生在法律论证中，但也可能发生在法律推理中。只不过法律推理中的证立是一种思维活动，而法律论证中的证立是将这种思维活动以某种语言形式表述出来而已。一个证立的外在表现是一个有序的命题组。证立是否可靠不仅取决于该命题组中作为前提的那些命题是否真实，而且取决于作为前提的命题与作为结论的命题之间是否存在逻辑关系。就此而论，法律推理活动显然受到逻辑的支配。

四　推理活动与意志行为

对法律领域中的逻辑与逻辑分析的第四个常见质疑是：法律推理过程中的一些关键环节是意志行为或意志行为的产物，而意志行为及其产物是不可能受到逻辑支配的。麦考密克（Neil MacCormick）将这种观点称为"凯尔森式反对意见"。[①] 因为在其逝世之后出版的著作中，凯尔森（Hans Kelsen）最为清晰地表达了这样的主张：法律规范是意志行为的产物，在一般规范与个别规范（判决）之间不存在任何逻辑联系，从而不存在也不可能存在任何关于规范推理的逻辑。[②] 在早期的一篇文章中，哈特（H. L. A. Hart）表达了大致相同的看法："法官的决定可能是对的或错

---

① ［英］尼尔·麦考密克：《修辞与法治》，程朝阳等译，北京大学出版社2014年版，第74页。

② See Hans Kelsen, "Logic and Law", in Ota Weinberger, eds. *Essays in Legal and Moral Philosophy*, Peter Heath, trans., Dordrecht & Boston: D. Reidel, 1973, pp. 228-253.

的，可能是好的或坏的，可能被证实或被推翻；在他无权做出决定的地方，可能会被撤销或被排除；但我们不能说：他的决定是可真可假的，是逻辑所要求的或在逻辑上是荒谬的。"①

虽然凯尔森与哈特关于判决是意志行为之产物的观点并没有错，但无论如何并不能作为反对逻辑或逻辑分析的理由。道理很简单。人与其他动物的一个关键区别是，人的意志行为经常是深思熟虑的结果。判决作为一种极为严肃的决定，人们更有权要求它是基于某些理由做出的。此外，出于民主与法治的内在要求，人们还可以合理地期待它是符合法律的。就此而论，法官在做出特定的决定之前，必须要去考虑这一判决是否符合相关的法律规则，如果要做出不符合相关法律规则的决定，他还必须思考什么样的理由能够证立这样的决定。② 虽然对于做出决定这一行为本身以及对于决定结果，逻辑无法支配；但逻辑可以支配上述思考的过程。换句话说，如果法官要想在上述思考过程中得出可靠的结论，那么他必须要遵循一些逻辑规则。不仅如此，在多数法治国家中，人们还要求法官去证立自己的决定，这种证立需要符合一些逻辑规则才可能是理性可接受的。此外，当人们去思考判决是否符合法律的真正意旨时，或评估法官对判决的证立时，他们的思维过程同样是受到逻辑规则的支配的。说到底，当我们强调逻辑在裁判中的作用时，我们不是在强调判决本身或做出判决的行为要受到逻辑的制约，而是在强调围绕判决产生或证立的思维活动要受到逻辑的制约。

与此相似的一个反对意见是：在规则适用的过程中，无法避免"判断"这一环节；判断是意志行为而非认识行为，因此不受逻辑规则的支配。哈特早就说过，事物不是贴着标签出现在我们面前的，规则不能自动地适用，"即便是在最为简单的案件中，也必须有人来适用它们"③。而

---

① See H. L. A. Hart: "The Ascription of Responsibility and Rights", in A. G. N. Flew, eds. *Logic and Language: First Series*, Oxford: Basic Blackwell, 1951, p. 155.

② 正是在这个意义上说，实践推理（practical reasoning）依赖于认知推理（epistemic reasoning）。至少对于较为复杂的实践推理来说，需要先将作为其前提或结论的非认知状态转化为作为认知状态的信念。

③ H. L. A. Hart, "Problems of the Philosophy of Law", in H. L. A. Hart, *Essays in Jurisprudence and Philosophy*, Oxford: Clarendon Press, 1983, p. 106.

在适用规则的过程中，当然先要去判断手头案件中的具体事物是否在规则所用概念的外延之下。例如，为了适用"天然孳息由原物所有权人取得"这一规则，就需要判断牛黄是不是天然孳息。这说得都没错。但同样不能用以作为反对法律逻辑的理由。我们先来看麦考密克是如何反驳这种看法的。麦考密克对此看法进行了归谬法的反驳。他谈到，如果这种反对意见成立的话，那么在任何领域，从普遍性命题推出个别命题的推理都是不受逻辑制约的，因为它们都需要先做出某种判断。例如，在从"所有的人都会死"这一普遍性命题中得出"苏格拉底会死"个别命题的过程中，必须要先去判断苏格拉底的确是人。[①]

公道地说，麦考密克的归谬法论证是有效的：并不只有法律推理才需要判断，如果质疑者并不因为存在判断活动而否认其他推理活动受到逻辑制约的话，那么他也不能据此认为法律推理不受逻辑制约。但归谬法反驳的缺陷在于：它虽然能够告诉我们某个观点是错的，但不能告诉我们为什么是错的。实际上，这一相似的反对意见可以采用相似的理由去反驳：判断是意志活动，而不是认识活动，但做出合理的判断却依赖于认识活动。例如，要判断牛黄是不是天然孳息，首先要去思考天然孳息的含义是什么，而这又可能导向对于如何解释一个法律概念的思考。假设按照上文所说的解释规则，得出了天然孳息是指"按照自然规律产生的收益"，那么接下来要去思考牛黄是不是按照自然规律产生的。所有的这些思考过程都要受到逻辑的制约。此外，当我们谈论推理活动的时候，考虑的是从一些信念中推出另外一个信念这样的思维活动。这一思维活动的顺利进行需要其他思维活动的配合。例如，包括观察在内的感知活动、基于直觉的判断等。只有经过感知和判断才能形成关于某个对象的认识从而产生相应的信念。即便这些活动不受逻辑的制约，我们最多也只能说信念的产生不受逻辑的制约，而不能据此认为基于信念的推理不受逻辑的制约。

五 约根森困境

现在让我们转到最后一个常见的质疑，即所谓的"约根森困境"。在

---

① [英]尼尔·麦考密克：《修辞与法治》，程朝阳等译，北京大学出版社2014年版，第95—96页。

1937年发表的论文《命令语句与逻辑》中,约根森指出:一方面,在逻辑所能刻画的推理中,前提与结论都是有真值(truth-value)的,因为对有效推理的传统理解就是能够将真从前提传递到结论的推理,而作为祈使句内容的命令是没有真值的;因此,在命令与命令之间是不可能存在逻辑关系的。但另一方面,有些命令之间似乎是存在逻辑关系的。例如,"遵守诺言!"似乎在逻辑上蕴含了"遵守这个诺言!"。于是这里出现了一个两难的困境。① 虽然约根森并没有断言否认命令之间的逻辑关系——他提出了这个两难,并试图通过将命令语句转化为陈述语句来解决它②——但他关于只有具有真值的命题之间才有逻辑关系的主张却常被用来作为反对逻辑在法律领域内运用的理由。例如,在凯尔森看来,作为意志行为的产物,法律规范和命令一样,同样是没有真值的。既然没有真值,在法律规范之间也就没有逻辑关系;这意味着在立法者所制定的一般法律规范与作为判决的个别法律规范之间同样没有逻辑关系;从而也就不存在逻辑可支配的法律推理。③

对于这一质疑,首先,约根森所说的只有具有真值的命题之间才有逻辑关系的主张并不正确。萨尔托尔(Giovanni Sartor)指出,这一结论实际上是基于对当时已有的古典逻辑与经典逻辑的考察得出的。虽然这些逻辑系统是真值保持(truth-preserved)的,但在今天,人们已经提出了一些非真值保持的逻辑系统。④ 例如,非单调逻辑学家纽特(Donald Nute)提出的可驳斥性逻辑(Defeasible Logic)就不是真值保持的,而是证立保持(justification-preserved)的。⑤ 一般地说,逻辑是

---

① See Jörgen Jörgensen, "Imperatives and Logic", *Erkenntnis*, Vol. 7, 1937 – 1938, pp. 288 – 298. "Jörgensen's Dilemma" 这一表述最早出现于 Alf Ross 的一篇同名文章。See Alf Ross: "Imperatives and Logic", *Theoria*, Vo. 7, 1941, p. 32. 雷磊教授对这一难题进行了系统的梳理,并提出了自己的解决意见。参见雷磊《走出"约根森困境"?》,《法制与社会发展》2016 年第 2 期。

② Jörgen Jörgensen, "Imperatives and Logic", pp. 291 – 293.

③ Hans Kelsen, "Logic and Law", in Ota Weinberger, eds. *Essays in Legal and Moral Philosophy*, Peter Heath, trans., Dordrecht & Boston: D. Reidel, 1973, pp. 238 – 246.

④ See e. g., Giovanni Sartor, *Legal Reasoning: A Cognitive Approach to the Law*, Berlin: Springer, 2005, p. 421.

⑤ See Donald Nute, "Defeasible Logic", in Oskar Bartenstein, et al., eds. *Web Knowledge Management and Decision Support*, Berlin: Springer, 2001, pp. 151 – 169.

一个经过解释的形式语言系统。所谓解释，是指将形式系统内的符号与系统外的真实世界对应起来。与系统内的合式公式相对应的通常是现实世界中的事态，因此将其解释为真的或假的最为自然。但这并不是说，只能采取这种赋值。例如，有学者尝试将与规范相对应的公式解释为"满足"或"未满足"①、"有效"或"无效"②。当然，怎么将这些（非真势）逻辑值与可靠性、完备性、可判定性这些传统上与真值相关的概念协调起来，尚存在很大困难。但这至少可以表明：逻辑的可推断性从根本上与真值无关，只是借助真值能够最为方便地构造一个令人满意的形式系统而已。

其次，即使上述前提——逻辑关系只存在于具有真值的命题之间——是真的，也不能据此得出逻辑不能刻画法律推理的结论。因为法律推理并不是像凯尔森所设想的那样发生在法律规范之间的，而是发生在人们关于这些法律规范究竟要求了什么样的信念之间的，或者说发生在作为上述信念之内容的命题之间的。③ 许多学者曾举过安斯康姆（G. E. M. Anscombe）所举过的一个例子来说明规范性语句与描述性语句之间的区别。④ 我们也可以借助这个例子说明规范推理的问题。例子是这样的：一个采购员按照主管所给的购物清单（清单1）将货架上的商品放入购物车，一个侦探则跟踪这个采购员，记录下被放入购物车中的商品，形成另一个清单（清单2）。在采购员和侦探均没有出错的情况下，两个清单的内容应当是相同的，而且都和购物车中的商品一致。但它们具有不同的功能与性质。清单1用以指引采购员的行为，但它的有效性在任何意义上都不取决于购物车中的商品；而清单2的有效性则取决于购物车中的商品，因为它旨在如实记录所购的商品是什么。这在清单与购物

---

① See Hofstadler and McKinsey, "On the Logic of Imperatives", *Philosophy of Science*, Vol. 6, 1939, p. 447.

② See Ota Weinberger, "The Logic of Norms Founded on Descriptive Language", *Ratio Juris*, Vol. 4, No. 3, Aug. 2007, p. 286.

③ 当我们在一种活动的意义上谈论推理时，推理发生在不同的信念之间；而当我们在命题序列的意义上谈论推理时，推理发生在作为信念内容的命题之间。

④ See G. E. M. Anscombe, *Intention*, (2nd ed.), Cambridge, Mass.：Harvard University Press, 2000, p. 56.

车中的商品不一致的情况下尤为明显。采购员会修改购物车中的商品使之符合清单1，侦探则会修改清单2使之符合购物车中的商品。塞尔（John R. Searle）将这一差异总结为词语与世界匹配方向（direction of fit）的不同。清单1的匹配方向是"从世界到词语"（world-to-words），而清单2的匹配方向则是"从词语到世界"（words-to-world）。①

在这一例子中，安斯康姆与塞尔对清单1与清单2的性质的说明是正确的，前者旨在指引行为，后者旨在记录世界，因此，前者没有真假之分，后者则有真假之分。然而他们过于简单地理解了清单发挥作用的过程。对于清单1来说，采购员在决定是否修改购物车中的商品时，他需要知道购物车中的商品是否符合清单1。这是一个认识的过程，或者说是一个使词语符合世界的过程。有时需要对清单1进行解释。例如，当清单1说购买一瓶酱油时，他需要弄清楚究竟是"生抽"还是"老抽"，或者两者皆可；或者当清单1说购买一斤大米时，他需要弄清楚究竟是一公斤还是一市斤。这一解释的过程同样是一个使词语符合世界的过程。法律规范对主体行为的指引同样如此。它并不是自动发生的：只有在主体认识到规范究竟要求了什么的前提下，规范才能发挥指引行为的作用。将一般的规范推理或法律推理视为发生在相关的规范之间而不是关于这些规范的信念或命题之间的想法，正是根源于没有正确地认识到规范发挥作用的复杂过程。

法律规范是立法者创造的事物（thing），自然没有真假之分——除非是在完全不同的意义上使用"真""假"这样的术语——但关于这些法律规范要求了什么的信念，以及作为这些信念之内容的命题，是有真假之分的。对此，麦考密克从制度事实的角度进行了较为充分的论证，② 国内也有学者通过批判各种不同的对于法律真理的怀疑论说明了这一点，此处不再赘述。③

---

① John R. Searle, "A Taxonomy of Illocutionary Acts", in Keith Gonderson, eds. *Minnesota Studies in the Philosophy of Science*, (Vol. 7), Minneapolis: University of Minnesota Press, 1972, p. 347.

② [英]尼尔·麦考密克：《修辞与法治》，程朝阳等译，北京大学出版社2014年版，第83—92页。

③ 参见陈坤《法律命题、真值与法律真理观》，《上海政法学院学报》2012年第5期。

第二节　逻辑在法律推理中的作用

逻辑在法律推理中的作用主要体现在四个方面：(1) 阐明或者说解释（explain）法律推理的有效性；(2) 评估法律推理的有效性；(3) 深化人们对法律推理的理解；(4) 指导法律推理活动。

一　阐明法律推理的有效性

人们构造形式逻辑系统的目标是区分好的推理与坏的推理。有些推理在直观上就可以被判断为有效的，对于这些推理，一个合格的逻辑系统应该能够说明它们为什么是有效的。

例如，下面的法律三段论推理在直观上就是有效的。

(P_1)　故意毁坏财物的，应处三年以下有期徒刑。
(P_2)　甲故意毁坏财物。
(Q)　应处甲三年以下有期徒刑。

该推理之所以在直观上是有效的，用自然语言说，是因为它的大前提中隐含了"所有的"这一量词。"故意毁坏财物的，应处三年以下有期徒刑"实际上也就是"所有故意毁坏财物的，都应处三年以下有期徒刑"。既然所有故意毁坏财物的都应处以三年以下有期徒刑，而甲又被认定为故意毁坏财物的一员，自然也应处以三年以下有期徒刑。

虽然像上面这样通过自然语言去阐明一个推理为什么是有效的并不是不可行的，但由于自然语言的模糊性、歧义性以及语法的复杂性、混乱性等固有缺陷，[①] 要想简洁、精确地阐明推理的有效性，只能依赖于由人工语言构成的形式系统。对于上述推理来说，由于它是基于"所有的"这一全称量词的语义而有效的，要阐明该推理的有效性，备选的形式系

[①]　关于自然语言的缺陷，可参见陈波《逻辑哲学研究》，中国人民大学出版社2013年版，第152页。

统必须具备与"所有的"相对应的逻辑常项符号以及表达个体变元的符号。此外，它还必须有表达个体"甲"的符号以及表达"……故意毁坏财物""……应处以三年以下有期徒刑"等事物性质的符号。一阶谓词逻辑满足这些要求，因此至少对于刻画这一推理来说，它是一个合格的逻辑系统。在一阶谓词逻辑中，如果用 F、G 分别表达"……故意毁坏财物""……应处以三年以下有期徒刑"这两个谓词，用 a 来指代"甲"，该推理可以被表示为：

(P_1) $\forall(x)(F(x) \rightarrow G(x))$，
(P_2) $F(a)$；
(Q) $G(a)$。

经过这一逻辑重述，我们可以说，该推理之所以有效，是因为在一阶谓词逻辑中，存在两个推论规则：全称消去与肯定前件式。根据全称消去，我们从"$\forall(x)(F(x) \rightarrow G(x))$"中推出"$F(a) \rightarrow G(a)$"这一在原推理中被省略的中间步骤；根据肯定前件式，我们从"$F(a) \rightarrow G(a)$"与"$F(a)$"的合取中推出"$G(a)$"这一最终结论。把省略的中间步骤加上，那么该推理可以根据一阶谓词逻辑中的推论规则证明如下：

$\forall(x)(H(x) \rightarrow D(x))$	给定的规则前提	pre
$H(a) \rightarrow D(a)$	全称消去：(1)	$\forall E[1]$
$H(a)$	给定的事实前提	pre
$D(a)$	肯定前件式：(2)(3)	$\rightarrow E[2], [3]$

值得注意的是，当逻辑作为阐明有效推理的工具时，一个推理并不是因为符合该逻辑系统内的推论规则而有效的；恰好相反：它是有效的，所以能够找到一个逻辑系统，其中存在可以阐明它为什么有效的推论规则。换句话说，如果我们有充分的理由相信一个法律推理是有效的，而它的有效性又无法被一个逻辑系统所阐明时，我们不是改变有效性的直观判断，而是试图揭示这一推理中的隐含前提。下文将会谈到，对隐含

前提的这种揭示有助于加深我们对法律推理的理解。如果找不到隐含的前提，或找到的隐含前提不太适当时，人们就会选择修正现有的逻辑系统，或者构造新的逻辑系统。正是在这个意义上说，对于那些人们能够很有把握地判断它们是否有效的法律推理，假设它们不存在隐含的前提，那么人们不是用逻辑来评估推理的有效性，恰恰相反，是根据推理有效性的直观判断来评估逻辑。实际上，正是因为经典逻辑以及现有的非经典逻辑系统不能很好地用以阐明一些法律推理的有效性，故此本项研究试图提出一个新的逻辑框架。

二　评估法律推理的有效性

对于法律推理来说，如果人们总是能够在直观上判断它们是否有效，那么形式逻辑系统在很大程度上就是多余的。但这远非事实。人们能够比较有把握地断定那些简单的法律推理是否有效，但很难在直观上判断那些复杂的或冗长的推理。实际上，即便是一些简单的法律推理，对于它们是否有效人们也可能存在分歧。例如，下文将会提到，人们对于法律领域中的简单类比推理是否有效，存在争议。在这些情形下，我们就需要逻辑作为评估推理有效性的工具，期望它能告诉我们，某个具体的推理究竟是有效的还是无效的。

一般来说，当一个用自然语言表达的推理（非形式推理）能够转化为这样一个合式公式的集合：与结论相对应的合式公式，能够通过某个逻辑系统内的推论规则，在有限步骤内从与前提相对应的合式公式的集合中推出，那么与该非形式推理相对应的形式推理在该逻辑系统内就是有效的。① 如果这个逻辑系统是可接受的，那么该自然语言推理就是有效的。对法律推理的有效性判断同样可以采取这样的方式进行。首先将法

---

① 这里采纳的是句法有效性概念。在经典逻辑以及一些非经典逻辑中，还有语义有效性概念。一个逻辑系统内的形式推理 <Γ, A> 是语义有效的，当且仅当在 Γ 为真的一切解释中，A 都是真的。利用语义有效性概念，还可以通过真值表、树形图、合取及析取范式等方法来判断推理是否有效。例如，塔麦洛还提到归结反演这一经常在机器定理证明与自动求解中使用的方法——他称为"反公式法"——在检验法律推理有效性中的作用。参见〔奥〕伊尔玛·塔麦洛《逻辑在法律中的应用》，李振江等译，中国法制出版社2012年版，第112—124页。这里不讨论语义有效性概念以及利用这一概念的证明，是因为它不适用于所有的形式逻辑系统，特别是不适用于在本书看来特别适合处理法律推理的一些逻辑系统。

律推理转化为某个已被接受的形式系统中的形式推理。如果能够构造一个证明，使得这一形式推理的每一个步骤都可以通过有限次数地运用该系统内的推论规则而达成，那么它就是有效的。

值得注意的是，不能构造这样一个证明，并不能说明这一推理是无效的，因为无法完成证明也可能是证明者的能力欠缺而造成的。但对于法律推理来说，如果某个逻辑系统是可接受的，那么一般来说，有义务对自己所提出的主张给出理由的主体，例如法官，同时也有义务给出相应的证明。如果无法给出证明，那么至少可以推定相应的推理是无效的。对推理无效的判断有时还通过揭示它犯了某种常见的形式谬误来进行。例如，下面的推理就犯了条件式推理中常见的否定前件谬误（fallacy of denying the antecedent）。

(P_1) 正当防卫的，不负刑事责任；
(P_2) 甲并非正当防卫；
(Q) 甲应负刑事责任。

我国司法实践中犯此形式谬误的一个实例为入选最高人民法院指导案例的"北雁云依"姓名权案。[①] 该案判决理由中的其中一个论证可以重构为：

(P_1) 属于"有不违反公序良俗的其他正当理由"的情形主要存在于实际抚养关系发生变动、有利于未成年人身心健康、维护个人人格尊严等；
(P_2) 本案中不存在上述情形；
(Q) 本案不属于"有不违反公序良俗的其他正当理由"的情形。

在《法律逻辑》一书中，克卢格对法律推理中"违反思维法则"的

---

① 参见指导案例第89号："北雁云依"诉济南市公安局历下区分局燕山派出所公安行政登记案。

类型进行了较为全面的总结。① 尽管其中的一些实际上超出了形式逻辑的范围。

此外，对推理无效性的判断还可以通过指出推理中的一些步骤违背了同一律、矛盾律与排中律等基本逻辑规律来进行。基本逻辑规律不是某个逻辑系统的内定理，而是用以构造或检验一个逻辑系统的元定理。② 就此而论，不管什么样的逻辑系统被采纳，违背基本逻辑规律的推理都是无效的。

本书提出的逻辑框架还将提供其他的手段来判断一个推理的无效性。当逻辑作为评估法律推理有效性的工具时，我们是以逻辑作为标准来判断法律推理是否有效；而当逻辑作为阐明有效法律推理的工具时，我们先对法律推理是否有效具有直观的判断，并将能否阐明这种判断作为评价逻辑系统是否妥当的标准。这两种角色兼容吗？这一问题涉及逻辑的本质等逻辑哲学问题。这里只需简单地理解这样一点：只有当一个逻辑系统所提供的有效性判断与系统外的直观判断不存在严重偏差，或者说在总体上一致的情况下，该逻辑系统才有可能成为适格的评估法律推理是否有效的工具。

三 深化对法律推理的理解

在阐明有效法律推理或评估法律推理有效性的过程中，需要清晰地刻画法律推理的每一个步骤，这种刻画能够深化人们对法律推理的理解。

首先，这种刻画可以告诉我们，简单案件其实"不简单"。即便是在简单案件中，也需要引入一些前提，才能使推理顺利地进行下去。假设规则是"驾驶汽车进入公园者罚款 100 元"，案件事实是"甲驾驶一辆卡车进入公园"。这一案件是简单案件，因为卡车很明显属于"汽车"。然而，仅从"∀(x)（驾驶汽车进入公园(x)→罚款 100 元(x)）"与"驾驶卡车进入公园(甲)"这两个前提出发也是得不出任何结论的，因为作

---

① 参见[德]乌尔里希·克卢格《法律逻辑》，雷磊译，法律出版社 2016 年版，第 210—230 页。

② 对此问题的进一步阐述，参见陈波《逻辑哲学研究》，中国人民大学出版社 2013 年版，第 248—253 页。

为大前提的条件句前件中的谓词与小前提中的谓词是不一致的。只有在引入"∀(x)（驾驶卡车进入公园（x）→驾驶汽车进入公园（x）)"这一额外的前提之后，才能得出"罚款100元（甲）"这个结论。

该推理可以表示为：

(P$_1$)　∀(x)（驾驶汽车进入公园（x）→罚款100元（x））

(P$_2$)　驾驶卡车进入公园（甲）

(P$_3$)　∀(x)（驾驶卡车进入公园（x）→驾驶汽车进入公园（x））

(P$_4$)　驾驶汽车进入公园（甲）

(Q)　罚款100元（甲）

在这一推理中，P$_1$、P$_2$分别是给定的法律大前提与事实小前提，但P$_3$呢？P$_3$实际上是我们引入的解释性前提。虽然这一前提是真的，但它并不是逻辑上的真，而是根据人们共享的语言实践为真的。这种共享的语言实践并不是法律的一部分。就此而论，即便是在简单案件中，也无法实现一些形式主义者所设想的那样，完全从法律规则逻辑演绎地进行推理。在这一例子中，解释性前提是根据人们共享的语言实践引入的。在其他案例中，它也可能会根据人们共享的事实或道德信念而引入。但不管根据什么，只要人们对引入的解释性前提没有争议，相应的案件就仍然不失为简单案件。人们经常认为，在简单案件中，仅仅需要给定的规则和案件事实就可以得出结论，通过逻辑分析，我们意识到，事实远非如此。在绝大多数案件中，法律与案件事实之外的素材都是必需的。

其次，这种刻画能够清晰展示法律解释与法律续造的区别。在法律理论中，法律解释与法律续造经常无法有效地区别开来，有学者主张通过"文义的预测可能性"加以区分，[①] 有学者主张以是否背离"规范的目的"作为标准。[②] 正是基于区分的困难，有学者甚至认为它们之间并不

[①] 参见杨仁寿《法学方法论》，中国政法大学出版社1999年版，第207页。

[②] 参见［德］魏德士《法理学》，丁晓春、吴越译，法律出版社2013年版，第341页。

存在性质上的差别,"仅有程度的差别"。①

通过对适用规则的推理过程进行逻辑分析,我们可以清晰地看到法律解释与法律续造之间的区别。仍以"驾驶汽车进入公园者罚款100元"为例。上面说过,要适用这个规则,人们首先要判断其所遇到的是不是汽车。如果遇到一辆卡车,人们能够判断它是汽车;如果遇到一匹发疯的马,人们会判断它不是汽车。但如果遇到一辆电动三轮车,人们很有可能就会犯难。此时需要对"汽车"进行解释。解释可以参照规则背后的目标进行。如果目标是减少空气污染,那么"汽车"可以解释为"排放有害尾气的车辆";如果目标是创造一个安全的行人环境,那么"汽车"可以解释为"最大时速超过一定数值的车辆"。假设是后者,并假设电动三轮车的最大时速超过设定的值。此时规则适用的推理过程为:

(P_1) ∀(x)(驾驶汽车进入公园(x)→罚款100元(x))

(P_2) ∀(x)(驾驶最大时速超过n的交通工具进入公园(x)→驾驶汽车进入公园(x))

(P_3) 驾驶最大时速超过n的交通工具进入公园(甲)

(P_4) 驾驶汽车进入公园(甲)

(Q) 罚款100元(甲)

此时,虽然推理过程中引入了一个解释性前提P_2,但适用的规则仍然是P_1。实际上,如果只考虑规则适用的环节,那么这个例子与上文卡车的例子并没有什么不同。因为它们的区别仅仅在于,解释性规则是如何得出的。

现在我们假设,碰到的情形是一匹发疯了的马。发疯的马明显不是汽车,但假设执法者考虑到它同样妨碍了安全的行人环境,因此决定处以100元罚款。对执法者的这种做法,可有多种不同的理解。一种常见的理解是,执法者增添了一个新的规则,即"∀(x)(驾驶发疯的马进入公园(x)→罚款100元(x))";另一种常见的理解是,执法者将原来的规

---

① [德]卡尔·拉伦茨:《法学方法论》,陈爱娥译,商务印书馆2003年版,第247页

则修改为"∀(x)（驾驶汽车进入公园（x）∨驾驶发疯的马进入公园（x）→罚款 100 元（x））"。在这两种常见的理解中，执法者所适用的都不是原来的规则。

这是包容不足情况下的法律续造，我们再看包容过度情况下的法律续造。现在假设碰到的是一辆救护车，假设执法者决定不对其处以罚款。这时执法者是以创设个案例外的方式改变了所适用的规则。在一阶谓词逻辑中，规则的例外通常被处理为否定条件，那么所适用的规则可以被理解为原规则的修正，即"∀(x)（驾驶汽车进入公园（x）∧并非驾驶救护车进入公园（x）→罚款 100 元（x））"。另外一种可能的理解是，从规则"∀(x)（驾驶救护车进入公园（x）→不罚款（x））"出发的推理驳斥了从原规则出发的推理。具体做如何理解，取决于采取什么样的逻辑系统作为分析工具。但不管如何，所适用的都不是原来的规则。

从上面的讨论中可以看出，法律解释与法律续造的区别在于：法律解释并没有改变原来的规则，法律续造则改变了原有的规则。换句话说，解释是对法律规则的澄清，续造则是对法律规则的改变。正因为此，续造比解释需要更大的立法权限。

此外，通过逻辑分析，我们还可以更为深入地理解一些特殊类型的法律推理，例如法律的类推适用。上文关于类推适用的推理过程仅涉及从修正之后的规则得出决定的过程，一个完整的对类推适用的思考还应包括修正的规则是如何得出的。在上述发疯的马的情形中，人们的思考过程大致可以被描述为：发疯的马与汽车一样，都会对行人的安全造成严重威胁，因此也应当被罚款。这样的类比推理在经典逻辑中经常被表达为：

(P_1) M(a)
(P_2) M(b)
(P_3) N(a)
(Q) N(b)

在经典逻辑中，这一形式推理显然是无效的。但这并不意味着原有的类比推理也一定是无效的。可能类比推理是有效的，或者至少有些类比推理应当被视为有效的，而经典逻辑并不是刻画类比推理的合适工具。情况还可能是，上述形式推理并不是对原有的类比推理的完整表示，其中遗漏了某个重要的前提。[1] 一个通常被认为遗漏的前提是，在"会对行人造成威胁"与"应当罚款100元"之间是有相关性的。[2] 但什么是相关性？显然，属性 x 与属性 y 之间存在相关性，并不意味着具有属性 x 则必然具有属性 y。否则就可以构造这样一个前提（P_4）：$\forall(x)(M(x)\rightarrow N(x))$。如果有这样一个前提，$P_1$ 与 P_2 就成为多余的了。人们直接就可以从 P_4 与 P_2 的合取中得出结论。有学者提出，属性 x 与属性 y 之间的关系应当是，具有属性 x 必然具有属性 y 与具有属性 x 必然不具有属性 y 的析取，换句话说，构造的应当是这样一个前提（P_5）：$(\forall(x)(M(x)\rightarrow N(x)))\vee(\forall(x)(M(x)\rightarrow\neg N(x)))$。[3] 这一前提的加入不会使得 P_1 与 P_2 成为多余，需要这两个前提以排除后一个析取肢。这样一种对相关性的理解在一定程度上是反直觉的。例如，人们一般认为，在"价格高"与"质量好"之间存在相关性，但并不认为在"价格高必然质量好"与"价格好必然并非质量好"之间必有一真。

鉴于迄今尚未找到一种公认的形式化方法，能将某些类型的法律类推刻画为有效的，我们也可以通过断然否认它的有效性来解决这个难题。但这无疑将会严重降低法律处理分歧的能力。因此更可取的是，继续深化对法律类推的逻辑考察。这也是本项研究对待这一问题的态度。能否在深入理解类推的基础上将其重构为一个有效的形式推理，不仅影响到判断相关的逻辑系统是否合格，而且这还是对类推的相关理解是否正确

---

[1] 传统的观点认为，所有类型的类推都是无效的，"或许在创造性思考的过程中有着重要作用，但并不能作为一种证明的手段得以运用"（Chaim Perelman & Lucie Olbrechts-Tyteca, *The New Rhetoric: A Treatise on Argumentation*, John Wilkinson & Purcell Weaver trans., Notre Dame: University of Notre Dame Press, 1973, p. 371）。但也有一些学者试图找到一些形式上的规则将好的类推与坏的类推区别开来（E. g., Julian S. Weitzenfeld, "Valid Reasoning by Analogy", *Philosophy of Science*, Vol. 51, No. 1, Mar. 1984, pp. 137 – 139）。还有一些学者认为，虽然很难找到一些使得类推成为有效推理的规则，但"它们的确不仅仅是口味问题，一些类推显然要比另外一些要好"（Stephen F. Barker, *The Elements of Logic*, New York: McGraw – HILL, 2003, p. 227）。

[2] See e. g., Frederick Schauer, "Precedent", *Stanford Law Review*, Vol. 39, 1987, p. 578.

[3] Todd R. Davies & Stuart J. Russell, "A Logical Approach to Reasoning by Analogy", in John P. McDermott, eds, *Proceedings of the Tenth International Joint Conference on Artificial Intelligence* (IJ-CAI – 87)(Milan, August 23 – 28), Los Altos: Morgan Kaufmann, 1987, pp. 264 – 270.

的标志。正因为如此，许多讨论类推的学者都将合理的逻辑重构作为主要的关注点。①

四 指导法律推理活动

形式逻辑提供的推论规则通常采取高度符号化的表达方式，对于人类主体来说可能显得过于抽象、烦琐，从而除了在少数领域之外，很少被人类直接用来作为推理活动的工具。但这并不意味着，逻辑考察对于人类从事法律推理活动没有任何指导作用。

逻辑的指导作用首先体现在，任何推理活动都必须遵循逻辑基本规律。例如，同一律要求我们在思维的过程中，每个思想都是确定的，而且要前后一致；不能用相同的表达式来指称不同的对象或描述不同的事物。排中律告诉我们"矛盾命题中必有一真"，因此我们不能在否定某个命题的同时又否定与它相矛盾的命题。矛盾律则要求我们在断定一个命题是真的同时，必须断定与它矛盾的命题是假的。矛盾律还告诉我们，如果从一组命题中推出了矛盾而且推理过程无误的话，那么就要否定该组命题中的至少一个。

此外，虽然形式逻辑系统中的形式推论规则很少直接用于法律推理，但通过学习、比较不同的形式逻辑系统，以及在思考有关如何妥当地刻画法律推理的过程中，可以增进人们对应当遵循的推论规则的把握。例如，在尝试对法律类推进行形式刻画的过程中，可以建构出这样一个推论规则：通过两个事物在某个方面相同推出它们在另外一个方面相同的推理，仅当这两个方面存在相关性时是有效的。在尝试通过基于论辩的逻辑刻画可驳斥性法律推理的过程中，也可以总结出这样一个推论规则：在相互冲突的论证中，优先采纳决定性论证而非可驳斥性论证的结论。实际上，提供易于被人类理解、运用的法律推论规则，正是本书的研究目标之一。

形式逻辑所提供的推论规则更为广泛地应用在法律人工智能的研发。我们知道，人工智能研究是当代计算机科学中的一个重要领域。人工智

---

① See e.g., Todd R. Davies, Stuart J. Russel, "A Logical Approach to Reasoning by Analogy", in John P. McDermott, (eds.), *Proceedings of the Tenth International Joint Conference on Artificial Intelligence*, Los Altos: Morgan Kaufmann Publishers, 1987, pp. 264–270.

能可以被理解为能够在理性思考的基础上进行问题求解与合理决策的计算机系统。理性思考建立在两个基本的前提上：一是，一定数量的知识，作为思考的起点；二是，一定数量的推论规则，作为思考的方法。因此，人工智能建设以及相关的计算机科学研究要处理两个问题：一是，如何将人类从经验中获得的知识以计算机可以理解的形式表达出来；二是如何利用这些知识得出需要的结论。

人工智能建设所要解决的两个基本问题与逻辑研究的核心关注刚好重合。逻辑研究推理的有效性。由于自然语言存在一些固有缺陷，对于稍复杂一些的推理来说，很难直观地判断其有效性。实际上，即便人们能够判断一些简单的推理是否有效，也很难解释它们为什么有效或无效。因此逻辑的研究者试图构造一种人工语言，它是单义的、精确的，最大程度地消解人们之间因为语言而产生的无意义的分歧，并试图给出有效性的严格定义，以使得有效性判断成为一种严格的证明问题。一方面，逻辑为了清晰表述自然语言中的命题而构造的人工语言可以作为人工智能主体中表达知识的工具；另一方面，逻辑为了判断推理有效性而提出的推论规则可以成为人工智能主体的推理工具。正因为此，逻辑自然地成为指导人工智能建设的重要工具；基于逻辑的智能系统建设也成为人工智能建设中最基本、最重要的一种思路。[1]

对于法律人工智能来说，基于逻辑的建议路径甚至可以说是唯一可行的思路。因为法律领域内的问题答案不具有经验的可验证性，人们不仅要知道答案是什么，而且还要知道这些答案是如何得出的。这意味着，对于法律人工智能主体来说，人们不仅要求能够对系统内所存储的法律领域知识进行实质性的审查，而且要求能够对根据这些知识进行推理的推论规则进行实质性的审查。只有基于逻辑的人工智能系统才能满足这种要求。就此而论，一个合格的形式逻辑系统是我们能够在计算机系统中实现法律推理的前提。[2]

---

[1] 人工智能建设还有行为主义、结构主义等思路。关于不同的人工智能建设思路的一个简要介绍，参见丁世飞《人工智能》（第二版），清华大学出版社2015年版，第9—10页。
[2] 在这一方面，荷兰法与人工智能专家帕肯（Henry Prakken）做出了重要的研究。See e. g., Henry Prakken, *Logical Tools for Modelling Legal Argument*, Berlin: Springer, 1997.

第三节　逻辑在法律推理中的限度

　　逻辑经常因为无法完成一些本不应由它来完成的任务而受到批评。例如，苏珊·哈克曾批评 Alchourrón 与 Bulygin 对法律规则的逻辑重构不能解释为什么法律会发生改变。① 但正如 Bulygin 的回应所指出的那样，对法律变迁的解释本来就不是逻辑该做的事情。② 这一部分的考察可以避免或至少减少这种类型的批评。逻辑在法律推理中的限度主要体现在两个方面。一是，在人们做出法律推理的过程中，它只能提供前提过渡到结论的推论规则，而不能提供推理的前提。法律推理的前提要由法律方法论和法律领域知识来提供。二是，在人们评估法律论证的过程中，它只能用来评估论证的形式，而不能用来评估论证的内容。③ 对论证内容的评估要由非形式论证理论与法律领域知识来进行。

一　逻辑不提供法律推理的前提

　　一些学者之所以反对逻辑在法律领域的应用，是因为在他们看来，形式逻辑不能帮助我们解决法律领域中的疑难问题。例如，在佩雷尔曼等人看来，在法律领域中，更重要的是那些解决法律疑难的方法，或在疑难情况出现时指导法律推理进行下去的"实质逻辑"，它们才是真正意义上的"法律逻辑"。④ 形式逻辑不解决法律疑难，这个看法是对的，但它不应因此而受到批评。为理解这一点，我们需要对形式逻辑不能解决的法律疑难有更深入的认识。

　　首先，形式逻辑不能告诉我们如何对事物进行归类，或者用哈特的

---

　　① Susan Haack, "On Logic in the Law: Something, but not Everything", *Ratio Juris*, Vol. 20, No. 1, Mar. 2007, p. 21.
　　② See Eugenio Bulygin, "What Can One Expect from Logic in the Law?", *Ratio Juris*, Vol. 21, No. 1, Feb. 2008, p. 153.
　　③ 推理与论证之间的关系将在下文得到较为详细的讨论。当讨论的对象是作为一个有序命题组的推理或论证时，且当考虑的是（逻辑）有效性问题时，可以将它们视为一回事。
　　④ See e. g., Ch. Perelman, "What is Legal Logic", 3 *Israel Law Review*, Vol. 3, No. 1, Jan. 1968, pp. 1–6.

话说,"在如何对具体事实进行分类这一问题上,逻辑沉默不语";① 因此也就不能告诉我们规则的前件在某个具体的案件中是否被满足了。当然,我们可以一般地说:当某个法律规则的前件中的谓词 Π 被某一个案中的个体 α 所满足时,② 那么该法律规则可以适用于该个案。但问题在于,形式逻辑并不能告诉我们,Π 是否真的被 α 所满足。上面说过,即便在那些最简单的案件中,这一问题的答案也不取决于逻辑,而取决于共享的语言习惯、事实信念或道德共识。

当归类问题没有明确的答案时,或者说人们对某一法律概念存在两种或两种以上的理解时,逻辑也不能告诉我们哪一种理解才是正确的。例如,在朱建勇故意毁坏财物案③中,陈兴良教授认为毁坏的本质是破坏性的行为方式,张明楷教授认为毁坏的本质是财物价值的降低或灭失。④ 如果前一种理解是正确的,那么朱建勇的行为不构成故意毁坏财物罪;如果后一种理解是正确的,则构成故意毁坏财物罪。再如,在美国联邦最高法院审理过的关于"西红柿是不是水果"的尼克斯诉赫登案(Nix v. Hedden)⑤ 中,控诉双方基于对水果的不同理解得出了不同的结论。在这些以及类似的案例中,形式逻辑不能告诉我们正确的理解是哪一种。

其次,为了解决法律概念的模糊、含混或抽象所引起的不确定问题,人们在长期的司法实践中总结了一些解释规则,例如文义解释、体系解释、历史解释,以确定哪一种理解是正确的。形式逻辑不能告诉我们,在具体的个案中应当选择哪一个解释规则。日本同一时期发生的下述两起案例突出地反映了这一点。第一个案例为狸貉异同案,在该案中,检

---

① H. L. A. Hart, "Positivism and the Separation of Law and Morals", *Harvard Law Review*, Vol. 71, No. 4, Feb. 1958, p. 67.

② 为便于表达和理解,这里在两个方面对问题进行了简化。一是,法律规则的前件可能是两个或两个以上的谓词的合取 $Π_1 \wedge \cdots \wedge Π_n (n \geq 2)$,此时个案中的个体 α 需要满足全部谓词;二是,当 Π 是刻画两个或两个以上个体之间关系的 n 元谓词时,满足 Π 的是 n 个个体构成的序列 $<α_1, \cdots, α_n> (n \geq 2)$。

③ 基本案情为:朱建勇为泄私愤,侵入他人的股票账户,采用高进低出的操作方式使他人股票账户内的资金损失 19 万元。参见上海市静安区人民法院(2002)静刑初字第 146 号刑事判决书。

④ 参见陈兴良《故意毁坏财物行为之定性研究》,《国家检察官学院学报》2009 年第 1 期;张明楷《刑法学》(第 3 版),法律出版社 2007 年版,第 749—750 页。

⑤ Nix v. Hedden, 149 U.S. 304, 305 (1893).

察官起诉某猎户在捕获期外非法捕获狸二只。该猎户的辩护理由之一是：其所捕获之物，当地人称为"十字纹貉"，而非"狸"。但根据动物学知识，所谓"十字纹貉"，的确属于"狸"之一种。一、二审法院均依据该动物学知识论罪科刑，但大审院最终以应尊重普通公众的日常语言习惯为理由之一改判猎户无罪。① 另一个案例是盗窃电力案。依据当时日本刑法，盗窃他人财物的构成盗窃罪；所谓财物，按照当时日本民法，为有财产价值之有体物。从日常语言习惯出发，电力显然不是有体物，于是一些法院据此判决盗窃电力罪不构成盗窃罪。② 在这两起案例中，据以得出结论的解释规则是一致的，都是文义解释。但在直觉上，我们会认为第一个案例中的终审判决是正确的，第二个案例的判决则是错误的。为什么？一个重要的原因是，在第一个案例中，存在值得被保护的预期，而在第二个案例中，不存在值得被保护的预期。之所以要尊重日常语言习惯，背后的理由正是保护人们基于信赖法律而产生的预期利益。可以看出，应当选择哪一个解释规则，要通过考察解释规则背后的实质理由以及特定案件的具体情况来确定。形式逻辑既不能告诉我们某个解释规则背后的理由是什么，也不能告诉我们这一理由在特定案件中是否存在，以及如果存在的话，是否会被其他规则背后的实质理由所凌驾或驳斥。

再次，和解释规则一样，法律规则之间同样可能存在冲突。当它们之间发生冲突时，形式逻辑不能告诉我们哪一个规则优先。虽然有些形式逻辑系统中内在地包含了某种不一致信息解决机制——例如，一个基于可驳斥论辩的推理系统可能会优先选择更具体的论证③——但一方面，这种机制的合理性仍然来源于领域知识；另一方面，这一机制远不足以应对法律领域中的可能冲突。在法律领域，规则冲突往往通过一般的冲突元规则来解决，即我们耳熟能详的"上位法优于下位法""新法优于旧法"与"特别法优于一般法"。在不同的法律制度中，它们可能以明文的形式被确定下来（例如在我国），也可能表现为法律实践中的惯常做法。在

---

① 案情介绍，参见杨仁寿《法学方法论》，中国政法大学出版社1999年版，第103—105页。
② 案情介绍，参见梁慧星《裁判的方法》（第3版），法律出版社2017年版，第119—120页。
③ See e. g., Henry Prakken, *Logical Tools for Modelling Legal Argument*, Berlin: Springer, 1997, pp. 152–162.

一般的冲突元规则不能解决问题时,人们则可能根据某种法律理论来处理。例如,我国《合同法》第230条规定了承租人对承租房屋的优先购买权,而《物权法》第101条则规定了共有人对共有的动产或不动产的优先购买权。若在一个案例中,某房屋既有承租人,也有共有人,那么面临冲突的这两个规则谁优先呢?在这种情况下,人们可能根据物权优于债权的法律理论来处理。当然,如果法律以明文的形式规定了共有人优先购买权优于承租人优先购买权,那么就可以根据这一具体的冲突元规则来加以处理。可以看出,规则冲突的解决方案,或者是由法律方法论提供的,或者是由法律领域知识提供的。一个适合于法律领域的形式逻辑系统应当提供刻画这些知识的工具和手段,但本身并不生产这些知识。

最后,形式逻辑也不解决法律漏洞问题。当不存在可以适用的法律规则时,人们一般认为,应当通过考察习惯、一般法理、判例以及比较法的素材来弥补。① 在弥补的过程中,往往需要进行归纳、类比、设证等非演绎的推理。如何对这些推理进行形式刻画,并评估它们的有效性,是人们在构造一个适于法律推理的形式逻辑系统时必须加以考虑的问题,但形式逻辑本身并不能告诉我们到何处寻找使得推理可以进行下去的前提。

从上面的讨论中可以看出,形式逻辑之所以不能解决法律疑难,是因为这些问题的解决需要不同类型的实质规则作为推理的前提,而形式逻辑并不提供推理的前提。就此而论,不能解决法律疑难在某种程度上可以说是形式逻辑的局限,但并不能说是形式逻辑的缺陷,因为形式逻辑只负责提供推论规则,提供推理的前提本就不是它的任务。

二 逻辑不评估法律论证的内容

在考察形式逻辑的另一个限度之前,让我们先来看一个相关的错误观点。有些学者之所以反对形式逻辑在法律推理领域的应用,是因为在他们看来,过度强调形式逻辑,会导致法官拘泥于法律规则的字面含义,从而丧失判决的道德责任。例如,法官本应按照立法目标或社会需求去运用法

---

① 对法律漏洞的进一步讨论,参见孔祥俊《法律方法论》(第3卷),人民法院出版社2006年版,第1437—1504页;王利明《法学方法论》,中国人民大学出版社2012年版,第518—551页;舒国滢等《法学方法论问题研究》,中国政法大学出版社2007年版,第406—431页。

律，但逻辑"迫使"法官做出某种特定的判决，法官也会以此为借口逃避不当判决的批评。① 这一说法夸大了形式逻辑的作用。它假定：如果一个法律规则有效，并且在个案中是清楚的，那么形式逻辑就能够告诉我们，哪一个答案是正确的；或者说，不采取这一答案就违背了形式逻辑的要求。

这一假定远非事实。即便某个法律规则是有效的，并且在个案中是清楚的，形式逻辑也不能告诉我们它是否应当适用。是否可以适用是一回事，是否应当适用则是另一回事。虽然一般来说，某个法律规则在某一个案中"可以适用"为其"应当适用"提供了理由，但这一理由并不是决定性的，因为可能存在反对适用的理由。反过来，法律规则的条件不被某一个案所满足，也不意味着一定不应当适用于该案。因为可能存在支持适用的理由。这实际上就是上文所提到的"过度包容"与"包容不足"。几乎所有的规则都可能面临"过度包容"与"包容不足"的情形，正如丹宁勋爵所说："无论一项法律什么时候被提出来考虑，人们都没有能力预见到在实际生活中可能出现的多种多样的情况。即使有这种预见能力，也不可能用没有任何歧义的措辞把这些情况都包括进去。"② 逻辑并不能告诉我们当法律规则"过度包容"或"包容不足"时，应当严格遵循规则还是应当变通处理。正是在这个意义上说，逻辑从来都不可能"迫使"人们得出某个结论。③ 当然，也许正确的做法是：只要存在明确的规则，就应当遵循它们。但告诉我们这一点的，并不是逻辑，而

---

① See e. g., P. Leith, "Fundamental Errors in Legal Logic Programming", *The Computer Journal*, Vol. 29, No. 6, June 1986, p. 545.

② ［英］丹宁勋爵：《法律的训诫》，杨百揆等译，法律出版社1999年版，第13页。

③ 在这一问题上，需要避免的另外一个误解是，将法律规则在适用过程中总有可能被创设例外这一现象视为法律规则的内在性质。例如，一些学者谈论法律规则的可驳斥性，似乎它是法律规则必然具备的一个性质。但实际上，虽然法律规则总会碰到"过度包容"或"包容不足"的情况在某种意义上说是必然的，但是人们在事实上会如何应对这种情况以及应当如何应对这种情况，却是由特定制度下的政治道德、司法实践模式等所决定的。因此，在这一问题上，肖尔的说法是正确的：可驳斥性并不属于法律规则，而属于一种特定的法律实践方式（Frederick Schauer, "Is Defeasibility an Essential Property of Law", in J. F. Beltran & G. B. Ratti, eds. *The Logic of Legal Requirements: Essays on Defeasibility*, Oxford: Oxford University Press, 2012, pp. 77 - 88）。因为说到底，如果逻辑并没有迫使我们严格遵循规则的话，那么它也没有迫使我们创设个案例外。既然如此，与其说，"法律规则具有可驳斥性"，倒不如说，"从一些事实性的与规范性的理由出发，最好将法律规则理解为一种可驳斥性规则"。

是特定法律制度下的司法理念与政治道德。

实际上，在任何案件中，形式逻辑都不能告诉我们哪一个答案是正确的。因为对于任何一个法律论证来说，形式逻辑都不能告诉我们它的结论是否得到了证立。要判断一个法律论证的结论是否得到了证立，不仅要评估法律论证的形式，而且要评估法律论证的内容。对于法律论证内容的评估，我们可以参照约翰逊（R. H. Johnson）与布莱尔（J. A. Blair）提出的RSA标准。① 这一标准要求：（1）前提为结论提供充分的支持，（2）前提与结论相关，（3）前提本身是可以接受的。

首先，形式逻辑不能评估前提是否可接受。上一节说过，形式逻辑不提供法律推理的前提，实际上，它也不关心法律论证的前提从什么地方来，以及它是否正确。有学者将基于法律之外前提的论证说成是"非逻辑操作"，并认为"'逻辑操作服从于非逻辑操作'构成了法律的持久特性"。② 但实际上，在法律论证中，将法律之外的标准作为前提并不一定是"非逻辑操作"。一个法律论证是不是"逻辑操作"并不取决于前提是不是来源于法律规则，而是论证过程是否符合逻辑要求。只要推理过程符合逻辑要求，那么基于法律的论证与非基于法律的论证的区别，就不是"前者是逻辑操作、后者不是逻辑操作"，而是"基于不同前提的逻辑操作"。同样，在前提正确或错误的问题上，也不是"逻辑操作"与"非逻辑操作"的区别，而是"基于正确前提的逻辑操作"与"基于错误前提的逻辑操作"的区别。

其次，形式逻辑只评估结论是否能够从前提中推出，而不判断前提与结论在内容上是否相关。结论能否从前提中推出取决于前提和结论所包含的逻辑常项，而前提和结论在内容上是否相关则取决于它们中的逻辑变项。例如，对于论证"如果某人故意杀人，那么应判处死刑；因此，对于张三或者盗窃，或者没有盗窃"来说，结论能够从前提中推出，但前提与结论并不具有相关性。如果采纳RSA标准，那么在这个论证中，虽然前提没有问题，论证形式也是有效的，但很难说结论得到了证立。

---

① R. H. Johnson & J. A. Blair, *Logical Self-defense*, New York: McGraw-Hill, 1994, p.55.
② 参见［以］约瑟夫·霍尔维茨《法律与逻辑：法律论证的批判性说明》，陈锐译，中国政法大学出版社2015年版，第18—19页。

最后，形式逻辑也不能评估前提对结论的支持是否充分。在法律论证中，前提能否推出结论是一回事，前提对结论的支持程度是另外一回事。前者取决于特定的形式逻辑系统中是否存在相应的推论规则，而后者则是一个独立于不同逻辑系统的实质性问题。一个在某个形式逻辑系统中无效的论证，它的前提未必不能支持结论。例如，归纳推理、类比推理在一阶谓词逻辑中都是无效的，但它们的前提对结论都有一定程度的支持。反过来，在前提和结论相同的循环论证中，结论是能够从前提中演绎推出的，但很难说它得到了充分的支持。前提是否充分支持结论是一个实质性问题的另一个表现，这一问题的答案实际上不仅取决于论证本身，而且取决于论证所在的实践领域。按照从弱到强的证立程度，可以区别不同的证立标准：最低程度证立标准、优势证据标准、排除合理怀疑标准与排除一切怀疑标准。不同的实践领域可能有不同的证立标准。数学领域与医学领域可能采取不同的证立标准，畜牧养殖与桥梁设计可能采取不同的证立标准。同样在法律领域，调查实践与审判实践可能采取不同的标准；同样是审判实践，刑事诉讼与民事诉讼可能采取不同的证立标准。正因为不同的实践领域采取不同的证立标准，而论证是否充分在一定程度上又取决于证立标准是否被满足，所以在一个实践领域充分的论证可能在另外一个实践领域并不充分。

总之，对于法律论证的评估来说，形式逻辑只能评估论证的形式，而不能评估论证的内容，而一个法律论证是不是好的论证，或者说它的结论是否得到了证立，不仅取决于它的形式，而且取决于它的内容。对内容的评估需要借助非形式论证理论与领域知识来进行。本书提出的逻辑框架在一定程度上借鉴了非形式论证理论，但仍然借助一种形式标准来评估前提与结论之间的关系，不能用来评估法律论证的实质内容。

第四节　本书的主旨与框架

通过上面的讨论，可以更加明确地说明本书的主旨。本项研究旨在构造一个新的逻辑系统——非单调法律论辩系统——以更好地实现逻辑在法律推理中的作用。这一新的逻辑系统将在第七部分提出。它建立在第五部分对现有的非单调逻辑与第六部分对论辩逻辑进行批判性考察的基础上。之所以要考察非单调逻辑与论辩逻辑，是因为经典逻辑在刻画法律推理时遇到了诸多困境。第四部分对经典逻辑及其所面临的困境进行了较为详细的考察，熟悉经典逻辑的读者可以略过第四部分第一节对经典逻辑及其特征的介绍。无论是要构造一个适于法律推理的逻辑系统，还是考察某个逻辑系统是否能够很好地应用于法律领域，都首先需要对法律推理有足够深入的认识与理解。第二、三部分旨在完成这一任务。第二部分一般地考察法律推理的概念、类型以及法律推理的独特性等。第三部分则重点讨论法律推理的一个核心性质：可驳斥性。这一性质直接影响到如何对它进行妥当的逻辑刻画。所有旨在刻画可驳斥性推理的逻辑可以一般地称为"可驳斥性逻辑"（defeasible logics），本书所提供的逻辑同样是一种可驳斥性逻辑。因此第一部分在澄清"推理""论证""逻辑"等相关概念的基础上，对可驳斥性推理与可驳斥性逻辑进行了一般性的考察。

第一章

可驳斥性推理与可驳斥性逻辑：
一个概览

本章旨在澄清"推理""论证""逻辑"等概念的基础上，考察可驳斥性推理与可驳斥性逻辑，为下面几章的讨论做准备。

第一节 推理、论证与逻辑

在逻辑学文献中，人们经常不加区分地适用"推理"（reasoning）与"论证"（argument）这两个词语。① 例如，一本著名的逻辑学教科书这样定义"论证"："请考虑下面这个简单的推理例子：'孪生兄弟通常具有不同的 IQ 测试得分。然而，他们却拥有相同的遗传基因。因此，环境在决定 IQ 上必定起着一定作用。'逻辑学家把这种推理叫做论证。"②

在谈到逻辑（学）的目标或主旨时，人们有时用"推理"，有时用"论证"。例如：

---

① 据说这一"传统"可以追溯到亚里士多德。著名的法律推理与证据法学者道格拉斯·沃顿曾提到，亚里士多德在谈到论证问题时，经常使用"推理"一词。See Douglas N. Walton, "What is Reasoning? What Is an argument?", *Journal of Philosophy*, Vol. 87, No. 8, Aug. 1990, p. 415.

② ［美］保罗·蒂德曼等著：《逻辑与哲学：逻辑导论》（第9版），张建军等译，中国人民大学出版社 2017 年版，第 3 页。英文后来出的第 11 版没有对此段进行修改。原文如下：Consider the following simple example of reasoning: Identical twins often have different IQ test scores. Yet such twins inherit the same genes. So environment must play some part in determining IQ. Logicians call this kind of reasoning an argument. Alan Hausman, Howard Kahane & Paul Tidman, *Logic and Philosophy: A Modern Introduction*, (11th ed.), Boston: Wadsworth Publishing, 2010, p. 1.

"逻辑学是研究用于区分正确推理与不正确推理的方法和原理的学问。"①

"逻辑的一个中心问题是分清有效的论证与无效的论证。"②

这导致逻辑有时被定义为正确推理的规则,有时被定义为有效论证的规则。这两种定义都正确吗?如果逻辑既支配推理,也支配论证,那么支配推理的逻辑与支配论证的逻辑是一回事吗?更为基础的问题是,推理与论证是一回事吗?

一 推理与论证的同与不同

"推理"与"论证"都可以在两种意义上理解,一是作为活动,二是作为结果。作为活动的推理与作为活动的论证显然是不同的,但作为结果的推理与作为结论的论证都是一个有序的命题组。我们先来看作为活动的推理与论证之间的区别与联系。

一般地说,推理活动是基于一些心理状态而形成另外一些心理状态,前者通常被称为后者的理由。③ 人类的心理状态包括认识状态(epistemic states)与意动状态(conative states)。前者包括知觉(percepts)与信念(beliefs),后者主要包括偏好(preferences)、目标(goals)、意图(intentions)以及做出一个行为的打算(wants)。从一些认识状态的集合到另外一个认识状态的转变称为认识推理(epistemic reasoning);从一些认知状态与意动状态的集合到另外一个意动状态的转变称为实践推理(practical reasoning)。④ 认

---

① [美]欧文·M. 柯匹等:《逻辑学导论》(第13版),张建军等译,中国人民大学出版社2014年版,第7页。在上述引文之后,作者又紧接着讨论了"命题与论证",而在讨论"命题"时又说"命题是推理的建筑模块"。可以看出,在本书中,作者是混同使用"推理"与"论证"的。

② [英]苏珊·哈克:《逻辑哲学》,罗毅译,商务印书馆2006年版,第8页。

③ 在这个定义中,关键是基于性关系,它使推理活动区别于一般的从一些心理状态到另外一些心理状态的转变。对于基于性关系的进一步讨论,可参见[美]约翰·波洛克等《当代知识论》,陈真译,复旦大学出版社2008年版,第45页。

④ See Giovanni Sartor, *Legal Reasoning: A Cognitive Approach to the Law*, Berlin: Springer, 2005, pp. 11 – 18. 对认识推理与实践推理的区分,还可参见 Henry Prakken, "Combining Sceptical Epistemic Reasoning with Gredulous Practical Reasoning", in Paul E. Dunne & Trevor J. M. Bench-Capon, eds., *Proceedings of the Conference on Computational Models of Argument*, Liverpool, UK: 2006, pp. 311 – 322。

识状态包括知觉与信念。据此，认识推理又可以分为两类。一类是从知觉到信念的推理，例如，当你透过玻璃窗户看到太阳时，产生"外边有太阳"这样一个信念。一类是从信念到信念的推理，例如，基于"外边有太阳"这个信念，产生新的信念："今天是晴天"。人们一般认为，知觉并不是通过推理产生的，[1] 因此并不存在从信念到知觉的推理。基于如下原因，本书主要关注从信念出发的认识推理。首先，从知觉出发的推理往往是自发的，并且包含了许多在当下远没有得到清晰阐明的内在机制。本书研究的法律推理都是从信念出发的推理。其次，实践推理中的某种意欲状态可以被信念化为以某种以规范性命题为内容的信念，从而使得包含意欲状态的实践推理可以被重构为仅包含认识状态的认识推理。[2] 对于任何严肃的实践推理来说，推理主体都应当进行这样的信念化，以使得推理的过程可以接受公开评估。

推理是一种思维活动，论证则是一种语言活动。大致说来，论证活动是一种提出依据以支持某个主张的社会性语言活动。[3] 它可以是口头的，也可以是书面的。并不是所有的主张都需要提出依据。有些主张的提出者并不关心其他人是否接受该主张，还有些主张是人们所普遍接受的。一般来说，需要进行论证的主张满足如下两个条件：首先，提出者希望该主张得到别人的接受；其次，该主张尚未被人们公认为是成立的。例如，原告在法庭上希望法官同意其诉求，就需要论证该诉求是有法律和事实依据的；提案人希望人们接受其方案，就需要论证该方案是合理、可行的；推销员希望人们购买其产品，就需要论证该产品是物美价廉的。在道格拉斯·沃顿（Douglas N. Walton）看来，论证天然地涉及两方："论证是一个试图解决两方或多方之间所存在的冲突或分歧的社会和语言途径。…在不对称情形下，一方提出一个主张，另一方质疑它；在对称的

---

[1] 参见［美］约翰·波洛克等《当代知识论》，第76—81页。

[2] 关于意欲状态与实践推理的信念化，可参见 Giovanni Sartor, *Legal Reasoning*: *A Cognitive Approach to the Law*, Berlin: Springer, 2005, pp. 87 – 119。

[3] 一些"论证"（argument）的定义，可参见 Charles Hamblin, *Fallacies*, New York: Methuen, 1970, pp. 224 – 252; Ralph Johnson, *Manifest Rationality*: *A Pragmatic Theory of Argument*, Manhwa, NJ: Lawrence Erlbaum Associates, 2000, p. 168; Robert Pinto, *Argument*, *Inference and Dialectic*, Dordrecht: Kluwer, 2001, p. 32。

情形下，每一方都提出一个与对方相冲突的主张。"① Walton 对论证的定义是在试图复兴亚里士多德的论辩性对话（argumentative dialogue）理论的大背景下提出的，是一种理论性定义，而非描述性定义。实际上，虽然论证经常在论辩的背景下发生，但论证并不必然是涉及两方的论辩。在我们对论证的定义中，必须具备的要素只有提出主张和给出依据，并且依据被声称能够支持主张——而非实际上能够支持该主张。②

推理活动与论证活动之间的区别可以总结如下：（1）推理是一种思维活动，论证是一种语言活动。作为一种思维活动，推理发生在一个主体的内部。论证作为一种社会性的语言活动，通常是面向他人的。论证活动面向的主体一般称为听众。（2）推理与论证的目标与功能不同。推理活动的目标在于认识世界或做出行动。论证活动的目标在于证立，以使某个主张——经验的、规范的、审美的或实践的主张——获得他人的认可。通过推理，主体获得某种知识，或构想出某种行动方案；通过论证，人们解决观念、态度或言辞上的分歧，达成共识。（3）推理活动与论证活动受到的规范性约束不同。一般来说，推理作为一种在主体内部进行的思维活动，仅受到认识论规范的管控（逻辑学上有效的推论规则实际上是认识规范的一个子集）；而论证活动作为一种语言活动与社会性的活动，同时还要受到语言交流规范③以及社会交往或社会合作规范④的管控。

---

① Douglas N. Walton, "What is Reasoning? What Is an argument?", *Journal of Philosophy*, Vol. 87, No. 8, Aug. 1990, p. 411.

② 有些学者对于论证提出了更多的要求。例如，Anthony Blair 将论证解释为支持某种信念、态度或决定的提供理由的活动；并且某个前提集必须能够真正支持该信念、态度或决定，才能成为理由。Blair 的定义并不十分恰当。我们需要否定坏论证，但不能通过定义的方式将它们事先排除出去。Blair 对论证的定义与讨论，参见 Anthony Blair, "Argument and Its Uses", *Informal Logic*, Vol. 24, 2004, pp. 137–151。

③ 例如，格莱斯（Paul Grice）提出的会话活动的四个准则。参见 Paul Grice, "Logic and Conversation", In P. Cole & J. Morgan, eds. *Syntax & Semantics*, New York: Academic Press, 1975, pp. 41–58。

④ 在其交往理性理论中，哈贝马斯（Jürgen Habermas）较早地提出了理性商谈所要满足的条件。例如，"任何言说者都可以参见论辩""任何言说者都可以质疑任何主张"等。在哈贝马斯之后，法哲学家阿列克西（Robert Alexy）在普遍实践演说领域进一步丰富了论证所要满足的程序性规则，并提出了在法律论辩领域内的一些特殊规则。参见［德］阿列克西《法律论证理论》，舒国滢译，中国法制出版社2002年版。

在推理活动与论证活动区别问题上的一个常见误解是：推理是前向的（forward），而论证是后向的（backward）；或者说，推理是从前提到结论的，而论证则是从结论到前提的。① 实际上，推理可以区分为正向推理与逆向推理。在正向推理中，推理主体的确是从已有的一些信念出发进行推导的，然后看推出的信念中是否包含待求解问题的答案。但在逆向推理中，推理主体先假定一个主张是真的，然后在已有信念中去寻找支持该主张的证据。在针对复杂问题的推理活动中，人类主体往往是混合或同时地进行正向与逆向推理。实际上，正是在人类推理的这一特点的启发下，人工智能的研究者为人工智能主体设计了混合推理与双向推理的推理机制。②

推理与论证虽然是不同的实践活动，但它们之间存在紧密的联系。虽然论证是一种语言活动，但构造一个论证却是一种思维活动，在此活动中人们需要进行推理。而在推理的过程中，特别是对于一些复杂的推理来说，我们往往需要考察不同的论证。例如，道德推理几乎总是通过考察并评估从不同的道德原则出发的论证得出结论的。③ 我们把通过构造一个有效的论证或比较不同的论证以得出结论的推理一般地称为基于论证的推理。此外，当人们去评估一个推理的有效性时，实际上是把它重构为一个论证，然后从一个理性主体的角度去思考它能否说服自己。这个思考过程本身就是在脑海中进行的推理活动。听众在进行推理的基础上决定是否接受一个论证，而接受一个论证的前提通常是听众做出了与该论证相一致的推理。正是在这个意义上，罗伯特·品托（Robert Pinto）说论证是推理的"诱导"。④ 在一定程度上，我们可以说，推理是"内在"的论证，而论证是"外在"的推理。它们之间的区别仅仅在于：论证旨在令"别人"信服；而推理则旨在令"自己"信服。

---

① 例如，周建武：《逻辑学导论：推理、论证与批判性思维》，清华大学出版社2013年版，第39页。

② 对混合推理与双向推理的介绍，可参见王万良编著《人工智能导论》（第4版），高等教育出版社2017年版，第55—56页。

③ 参见［美］詹姆斯·雷切尔斯、斯图亚特·雷切尔斯《道德的理由》（第7版），杨宗元译，中国人民大学出版社2014年版，第1—12页。

④ Robert Pinto, *Argument*, *Inference and Dialectic*, Dordrecht: Kluwer, 2001, p.37.

作为活动的推理与论证是不同的,但从逻辑学的视角看,作为结果的推理与论证都是一个有序的命题组,并且它们具有相同的结构。推理发生在信念之间。信念的对象是命题。例如,你有一个"今天是晴天"的信念,就是说你相信"今天是晴天"这个命题。命题是公共的,信念是私人的。[①] 因此,要对推理的有效性进行评估,首先需要将作为信念对象的命题提取出来。从而在逻辑学的视角看,推理在外观上就表现为一个命题组。

命题还可以从另外一个角度来理解,即语句的意义。一个语句传递什么样的信息不仅取决于这个语句所使用的语言符号以及它们的排列方式,还取决于语句所处的语境。例如,"今天是晴天"在不同的时间说出来可能传递了不同的信息。另一方面,不同的语句可能传递了相同的信息。"雪是白的"与"Snowing is white"传递了相同的信息;"张三打了李四"与"李四被张三打了"也传递了相同的信息。不同的语句之所以能够传递相同的信息,是因为它们具有相同的意义;或者说,它们表达了相同的命题。论证是由语句构成的。对于构成论证的语句来说,逻辑学所关心的是它们的意义,因为意义决定了真值条件,而不是它们使用了什么样的语言符号,或是否存在语法上的差异等其他方面。因此,从逻辑学的视角看,论证在外观上也表现为一个命题组。

从逻辑学的视角看,作为结果的推理与作为结果的论证都是一个命题组。在这些命题组中,有一些命题是前提,其他命题是从前提中推出的,或被前提所支持的;而这些推出的或被支持的命题被称为结论。从而最终,作为结果的推理与论证均具有如下相同结构:

$$\frac{(1)\ P_1,\ldots,(n)\ P_n}{(n+1)Q}(n \geq 1)$$

其中,P_1 到 P_n 以及 Q 均为命题,命题前面的 (1)、…、(n)、(n+1) 是序号,可省略。P_1 到 P_n 为 n 个前提,Q 为结论。横线表示推出或支

[①] 关于信念与命题之间关系的进一步讨论,可参见[美]约翰·R. 塞尔《意向性:论心理哲学》,刘叶涛译,上海世纪出版集团2007年版,第38页。

持关系。

正因为作为结果的推理与论证都是一个有序的命题组,在一些逻辑学文献中,对它们的定义大致相同。例如:

"推理是一组命题,其中之一(称为结论)是从其他的(全部或部分)命题(称为前提)推出的,而这个'推出'关系,表现为某种结构。"①

"论证是一个陈述系列,其中一部分称为结论,结论是根据被称为前提的其他陈述而得到断定的。一个论证的前提是用来支持结论的。"②

二 逻辑及其与推理/论证的关系

在英文中,Logic 既有逻辑的意思,也有逻辑学的意思。Wilfrid Hodges 在为《哲学逻辑的布莱克维尔导论》(The Blackwell Guide to Philosophical Logic)撰写的"一阶逻辑"词条中便提道:"Logic 一词具有不同的含义。第一种含义是一组紧密联系的人工语言;……第二种同时也较为古老的含义,是指对可靠的论证规则的研究。"③ 在中文语境下,有学者混同了作为一个系统的逻辑与作为一门学科的逻辑学。例如,某本逻辑学教科书这样界定逻辑:"狭义的逻辑指的是一门学科,即逻辑学,主要研究推理,是关于推理有效性的科学。"④

但实际上,逻辑与逻辑学并不是一回事。简要地说,逻辑是一个人

---

① 邢滔滔:《数理逻辑》,北京大学出版社 2008 年版,第 5—6 页。
② [美]斯蒂芬·雷曼:《逻辑学是什么》(第 3 版),杨武金译,中国人民大学出版社 2014 年版,第 2 页。
③ Wilfrid Hodges, "Classical Logic I: First-Order Logic", in Lou Goble, eds. *The Blackwell Guide to Philosophical Logic*, Malden: Blackwell, 2001, p. 9.
④ 周建武主编:《逻辑学导论:推理、论证与批判性思维》,清华大学出版社 2013 年版,第 2 页。有些学者知道逻辑与逻辑学是两种不同的事物,但沿用英文习惯,均以"逻辑"称呼它们。例如,陈波教授便用"逻辑"一词同时指称"逻辑"与"逻辑学"。在探讨"逻辑研究的对象问题"时,所说的实际上是逻辑学研究的对象;而在探讨"逻辑与非逻辑的划界问题"时,"逻辑"是在形式系统的意义上使用的。参见陈波《逻辑哲学研究》,中国人民大学出版社 2013 年版,第 352、360 页。

工语言系统，人们可以借助这个系统中的推论规则来评价推理或论证的有效性。逻辑学则是一个学科，它研究与逻辑相关的问题。例如：关于概念、命题、推理、论证的一般知识（逻辑学基本知识），关于有效性、逻辑系统的性质以及可选择性的哲学反思（逻辑哲学），对形式逻辑系统的性质的探讨（元逻辑）；等等。

下面简要考察逻辑与推理、论证之间的关系。道格拉斯追问：逻辑到底是评估推理？还是评估论证？是评估推理中的论证？还是评估论证中的推理？[①] 在某种意义上可以说，逻辑既评价推理，也评价论证。但是逻辑所评价的，既不是推理活动，也不是论证活动，而是它们的内容的命题化表现，即上述有序的命题组。不同于推理活动或论证活动，它是一种思想实体。逻辑评价的是在该命题组中，声称的推出或支持关系是否真实存在。

我们知道，对推理活动的研究可以从不同的角度出发。例如，从心理学的角度研究主体进行推理时的实际思维过程，从认识论的角度研究什么样的思维过程是被某种认识规范所许可的，以及从逻辑学的角度研究什么是有效的推理。前一种研究是描述性的，后两种研究则是规范性的。它们所关注的并不是人们在实际上如何进行推理，而是人们应当如何进行推理；或者至少是，为了得出妥当的结论，人们可以如何进行推理。[②] 正如有学者所说："对于思维和认识必须区分事实问题和规范问题。思维和认识是怎样的经验事实呢？这是事实问题；相反，正确的思维和认识应该怎样呢？这是规范问题。……思维和认识的心理学是回答事实问题的科学；相反，思维和认识的逻辑学是回答规范问题的科学。只从思维来看，人们谈'思维事实'，换句话说就是谈'现实思维'，相反，人们谈'思维规范'，则是谈'合理思维'。现实思维的科学是思维的记述理论；合理思维的科学是思维的规范科学。"[③] 逻辑学对人们应当如何

---

① Douglas N. Walton, "What is Reasoning? What Is an argument?", p. 399.
② 例如，《在爱思唯尔科学哲学手册》（Elsevier Handbook of the Philosophy of Science）的《逻辑哲学》（Philosophy of Logic）卷中，Jaakko Hintikka& Gabriel Sandu 写道："它们（逻辑学所提供的推论规则）既不是描述性的（descriptive），也不是规范性的（prescriptive），而是允许性的（permissive）。" See Dov M. Gabbay, *Philosophy of Logic*, Amsterdam: Elsevier, 2007, p. 20.
③ ［日］永井成男：《论逻辑学、数学和哲学的结合》，《哲学译丛》1987年第1期。同样的观点可参见 Wesley C. Salmon, *Logic*, (2nd ed.), New Jersey: Prentice-Hall, 1973, p. 8。

推理的简要回答是：应当遵循推论规则；而这些推论规则正来源于对什么样的推理是有效推理的思考。

对论证活动的研究同样可以采取多种不同的进路。例如，可以描述在某些论证活动（如法庭辩论、商事谈判、政策制定等）中，主张如何提出，或依据如何给出；或考察什么样的论证能够有效地说服听众；[1] 还可以运用某些标准去评估论证。对论证的评估又可以从多个角度进行。可以评估论证活动的过程，例如，在真实的论辩场景下，提出主张与依据的活动是否遵循了某些程序性规范。[2] 当然，还可以评估作为结果的论证。导论部分对这一问题有过讨论，这里不再赘述。有些方面的评估是领域依赖的（domain-dependent），它依赖于不同领域内的研究所取得的知识和标准。例如，对一个法律领域内的论证来说，用以支持结论的一般规范性前提是否成立，要看它是否来源于有效的渊源。[3] 但对一个论证中前提与结论之间的支持关系的评估在下述意义上是领域独立的（domain-independent）：它不依赖于各个不同学科的研究所取得的具体知识的对错，虽然它的确有可能依赖于这些知识在某个逻辑系统中被形式化的方式。例如，如果一个法官用"隔离会加剧不平等"与"如果一种制度安排会加剧不平等，那么它违宪"这两个理由来支持其主张"隔离违宪"，无论这两个理由本身是否成立，论证本身都是有效的。换句话说，对于论证中的前提与结论之间的支持关系的评估，论证活动采取了什么样的策略，前提和结论是否成立，以及作为一种言语行为它是否遵循了某种一般的或特殊的规范，都是无关紧要的。重要的问题仅是：结论能否从前提中合乎逻辑地推出，而这正是我们用以评估推理是否有效的标

---

[1] 例如，Perelman 等一般性地介绍了能够获得听众认可的论证方案。See C. Perelman & L. Olbrechts-Tyteca, *The New Rhetoric: A Treatise on Argumentation*, Notre Dame: University of Notre Dame Press, 1969。

[2] 例如，[德] 罗伯特·阿列克西：《法律论证理论：作为法律证立理论的理性论辩理论》，舒国滢译，中国法制出版社 2002 年版，第 366 页。

[3] 这并不是说，对某个领域内的论证中的前提可靠性的判断，只能依赖于这个领域内的知识，而不能依赖于其他领域的知识。例如，在布朗诉教育委员会案中，证立裁判结论（隔离教育违反平等保护权）的一个关键前提是，隔离会伤害黑人学生的自尊心；而这一前提的可靠性来源于30多位学者的社会学与心理学调查。See Brown v. Board of Education of Topeka, 347 U. S. 483 (1954)。

准。正是在这个意义，有学者指出："在正确思维与有效论证之间有以下类似之处：有效论证可以看成是正确思维的一种表达，而正确思维可以看成是内在性的有效论证。在这种类似的意义上，正确思维的规律和有效论证的规则是一致的。"[1] 逻辑的中心任务就是发掘这些使得推理或论证有效的规则。

三 形式/非形式推理与系统内/外的有效性

逻辑对推理的刻画是一个将自然语言推理（非形式推理）转化为人工语言推理（形式推理）的过程。因为逻辑只能直接评价形式推理的有效性，这种转化对于运用逻辑来考察非形式推理的有效性来说，是必不可少的一个环节。为了表述方便，在之后的讨论中，我们将用 Nm.n 来指代在第 m 章出现的第 n 个非形式推理的例子、Fm.n 来指代第 m 章出现的第 n 个形式推理的例子。例如，下面两个推理分别是本章（第 1 章）出现的第 1 个非形式推理的例子与第 1 个形式推理的例子，因此分别称为 N1.1：

（P_1）禁止车辆进入公园；
（P_2）a 是车辆；
（Q）禁止 a 进入公园。

与 F1.1：

（P_1）R
（P_2）S
（Q）W

形式 F1.1 是对非形式推理 N1.1 的命题逻辑刻画。由于在命题逻辑中，N1.1 中作为前提与结论的三个命题是相互独立的原子命题，只能用三个不同的命题符号来表示它们。

---

[1] ［美］K.J. 欣迪卡：《逻辑哲学》，《哲学译丛》1982 年第 6 期。

N1.1 是一个法律三段论的例子，人们在直观上认为它是有效的。我们可以把这种有效性称为"系统外的有效性"，因为这种直观判断不依赖于任何形式逻辑系统。传统的逻辑学文献一直从语义学的角度来理解系统外的有效性，即"不可能（前提真且结论假）"。[①] 这种理解太强了，它把所有非保真的推理都视为非有效的。基于这种理解的逻辑系统，将无法刻画那些具有系统外有效性但并不保真的推理，例如下面将要谈论的各种可驳斥性推理。

N1.1 具有系统外的有效性，但在命题逻辑中，F1.1 显然是无效的。此时我们说 F1.1 不具有（命题逻辑）系统内的有效性。对此有三种可能的应对方案。一是直接否认 N1.1 的有效性；二是在命题逻辑的语言内，寻找不同于 F1.1 的刻画方式；三是试图寻找更为合适的逻辑系统。至于应当选择哪个方案，并不存在一个一般性的规则。这取决于人们对多个问题的回答，包括但不限于：系统外的有效性判断有多强，相关的刻画方式是否接近人们的真实思维过程，所用的逻辑系统是否存在一些严重的缺陷，新的逻辑系统的完善程度。对于此处 N1.1 的逻辑刻画来说，第三种选择显然是更为合理的。首先，将 N1.1 视为无效的具有强烈的反直觉性。其次，很难在命题逻辑的语言范围内找到一种新的具有系统内有效性的刻画方式。一个可能的方案是在 N1.1 中增加一个新的前提，即（P3）如果禁止车辆进入公园，并且 a 是车辆，那么禁止 a 进入公园。在命题逻辑中，这一新的前提可以表示为：$(R \land S) \to W$。相应的形式推理为 F1.2：

(P_1) R
(P_2) S
(P_3) $(R \land S) \to W$
(Q) W

F1.2 具有（命题逻辑）系统内的有效性，因为可以通过合取引入 $(\alpha, \beta \vdash \alpha \land \beta)$ 与条件消去 $(\alpha \to \beta, \alpha \vdash \beta)$ 这两个推论规则从其前提中

---

① 例如，邢滔滔：《数理逻辑》，北京大学出版社 2008 年版，第 13 页。

推出结论。然而，这一刻画方式严重偏离了人们的真实思维过程。人们并不是在每一个法律三段论中都引入一个新的规则。再次，命题逻辑存在严重的缺陷，它的语言是贫瘠的。一方面，在命题逻辑的语言中，没有表达全称量词的词汇，而前提 P_1 "禁止车辆进入公园"作为一个法律规则是一般性的，它针对某一范围内的全部对象，对它的准确刻画需要揭示出这种一般性。另一方面，命题逻辑将原子命题视为不可分割的基本单位，无法刻画原子命题的内部结构，从而无法找到任何原子命题之间可能具有的共同性——例如，"张三会死"与"李四会死"在命题逻辑中只能表达为两个完全不同的命题，但在直观上，它们之间是存在某种共同之处的；"张三会死"与"张三是人"同样如此——这种共同性对于刻画法律三段论推理的有效性来说至关重要。

一阶谓词逻辑有更丰富的语言，能够彰显不同原子命题之间的共同性——例如，在上面的例子中，"张三会死"与"李四会死"可以分别表示为 D（a）、D（b），这两个表达式具有共同的谓词，代表了"……会死"这一个共同的性质；"张三会死"与"张三是人"可以分别表示为 D（a）、P（a），具有共同的个体词，代表了"张三"这一共同的个体——也提供了揭示法律规则一般性的手段，因此在当下的法律逻辑文献中经常作为表达法律三段论的工具。

在一阶谓词逻辑中，N1.1 可以表示为 F1.3：

(P_1) ∀（x）（车辆（x）→禁止进入公园（x））
(P_2) 车辆（a）
（Q） 禁止进入公园（a）

F1.3 在一阶谓词逻辑中是有效的，可以通过全称消去（∀（x）A ⊢ A（t/x），t 是对 A 中的变元 x 的代入）与条件消去这两个推论规则从其前提中推出结论。可以看出，并不需要增加新的前提，一阶谓词逻辑就可以比较"自然"地刻画、建模法律三段论推理；并且，这种刻画方式也比较符合人们对于法律三段论的直观理解：它是一个将法律规则"适用到"具体案件中的过程，其中，具体案件中的个别事物例示（instantize）了法律规则前件中所规定的一般条件。因此，不少学者认为，一阶谓词逻辑是刻画法律推理，或至少是刻画法律三段论的合适工具。[1] 在第四章中，我们将会谈到，一阶谓词逻辑其实也不是刻画法律三段论等法律推理的合适工具，因为它无法刻画法律推理的可驳斥性。本书的目标正是构造适于刻画法律推理的逻辑框架。

第二节 可驳斥性推理的常见类型与重要性质

下面首先来看几种常见的可驳斥性推理。对这些常见的可驳斥性推理的了解一方面可以帮助我们认识它的一些重要特征，另一方面也有助于理解法律推理为什么具有可驳斥性。

一 可驳斥性推理的常见类型

值得注意的是，这里所谈论的类型只是对人们通常认为具有可驳斥性的推理种类的一个简单索引，它们既不是完全的（exhaustive），也不是严格互斥的（mutually exclusive）。

常识推理被公认为可驳斥性推理的典型样态。实际上，许多非单调逻辑的最初动因都是为了刻画具有可驳斥性的常识推理。[2] 常识推理，是基于常识性规则的推理。人们在日常生活的经验中总结了大量规则，并依据这些规则进行预测或做出决策。例如，从规则"鸟会飞"与事实"Tweety 是鸟"中推出"Tweety 会飞"。但这些常识规则不是严格的规则，而是具有例外的可驳斥规则。正是常识规则的可驳斥性使得常识推理具有可驳斥性。

---

[1] 例如，Ilmar Tammelo 在其《现代逻辑在法律中的应用》一书中所说的就是一阶谓词逻辑；而在《法律逻辑》一书中，Ulrich Klug 更是明确表示，"法律逻辑"就是一阶谓词逻辑在法律中的应用。参见［奥］伊尔玛·塔麦洛《现代逻辑在法律中的应用》，李振江等译，中国法制出版社 2012 年版，导论，第 2—3 页；［德］乌尔里希·克卢格《法律逻辑》，雷磊译，法律出版社 2016 年版，第 16—27 页。

[2] 例如，瑞特（Reiter）所发展的缺省逻辑（Default Logic）、纽特（Donald Nute）发展的可驳斥逻辑（Defeasible Logic）。See R. Reiter, "A Logic for Default Reasoning", *Artificial Intelligence*, Vol. 13, No. 1, Jan. 1980, pp. 81 – 132; Donald Nute, "Defeasible Logic", in Oskar Bartenstein, et al., eds. *Web Knowledge Management and Decision Support*, Berlin: Springer, 2001, pp. 151 – 169。

另一种被公认为具有可驳斥性的是正常情况推理。正常情况推理是指那些推理的结论是否成立取决于推理活动所处的外部环境是否正常的推理。知觉推理是典型的基于正常情况的推理。当你看到一朵红色的花时，你不会首先去想自己的视觉是否正常，或者周围的环境是否正常，而是直接形成了"这朵花是红色的"这一信念；只有在明确意识到自己的视觉或周围的环境不正常时，才会怀疑并可能撤回之前这一信念。基于知觉形成信念的过程是合理的或者说可辩护的，虽然它们并不总是可靠的。与知觉推理类似，记忆推理也是一种基于正常情况的推理。虽然记忆可能出错，但对于一个理性主体来说，记得 P 同样是其相信 P 的一个可辩护的理由。[1] 同样属于正常情况推理的还有日常实践推理。例如，你想到街对面，左右看了一下确定无车后，你开始穿越街道。你的这个行动是出于如下推理："我想到街对面，左右无车时穿过街道是到达街对面的可行手段，当下左右无车，因此，我打算穿过街道"。这一推理是基于正常情况的假定。例如：天上不会突然掉下来一块陨石，地面不会突然开裂，远处不会有一辆没有注意到的突然疾驶过来的车辆；如此等等。你没有也不可能一一考虑并排除这些不正常的情况才形成或不形成穿过街道的"打算"，而是先形成了这一打算，如果发现情况异常，再撤回它。和穿过街道这样的简单行动一样，人类几乎所有行动都是先形成某种打算，然后在发现情况异常时撤回，而不是先行考虑并排除所有不正常的情况。如果那样的话，基本上也就没有任何行动能在有限时间内展开了。

不完全信息推理与不一致信息推理是另两种常见的可驳斥性推理。不完全信息推理，是指那些从缺乏关于某个事物的知识或证据中推出可辩护的结论的推理。例如，假设你要购买从上海到青岛的火车票，在查询售票网站后，未发现有上海直达青岛的火车票，于是你得出结论：没有从上海直达青岛的火车票。不完全信息推理通常基于所谓的封闭世界假设（closed world assumption，CWA）进行。在封闭世界假设中，所有断定肯定事实的命题都是已知为真的。这为不完全信息推理提供了

---

[1] 参见［美］约翰·波洛克等《当代知识论》，陈真译，复旦大学出版社 2008 年版，第 58—68 页。

这样的元规则：如果某个断定肯定事实的命题没有被已知为真，那么它就是假的。依据这个元规则，人们从不知道某些肯定事实出发得出一些结论。当然，这些结论是暂时的，人们随时准备在遇到相反证据时撤回它们。

不一致推理，是指从相互冲突的前提出发进行的推理。在日常生活与社会实践中，人们所获得的信息、知识与证据通常来源于不同的渠道与途径，相互之间可能出现冲突。在经典逻辑中，从两个相互冲突的命题出发，可以推出任何结论。相互冲突的两个命题的合取是不可能为真的，既然如此，前提都真而结论假是不可能的。但在现实的生活与实践中，人们并不能从相互冲突的信息或证据中推导出任何一个结论，而是试图通过评估它们的可信程度采纳其中之一，作为推理的前提。在实践推理领域，道德推理是一种常见的不一致信息推理。在道德推理中，人们从某些道德原则出发推出应当做什么。例如，信守承诺的道德原则，照顾家人的道德原则，避免伤害他人的道德原则；如此等等。然而，不同的道德原则之间经常相互冲突。例如，甲承诺乙在某个时间会面，但临出发前适逢母亲生病。此时，信守承诺的原则要求甲出发去见乙，但照顾家人的原则要求甲在家中照顾母亲，这两个行为显然无法同时完成。在道德原则发生冲突时，人们需要在判断优先性的基础上推出所谓的终局性（all things considered）道德义务。[①]

除了上述推理之外，通常被认为属于可驳斥性推理的还有：关于事物状态在时间上持续的推理、关于行为与事物状态变化的推理、统计三段论、枚举归纳、溯因推理（abduction）等。[②] 此外，语言交流活动中的会话含义推理通常也被认为是一种可驳斥性推理。在语用学大家格莱斯（Paul Grice）所谈论的意义集合中，会话含义作为隐含的非规约性含义对

---

① See David Ross, *The Right and the Good*, Oxford: Clarendon Press, 1930, p. 19; Aleksander Peczenik, *On Law and Reason*, (2nd ed.), Berlin: Springer, 2008, pp. 47 – 77.

② 对事物状态在时间上持续的推理、关于行为与事物状态变化的推理、统计三段论、枚举归纳的介绍，可参见［美］约翰·波洛克等《当代知识论》，陈真译，复旦大学出版社 2008 年版，第 257—298 页。溯因推理最早由逻辑学先驱皮尔斯（Charles Sanders Peirce）提出，指一种提出假设以解释现象的推理。在人工智能领域中，溯因推理已经被较广泛地用于故障自动检测等领域。

于交流来说具有独特的重要性。① 在李文森（Stephen Levinson）看来，格莱斯所说的会话含义具有可取消性（cancellability）。② 例如，一个家长对孩子说："如果你考满分，我给你买变形金刚。"它有这样的会话含义："如果你不考满分，我不给你买。"但如果家长补充说："如果你考 90 分以上，那么我也给你买。"该会话含义就被取消了。可以看出，会话含义推理是可驳斥的：听者基于言者已经说出的句子推出某个结论，然后在掌握更多信息时撤回它。

二 可驳斥性推理的四个重要性质

从上面所提到的这些通常被认为具有可驳斥性的推理出发，可以总结出这样几个重要的性质：合理性、非保真性、动态性与扩展性。

1. 合理性

首先，显而易见但并非不重要的是，上面所提到的这些推理都是合理的（rational），或者说，基于它们的前提而相信结论都是理性的。虽然严格来说，这些推理的前提并不蕴含（entail）结论。例如，"未查询到上海到青岛的直达火车票"并不蕴含"不存在上海到青岛的直达火车票"，"这朵花看起来是红色的"也不蕴含"这朵花是红色的"。但一方面，在这些推理中，如果前提为真的话，结论通常都是真的；另一方面，如果拒绝这些推理的话，就要错失很多甚至绝大多数有用的知识。正如纽特（Donald Nute）所说，相信错误的知识会给人们的生活和实践带来危险，但不相信正确的知识也会带来危险。③ 如果只接受那些前提蕴含结论的推理，固然有助于减少第一种风险，但极大地增加了第二种风险。

实际上，由于所有的经验知识最终都来源于知觉推理、记忆推理、枚举归纳等，如果拒绝这些推理，那么人类就不可能在经验科学领域中有任何成就。可驳斥性推理的合理性使得它们区别于那些非理性的信念

---

① See e. g., Paul Grice, "Logic and conversation", in Steven Davis, eds. *Pragmatics: A Reader*, Oxford: Oxford University Press, 1975, pp. 303 – 315.

② 除了可取消性之外，李文森还谈论了会话含义的不可分离性、可推导性与非规约性。See Stephen Levinson, *Pragmatics*, Cambridge: Cambridge University Press, 1983, p. 114 – 118。

③ Donald Nute, "Defeasible Logic", in Oskar Bartenstein, et al., eds. *Web Knowledge Management and Decision Support*, Berlin: Springer: 2001, p. 152.

产生过程。例如，从"希望期末考试延期"到"相信期末考试延期"、基于直觉的判断或者纯粹的猜测。①

2. 非保真性

非保真性将可驳斥性推理区别于演绎有效的推理。演绎有效的推理是真值保持的，前提为真则结论一定为真；换句话说，前提为结论提供了100%支持。而在可驳斥性推理中，前提为真，结论不一定为真；前提为结论提供了一定程度的支持。在一些统计三段论中，可驳斥性推理的支持程度能够以量化的形式直观地表现出来。比较下面的演绎三段论N1.2：

(P_1）所有的人都会死；
(P_2）苏格拉底是人；
(Q）苏格拉底会死。

与统计三段论推理N1.3：

(P_1）99%的生物会死；
(P_2）苏格拉底是生物；
(Q）苏格拉底会死。

N1.2的前提为结论提供了100%的支持，是演绎有效的推理；而N1.3的前提则只为结论提供了99%的支持。值得注意的是，如果把N1.2的结论换成"苏格拉底会死的可能性为99%"，它就变成了N1.4：

(P_1）99%的生物会死；
(P_2）苏格拉底是生物；
(Q）苏格拉底会死的可能性为99%。

在N1.3中，如果前提（P_1）理解为"生物会死的可能性为99%"，

---

① 也许这些信念的产生过程都有某种"理性"基础，符合某种"理性"，但它们并不符合"认识理性"。

那么前提对结论的支持仍然是100%。就此而论，虽然在 N1.4 中，前提和结论都是不确定的，但它并不是可驳斥性推理，而是不精确推理。不精确推理与可驳斥性推理的区别在于：不精确推理实际上属于演绎推理的范畴，因为结论的确定性程度没有超过前提的确定性程度。换句话说，它同样是真值保持的，不同的地方在于，典型的演绎推理所保持的真值只能取"1"，它保持的真值可以取（0，1］中的任何一个实数值。可驳斥性推理则是不保真的。[①]

3. 动态性

在典型的可驳斥性推理中，人们根据有限的信息得出一个暂时的结论，并保留基于更多信息撤回它的可能性。这使可驳斥性推理呈现出动态性的特征。例如，在知觉推理中，人们根据知觉形成相应信念；在常识推理中，人们根据常识规则得出相应结论。在意识到某个知觉的确因为某种内在或环境的原因不可靠，或常识规则的例外情况的确出现之后，再撤回上述信念与结论。这样的推理过程使得基于有限信息的理性思考和行动成为可能；又由于，从根本上说，在任何时候，人们所获得的信息总是有限的，这使得理性的思考与行动成为可能。

当然，在演绎推理中，结论也是可撤回的。不同在于，撤回一个演绎推理的结论必然伴随撤回它的前提。例如，在 N1.2 中，要撤回结论"苏格拉底会死"，必须要撤回前提"所有的人都会死"与"苏格拉底是人"中的至少一个；同样，在 N1.4 中，要撤回结论"苏格拉底会死的可能性为99%"，必须要撤回前提"99%的生物会死"与"苏格拉底是生物"中的至少一个。但撤回一个可驳斥性推理的结论并不必然伴随着撤

[①] 不精确推理与可驳斥性推理都是人工智能研究中重点关注的推理。但它们有着完全不同的实现途径。实现不精确推理的重点问题是可能性的表示、传递与合成等；对此，人们提出了基于概率论可信度方法、基于模糊集（fuzzy set）的模糊推理等。而实现可驳斥性推理的重点则是非严格规则、不一致规则等的表示以及理论的扩展（extensions）问题；对此，人们建立了缺省逻辑（default logic）、可驳斥性逻辑（defeasible logic）等。可信度方法，可参见王万良编著《人工智能导论》（第4版），高等教育出版社2017年版，第80—83页。模糊推理，可参见［美］史蒂芬·卢奇《人工智能》（第2版），林赐译，人民邮电出版社2018年版，第229—235页。缺省逻辑、可驳斥性逻辑，可参见 Grigoris Antoniou, "A Tutorial on Default Logics", 31 *ACM Computer Surveys*, Vol. 31, 1999, pp. 337 – 359; Donald Nute, "Defeasible Logic", in Oskar Bartenstein, et al., eds. *Web Knowledge Management and Decision Support*, Berlin：Springer：2001, pp. 151 – 169 等。

回它的前提。例如，在 N1.3 中，在保留全部前提"99%的生物会死"与"苏格拉底是生物"的情况下，结论"苏格拉底会死"也是可以撤回的。例如，在苏格拉底是一只灯塔水母——一种据说不会死的生物——的情况下。

在可驳斥性推理中，撤回一个可驳斥性推理的结论通常是由于该推理被另外一个推理驳斥了（defeated）。一个推理 δ_1 被另一个推理 δ_2 所驳斥，一般有两种情况。一种情况是，推理 δ_1 与推理 δ_2 相互冲突。例如，N1.3 与下面一个推理 N1.5：

(P_1) 灯塔水母是永生的；
(P_2) 苏格拉底是灯塔水母；
(Q) 苏格拉底是永生的。

是相互冲突的。这两个推理的结论是不相容的，虽然它们的前提实际上是相容的。如果推理 δ_1 与 δ_2 相互冲突，并且没有哪个推理更强，那么它们相互驳斥：δ_1 驳斥 δ_2，同时 δ_2 驳斥 δ_1。如果 δ_1 与 δ_2 相互冲突，并且 δ_2 强于 δ_1，那么 δ_2 严格驳斥 δ_1；或者说，δ_1 被 δ_2 严格驳斥。像这种基于相互冲突的驳斥，或者说因为结论不相容而导致的驳斥可以称为冲突性驳斥（conflicting defeat）。在冲突性驳斥中，如果人们想要得出最终的结论，就要评估哪一个推理更强。这典型地表现在上述基于冲突前提的推理过程中。

推理 δ_1 被推理 δ_2 驳斥的另外一种情况是：δ_2 表明了，在 δ_1 中，前提不能推出结论。在这种情况中，δ_2 质疑的不是 δ_1 的结论，而是 δ_1 中的前提与结论的关系。这种情况下 δ_2 对 δ_1 的驳斥可以称为底切性驳斥（undercutting defeat）。例如，推理 N1.6：

(P) 哈姆雷特的面前出现弄臣；
(Q) 弄臣在哈姆雷特的面前；

被推理 N1.7：

(P₁) 经常出现幻觉的人的视觉是不可靠的；
(P₂) 哈姆雷特经常出现幻觉；
(Q) 哈姆雷特的视觉是不可靠的。

所驳斥。这一驳斥为底切性驳斥。N1.7 并没有直接否定 N1.6 的结论"弄臣在哈姆雷特的面前"；而是反对基于"哈姆雷特的面前出现弄臣"推出"弄臣在哈姆雷特的面前"。在基于正常情况的推理中，非正常情况的出现经常底切性地驳斥原先的推理。在一般情况下，底切性驳斥无法直接被用来确立一个结论，只能被用来撤回一个结论。但在复杂的推理过程中，随着一个结论的撤回，新的假设性结论可能被建立。

可驳斥性推理的动态性不仅表现在结论可以被撤回，而且还表现在被撤回的结论还可以被恢复。一般地，如果 δ_1 被 δ_2 严格驳斥或底切性驳斥，那么 δ_1 的结论就要被撤回；但如果 δ_2 又被 δ_3 严格驳斥或底切性驳斥，那么 δ_1 的结论恢复。例如，如果 N1.7 被 N1.8：

(P) 哈姆雷特此时没有出现幻觉；
(Q) 哈姆雷特的视觉是可靠的。

严格驳斥。那么 N1.6 中的结论"弄臣在哈姆雷特的面前"恢复。可以看出，在可驳斥性推理中，结论是暂时的，或者说到此为止的（pro tanto）；结论的建立、撤回与恢复等过程充分地体现了可驳斥性推理的动态性。

4. 扩展性（ampliative）

演绎推理与可驳斥性推理的另一个区别是：演绎推理是非扩展性的，可驳斥性推理是扩展性的。演绎推理的结论中不会出现任何新的信息，所有的信息都已经包含在前提中了——正因为此，前期维特根斯坦与维也纳学派都将演绎推理视为"同语反复"或者说"重言式"。而在可驳斥性推理中，结论中所包含的信息超出了前提所能提供的范围。例如，在演绎三段论 N1.2 中，结论"苏格拉底会死"这一信息已经包含在前提"所有的人都会死"以及"苏格拉底是人"中了：既然所有的人都会死，那么作为人的苏格拉底自然也不例外。但在作为统计三段论的 N1.3 中，"苏格拉底会死"没有包含在前提"99% 的生物会死"与"苏格拉底是生物"中：结论告诉我们，苏格拉底不属于那1%的例外，而这一信息是前提中没有的。因此，N1.2为非扩展性的演绎推理；而N1.3为扩展性的可驳斥性推理。在不同的可驳斥性推理中，枚举归纳最为直观地体现了可驳斥性推理的扩展性。在枚举归纳中，人们将基于有限次数的观察所得出的结论扩展到某一类事物的全部对象上去。

如果演绎推理都是"重言式"，那么人们在演绎推理中究竟获得了什么？或者说，人们为什么要进行演绎推理？一个可能的回答是，信息有表层信息与深层信息之区分。在演绎推理中，虽然前提中包含了所有的信息，但这些信息在前提中是被隐藏的，属于深层信息。通过推理，人们将这些信息转化为能够被直接认识到的表层信息。或者说，将"隐蔽的知识"转化为"显现的知识"。例如，在数学领域中通过推理证明一个定理。但无论如何，通过演绎推理，人们最多只能将已有的知识集合变得更加清晰或直观，而无法将新的知识加入到已有的知识集合中以实现知识增长。正因为此，人们需要那些非演绎的扩展性推理。

综上，可驳斥性推理具有合理性、非保真性、动态性与扩展性的特征。这些特征构成了可驳斥性推理的识别标准。

第三节 两种不同的可驳斥性逻辑

虽然人们在日常生活与实践中所做的绝大多数推理都是可驳斥性的，但可驳斥性推理在很长一段时间内都没有进入逻辑学的视野。从乔治·布尔（G. Boole）1847年发表《逻辑的数学分析》以来，到1980年前后，逻辑学家的主要精力在于更准确地表达蕴含关系，并在此基础上构造不同的逻辑系统。由于在这个阶段，人们不太关心它们与现实生活中的非形式推理之间的关系，而更关心逻辑系统的一致性、完全性等性质，这些逻辑系统往往只能用来刻画那些静态的与非扩展的演绎保真推理。

随着人工智能研究的深入，人们发现这些逻辑系统不能满足实践的需要。一方面，由于信息不充分，如果一个智能主体只能从事非扩展性的推理，那么它能够得出的结论就极为有限。为了增加它的能力，人们需要可以进行扩展推理的逻辑工具。另一方面，由于扩展所得的结论有可能是错的，一个智能主体应当有在必要时撤回结论的能力，从而需刻画动态推理的逻辑工具。为使人工智能主体能够像人类一样从事扩展的、动态的推理，就需要构造一个能够刻画可驳斥性推理的逻辑系统。自从1980年前后约翰·麦卡锡（John McCarthy）等人开始关注这一问题到现在，人们提出了非常多的可驳斥性逻辑系统，很难对它们进行全面的介绍。但大体而言，这些不同的可驳斥性逻辑系统可以分为两个不同的进路：基于扩张的非单调逻辑与基于论证的论辩逻辑。

一 基于扩张的可驳斥性逻辑：非单调逻辑

在多种基于扩张的可驳斥性逻辑中，讨论较多、发展较为成熟的是瑞特（Ray Reiter）在1980年提出的缺省逻辑（default logic）。[①] 这里让我们通过上面提过的"鸟通常会飞"这一例子先来简单地了解缺省逻辑的基本思路。在缺省逻辑中，"鸟通常会飞"被表述为一个缺省规则型式（scheme）：

$$\frac{鸟（x）：M会飞（x）}{会飞（x）}$$

它所表达的意思是：如果 x 是鸟，并且可以一致地假定 x 会飞，那么 x 会飞。其中，M 表示"可以一致地假定"。现在先让我们简单地理解为"与已经掌握的信息一致"。

假设现在我们只知道 a 是一只鸟，除此之外，关于 a 的信息我们一无所知。我们就可以运用这一缺省的实例：

$$\frac{鸟(a):M会飞(a)}{会飞(a)}$$

得出"a 会飞"这一结论。这一信息就可以被加入到信息库中，在常识的、不正式的意义上说，信息库得到了扩张，从原来的 {"a 是鸟"} 变

[①] R. Reiter, "A Logic for Default Reasoning", *Artificial Intelligence*, Vol. 13, No. 1, Jan. 1980, pp. 81–132.

成了｛"a是鸟"；"a会飞"｝。如果我们只运用经典逻辑所提供的推理规则，是无法进行这一扩张的。因为，我们不知道a是不是满足"通常情况"这一条件。

假设我们随后知道了：a不仅是鸟，而且是企鹅；而我们又知道，企鹅不会飞。在我们掌握了这些信息的情况下，就不再能够一致地假定a会飞。因此也就不能运用上述缺省得出a会飞的结论。换句话说，当"a是企鹅""企鹅不会飞"这两个信息加入到信息库后，"a会飞"这一信息就要被撤回。在经典逻辑中，这种情况是不可能出现的，被推导出来的结论不会随着新的前提的加入而被撤回。经典逻辑的结论是随着前提的增多而单调递增的。正是在这个意义上说，经典逻辑是单调性的（monotony）。

缺省逻辑是非单调性的（non-monotony）：从一个前提集中推导出来的结论，可能随着新的前提的加入而被撤回。正是通过这种扩张的非单调性，缺省逻辑可以用来刻画日常推理的扩展性与动态性。其他的非单调逻辑在技术路线上与缺省逻辑可能不同，但在总体思路上是相似的。例如，麦卡锡提出的限制逻辑（circumscription logic）通过对某些谓词进行限制，使它们的外延极小化（minimalization），以得出相关的结论；并在这一限制不成立时撤回它们。[1] 摩尔（Robert C. Moore）提出的自认知逻辑（auto-epistemic logic）通过引入表示模态算子L——Lφ直观的解释是"相信φ"——来扩大经典逻辑的后承集合，即如果φ不是前提集Σ的一个后承，那么¬Lφ就是Σ的一个后承，从而在将L算子置入到日常规则的情况下，可以在不具备相关信息的情况下推出相关的结论。[2] 总之，它们都试图通过某种方法在某些条件满足时"猜测"某些结论，暂时将它们视为正确的，以扩张信息库，并在某些条件下撤回它们。就此而论，它们都是试图通过扩张的非单调性来实现可驳斥性推理的扩展性与动态性，因此可以统一称为非单调逻辑（non-monotony logics）。

---

[1] See John McCarthy,"Circumscription: A Form of Non-Monotonic Reasoning", *Artificial Intelligence*, Vol. 13, No. 1, Jan. 1980, pp. 27 – 39.

[2] See Robert C. Moore, "Sematic Considerations on Nonmonotonic Logic", *Artificial Intelligence*, Vol. 25, No. 1, Jan. 1985, pp. 75 – 94.

二　基于论证的可驳斥性逻辑：论辩逻辑

基于论证的可驳斥性逻辑将论证而非命题作为基本单元，并通过论证之间的冲突来刻画可驳斥性推理，因此可以称为论辩逻辑（argumentation logics）。论辩逻辑受到图尔敏等人所倡导的非形式论证理论的启发。上面说过，在图尔敏看来，一个论证是否有效，不取决于它的句法结构，而应当取决于它在一个论辩过程中是否能够防御自身。图尔敏之后的非形式逻辑学家对论辩的类型与结构以及论辩过程中如何提出或反对主张等问题进行了较多的讨论。但对于论证的有效性来说，真正重要的问题是：如何对图尔敏所说的一般原则进行精确的形式刻画，并提供严格的标准与程序进行判断。潘明栋（Phan Minh Dung）1995 年发表的《论证的可接受性以及它在非单调逻辑、逻辑编程以及多人游戏中的基本作用》是一个分水岭，该文给出了论辩的形式模型与扩充的论辩语义，开启了形式论辩理论的序幕。

论辩逻辑的基本思路是：考察论证之间的攻击关系，评估论证的状态，并在此基础上得出可以理性接受的或者说证立的结论。用潘明栋的话说："一个理性的主体是否相信一个主张取决于支持这个主张的论证是否能够成功地防御反对论证的攻击。"[①] 为了实现这一点，论辩逻辑首先对论证进行形式定义。不同的论辩逻辑对论证有着不同的形式定义。这在一定程度上取决于它们明示或隐含的底层逻辑。论证大致相当于底层逻辑中的证明。再定义论证之后，还需要对论证之间的攻击冲突进行定义。在论辩逻辑中，论证之间的冲突通常被表示为论证之间的二元攻击关系，攻击（A，B）来表示论证 A 攻击论证 B。多数论辩逻辑框架区分了两种不同形式的攻击：反驳攻击（rebutting attack）与底切攻击（undercutting attack），它们分别是对上面所说的冲突性驳斥与底切性驳斥的形式化。帕肯在欧洲集成式论辩服务平台项目（ASPIC project）的基础上提出的 ASPIC⁺ 框架，增加了攻击前提的论证冲突类型，他称为消损攻击

[①] Phan Minh Dung, "On the Acceptability of Arguments and Its Fundamental Role in Nonmonotonic Reasoning, Logic Programming and N-person Games", *Artificial Intelligence*, Vol. 77, No. 2, Sept. 1995, p. 323.

(*undermining attack*)。①

为了评估特定论证的状态，仅有对论辩的形式刻画是不够的，还需要有在不同论证之间进行比较的标准；换句话说，论辩逻辑不仅需要形式化"攻击"，而且需要形式化"成功的攻击"或者说"击败"。在三种不同类型的冲突中，一般来说，底切攻击是必然成功的，但消损攻击与反驳攻击是否能够成功则取决于论证之间的优先关系。虽然不同论证之间的优先关系在原则上来说属于领域知识，而不应该由逻辑来提供，但逻辑应当能够提供刻画那些关于优先关系的争论的技术工具。

上面说过，一个攻击某个其他论证的论证，本身有可能被另外的论证所攻击，因此要评估特定论证的状态，只比较两个冲突论证之间的优先关系是不够的。例如，论证 A 被论证 B 成功击败了，并不一定意味着论证 A 不能得到证立，因为可能存在论证 C，成功击败了论证 A。可以看出，要确定论证 A 是否能够得到证立，需要考察论证 A 与所有可能论证之间的博弈。就此而论，一个合格的论辩逻辑需要提供在任何复杂度的论辩框架中，判断一个特定的论证是否得到证立的方法。人们通过两种不同的论辩语义来实现这一点。一种是潘明栋提出的扩充语义，另一种是约翰·波洛克（John Pollock）发展的加标语义。这两种语义在技术手段上不同——扩充语义试图给出得到证立的论证集合，加标语义则试图通过合法加标来揭示论证的状态——但在主旨方向上是一致的，并且可以相互对应起来。②

可以看出，论辩逻辑试图在一个论辩框架中确定特定论证的状态，并以此获得可接受的主张。从而在某种意义上，如果说非单调逻辑是一种试图在某个论证内部确立可接受主张的思路，那么论辩逻辑则是一种试图在某个论证外部确立可接受性主张的思路。

---

① Henry Prakken, "An Abstract Framework for Argumentation with Structured Arguments", *Argument & Computation*, Vol. 1, No. 2, 2010, pp. 93–124.

② Martin Caminada 证明，每一种扩充语义都可以找到对应的加标中的 in (Lab)。See Martin Caminada, "Semi-Stable Semantics", in P. Dunne, T. Bench-Capon, eds., *Computational Models of Argument*, Amsterdam: IOS Press, 2006, pp. 121–130.

三　小结：非单调逻辑与论辩逻辑的结合

大体而言，有两种不同的刻画可驳斥性推理的方案，一种是非单调逻辑，另一种是论辩逻辑。前者的出发点是处理不充分信息的推理，在信息不充分时，人们进行合理的猜测，遇到反例时再撤回它。后者的出发点是刻画基于不一致信息的推理，在具有不同来源的信息相互冲突时，人们通过比较、评估支持或反对它们的不同论证，确定一个主张的可靠性。就此而论，非单调逻辑倾向于将可驳斥性完全局限在单个的论证内部，而论辩逻辑则倾向于把它刻画为不同论证之间的冲突、击败以及恢复。

一个更好的思路是将这两种不同的逻辑结合起来。从不充分推理的角度看，可以区分两种新的不一致信息，一种一定会导致结论的撤回，另一种则可能取决于新的信息和旧的信息之间的强度对比；从不一致推理的角度看，对一个论证的攻击也分为不同的类型，有些攻击是一定能够成功的，有些攻击则未必。只有将这两种不同的可驳斥性逻辑结合起来，将有些驳斥放在论证内部，另外一些驳斥放在论证外部，才能更好处理可驳斥性推理。本项研究的目标正是在这样一个整体思路的指导下构造一个新的逻辑系统：非单调法律论辩逻辑。

第二章

法律推理的概念、特征及相关问题

为了考察适于法律推理的逻辑框架,需要首先对法律推理有较为深入的了解。本章和下一章旨在增进这种了解。本章在简单讨论法律推理的概念的基础上,试图通过反思法律推理中的几种常见思维倾向来一般性地揭示:一个妥当的法律推理是什么样子,以及对法律推理的逻辑刻画应当注意哪些方面的问题。下一章专门讨论法律推理的一个重要性质:可驳斥性。

第一节 作为一个原型范畴的法律推理

在现有文献中,并不存在一个公认的"法律推理"的界定。最宽泛的理解认为法律推理就是法律领域中的推理,包括所有主体在从事所有法律活动时所进行的推理活动:从法律制定中的推理到法律适用中的推理,从法官的推理到任何法律行为的主体的推理。[①] 最狭义的理解认为法律推理只包括那些法官所从事的根据法律规则大前提与案件事实小前提

[①] 我国早期的法律推理研究者多持这种理解。例如,沈宗灵:《法律推理与法律适用》,《法学》1998 年第 5 期;张保生:《法律推理的理论与方法》,中国政法大学出版社 2000 年版,第 62 页。与此相应,早期的法律逻辑研究者也认为,法律逻辑就是普通逻辑在法律领域中的应用,因此多数法律逻辑学教科书都是"普通逻辑+法律例子"这种模式。

推导出结论的推理活动。① 更常见的界定则位于这两者之间。例如，麦考密克与约瑟夫·拉兹（Joseph Raz）的界定。

在麦考密克看来，法律推理的核心是从规则与事实中推出判决结论的法律三段论。但法律推理不都是法律三段论，它还包括那些围绕法律三段论进行的，或者说使法律三段论成为可能的一些推理活动：事实证明、归属确认、法律解释以及相关性判断。② 从一个角度看，麦考密克对法律推理的理解是狭隘的，因为它只关注司法活动中的推理，没有关注其他法律活动中的推理。但从另一个角度看，它又是宽泛的，因为它没有限定从事推理活动的主体。

拉兹将法律推理分为两类："关于法律的推理"（reasoning about the law）与"根据法律的推理"（reasoning according to law）。前者是确定在某一事项上法律的内容是什么的推理；后者是关于具体案件根据法律应当如何解决的推理。③ 值得特别注意的是，拉兹并不是像德沃金（Ronald Dworkin）那样，将"根据法律的推理"看成是"关于法律的推理"的延续："关于法律的推理"确定具体事项上的法律是什么，"根据法律的推理中"将被确定的法律运用到事实中。④ 拉兹所说的是，在"根据法律的推理"中，人们不仅需要确定法律的内容，有时还需要根据法律的要求去确定一些法律体系之外的材料的内容，以及修改、补充法律或为其创设例外。因此，虽然"关于法律的推理"是受制于"来源论题"（Sources Thesis）的，但"根据法律的推理"则是道德推理的一种类型。

---

① 例如，陈金钊教授将法律解释等排除在法律推理的范围之外，"法律解释、法律论证、价值衡量以及漏洞补充，其实只是对法律推理大前提的确认，这里面虽不乏推理的运用，但很难称为法律推理"。陈金钊：《司法过程中的法律方法论》，《法制与社会发展》2002年第4期。解兴权教授则强调，法律推理既是一种思维活动，又是一种应受法律规制或调整的法律行为，因此只有特定的法律工作者从事的推理才是法律推理。参见解兴权《通向正义之路：法律推理的方法论研究》，中国政法大学出版社2000年版，第24—25页。

② 参见［英］麦考密克《修辞与法治：一种法律推理理论》，北京大学出版社2014年版，第57—59页。

③ Joseph Raz, "On the Autonomy of Legal Reasoning", *Ratio Juris*, Vol. 6, No. 1, 1993, pp. 2-3.

④ See e. g., Julie Dickson, "Interpretation and Coherence in Legal Reasoning", *The Stanford Encyclopedia of Philosophy*, (2016), E. N. Zalta (ed.), (http://plato.stanford.edu/archives/win2016/entries/legal-reas-interpret).

和麦考密克的界定一样，拉兹的界定从一个方面看是宽泛的，因为它将至少一部分基于道德原则的推理也算作法律推理。但从另外一个方面看又是狭隘的，因为它只关注了基于规则的推理，没有关注基于先例的推理，例如：判断相似性的推理、区分先例的推理。此外，它只关注了法律层面的推理，而没有关注事实层面的推理。不少学者认为，事实推理同样是法律推理不可或缺的重要环节，并呼吁在法学研究与教育中"认真对待事实"。[①]

在界定一个概念时，常见的思路是找出相关事物的共同特征。但对于法律推理来说，这个思路并不可行。从上面的讨论中可以看出，那些通常被称为"法律推理"的活动并没有什么共同特征。有些法律推理是以法律三段论的形式进行的，也有些是以先例类推（analogy of precedents）的形式进行的——一些英美学者甚至认为，后者才是法律推理的基本类型。[②] 有些法律推理旨在确定某个具体对象的法律后果，但也有些法律推理旨在确立某个一般性的规范性命题。例如，法律解释推理。有些法律推理是法官做出的，也有些法律推理是律师或其他从事法律活动的主体做出的。有些法律推理的前提来源于法律规则，也有些法律推理的前提来源于道德原则。如果一定要说有什么共同特征的话，那么只能说它们多多少少都是和法律有关的。但这样界定法律推理，显然过于宽泛了。

在这种情况下，理解"法律推理"的妥当方式不是去寻找共同特征，而是去寻找典型样本，或者说法律推理的"原型"（prototype）。[③] 那些非典型的法律推理在一些方面上会偏离原型，但它们在另外一些方面上会

[①] See e. g. , William Twining, *Rethinking Evidence: Exploratory Essays*, (2nd ed.), Cambridge: Cambridge University Press, 2006, p. 14.

[②] See e. g. , Edward H. Levi, *An Introduction to Legal Reasoning*, (2nd ed.), Chicago: University of Chicago Press, 2013, p. 1.

[③] 关于原型与原型范畴，可参见 Ronald Langcker, *Foundations of Cognitive Grammar* (1), Stanford: Stanford University Press, 1987, p. 371 （"原型是范畴的典型实例，其他成员正是基于它们被感知到的与原型的相似性而被纳入同一范畴的"）；Rene Dirven & Marjolijn Verspoor, *Cognitive Exploration of Language and Linguistics*, (Amsterdam & Philadelphia: John Benjamins, 2004, p. 17 （"一般来说，范畴的中心是很牢靠、清晰的，但它的边缘则是不清楚的，并可能与其他范畴相重叠"）。

和原型一致，或者通过某种方式与原型相联系。通过考察它们与原型的区别、一致性或相互联系的方式，我们能够理解它们为什么有时会被称为"法律推理"，有时又被排除在该范畴之外。无论如何界定法律推理，很少有学者将法律三段论排除在该范畴之外，① 因此，可以认为法律三段论是法律推理的原型。其他一些推理活动，借助它们与法律三段论之间的某种联系，被称为"法律推理"。

典型的法律三段论有如下特点：首先，它通常在司法判决中出现。其次，它表现为或至少可以重构为三段论的形式，即由大前提、小前提与结论所构成。再次，法律三段论的大前提通常是对法律内容的陈述，并表现为由"事实构成"作为前件、"法律后果"作为后件的条件句；② 另外的前提则通常断言了某个特定的对象满足上述条件句的前件。最后，法律三段论旨在确定某个特定对象的法律后果。现在我们来看那些不完全具有上述特征的推理为什么会被称为或不被称为法律推理。

首先，有些推理并不具有三段论式的推理形式，但它们同样旨在确

---

① 王洪教授可能是唯一例外。在王洪教授看来，法律三段论不是法律推理，而是"司法判决推理"，"法律推理"则专指确定判决前提的推理。王洪教授将自己的"法律推理"与"司法判决推理"的区分与上述拉兹"关于法律的推理"与"根据法律的推理"的区分相对照。但这种对照并不成立。拉兹所说的"根据法律的推理"是指运用法律来决定具体的案件应当如何解决的推理，它不只包括王洪教授所说的"司法判决推理"，也包括他所说的"法律推理"。在拉兹看来，解决个案的过程不仅要依靠法律规则，还不可避免地要依靠一些道德原则；因此他把"根据法律的推理"区别于那些仅仅旨在确定法律内容的"关于法律的推理"。王洪教授之所以不愿意将"司法判决推理"视为法律推理，而将"法律推理"这个名头"授予"确定判决前提的推理，是因为在他看来："司法判决推理"并没有自身的规律，"只不过是命题逻辑或谓词逻辑等形式推理规律和规则的具体运用"；远不如确定判决前提的推理更有特点、"更值得关注"。对于王洪教授的说法，这里试做四点评论。首先，"司法判决推理"并没有想象的那么简单，实际上，命题逻辑与一阶谓词逻辑不能很好地刻画它。其次，也许确定判决前提的推理比"司法判决推理"更有"法律性"或更值得关注，但无论如何不能说前者比后者更重要。因为前者是为后者服务的。离开了后者，前者意义何在是不清楚的。再次，严格地将根据法律做出判决的推理过程区分为前后两个阶段是不符合真实的司法实践的。区分这两个阶段是为了将后者重构为一个演绎推理，但实际上是做不到的。最后，术语的使用应当尽量尊重语言习惯，否则会给交流带来障碍。即便整个判决推理过程可以被严格地区分为确定前提的过程与适用前提的过程，也可以将前者称为"法律发现推理"这一多少已被学界所采纳的术语，而没有必要独占"法律推理"这个更一般的术语。参见王洪《论法律推理与司法判决推理》，《哲学研究》2003年增刊。

② 哈赫（Jaap Hage）称之为"情况描述—法律后果组合"（case-legal consequence pair, CLCP）. See Jaap Hage, *Studies in Legal Logic*, Dordrecht：Springer, 2005, p.17。

定某个特定对象的法律后果；并且，在它们的前提中，同样有一些来源于法律规则，有一些来源于案件事实。例如，法律领域中的类比推理，它们通常被视为法律推理。然而，如果有学者认为，所有的法律推理都应当是演绎有效的，而同时又认为，类比推理不具有演绎有效性，那么就可能将它们排除在法律推理的范围之外。① 虽然术语上的分歧是无关紧要的，但基于这一理由的排除其实并没有什么道理。因为法律三段论同样不是演绎有效的，而是可驳斥的。这里无法充分论证该主张，但简要说来，由于法律规则总是面临各种明示的或隐含的例外，对于那些基于法律规则的三段论推理来说，人们可以在不撤回前提的情况下撤回结论。② 当然，虽然法律三段论不是演绎有效的，但在推理形式上与归纳推理、类比推理仍有显著的区别。我们可以根据推理形式的不同将法律推理区分为三段论法律推理与非三段论法律推理，或者类演绎推理、归纳推理、类比推理、溯因推理。

其次，有这样一些推理，它们虽然并不直接确定某个对象的法律后果，却是完成这一任务的必要步骤。典型的例子是那些旨在获取用以判断某个对象具有何种法律后果的一般性规则的推理，以及那些旨在确定某个一般性规则的前件是否满足的推理。前者例如，在彭州天价乌木案中，要确定该批乌木的归属，首先要明确应当适用什么规则，是适用"埋藏物、隐藏物的规则归国家所有"这一规则，还是适用无主物先占的规则，或者天然孳息归所有权人或用益物权人所有的规则。后者例如，在王海"知假买假"案中，为了确定王海是否有权获得双倍赔偿，首先要判断王海是不是"消费者"，以及王海的行为是否属于"生活消费"。或者说，要先判断双倍赔偿规则的前件是否满足。③ 因为在所有法律适用的过程中，都不仅涉及将规则大前提适用到事实小前提中的推理活动，

---

① 例如，陈金钊：《司法过程中的法律方法论》，《法制与社会发展》2002 年第 4 期。
② 关于法律推理可驳斥性的进一步讨论，可参见 Jaap Hage, *Studies in Legal Logic*, Dordrecht: Springer, 2005, pp. 15 – 23; Giovanni Sartor, "Defeasibility in Legal Reasoning", in Jordi Ferrer Beltran, Giovanni Battista Ratti, eds. *The Logic of Legal Requirements: Essays on Defeasibility*, Oxford: Oxford University Press, 2012, pp. 108 – 148。
③ 王海"知假买假"的行为在天津市的两个法院得到了截然相反的判决结果。参见天津市和平区法院（1996）和民初字第 1445 号民事判决书，天津市河北区法院（1997）北民初字第 2 号民事判决书。

而且涉及确认规则大前提的推理活动与确认事实小前提的推理活动，将后两种推理同样视为法律推理是顺理成章的。

再次，有些推理与上述法律推理在目标、前提等方面是相同的，但不是法官等法律工作者做出的，而是学者或普通公民做出的。有学者认为，这样的推理不是法律推理。因为法律推理具有权威性，而"负有推论责任的特定法律工作者（尤其是法官）是司法审判活动中的主体，只有他们做出的推理才是权威性的"。① 这一说法同样没什么道理。典型的法律推理之所以具有权威性，是因为它们是法官在司法审判实践中做出的。宪法与相关的法律将审判权授予法官，使得法官的推理与决定具有权威性，而不是法律推理活动内在地具有权威性，从而在定义上排除了其他主体从事这种活动的可能性。一种看上去比较有道理的看法是，法官最经常从事法律推理活动——这同样是因为宪法与法律将审判权授予他们——在司法实践中他们可能总结了或践行着某些经验、方法或程序性规范。因此，对法律推理的研究最好以法官所从事的法律推理活动为研究对象。就此而论，区分不同主体从事的法律推理活动是有意义的，但正如拉兹所说，并不存在一种法院独有的法律推理活动。②

最后，在一些推理中，作为裁判依据的前提不是来源于法律规则，而是来源于道德原则或对其他后果的考量。这些推理是法律推理吗？在德沃金的理论框架下，可能并不存在这样的问题。因为在他看来，作为裁判依据的前提不仅可以来源于法律规则，而且可以来源于法律原则，而法律原则同样是法律之内的标准。德沃金所说的法律原则是不依赖于任何制度性来源的、由法官所建构的一种理论实体。将这种理论实体说成是法律之内的标准既不是对法律实践的一个好的描述，也不具有任何规范上的吸引力。③ 就此而论，像拉兹一样坦白地承认，在裁判过程中，由于法律所固有的一些缺陷，人们有时需要在法律之外寻找作为裁判依据的前提，无疑是一种更加坦诚的态度。不将这种推理视为法律推理可

---

① 解兴权：《通向正义之路：法律推理的方法论研究》，中国政法大学出版社 2000 年版，第 25 页。
② Joseph Raz, "On the Autonomy of Legal Reasoning", *Ratio Juris*, Vol. 6, No. 1, p. 2.
③ 对此问题的详细阐述，参见陈坤《"开放结构"与法律的客观性》，《法制与社会发展》2016 年第 1 期。

能来源于这样一种担忧：法律推理应是客观的、中立的，求助于道德原则或后果考量会贬损法律推理的客观性与中立性。然而，如果一个判决的得出与充分证成不可避免地要依赖于一些法律之外的标准的话，那么试图通过把基于这些标准的推理排除在法律推理之外来保证法律推理的客观性与中立性就是不得要领的。因为说到底，人们之所以希望法律推理是客观的、中立的，恰恰是因为希望判决是客观的、中立的。实际上，完全脱离外在于法律之外的标准，根本无法从事真正的法律适用工作。即便那些最简单的案件，也需要一些法律之外的标准。例如，假设规则是"对驾驶汽车进入公园者罚款100元"，案件事实是"甲驾驶一辆卡车进入公园"。这一案件无疑是简单案件，因为卡车很明显属于"汽车"。然而，虽然如此，仅从"$\forall(x)$（驾驶汽车进入公园（x）$\rightarrow$罚款 100 元（x））"与"驾驶卡车进入公园（甲）"这两个前提出发是得不出任何结论的，因为作为大前提的条件句前件中的谓词与小前提中的谓词不一致。只有在引入"$\forall(x)$（驾驶卡车进入公园（x）$\rightarrow$驾驶汽车进入公园（x）"这一额外的前提之后，才能得出"罚款 100 元（甲）"这个结论。引入的这一前提是真的，但它并不是逻辑真的，而是根据人们共享的语言实践为真的。而共享的语言实践并不是法律的一部分。正是在这个意义上说，即便对于简单案件来说，也无法实现一些形式推理的倡导者所设想的那样，完全从法律规则逻辑演绎地进行推理。更别提在疑难案件中，无论是人们在解释过程中所引入的解释性规则，还是出于实质公正对规则的修正，在多数时候都是缺乏实在法的依据的。法律推理的客观性与中立性并不要求排除这些外在的标准，而是要求对它们的援用是非任意性的，或者更确切地说，是能够获得证成的。

总之，法律推理是一个原型范畴，原型为法官所从事的法律三段论推理。有些推理在一些方面偏离原型，但在另外一些方面和原型相似。是否将它们称为法律推理，在很大程度上取决法律推理研究的目标与主旨。过度纠结于某种类型的推理是否叫作法律推理，其实并没有太大的意义。在需要时，完全可以通过进一步的类型划分来实现考察对象的精确化。

第二节 法律推理的独特性

要考察一个合格的法律推理应当注意哪些方面，一个比较妥当的思路是：先考察人们实际上是如何进行法律推理的，然后对实际推理的方式进行合理性的反思。在长期从事法律推理的过程中，人们形成了三种根深蒂固的思维倾向：规则取向、概念取向与自治取向。

一 规则取向

在法律推理活动中，第一个根深蒂固的思维倾向是规则取向。首先表现在，对于某个法律问题来说，人们不光是要一个解决方案，而且是要建立在某个规则基础上的解决方案。在遇到难题时，人们首先想到的也是求助于某个规则。南京"火车工伤认定"案[1]尤为凸显了法律工作者的这一思维倾向。在该案中，女工吕某因在上下班途中被火车撞伤不治身亡。根据《工伤保险条例》的规定，职工在上下班途中受到机动车事故伤害的应认定为工伤。但经过前后长达五年的两次行政认定、四次判决，吕某仍然无法被认定为工伤。因为在《道路交通安全法》中，"机动车"被解释为"以动力装置驱动或者牵引，上道路行驶的供人员乘用或者用于运送物品以及进行工程专项作业的轮式车辆"；而火车并不符合"上道路行驶"这一条件。从该案中可以看出，在碰到像法律概念的含义不清这样的问题时，法官及其他法律工作者一定要去寻找某个规则来解决，哪怕是一个八竿子打不着的规则，或者说规则所在的法律和要解决的问题具有完全不同的旨趣，也不愿意依赖于自己的生活经验或常识常理。

规则取向的另一个表现是：在法律推理中，人们往往将规则置于规则的理由之上。这使法律推理区别于其他一些类型的推理。例如，在认识推理中，人们遵循某个规则是因为它能够带来可靠的认识结果。一旦这一理由不复存在，人们就会停止遵循该规则。日常生活中的实践推理

---

[1] 参见"高荣梅等诉南京市劳动和社会保障局工伤认定纠纷再审案"，（2010）苏行再提字第0003号。

也是如此。例如,你是否遵循规则"如果感冒了就喝点板蓝根",通常取决于你是否相信板蓝根能够有效地减轻感冒症状。在法律推理中,虽然规则也是基于某些理由而被制定出来的,但人们通常并不会仅仅因为规则背后的理由不复存在而停止适用该规则。例如,为降低遗传疾病风险,人们制定了禁止三代以内旁系血亲结婚的规则。但一般来说,该规则对于那些不能生育的男女近亲来说同样适用,尽管规则的理由在他们身上不再成立。正是在类似的意义上,拉兹谈论规则的内容无涉(content-independence)与不透明性(opaqueness)。①

正是规则取向的思维倾向导致了法律推理具有人们常说的"向过去看"的特点。因为在法律领域,规则通常来源于以往的立法性行为。德沃金在谈论法律决定与政治决定之间的区别时较为详细他讨论了这一特点。在他看来,在政治决定的证成中,人们既可以使用原则论据——通过论证某个决定尊重或维护了某些个人权利(individual rights)来证明该决定的合理性;也可以使用政策论证——通过论证某个决定能够促进或保护作为整个社会的某些集体目标(collective goals)来证明该决定的合理性。但在法律决定的证成中,人们只能使用基于个人权利的原则论据。即便在疑难案件中,这些个人权利也是事先已经存在的,而不是法官为了解决手头的案件而创造出来的。② 也许德沃金的观点在一定程度上夸大了先在的法律素材的确定性与对判决结果的决定性,但法律推理"向过去看"的特点是毋庸置疑的。在典型的法律推理中,人们不是在探究什么样的解决方案是最好的、最有利于未来的,而是在探究什么样的解决方案是基于过去的制度性依据的。

不可否认,法律推理并不总是"向过去看",有时也"向未来看"。例如,当过去制定的规则存在"明显错误"(manifestly wrong)或将使个案判决产生严重不公时,或当需要借助对后果的权衡来确定一个规则的确切含义时,人们会探究当下的判决对未来的影响。但即便在这些场合

---

① See Joseph Raz, "Reasoning with Rules", Current Legal Problems, Vol. 54, No. 1, July 2007, pp. 1 – 28.

② See Ronald Dworkin, "Hard Cases", Harvard Law Review, Vol. 88, No. 6, Apr. 1975, pp. 1057 – 1109.

下，法律推理仍然呈现出规则取向的思维倾向。这表现在，在法律推理中，当人们需要借助后果权衡来解决某个问题时，所权衡的并不只是或主要不是关于案件当事人的某些具体后果，而是更关注判决结果可能引起的系统性后果，或者说，假设该判决结果成为一般方案所可能导致的后果。就此而论，在这些"向未来看"的法律推理中，虽然人们没有严格遵循已有的规则，但新建了一些规则。这使法律推理区别于那些仅仅旨在解决手头问题的推理。正是在这个意义上，麦考密克说，"每一个新的例外情况一旦被认可，自身即成为一种可普遍化的例外"[①]。

二　概念取向

在法律推理中，第二个根深蒂固的思维倾向是概念取向。可以说，没有任何一个领域像法律领域那样"抠字眼"。在法律领域中，无论是在理论问题的分析与探究中，还是在实践决策中，从事法律推理的人们都不会绕过概念去思考问题。对此，熊秉元教授曾提到过一个很有意思的例子：在多所高校的法学院演讲时，当他问在座的听众"果子落入邻人土地，属于果树主人所有，还是属于邻人所有"时，绝大多数听众都认为应当属于主人所有。这是因为，这些学习法律或从事法律工作的听众会自然地将落入邻地的果实视为"天然孳息"的一个实例，而"天然孳息由原物所有权人取得"则是一个一般性的法律规则。法律专业之外的人一般不会采用这样的思维方式。例如，一般公众可能会去思考由谁取得更为公平；而研习经济学的人则更有可能会去思考由谁取得才能最大限度地降低那些非生产性的成本，才能使得收益最大化。例如："如果属于主人所有，主人要进入邻人土地，侵犯隐私；如果迟迟不捡，造成邻人困扰；如果彼此都种同样果树，辨认困难；当果树延伸接近邻地时，主人没有意愿修剪枝桠。相反的，如果属于邻人所有，没有侵犯隐私的问题，也不会有应用管理的问题，不会把司法体系卷入；果树主人会主动修剪枝桠，防患于未然。"[②] 对于"果子由谁取得才更合理"这一问题

[①] ［英］尼尔·麦考密克：《修辞与法治：一种法律推理理论》，北京大学出版社2014年版，127页。

[②] 熊秉元：《论社科法学与教义法学之争》，《华东政法大学学报》2014年第6期。

来说，这些考虑无疑是重要的，但它们不太可能进入那些习惯于从事法律推理的人们的视野中——也许它们会进入那些规则的建立者的视野中，但通常不会进入那些在已有的规则之下进行思考的人们的视野中。他们更关心的，是一个直截了当的概念问题：落入邻地的果子究竟是不是"天然孳息"？在一篇批判性文章中，桑本谦教授也提到了法律推理的这一特点。在他看来，理性人思维是成本收益分析，而法律人思维则习惯于拿一些像"对价""过错"等法律概念作为"托词"。虽然桑本谦教授此文的主要意图是通过成本收益分析来解释法律人的这一思维倾向，并在一定程度上弥补它的这种缺陷。[①] 但存在这一现象毕竟是不可否认的。至于这一现象能否得到解释，法律推理中的这种思维倾向是否合理或正当，甚至是否需要被另外的思维倾向所取代，则是另外的问题。

法律推理的概念取向还表现在：在司法实践中，绝大多数的争议都是围绕法律概念进行的。例如，在尼克斯诉赫登案（Nix v. Hedden）中，控辩双方的争论是围绕"西红柿是不是水果"这一问题进行的[②]；在史密斯诉合众国案（Smith v. United States）中，争议围绕"在毒品交易中用枪支交换毒品"是不是"使用枪支"这一问题展开[③]；在"谤韩案"中，韩愈的"第39代孙"算不上"直系血亲"成为争论的焦点[④]；而在"许霆案"中，争议则围绕许霆的行为是否构成"盗窃"、ATM 机是否属于"金融机构"等问题进行[⑤]。法律争议之所以围绕法律概念进行，根源于法律概念的处置性；或者用德沃金的话说，"如果其成立则法官至少有一个初显（prima facie）的义务支持某个法律主张，如果其不成立则法官至少有一个初显的义务支持相反的法律主张"[⑥]。正是法律概念的处置性将控辩双方的注意力都集中到某个相关的法律概念在手头案件事实中是否成立这一问题上来。

概念取向的思维倾向最为突出的表现是：许多时候，即便对于那些

---

① 桑本谦：《"法律人思维"是怎样形成的》，《法律和社会科学》2014 年第 1 期。
② Nix v. Hedden, 149 U. S. 304, 305（1893）.
③ Smith v. United States, 508 U. S. 223, 241（1993）.
④ 参见杨仁寿《法学方法论》，中国政法大学出版社 1999 年版，第 9 页。
⑤ 参见广东省广州市中级人民法院刑事判决书，（2008）穗中法刑二重字第 2 号。
⑥ Ronald Dworkin, *A Matter of Principle*, Cambridge, MA: Harvard University Press, 1985, p. 119.

不是概念造成的法律疑难，人们也试图通过某种概念性的操作来解决。一般来说，在法律推理的过程中，可能存在两个难题。其中一个难题与概念有关，可以称为概念涵摄难题，即在判断相关对象是否在规则所采用的概念的外延之内时遇到了困难。另一个难题则与概念没什么关系。它是关于规则适用的，可以称为规则适用难题。虽然在概念涵摄成立（不成立）的情况下人们一般可以直接推定规则适用（不适用），但这一推定是可驳斥的——实际上，正是这一可驳斥性使得规则适用难题的出现成为可能。当规则与作为规则理由的立法意图或某种实质性的政治道德理想发生冲突，以至于严格遵循规则会导致明显不公时，这一推定就被驳斥了。就此而论，情况并不像有些学者所想的那样：一旦做出了相关对象的归属判断，剩下的就只是简单的逻辑操作了。[①] 这种想法只注意到了概念涵摄难题，没有注意到规则适用难题。概念涵摄难题是由概念造成的，可以通过明确概念的含义来解决，但规则适用难题不是由概念造成的，因此不太可能通过明确概念的含义来解决。[②] 经常发生这样的情况，人们试图通过扩大或限缩概念的含义来解决规则的包含不足与过度不足问题，并美其名曰"扩张解释"与"限缩解释"——它们实际上是对规则的修改。总之，正是概念取向的思维倾向，使得在法律领域中，一个具体的事物被叫作什么往往比它实际上是什么更为重要。

三 自治取向

法律推理的自治取向，是指人们在思考法律问题时，严格以法律为标准，避免其他因素的侵入。自治取向的思维倾向至少表现在如下五个方面。

首先，在事实认定过程中，人们更看重"法律真实"而非"客观真实"。换句话说，在法律推理中，比起"事实上发生了什么"，人们更关心"现有的合法证据能够证明什么"。这典型地表现在如下两种情况中：一是某些非法证据的排除。有些非法证据的排除根源于它们是不可信的，

---

① E. g., George C. Christie, "Objectivity in the Law", *Yale Law Journal*, Vol. 78, No. 8, July 1969, p. 1315.
② 对这一问题的进一步讨论，参见陈坤《重申法律解释的明晰性原则》，《法商研究》2013年第1期；陈坤《概念涵摄与规则适用：一个概念与逻辑的分析》，《法制与社会发展》2017年第5期。

例如伪造的物证或书证、不诚实的证人证言、刑讯逼供所取得的口供等。但不是所有被排除的证据都根源于不可信。例如，对于物证，一般来说，只要它是真实的，不管它是如何取得的，都是可信的。然而，在现代法律制度下，非法获取的物证即便可信，也经常被排除在可采证据的范围之外。二是不可推翻的推定。推定是人们在信息匮乏时得出临时性结论的手段。一般来说，只要相反的信息出现了，原有的推定就会被推翻。①但在法律领域，有一些推定是不可推翻的。例如，根据我国相关法律，未采用书面形式的房屋租赁合同推定为不定期租赁，即便有证据表明双方当事人存在签订定期租赁合同的合意，也不能推翻这一被法律所拟制的事实。正因为此，郑成良教授等学者将"合法性优于客观性"作为法律思维的一个特征。②

其次，自治取向的思维倾向还体现在对程序的重视上。在法律领域，人们对某个结论或决定是否正确或可接受的评价不仅依赖于——或者说主要不是依赖于——实质性的正确性标准或正义标准，而更依赖于得出这一结论或决定的程序或方式。这一特点使法律领域区别于那些主要依赖实质标准或结果来评价结论或决定的领域。此外，专业的法律人在思考问题时通常遵循一个固定的套路。③对于这一现象的部分解释是，什么样的结论或决定才符合实体正义是很难判断的，诉诸程序正义正是为了最终实现实体正义。"程序正义原则是为达成内容上正义的决定这一任务服务的，即程序正义原则是作为能够最大限度地保障内容上正义的决定的程序条件起作用的。"④但这无法解释，为什么有些时候实体正义很容

---

① 关于推定问题的一个系统讨论，可参见［美］尼古拉·雷舍尔《推定和临时性认知实践》，王进喜译，中国法制出版社2013年版。

② 例如，郑成良：《论法治理念与法律思维》，《吉林大学社会科学学报》2000年第4期；董玉庭、于逸生：《司法语境下的法律人思维》，《中国社会科学》2008年第5期。

③ 例如，对于案例分析，王泽鉴教授总结了历史方法与请求权方法。参见王泽鉴《民法思维：请求权基础理论体系》，北京大学出版社2009年版，第33页。在民事审判中，邹碧华法官总结了九步审判法。参见邹碧华《要件审判九步法》，法律出版社2010年版。在刑事审判中，陈兴良教授强调客观判断先于主观判断、形式判断先于实质判断、类型判断先于个别判断、事实判断先于价值判断。参见陈兴良《定罪的四个基本规则》，《检察日报》2009年11月5日。

④ ［德］莱因荷德·齐佩利乌斯：《法哲学》，金振豹译，北京大学出版社2013年版，第275页。

易判断，人们却仍然要求尊重程序上的要求。更加无法解释，为什么当程序正义与明显可以判断的实体正义发生冲突时，人们仍然选择尊重依据程序做出的结论或决定。这一解释还忽视了，有些程序上的要求具有内在的重要性。例如，诉讼主体应当具有平等的地位。

再次，自治取向还体现在，在法律分析、法律推理与法律论证中，始终以权利、义务为线索。下述案例典型地反映了这一思维倾向。2007年9月，山东省威海市某高中学生李某依据父母八年前离婚协议约定内容，将房屋产权办在自己名下，并于当月诉至法院要求终止离婚后独自居住在此的母亲居住权。1999年7月，李某的父母经法院调解离婚。调解书中约定婚生子李某由父亲抚养，……双方共有的一套房屋赠予婚生子李某，李某母亲在该房屋居住至李某年满18周岁。经查，离婚后，李某母亲独自居住在该房屋，李某与其父亲和爷爷奶奶共同生活，后父亲再婚。李某母亲现年42岁，原为工厂职工，现无业，无其他房屋可供居住。一审法院基于原告李某作为财产所有权人有权对房屋进行处置，判决支持原告诉讼请求。二审法院在经过利益衡量之后改判原告败诉。虽然二审法院的出发点是人情伦理（把母亲撵出去是否"于情理不合"）与双方经济状况、需求与影响的对比（如果不支持李某诉求，他只会损失一份房租，但如果支持李某诉求，他的母亲将居无定所），但改判的理由却是："被上诉人作为已满18周岁且具有一定认识能力的高中生应当在能力许可的范围内以恰当的方式履行赡养义务。其保留对已处于困境的生母即上诉人对其所有的上述房屋的居住权不失为可履行赡养义务的一种恰当方式。"① 也许有学者会说，权利与义务在此案中的出现只是法官对裁判结论进行"合理化"的策略，并不真正指导思维过程。这一说法在很大程度上是由于混淆了发现并做出判决的过程，以及作为这一过程环节之一的假设性判决的提出。这一混淆的典型表现是，认为整个发现并做出判决的过程是一个高度依赖于直觉、良知、道德感以及利益衡量的过程，只有对判决结论进行论证的过程才受到法律与逻辑的支配。② 虽然一般地

---

① 参见林琳、赵芳《疑难案件中的法官裁判思维》，《山东审判》2009年第3期。
② 例如，缪四平：《法律推理与法律论证》，中山大学逻辑与认知研究所《第一届全国非形式逻辑与法律逻辑学术研讨会论文集》（2004），第7—14页。

说，假设性判决的提出往往是基于直觉的，或基于实质性的政治道德理想或后果权衡的；但提出一个假设性判决并不意味着发现并做出判决的过程完结了。事实上，人们还必须去思考所提出的假设性判决是否能够得到证成。这一思考过程是受到法律与逻辑支配的推理活动。有时，人们会提出不同的假设性判决，此时还需要去评估哪一种假设性判决更加合理妥当，这一评估过程同样受到法律与逻辑的支配。当一个假设性判决无法获得基于法律的逻辑支持时，法官就会倾向于放弃它。正是在这个意义上，拉伦茨说："对法律的忠诚义务要求他，同意让法律修正其预定见解。硬将他希望的结论塞入法律之中，是不被容许的。"① 在本案中，虽然假设性判决的提出是基于后果权衡的，但不能说整个判决的发现过程都是基于后果权衡的。为了限制李某的所有权，法官必须找到李某的母亲应当享有的权利或李某应当履行的义务；在寻找的过程中，法官发现了赡养义务。虽然这是一种后果导向的逆向推理，但法律领域中的逆向推理仍然是一种思维活动，也仍然是一种受到法律与逻辑支配的法律推理。

复次，法律推理的自治取向还体现在，法律领域内存在一套独特的话语体系，即所谓的"法言法语"，任何思考都要通过"法言法语"进行。法律语言的使用有两个方面的重要作用。一方面，它可以裁剪掉一些不具有法律意义的事实细节，使得争议在法律的框架下展开——如果某个细节没有相应的法律概念来表述它，那就意味着它在法律上是不重要的；如果两个在细节上不同的事物或事实可以用相同的法律概念来指称，那就意味着它们在法律上是相同的，或者说它们之间的差别在法律上是不重要的。另一方面，正因为这一点，法律语言能够使从事法律推理的主体不被案件细节所激发的情感影响，这些情感通常被认为不利于人们得出正确或妥当的结论或决定。在法律语言中，虽然有些概念来源于日常生活概念或科学概念，但它们的含义并不必须一致，因为它们有着完全不同的分类意旨。② 这进一步增强了法律推理的自治性。

---

① ［德］卡尔·拉伦茨：《法学方法论》，陈爱娥译，商务印书馆2003年版，第224页。
② 对于这一问题的进一步讨论，可参见陈坤《所指确定与法律解释》，《法学研究》2016年第5期。

最后，自治取向的思维倾向还体现在，在法律推理中，人们尽量避免将法律领域之外的标准作为得出结论的依据。当然，上文也提到，完全避免使用它们是不可能的，特别当需要借助一些解释规则来确定法律规则的含义时，以及需要修改先前确立的法律规则时。但这并不是说，从事法律推理的人们对待法律内的标准与法律外的标准的态度是相同的。一般来说，法律外的标准的运用会给法官带来更多的认识负担、心理负担与证成负担。认识负担来源于，法律内的标准通常有确定的来源，而法律外的标准则需要法官自己去寻找；法律内的标准在多数时候是一致的，而法律外的标准通常是相互冲突的，需要法官去评估；此外，法律内的标准一般比法律外的标准更能提供明确的约束或指引。对于大多数忠诚于法治理想的法官来说，对法律外的标准的寻求偏离了人们对他们的角色要求，也偏离了他们的自我认识与道德感，从而会给他们带来心理负担。以法律内的标准作为依据的结论或决定只需要对推出的过程进行证成，并不需要对前提进行证成；但作为依据的法律外的标准本身是需要证成的。正为减轻这些负担，人们尽量避免将法律外标准作为推理的前提。例如，在泸州"二奶"继承案①中，虽然道德判断的确在假设性判决的提出中起到了很大的作用，但法官仍然选择将民法通则中关于"公序良俗"的原则性规定作为推理的前提。

总之，正是自治取向的思维倾向，使得法律能够自我调整、进化，成为一种所谓的"自创生系统"。②

第三节 证成的理由与可能的误区

上面介绍了法律推理的三个思维倾向。一些学者对人们在法律推理中为什么会形成这样的思维倾向进行了解释。例如，有学者从学科规训的角度出发，认为法律思维是法学教育与培训的结果，③ 或者从经济学的

---

① 参见四川省泸州市纳溪区人民法院民事判决书，（2001）纳溪民初字第561号；四川省泸州市中级人民法院民事判决书，（2001）泸民一终第621号。

② ［德］贡塔·托依布纳：《法律：一个自创生系统》，张骐译，北京大学出版社2004年版。

③ 例如，武宏志：《美国语境中的"法律人思维"》，《法学家》2009年第3期。

角度出发，认为法律思维有效地降低了信息费用。① 其他可能的视角包括：诉诸法律规则、运用法律概念并只将那些来源于制度性权威的材料作为裁判依据，能够有效地规避错误裁判的风险；人们对法官等法律工作者的角色期待与政治正义要求，以及法律工作者对这些期待与要求的内化与认同；等等。这里关心的不是这种独特的思维倾向在事实上是如何形成的，而是它能否获得规范性的证成。因为，是它的证成性理由（justificatory reason），而不是它的解释性原因（explanatory reason），决定了它是否合理，或是否值得我们尊重。

一 证成的理由

一般地说，我们可以从正确性、合法性、正当性这三个角度来证成法律推理中的三种独特的思维倾向。

1. 基于正确性的证成理由

从正确性的角度出发，法律推理中的独特思维倾向使得从事法律推理的人们更有可能得出正确的结论。实际上，它不仅使人们更有可能得出法律上正确的答案，同时也使人们更有可能得出道德上正确的答案。

人们之所以应当重视法律中的规则与概念、程序以及法律所规定的权利与义务，首先是因为，对于绝大多数的法律问题来说，正是它们决定了法律上正确的答案是什么。虽然在法学研究中与司法实践中，人们更关注所谓的"疑难案件"，但在日常生活与实践中，绝大多数的法律问题都是有明确答案的。正是在这个意义上，有学者指出，法律最多只有温和（moderate）的不确定性，简单案件"无处不在"（pervasiveness），② 因此要和解构主义的怀疑论说再见。③ 在简单案件中，明确的法律规则告诉人们，相关问题法律上的正确答案是什么。例如，8周岁以下的未成年人签订的合同在法律上是无效的，车速超过120公里每小时是违反交通法规的，刑讯逼供取得的口供在法律上是没有证明力的等。

---

① 例如，桑本谦：《"法律人思维"是怎样形成的》，《法律和社会科学》2014年第1期。
② Ken Kress, "Legal Indeterminacy", *California Law Review*, Vol. 77, No. 2, Mar. 1989, p. 296.
③ See Kenney Hegland, "Goodbye to Deconstruction", *Southern California Law Review*, Vol. 58, 1985, p. 1203.

值得注意的是，在这些简单案件中，法律上正确的答案不仅是由先在的法律规则所决定的，而且还是道德上正确的答案。在当代社会，法律规则或者来源于人们在长期的社会生活实践中所取得的规范性共识，或者来源于获得制度性认可的主体在经过仔细权衡与慎重思考之后得出的方案。因此，从道德的层面看，法律规则所提供的答案至少具有"初显"（prima facie）的正确性。也正是在这个意义上我们说，涵摄判断的成立，或者说手头事实满足相关规则的前件，为适用相关规则提供了某种理由。① 再加上，简单案件之所以简单，不仅是因为相关的法律规则是明确的，而且是因为相关规则的初显正确性在当下的案件中并未受到真实的挑战。因此我们说，在简单案件中，由法律规则所提供的答案可以从初显的道德正确性上升为结论意义上的道德正确性。

现在再看疑难案件的情况。疑难案件大体有两种不同的类型。第一类疑难案件根源于规则的意义不明确，这有可能是由于规则的语法是不明确的，但更常见的是由于规则中的一些概念是含混的、模糊的或者评价性的。在许多法律体系中，并不存在法定的规则告诉人们如何对含混或模糊的概念进行解读，以及如何对抽象的评价性概念进行具体化。人们在长期的法律推理实践中总结出了一些解释规则。例如，判例法解释中的平义规则（literal rule）、黄金规则（golden rule）与除弊规则（mischief rule）；制定法解释中的文义解释、体系解释、主观意图解释与客观目的解释等。它们为法律解释活动既提供了一般性的指引，也限制了解释的任意性，从而在一定程度上增强了法律推理的自治性。这些解释规则并没有固定的先后次序。在具体个案中，人们一般努力寻求所有解释规则都在一定程度上支持或至少不排斥的解释结论。② 如果它们无法避免地产生相互冲突的解释结论，那么就需要通过权衡不同解释方法背后的实质理由来决定哪一个解释规则胜出。正是这种评估使得最终的结论更有可能同时具有法律上的正确性与道德上的正确性。

---

① 对此问题的进一步讨论，可参见陈坤《概念涵摄与规则适用：一个概念与逻辑的分析》，《法制与社会发展》2017 年第 5 期。

② 这样一种解释思路的运用，可参见陈坤《宪法能否司法适用无宪法文本依据：对我国〈宪法〉第 126 条及其它相关条文的误读及其澄清》，《政治与法律》2017 年第 7 期。

第二类疑难案件根源于规则的字面意义与规则背后的理由或某种实质性的政治道德理想相冲突。例如下面这样一个案例。2005年,被告王某、吕某在江苏高淳县境内交通肇事致一名无名男子死亡,王某、吕某对此次事故负同等责任,被害无名男子不负事故责任。经确认,该无名男子为无法确定身份的外来流浪汉。该县民政局以其系社会流浪人员救助机构为由,对王某、吕某及相关保险公司提起民事诉讼,请求赔偿损失18万余元。依据《民事诉讼法》第一百零八条第一款的规定,只有那些"与本案有直接利害关系的公民、法人和其他组织"具有提起民事诉讼的原告资格,在该案中,该县民政局显然并不属于此类对象。基于此,该案一、二审法院均认为该县民政局不具有原告资格,无权主张损害赔偿。① 虽然此案二审判决被《最高人民法院公报》刊载,但在之后的多起类似案例中,并未被各地法院所遵循。不少学者、法官认为:从维护良好的公平正义观念以及保障受害人亲属的合法权益等角度来看,应该赋予民政局主张损害赔偿的权利。在这样一类案件中,人们可能会突破原有的规则进行裁判,以得出在道德上正确的结论,但这并不意味着法律推理中的那些独特思维倾向就不再发挥作用了。它们至少在如下三个方面发挥作用。第一,在这类案件中,人们会努力寻找其他可以适用的规则,并设法确立它的优先性,就像在泸州"二奶"继承案中二审法院所做的那样。如果能够成功做到这一点,也就能够使得道德上正确的结论同时在法律上也是正确的。第二,同样出于对规则的重视,人们会将偏离规则所导致的"法的安定性"这一价值以及其他相关价值的贬损作为值得考虑的因素与偏离规则所能增进的那些价值进行权衡。正是在这个意义上,阿列克西强调,对于规则R与相冲突的原则P来说,只有在P的分量比R所赖以建立的实质原则P_R与形式原则P_f的分量之和还重的时候,R的适用才会被P所限制。② 这使得被权衡的因素更为全面,从而也就更有可能得出正确的结论。第三,正是这些独特的思维倾向使得人们

---

① 参见"高淳县民政局诉王昌胜、吕芳、天安保险江苏分公司交通事故人身损害赔偿纠纷案",《最高人民法院公报》2007年第6期。

② See Robert Alexy, *A Theory of Constitutional Rights*, Oxford: Oxford University Press, 2002, p. 48.

不仅仅关心手头实践难题的解决，而且致力于构造新的规则。可普遍化正是一个结论具有道德正确性的前提。此外，在构造新的规则时，人们既要考虑它自身的合理性与正当性问题，也要考虑到它在原有规则体系下的融贯性问题。这些考虑无疑会使得法律具有更强的提供正确答案的能力。

综上，无论是在简单案件中还是在疑难案件中，独特的思维倾向都既有助于人们得出法律上正确的答案，也有助于人们得出道德上正确的答案。当然，这并不是说它们总是得出法律上或道德上正确的答案。但是，没有任何一种方法、程序或思维倾向能够满足总是得出正确答案的要求，无法做到这一点并不影响从正确性出发的证成。

2. 基于合法性的证成理由

法律推理中的独特思维倾向还可以从合法性的角度获得证成。这里的合法性是在这种意义上说的：一个判决有合法性，就是说，判决涉及的相关主体有服从判决的道德义务。合法性关心的问题是什么，例如，当一个人因为某个罪名被判处三年有期徒刑时，或被判决承担侵权或违约责任时，他固然不得不服从这一判决——即便他不想服从，也会被强制服从——但他应当服从这一判决吗，或者说，他有服从这一判决的道德义务吗？如果有的话，这一义务从何而来？

判决的合法性很难从法院的制度性权威中获得充分说明。因为它意味着：即便判决是错误的，人们也有义务服从它们。虽然人们通常并不否认一般意义上的服从义务，但很少有人愿意走得这么远。有一种说法有时被用来打消对这一思路——依赖制度权威性说明判决合法性的上述质疑：判决并不存在正确或错误之分，或者说，只要是法院做出的判决，都是正确的，除非它被更高的权威宣布为错误的。虽然在许多著名学者的著作中都能找到类似的说法，甚至有些法官也支持这一说法。[①] 但它明显是错误的。最常被用来支持这一说法的理由是判决的终局性：权威主体得出的结论即便是错误的，也是有效的。这一理由显然混淆了判决的

---

① 对此观点的一些批判性反思，可参见 H. L. A. Hart, *The Concept of Law*, (2nd ed.), Oxford: Clarendon, 1994, pp. 141-148；[英] 尼尔·麦考密克《修辞与法治：一种法律推理理论》，北京大学出版社2014年版，第13章。

有效性与判决的正确性。的确，错误的判决也是有效的；而在判例法的背景下，错误判决的规则也可能成为有效的法律规则。然而，这并不意味着，错误的判决因此就变得正确了；错误的判决可能会改变现有的规则，但不能改变之前的规则，也不能改变哪一种（关于之前规则的）理解才是正确的这一问题的答案。从根本上说，判决在法律上或道德上是否正确在一定程度上取决于它是否获得了最佳的法律或道德推理的支持，但不取决于它是由谁做出的；也不取决于它是否能够产生法律上的约束力，或者是否能对未来的法律体系带来某些变化或造成其他影响。

如果判决不能依赖于法院或法官的制度性权威而获得合法性，那么它的合法性可以从什么地方来呢？答案是：判决的合法性从法律的合法性中来。换句话说，人们之所以应当服从判决，是因为人们应当服从法律。虽然对于为什么应当守法，学者们有不同的理论解读，但人们一般都承认法律至少具有推定的实质合法性——尽管这一推定在特殊的情况下可能会被推翻或驳斥。不管法律从何处获得合法性，它要将这种合法性传递给判决，前提都是判决如实地体现了法律的内容。而法律推理中的独特思维倾向使得判决更有可能做到这一点。一方面，法律的内容通过规则表达出来。规则取向在很大程度上能够避免或至少减少法官对规则背后理由的权衡，这些权衡本有可能得出与规则不一致的结论。而在一些必须权衡的场合，规则取向所带来的可普遍化要求以及对其他规则的尊重也能够尽量减轻对法律原有内容的改变与冲击。另一方面，概念取向与自治取向的思维倾向体现了对法律已经确立下来的方案的尊重与维护，既使得法律之外的标准不会轻易地影响人们对法律的理解与运用，以至于歪曲法律的内容；也使得新的方案无法随意地进入法律的领域，除非通过特定的程序。就此而论，它们共同保证了法律对法官以及其他法律工作者的约束，[①] 避免法治（rule of law）沦为"法律人之治"（rule of lawyers）。

在简单案件中，这些独特的思维倾向使得判决较为明显地体现法律

[①] 对法律推理所具有的这一特点的一个经验性证实，可参见 David Muttart, *Empirical Gap in Jurisprudence: A Comprehensive Study of the Supreme Court of Canada*, Toronto: University of Toronto Press, 2007, p. 144。

的内容，从而使得合法性可以从法律传递到判决中。在疑难案件中，虽然人们很难直接依据判决是否如实体现法律内容来判断它是否具有合法性，但由于在大量简单案件中，法院的判决都具有合法性，这使得疑难案件中的判决可以被推定为合法的。正是在这个意义上，哈特认为，法院之所以能够合法地改变或发展规则，正是由于在相当多的核心领域中，它都接受了规则的支配。[①]

3. 基于正当性的证成理由

从正当性的角度看，法律推理中的独特思维倾向体现或增进了一些实质性的政治道德理想。首先是限权与民主。对规则与概念的重视、疏离细节以及程序优于实体的理念能够最大程度地排除法律工作者的主观偏见，这些偏见既可能来源于情感，也可能来源于私利。对主观偏见的排除体现、增进了权力限制的政治道德理想。之所以要限制权力，除了担心权力寻租之外，人们还担心不受控制的审判权会侵袭或削弱立法权。在一些可能会造成实质不公的案件中，人们仍然要求法官遵从法律的要求在很大程度上正是因为：人们一般认为，法官并没有被授予立法的权力。如果法官可以随心所欲地偏离法律的要求，那么他们无疑在事实上行使了这一权利。这同时也使得民选机构所享有的立法权不再具有重要性。与立法权直接相关的政治道德理想是民主。现代社会中的人们在目标、价值以及社会政策等方面存在诸多分歧。例如，同性婚姻是否应当被允许？安乐死是否应当被允许？非基于医学治疗目的的堕胎是否应被禁止？等等。人们一般认为这些分歧应当通过民主而非专断的方式来解决。由直接或间接体现人民意志的民选机关制定关于这些问题的规则体现了现代社会的民主原则。就此而论，重要的不是偏离规则是否能够获得充分证成，而是法院或法官是否有权来判断这些问题。从这个意义上说，法律推理中的这些思维倾向，与法院并非一个民主审议机构的身份是相配的。

其次，独特的思维倾向也有助于法治的实现。法治有薄（thin）与厚（thick）两种不同的理解方式。大致说来，薄的法治就是"法律的治理"，什么样的法律在所不问；而厚的法治则是"良法的治理"，随着被视为

[①] H. L. A. Hart, *The Concept of Law*, (2nd ed.), Oxford: Clarendon, 1994, p. 154.

"良法"标准的简繁,不同的"厚的法治观念"又有不同的厚度(thickness)。① 但即便对于最薄的法治观念来说,它的实现也实质性地依赖于法律推理中的上述独特思维倾向。道理很简单,只有当法律中的规则、概念与程序等实际地被在法律框架下活动的人们或那些执行与适用法律的人们遵循,法律才有可能实现所谓的治理。以司法为例,如果法官在从事推理的过程中不采用法律概念,不尊重法律程序,或者不将法律规则作为推理的出发点与落脚点,那么法律规定的权利与义务就无法得到真正的落实;从而最终导致法律仅仅在纸面上存在。实际上,正是从这个理由出发,一些所谓的法律现实主义者(legal realists)认为,法治是一种现代意识形态的"神话"。② 当然,法律现实主义者得出的结论是不可接受的,但那是因为他们关于"法律不能约束法官"的主张是错误的,而不是因为他们的论证思路是错误的。换句话说,如果法官真的总是将后果、目标或实质性道德观作为司法推理的前提,那么法治理想无疑会销蚀殆尽。

再次,独特的思维倾向使得法律的发展更为稳定,从而也最大程度地保障了人们的合理预期。稳定性被富勒视为法律的内在道德之一,在他看来,法律的反复无常无疑等于给民众设下了不公平的陷阱。③ 卡多佐(Benjamin N. Cardozo)也曾谈到,如果法律变动不居,以致难以为人所知,就会成为"完全徒劳的摆设"(mere futility)。④ 规则取向等思维倾向不仅使得当下的决定与过去的决定尽可能地保持一致;而且在必须克服过去决定的缺陷时,也使得对法律的修正能够平稳、有序地进行,并在最大程度上避免了新的方案对原有体系的冲击。这些努力都使法律能够沿着阻力最小的路径温和地变动、发展。

最后,法律推理中的独特思维倾向促进了平等。平等具有多种含义。"它所指的对象可以是政治参与的权利、收入分配的制度,也可以是不得

---

① 对于不同"厚度"的法治观念的一个较为完整的介绍,可参见[美]布雷恩·Z. 塔玛纳哈:《论法治:历史、政治和理论》,李桂林译,武汉大学出版社2010年版,第117—146页(法治的形式理论与实质理论)。

② See e. g., Roberto M. Unger, *Law in Modern Society*, New York: Free Press, 1976, pp. 197 – 200.

③ 参见[美]富勒《法律的道德性》,郑戈译,商务印书馆2005年版,第94—96页。

④ Benjamin N. Cardozo, *The Growth of the Law*, New Haven: Yale University Press, 1924, p. 3.

势的群体的社会地位和法律地位。它的范围涉及法律待遇的平等、机会的平等和人类基本需要的平等。"① 这里所说的平等是法律适用中的平等，即，通过赋予具有相同法律意义的对象以相同的法律后果，以确保不同的主体不会因为性别、肤色、民族、社会地位、经济状况以及健康程度等因素受到区别性的对待；除非它们本身构成某个一般性规则的理由。我国《宪法》与《刑法》都对这一意义上的平等进行了规定。法律适用中的平等，典型地表现在同案同判上。而从法律规则出发而非法官自认为正当的道德原则出发进行推理，严格地从法律概念所关注的那些事物特征而非个别案件中的特殊因素出发进行思考，使用"法言法语"，将后果权衡的结果转化为权利与义务，以及遵循固定的程序与方法等，所有这些做法都实质性地增加了同案同判的可能性。

二 可能的误区

虽然一般来说，法律推理中的独特思维倾向能够获得证成。但合理的法律推理同时必须小心避免一些可能的误区。

1. 规则取向的可能误区

规则取向的思维倾向将从事法律推理者的目光引到某个具体的规则之上，从而在一般情况下使得法律推理的结论符合法律的要求。但值得特别注意的是，法律并不是由单独一个规则构成的，也不是一个简单的规则集合，而是一个有秩序的规则体系。在规则之间存在复杂的关系。例如，有一些规则是针对一般问题或共同问题的总则性规则，也有一些规则是针对具备问题的分则性规则；一些规则是另外一些规则的例外性规则；一些规则与另外一些规则相冲突；一些规则是关于如何解决这些冲突的元规则；还有一些规则是规定其他规则效力的元规则；如此等等。

规则取向的思维倾向很容易将从事法律推理的人们带入这样一种陷阱：只看到直接与手头的案件或法律问题最相关的某个规则，而忽略了其他规则的存在，从而得出错误的结论或不可接受的判决。例如，在"天津大妈气枪案"中，一审法院根据公安部印发的《公安机关涉案枪支

---

① ［美］E. 博登海默：《法理学、法律哲学与法律方法》，邓正来译，中国政法大学出版社2004年版，第307页。

弹药性能鉴定工作规定》中的相关规定认定赵春华持有的玩具气枪为"枪支",从而判决其非法持有枪支罪,判处有期徒刑三年六个月。① 一审法院只注意到公安部该规定中关于枪支认定的规则,而没有注意到我国《枪支管理法》第46条的规定:"本法所称枪支,是指以火药或者压缩空气等为动力,利用管状器具发射金属弹丸或者其他物质,足以致人伤亡或者丧失知觉的各种枪支。"实际上,即便没有这一上位的规则,法院也可以排除公安部上述规则的适用,因为"规章……对于人民法院的审判活动不发生必然约束力"②;基于这一理由的排除可以理解为对相关的审判规则的适用。在本案中,正是因为法院只注意到直接相关且最为具体的那一个规则,忽略了其他规则的存在,才做出了舆论一片哗然的判决。一般地说,当适用某个直接相关的规则(R_1)会造成实质不公正且严重背离常识、常情、常理的结果时,法律推理工作者就需要考虑是否存在另外一条规则(R_2)了。

大体而言,在下面四种情况下,如果法官只注意到R_1而忽略了R_2,就会得出错误的结论。第一种情况是,存在R_2,且R_2优于R_1。例如上述天津大妈气枪案。上面提到过的泸州"二奶"继承案则是一个正面的例子。在该案中,虽然最直接相关的规则是有关遗嘱继承的具体规则,但法院还注意到了关于无效民事行为的总则性规则。一般地说,总则性规则优先于具体规则。基于此,法院做出了法理上正确同时也更能获得公众认可的判决。第二种情况是,存在R_2,虽然R_2并不一般地优于R_1,但在手头案件中有较为充分的理由适用R_2而非R_1。例如,在上面提到过的威海"子告母"案中。一审法院只注意到关于所有权的法律规则,没有注意到赡养义务的规则。虽然在所有权与赡养义务或者说被赡养的权利之间并不存在一般性的优先关系,但可以通过比较它们对于具体当事人的重要程度以及不予保护所产生的后果的严重程度得出哪个权利在此案中更值得保护的结论。第三种情况是,R_2可以直接排除R_1的适用,不是因为R_2优于R_1,而是因为R_2是关于R_1的效力或适用条件的一个元规则。例如,在第5号指导性案例中,法院根据《立法法》中关于法律效力等

---

① 参见天津市河北区人民法院刑事判决书,(2016)津0105刑初442号。
② 赵振江、付子堂:《现代法理学》,北京大学出版社1999年版,第411页。

级的规则排除了《江苏盐业实施办法》中相关规则的适用,后一规则被苏州盐务局用来作为行政处罚的依据。① 最后一种情况是,R_2 能够弥补或缓和 R_1 造成的不公正或有违常识、常情、常理的后果。例如,在许霆案中,二审法院适用了《刑法》第 63 条第 2 款关于特别减刑的规则在法定刑以下判处刑罚,既在很大程度上缓和了严格适用《刑法》第 264 条的规定可能造成的不公正后果;也体现了《刑法》第 5 条所规定的"罪责刑相适应"规则的要求。

总之,一般地说,规则取向的思维倾向有利于人们在法律推理中得出正确的结论,但一定要注意:规则取向中的"规则"不是哪一个规则,而是整个规则体系。如果不正确认识这一点,只注意与手头的案件或法律问题最直接相关的规则,忽略了其他规则的存在,那么这一思维倾向反而可能导致人们得出错误的结论。

2. 概念取向的可能误区

对于概念取向的思维倾向来说,第一个可能的误区是关于法律概念的含义。上面说过,在法律推理中,人们需要判断手头案件事实中的个别事物是否在规则所使用的相关概念的外延之下。值得注意的是,在进行这一判断的过程中,人们需要确定的并不是相关概念的一般含义,而是它在某个规则中的特殊含义或者说用法。例如,为了确定用枪支换毒品的行为是不是"使用"枪支,人们需要确定的并不是"使用"一词的一般含义,而是在相关规则中,立法者是在什么意义上使用"使用"的。正是由于误解了问题的性质,人们有时会将某些不相关的权威性定义作为某个规则中法律概念的含义,以至于在涵摄判断问题上得出错误的结论。例如,将"水果"的植物学定义作为"进口水果减税"规则中的"水果"的含义,从而得出了西红柿属于水果这一结论;而对进口西红柿减税并不能促进减税规则的立法意旨的实现。再如,帕特森(Dennis Patterson)曾举例说,假设在一个地方的立法者规定,禁止在 50 海里范围内捕鱼;并假设在法律颁布的时期,立法者错误地相信鲸鱼和海豚是鱼,……立法者宣

---

① 参见指导案例 5 号:鲁潍(福建)盐业进出口有限公司苏州分公司诉江苏省苏州市盐务管理局盐业行政处罚案。

称这一法规的目的是为了防止他们所关心的一些动物的灭绝。① 对于这一规则来说，重要的不是"鱼"在科学上的权威性定义，而是立法者关于什么是"鱼"的信念。尽管这些信念在动物学分类的意义上可能是错误的，但立法分类与科学分类具有不同的目标与旨趣，因此完全可以采取不同的标准。正是因为没有认识到这一点，在前面说过的南京"火车工伤认定"案中，相关的法律工作者用《道路交通安全法》中的"机动车"定义来处理《工伤保险条例》中"机动车"的判断问题，完全无视了它们根本不同的规范意旨，从而得出了错误的结论。

与此相关的另外一个常见的误区是，将法律概念错误地理解为封闭而非开放的。具体表现在，试图找到概念的充分必要条件式定义，通过考察手头个别事物是否满足这个定义来判断它是否在相关概念的外延之内。国家法官学院与德国国际合作机构提出的法律适用的"归入法"，便是这种思路的典型代表。它分为"总起句""定义""归入"与"结论"四个步骤，其中最关键的步骤为"定义"，即"给出指向的要件的定义"。② 这一思路的问题是，对于绝大多数法律概念来说，很难找到充分必要条件式的定义；实际上，对于绝大多数日常生活概念来说，同样如此。人们对于日常概念与法律概念的认识都是逐步加深的，而不是一蹴而就的。正是在这个意义上，普特南（Hillary Putnam）说："无可争议的是，科学家们在使用那些词项的时候，并不觉得相关的标准就是这些词项的充分必要条件，而是把这些标准看作是对一些独立于理论的实体的某些属性近似正确的描述；而且他们认为，一般而言，成熟的科学中一些更晚的理论，对较早的理论所描述的同样的实体做出了更好的描述。"③ 然而，正如魏斯曼（Friedrich Waismann）所感慨的那样："不管给出一个事物多少特征，也不管表明了该事物与其他事物之间存在多少联系，或对它的生命历程做出多少描述，永远都不可能达到严格详尽的地

---

① Dennis Patterson, *Law and Truth*, Oxford: Oxford University Press, 1996, p.79.
② 参见国家法官学院、德国国际合作机构《法律适用方法：刑法案例分析》，中国法制出版社 2012 年版，第 19—20 页。
③ 陈波、韩林合：《逻辑与语言：分析哲学经典文选》，东方出版社 2005 年版，第 477 页。

步。……没有最大化的描述。"① 对于法律概念,哈特也强调:"如果我们所生活的世界能被有限的特征所刻画,而且这些特征能够以我们所熟知的方式相组合,那么我们就可以预先对每一种可能性加以规定。……但这并非我们所生活的世界。"②

将法律概念视为开放的,是指将法律概念理解为指称一个原型范畴或者说一个类型,而不是一个边界清晰的集合。具体表现在,当涵摄判断发生困难时,并不试图找到概念的充分必要条件式定义,而是通过比较手头案件事实中的对象与该类型的典型对象或者说原型,考察它们在法律上是否相似——或者说它们的相似性在法律上是否相关——得出结论。以刑法中经常发生争议的入户抢劫问题为例。进入作为居所使用的渔船抢劫是入户抢劫吗?进入在普通住宅中开设的商店抢劫呢?如果将法律概念视为封闭的,就需要给"户"下一个完备的定义,这是很难做到的,因为并不存在这样一个特征的集合,使得人们能说:所有具有该集合中全部特征的就是"户",否则就不是"户"。反过来,如果将法律概念视为开放的,就不需要去下这样一个定义;只需要去比较渔船、商店与典型的"户"之间的相似性,并结合"入户抢劫"加重处罚的理由来判断它们的相似性在法律上是否相关,就可以做出相应的判断。

将法律概念理解为开放而非封闭的,不仅更具有可操作性,还可以帮助人们得出更符合规范意旨的判决。例如,在台湾学者杨仁寿先生所提到的"谤韩案"中,一审法院将概念理解为封闭的,并认为"直系血亲"是指"己身所从出,从己身所出",从而认定该案中韩愈的第39代孙是韩愈的直系血亲。但如果将法律概念理解为开放的,就能够认识到,韩愈的第39代孙不可能具有典型的直系血亲所具有的"孝思忆念",它们之间的相似性并没有法律上的相关性,因此不应认定其为韩愈的直系血亲,从而做出更符合法律规范意旨的判决。③

总之,概念取向的思维倾向本身是可以证成的,它有助于得出正确的

---

① FriedrichWaismann, "Language Strata", in A. Flew, eds. *Logic and Language*, (*Second Series* 11), Oxford: Basil Blackwell, 1961, p. 27.

② H. L. A. Hart, *The Concept of Law*, (2ⁿᵈ edition), Oxford: Oxford University Press, 1994, p. 128.

③ 参见杨仁寿《法学方法论》,中国政法大学出版社1999年版,第9页。

结论,实现一些重要的政治道德理想。但这是建立在正确理解法律概念的基础之上的。对法律概念的正确理解要求我们认识到:一方面,人们需要确定的并不是法律概念的一般含义,而仅仅是它在相关规则中的用法。另一方面,法律概念和绝大多数日常生活概念一样,是指称某个类型的开放性概念,而不是指称某个有着固定、清晰边界的集合的封闭性概念。

3. 自治取向的可能误区

前面说过,自治取向的思维倾向表现在多个方面,这里主要讨论它的最后一个表现,即尽量避免将法律领域之外的标准作为得出结论的依据。这一表现使得从事法律推理的人们可以躲开实用主义的泥潭。一般地说,如果不诉诸规则人们也会做出同样的决定,那么相关的规则就没有太大的意义。[①] 而实用主义正是在这个意义上消解了法律规则的重要性。实际上,所谓法治,或者说法律的治理,正体现在,如果没有法律,人们本会做出另外的决定;或者说法律"强迫"人们排除那些他们认为更好的决定。就此而论,正是自治取向的思维倾向使得法治成为可能。然而,值得注意的是:对于自治取向的过度强调可能会使得人们陷入极端形式主义的泥潭。在法律文献中,形式主义在不同的意义上被使用,以至于在肖尔看来,人们几乎可以用它来指称任何一种自己不认同的思维方式或法律理论。[②] 这里所说的极端形式主义指这样一种裁判思路:在任何情况下,拒绝将法律之外的标准作为裁判依据或法律推理中的规范性大前提。这典型地表现为:拒绝出于实体正义放弃形式正义的要求,拒绝后果权衡式推理,拒绝在裁判过程中诉诸道德、政策或社会伦理观念;等等。

极端形式主义的思维倾向既不可行,也不可欲。首先,在一些案件中,拒绝法律之外的标准将使人们无法得出任何结论。例如,在前面举过的"谤韩案"中,判断韩愈的第39代孙与典型的直系血亲在法律上是否相似的标准为"是否具有孝思忆念"。法院之所以应当采取该标准来判

[①] See e.g., Scott Shapiro, "On Hart's Way Out", *Legal Theory*, Vol. 4, No. 4, Dec. 1998, p. 501; Frederick Schauer, *Thinking Like a Lawyer: A New Introduction to Legal Reasoning*, Cambridge MA: Harvard University Press, 2009, p. 61.

[②] Frederick Schauer, "Formalism", *Yale Law Journal*, Vol. 97, No. 4, Mar. 1988, p. 510.

断两者之间的相似性是否相关，乃是因为立法者正是出于保护这种孝思忆念的考虑，才规定死者的直系血亲有权对诽谤死者的行为人提起自诉。但一般地说，"应当根据立法意图来判断个案事实与典型事实的相似性在法律上是否具有相关性"这样一个解释规则并不是由法律所提供的，而是来源于某种实质性的政治道德。实际上，每一个解释规则的背后都存在某种实质性的政治道德，例如尊重立法意图、保护合理预期、维护法律体系的融贯性等。当不同的解释规则产生不同的甚至相互冲突的解释结论时，人们需要权衡它们中的哪一个在当前的具体情况下更值得保护。如何进行这种权衡不太可能通过法律以一般性方案的形式确定下来。在这些案件中，如果拒绝采纳任何道德标准，人们是无法得出任何结论的。正因为如此，哈特、拉兹都强调：法律推理不仅仅是关于法律的内容是什么的推理。[1] 实际上，因为在一些案件中，仅基于法律内的标准在事实上是无法得出结论的，而一些法官又坚决地相信只有法律内的标准才是正当的，使得他们将基于法律外的标准得出的结论误解为或伪装为法律内的标准所要求的，或者用肖尔的话说，将选择误解为或伪装为语言的强制，[2] 从而产生了所谓的司法虚饰问题。

　　上面区分了两种不同的疑难案件。一种根源于不清楚规则到底要求了什么，另一种根源于虽然规则的要求是清楚的，但在手头案件中，存在某些不按照规则的要求进行裁判的理由。在第一类疑难案件中，上文已述，不求助于法律外标准是不可行的。在第二类疑难案件中，虽然不求助于法律外标准是可行的，但经常是不可欲的；或者至少可以说，并非总是可欲的。第二类疑难案件又大致可以细分为两类。一是规则与规则的目的或者说规则背后的理由相冲突。一般来说，法律推理之所以要赋予规则而非其理由以优先性，是出于保护合理预期的需要，然而，并不是在所有的案件中，都有值得被保护的预期。例如，在最高人民法院孔祥俊法官曾提到的"同时娶二女"案中，虽然这种行为明显不符合《刑法》第258条所规定处罚的"有配偶而重婚"这一情形，但考虑到同时娶二女与先后娶二女在性

---

[1] See H. L. A. Hart, *The Concept of Law*, (2nd ed.), Oxford: Clarendon, 1994, p. 127; Joseph Raz, "On the Autonomy of Legal Reasoning", *Ratio Juris*, Vol. 6, No. 1, pp. 1–15.

[2] See Frederick Schauer, "Formalism", *Yale Law Journal*, Vol. 97, No. 4, Mar. 1988, p. 511.

质和社会危害性上并无不同，从规则的理由出发应当依据这一规则定罪处罚。① 在这一案例中，不存在值得被保护的预期。当不存在被值得保护的预期时，仍然将规则置于其理由之上看起来就是不可欲的，除非存在其他方面的理由。第二种情况是，规则及其理由与某种实质性的政治道德或社会目标相冲突。在这种情况下，如果后者具有更高的价值，那么严格按照规则进行裁判同样可能是不可欲的。例如，假设"禁止汽车进入公园"的目的是为了维护公园内的秩序或空气质量状况，那么当游客出现急症时，允许救护车进入公园看起来就是更为正确的决定。

为自治取向辩护的一个理由是它有助于增进一些为我们重视的政治道德理想。但如果过于强调自治取向而走向极端形式主义的话，就反而可能阻碍这些理想的实现。例如，虽然一般来说，自治取向使得人们在推理过程中能够免于频繁的道德论证与后果考量从而有利于增进法律的稳定性，但如果在所有的案件中，无论规则带来的后果是什么都不考虑个案中的特殊因素或实质正义，或者像霍姆斯所说的那样，如果美国人民想下地狱，那么作为法官的责任就是帮助他们尽早到达那里②，则会使得法律更不稳定。因为如果通过司法使得法律吸收、容纳或消解社会与观念变迁的途径被堵死，那么法律就会以保守、僵化的形式逐渐落后于生活实践，最终会以更为激烈的方式进行调整。正是在这个意义上，博登海默说："法律无法避免共同体的道德意识与社会意识之变化的影响。那种在根本不考虑一项法律结果所具有的伦理后果和实际后果的情形下就试图证明该项法律结果的必然性的法律教条主义，往往是自拆台脚和靠不住的。"③ 再如，保护预期的价值。前面说过，虽然一般来说，自治取向有助于保护人们的预期，但并不是在所有案件中，"遵循或未违反规则"的一方都有值得被保护的预期。此外，更为重要的问题是，除了在一些具体事项上的预期之外，对于司法裁判，人们——不仅包括诉讼参与者，还包括一般公众——还有一些更具有一般性的预期。例如：法院会公正审理案件，裁判

---

① 参见孔祥俊《法律方法论》（第二卷），人民法院出版社2006年版，第1017页。

② See Richard A. Posner, *The Problems of Jurisprudence*, Cambridge, MA: Harvard University Press, 1993, p. 265.

③ [美] E. 博登海默：《法理学、法律哲学与法律方法》，邓正来译，中国政法大学出版社2004年版，第258—259页。

的结论不会严重背离常识常情常理，如此等等。如果坚持极端形式主义的裁判思路，就很有可能会挫败这些更值得被保护的预期。例如，前面提到的"许霆案""天津大妈气枪案"，虽然在这两个案例中，造成裁判结论偏离公众预期的原因不完全是过度强调自治取向，也包括对规则取向的误解。

如果说对于规则取向与概念取向来说，重要的是避免一些误解的话；那么对于自治取向来说，重要的就是避免由于过度强调而走向极端形式主义。换句话说，法律推理的自治取向是有限度的，它既不意味着法院永远不能出于规则理由或其他考虑为规则创设例外，也不意味着法官永远不能援引法律外的标准。而只意味着法院在做这些事情时要有充分的理由、承担更强的论证责任。对自治取向的正确把握要求我们在实用主义与极端形式主义之间走一条中间道路。

第四节　刻画法律推理时需要注意的问题

一个合格的法律推理应当是在大体上具备上述思维倾向但同时又避免上述可能误区的思维过程。下面仍然围绕这三种思维倾向简单地谈谈在对法律推理进行逻辑刻画时应当注意的一些问题。

一　与规则取向相关的问题

第一，规则是法律推理的核心。在法律推理的逻辑刻画问题上，一个非常重要的，甚至可以说核心的问题是如何理解、表达法律规则。例如，经典逻辑将法律规则理解为实质条件式；萨尔托尔的论证逻辑将法律规则理解为一种特殊的规范条件式；[1] 在缺省逻辑中，法律规则被处理为推论规则；而在基于理由的逻辑中，法律规则被处理为一种特殊的对象。[2] 不

---

[1] See Giovanni Sartor, *Legal Reasoning: A Cognitive Approach to the Law*, Berlin: Springer, 2005, p. 521ff.

[2] See e. g., Jaap Hage and H. B. Verheij, "Reason-Based Logic: A Logic for Reasoning with Rules and Reasons, *Law, Computers and Artificial Intelligence*, Vol. 3, No. 3, 1995, pp. 171 – 209; Jaap Hage, "A Theory of Legal Reasoning and a Logic to Match", *Artificial Intelligence and Law*, Vol. 4, No. 3 – 4, Sep. 1996, pp. 199 – 273; Jaap Hage, *Reasoning with Rules*, Dordrecht: Kluwer Academic Publishers, 1997.

同的处理方式一方面代表了对规则的不同理解，另一方面也会影响到逻辑的构造方式。下文的相应部分将会对这些不同的理解与表达法律规则的方式进行考察。

第二，法律规则不是孤零零地存在的，而是构成了一个体系，在刻画时需要注意规则之间的复杂关系。一方面，不同的规则之间可能相互冲突，要找到合适的冲突处理机制。另一方面，一些规则可能是关于另外一些规则的效力或适用性的，或者是关于如何解释其他规则的，或者是关于相互冲突的规则优先性的。这些规则通常被称为元规则（meta-rules）。此外还可能存在关于这些元规则的元—元规则（meta-meta-rules）。一个合格的法律逻辑系统不仅要能够准确、合理地刻画规则，而且要能够准确、合理地刻画这些元规则与元—元规则。

第三，与上面一点相关的是，一个合格的法律逻辑系统不仅应该能够刻画基于规则的推理（reasoning based on rules），而且应当能够刻画关于规则的推理（reasoning about rules）。实际上，由于在法律领域中，人们经常对规则是否有效、是否应当适用、规则应当如何解释等问题发生争论，是否能够以及在多大程度上能够准确、合理地刻画这些关于规则的推理，也是判断一个逻辑系统是否适于法律领域的重要标准之一。

二　与概念取向相关的问题

法律概念不是封闭的，而是开放的。虽然一般地说，某个特定的法律概念应当被如何理解是领域知识的事情，而不是逻辑的事情。但对于法律推理的逻辑刻画来说，有两个与此相关的问题需要重视。一是，对于某个法律概念，人们经常存在不同的理解，专家也经常给出不同的意见。一个合格的法律逻辑系统应当能够容纳这些不一致的信息，并具有评估从这些不一致的信息出发的论证工具。在处理不一致论证问题上，第一部分相关处提到的论辩逻辑具有天然的优势。二是，人们经常并不是从定义的思路出发而是从上述类推的思路出发，来判断某个对象是否在某一概念的外延之下。这种推理的有效性应当被承认，并得到准确、合理的刻画。

三 与自治取向相关的问题

在法律推理中,人们经常要为法律规则之外的各种道德或后果的考量留有余地,但又并不是说每当个案正义不能得到满足时人们就要求助于基于道德或后果的论证。很多时候,人们需要在不同的道德价值(包括法的安定性)、利益或后果之间进行权衡,并在这种权衡的基础上做出一个合理的决定。布莱尔将这种权衡重构为如下形式的论证:

前提1:理由a,b,c……支持结论p
前提2:理由w,x,y支持结论非p
前提3:理由a,b,c……强于理由w,x,y……(或者相反)
所以,结论:p(或者非p)①

权衡论证在非形式论证理论中讨论得较多,戈维尔(Trudy Govier)、希契柯克(David Hitchcock)、汉森(Hans V. Hansen)、弗里曼(J. B. Freeman)等人都对权衡论证的结构与图示提出过各自的看法。② 但非形式论证理论无法提供严格的有效性标准。一个合格的法律逻辑系统应当能够对这种形式的推理进行准确、合理的刻画。下文将会提到两种可能的思路:一种以基于理由的逻辑为代表,它将权衡论证形式化为支持理由集与反对理由集之间的比较,这种思路与布莱尔的重构较为一致;另一种以论辩逻辑为代表,它将权衡论证形式化为两个独立的论证与反对论证之间的冲突。

---

① J. Anthony Blair, "A Defense of Conduction: A Reply to Adler", *Argumentation*, Vol. 30, 2016, p. 124.

② See e. g. , T. Govier, "Challenge and response by Carl Wellman", *Informal Logic Newsletter*, Vol. 2, No. 2, 1980, pp. 10 – 15; H. V. Hansen, "Notes on Balance-of-Considerations Arguments", in J. A. Blair & R. H. Johnson, eds. , *Conductive Argument: An Overlooked Types of DefeasibleReasoning*, London: College Publications, 2011, pp. 31 – 51; R. H. Johnson, "The Relationship between Pro/Con and Dialectical Tier Arguments", in J. A. Blair and R. H. Johnson, eds. , *Conductive Argument: An Overlooked Types of Defeasible Reasoning*, pp. 52 – 61.

第三章

法律推理的可驳斥性

上一章概览性地考察了法律推理的概念、特征以及一些相关的问题，本章集中讨论法律推理的一个重要性质：可驳斥性。在一定程度上说，可驳斥性是法律推理的核心性质；如何妥当地刻画法律推理的可驳斥性，也是本书的中心问题。

近年来，法律领域中的可驳斥性得到了广泛的关注，[1] 法律推理是一种可驳斥性推理这一主张也得到了一般性的认可。[2] 然而，法律推理在什么意义上是可驳斥性的？它具有可驳斥性的根源是什么？这些问题并没有得到清晰的说明。这不仅导致我们无法深入地理解法律推理的可驳斥性，也可能会造成一些不必要的担忧，例如：法律适用过程中的可驳斥性推理是否会加剧法律的不确定性，从而危及法治理想？这一部分旨在对这些问题进行讨论。

第一节 法律推理可驳斥性的体现

第一部分总结了可驳斥性推理的四个特征：合理性、非保真性、动态性与扩展性。这四个特征构成了判断一个推理是不是可驳斥性推理的

---

[1] 对法律领域内的可驳斥性的一个集中探讨，可参见论文集 Jordi Ferrer Beltrán & Giovanni Battista Ratti, eds., *The Logic of Legal Requirements: Essays on Defeasibility*, Oxford: Oxford University Press, 2012。

[2] 例如，[英]尼尔·麦考密克：《修辞与法治：一种法律推理理论》，程朝阳等译，北京大学出版社2014年版，第308页；[瑞典]亚历山大·佩岑尼克：《法律科学：作为法律知识和法律渊源的法律学说》，桂晓伟译，武汉大学出版社2009年版，第180页。

识别标准。法律推理之所以是可驳斥性推理，正是因为它具有这四个特征。

一 法律推理的合理性

关于法律推理的合理性，导论部分已有所涉及。例如，对下面这些说法进行了批判：法律推理主要依靠直觉完成，因此不受理性与逻辑的支配；法律推理是一种意志行为而非理性行为，因此没有合理不合理之分；等等。对于这些内容，这里不再赘述。值得注意的是，在法律推理研究中，还要防止一种神秘主义的倾向，即将法律推理说成是一种主要依赖于"实践智慧"的活动。在这种说法中，杂糅了许多正确的关于法律推理的印象与观念。例如：法律推理并不是或无法重构为演绎推理的过程；先在的法律素材不能提供法律推理的全部前提；法律规则是否应当得到适用并不完全取决于法律推理的前件是否被满足，有时前件满足了但不应当适用，有时前件不满足但又应当类推适用；在有些法律推理的过程中需要考虑判决可能造成的后果；实质性的政治道德观念与价值标准在法律推理中也发挥了某种程度上的作用；严格形式主义的思维倾向并不是可欲的；如此等等。

这些印象与观念是正确的，但它们是零散的：其中的一些是关于推理前提的，另一些是关于推理形式或推理的思维倾向的；一些是描述性的，另一些则是规范性的或者分析性的。由于缺乏能力，或更可能是由于缺乏耐心，有的作者笼统称为"实践智慧"——于是我们就看到了什么"法意流转""司法技艺"以及什么"艺几斟酌""方圆无间"等说法。这些说法往往连似是而非都说不上，纯粹是神秘主义的胡说八道。

二 法律推理的非保真性

根据不同的推理形式，可以将法律推理区分为两大类：法律三段论与非法律三段论，后者又可以细分为归纳法律推理、类比法律推理、溯因法律推理等。非法律三段论显然是不保真的，但法律三段论却经常被人们认为是保真的，并将它理解为演绎推理在法律领域内的一种表现形式。① 实际上，法律三段论也是不保真的，它并不是真正的演绎推理，只是看上去像演绎推理而已。

例如，在通常情况下，从法律规则"故意伤害他人的，应当判处有期徒刑"② 与满足其前件的事实"张三故意伤害他人"出发，人们可以得出结论"应当判处张三有期徒刑"。如下推理 N3.1 是成立的：

（P_1）故意伤害他人的，应当判处有期徒刑；
（P_2）张三故意伤害他人；
（Q）应当判处张三有期徒刑。

然而，当张三的行为属于正当防卫时，N3.1 就不再成立了。虽然仍然有该规则与该事实，但考虑到正当防卫的行为属性，结论不能从该规则与事实中得出。可以看出，在法律三段论中，人们可以在不撤回任何一个前提的情况下撤回结论。而在保真的演绎推理中，如果要撤回结论，必须要撤回至少一个前提；因为结论的真被逻辑地蕴含在前提的合取中。正因为此，我们说，法律三段论并不是演绎推理。

三 法律推理的动态性

在法律推理中，人们并不是收集完所有的相关信息之后才得出结论，而是先基于不完全的信息得出一个暂时的结论，然后在遇到相反信息时撤回它。在谈论如何建造一个理性主体（intellectual agency）的时候，波洛克提及了信念形成的两个要求。一是，因为对环境的彻底把握在原则上是不可能的，一个理性主体必须能够根据部分的知觉输入形成信念；二是，一个理性主体必须具有将那些潜在的知觉输入考虑在内的能力，随时撤回或修正已经形成的信念，从而使得它与环境更匹配。要同时实

---

① 如，[英]尼尔·麦考米克：《法律推理与法律理论》，姜峰译，法律出版社 2018 年版，第 62 页；[英]尼尔·麦考密克：《修辞与法治：一种法律推理理论》，程朝阳等译，北京大学出版社 2014 年版，第 66 页；王洪：《制定法推理与判例法推理》，中国政法大学出版社 2016 年版，第 286 页。

② 为简便计，此处的规则不是对现有制定法规则的精确表述。

现这两个要求，理性主体必须采取一种动态的可驳斥性推理。① 在法律推理中，那些进行理性决策的主体面临同样的要求。一方面，由于在特定的时间段内所能获得的信息总是有限的，而决定又必须做出，所以法律推理者要有基于部分信息做出理性决定的能力；另一方面，由于那些未被考虑在内的信息可能与决定是否合理相关，法律推理者要有一旦意识到这些信息就将其考虑在内的能力。要满足这两个要求，法律推理只能是动态的，随时调整结论的。

法律推理的动态性表现在诸多方面。常见的情形例如，基于某些规则与事实前提的法律推理可能得出一个难以被接受的结论，从而引导人们重新思考、调整推理的前提集。调整的方式，例如，在南京"火车工伤认定"案中，关于火车是否是机动车的判断，最后的判决通过替换所适用的规则修正了前提集；② 在许霆案中，二审判决通过增加规则的方式扩充了推理的前提集。③ 再如，一个基于部分前提的法律推理的结论可能与另外一个基于部分前提的法律推理的结论相冲突，例如，假设前提集为{（P1）故意伤害他人的，应当判处有期徒刑；（P2）正当防卫的，不负刑事责任；（P3）张三故意伤害他人；（P4）张三的行为属于正当防卫}。基于前提 P1 与 P3 的推理 A 得出的结论为（Q1）应当判处张三有期徒刑；基于前提 P2 与 P4 的推理 B 得出的结论为（Q2）张三不负刑事责任。结论 Q1 与结论 Q2 相矛盾，尽管在前提中并不包含相互矛盾的命题。在这个例子中，动态性一方面表现为一个推理对另外一个推理的驳斥，假设原来的前提集中没有前提 P4，那么推理 B 就无法做出；从而推理 A 得出的结论 Q1 就是成立的。另一方面表现为，在法律推理中，人们并不满足推出矛盾的结果，而是希望找到消除矛盾的方法，以"从矛盾中"推出可接受的结论。在该例中，人们通常赋予前提 P2 所表述的规则以更大的优先性，从而通过加入前提（P5）P2 优先于 P1 扩充原来的前提集以得出结论 Q2。值得注意的是，加入前提 P5 之后，基于全部 5 个前

---

① John L. Pollock, *Cognitive Carpentry: A Blueprint for How to Build a Person*, New York: MIT, 1995, p. 40.

② 参见"高荣梅等诉南京市劳动和社会保障局工伤认定纠纷再审案"，(2010) 苏行再提字第 0003 号。

③ 参见广东省广州市中级人民法院刑事判决书，(2008) 穗中法刑二重字第 2 号。

提的推理 C 得出的结论 Q2 与仅基于前提 P2 与 P4 这一部分前提集的推理 B 所得出的结论 Q2 具有不同的地位。一个是整体推理的结论,一个是局部推理的结论。可以这样理解,推理 B 的结论 Q2 由于与推理 A 的结论 Q1 矛盾而被驳斥了,推理 C 则恢复了 Q2 的可接受性。在演绎推理中,局部推理的结论一定也是整体推理的结论,但在上述法律推理中,局部推理产生矛盾,整体推理消除了矛盾。从而要得出合理的结论,在一个具体的法律推理中,推理主体就要考虑整个前提集,而不能只考虑部分前提;由于整个前提集是不断调整的,从而使得推理的过程与结论也随之不断调整。

四 法律推理的扩展性

法律推理的扩展性表现在,通过法律推理,人们获得了新的信息。归纳法律推理、类比法律推理等非三段论推理显然是扩展性的。上面说过,在归纳推理中,人们将基于有限次观察所得出的结论扩展到某一类事物的全部对象上去。在类比推理中,人们将某个对象具有的属性扩展到与它相似的另外一个对象上去。例如,在从规则的目的出发将"禁止汽车进入公园"类推适用到"一匹发疯的马"上的推理过程中,结论"禁止该匹发疯的马进入公园"显然是新的信息,它并没有包含在规则与事实前提的合取中。

不仅归纳推理等非三段论推理是扩展的,法律三段论同样是扩展性的。上面说过,在演绎三段论例如"所有的人都会死,苏格拉底是人;因此,苏格拉底会死"中,结论中的信息已经被包含在前提的合取之中了。在这一推理中,"所有的人都会死"这一前提实际上来源于"张三会死""李四会死""柏拉图会死""苏格拉底会死"等命题的合取,因此结论"苏格拉底会死"并没有使我们知道得更多。但在法律三段论中,情况有所不同。例如,在"故意伤害他人的,判处有期徒刑;张三故意伤害他人;因此,应当判处张三有期徒刑"这一推理中,大前提"故意伤害他人的,判处有期徒刑"并不是来源于对每一个故意伤害他人的法律后果的规范性命题的合取,而是来源于相关的法律文件。

为了较为深入地理解这种不同以及它们的后果,我们需要区分名词表示式的两种不同用法:指称性用法(referential use)与归属性用法(attributive use)。这一用法的区别最早是由唐纳兰(Keith S. Donnellan)

提出的，针对的是限定摹状词。例如，在语句"杀害史密斯的人是疯子"中，如果说话者知道杀害史密斯的人是琼斯，并且琼斯是个疯子时，那么他就是在用"杀害史密斯的人"这一限定摹状词来指称琼斯。如果说话者不知道杀害史密斯的人是谁，那么他想表达的是，无论谁杀了史密斯，他/她都是一个疯子。此时说话者就是把"疯子"这一属性归属到"杀害史密斯的人"之上。① 这一区分完全可以从限定摹状词扩展到一般情形。在"所有的人都会死"中，"所有的人"是指称性用法，指称 $\{x \mid x\text{是人}\}$ 这个集合；只有在这个集合中的每个个体的确具有"会死"的属性时，这个命题才是成立的；就像在上例的指称性用法中，只有在指称的个体即琼斯，真的是个疯子时，语句"杀害史密斯的人是疯子"才是真的。在"故意伤害他人的，判处有期徒刑"中，"故意伤害他人的"是归属性用法。换句话说，这一规则是在将"应当判处有期徒刑"归属到那些故意伤害他人的个体上；而不是在表达命题"集合 $\{x \mid x\text{故意伤害他人}\}$ 中的每个个体都具有应当判处有期徒刑的属性"。就此而论，这一规则是否成立并不取决于是否在事实上所有故意伤害他人的人都应当判处有期徒刑。从而"应当判处张三有期徒刑"这一结论并没有包含在前提"故意伤害他人的，判处有期徒刑"与"张三故意伤害他人"的合取中。

如果法律三段论是非扩展性的，那么从一个法律三段论的结论 Q 与另外一个前提集 S 的合取中能够得出的结论不会多于或强于从该三段论的前提 P 与前提集 S 的合取中能够得出的结论；但这并不符合法律推理的真实情况。例如，对于法律三段论"正当防卫的，不负刑事责任；张三的行为属于正当防卫；因此，张三不负刑事责任"说，从它的两个前提与另一个前提集 {"故意伤害他人的，判处有期徒刑"；"张三故意伤害他人"} 的合取中，如果没有任何优先性元规则，不能得出张三是否应负刑事责任的结论。但从该三段论的结论与这一前提集的合取中，则能够得出"张三不负刑事责任"这一结论。因为在法律推理中，基于法律规则分离而得出的结论通常要弱于直接给定的直言性前提。这也意味着，将"应当判处张三有期徒刑"这一语句加入到语句集 {"故意伤害他人

---

① Keith S. Donnellan, "Reference and Definite Descriptions", *Philosophical Review*, Vol. 75, No. 3, Jul. 1966, pp. 281–304.

的，判处有期徒刑"；"张三故意伤害他人"} 中并不总是多余的。

第二节　法律推理可驳斥性的根源

法律推理之所以具有可驳斥性，大体具有三个方面的原因：一是，在法律领域，人们经常需要在事实信息不充分的情况下进行推理；二是，法律规则存在这样或那样的内在缺陷；三是一些制度设计方面的政策性考虑。

一　事实信息不充分

事实信息不充分首先来源于证据的不充分性。在证据与待确立的主张之间始终存在空缺（gap）。这不仅是因为人们收集证据的时间、手段与资源是有限的，而且因为，或者说在根本上因为：无论是一般性事实主张，还是个别性事实主张；无论是肯定性事实主张，还是否定性事实主张，都不可能得到绝对确定的证实或证伪——正因为如此，当代的认识论研究者一般都承认，彻底的怀疑论是不可能被真正驳倒的。[①] 换句话说，即便有无限的时间与足够的手段及资源，人们也不可能收集到真正充分的证据。正因为如此，不同的诉讼制度中通常设置了不同的证明标准（standard of proof）。例如，在英美法系国家，刑事案件的证明标准通常是排除合理怀疑（beyond reasonable doubt）；民事案件的证明标准通常是盖然性优势（preponderance of probability），或者用丹宁法官（Baron Denning）的话说："只要证据能够使法官可以认为事实存在的可能性比不存在的可能性大（more probable than not），证明责任就完成了。"[②]

信息不充分还来源于人们对常识规则的使用与依赖。常识规则在事实认定推理中几乎无处不在。首先，人们根据常识规则来判断证据本身是否真实、可信。例如某个法律文件是否伪造，某个证人是否可信。其次，人们根据常识规则来确定对于证据的相信。例如，警察的证言之所

[①] 对此问题的进一步讨论，可参见 [美] 约翰·波洛克等《当代知识论》，陈真译，复旦大学出版社 2008 年版，第 7 页。

[②] Miller v. Minister of Pensions [1947] 2 All ER 372.

以能够证明某个相关的主张，是因为存在这样一条常识规则："如果一位警察宣誓后作证说，一个事件已发生，那么，这个事件几乎一定确实发生了。"[1] 此外，人们根据常识规则来判断现有的证据是否足以对某个事件的存在产生内心确信或是否达成了相关诉讼制度下的证明标准。根据这些常识规则所得出的结论通常是至此为止的（pro tanto），而不是最终的。

正因为信息总是不充分的，在法律实践中，人们区别了法律事实与客观事实。法律事实严格来说是人们按照相关规则确定下来的对事实的认识，而非事实本身。而在制定确认法律事实的规则时，除了尽量使个案中确立下来的法律事实符合客观事实之外，人们可能还有其他的一些考虑。例如，一般性地最小化法律事实与客观事实之间的偏差，增强控辩双方的平等，保障犯罪嫌疑人的人权，等等。正是在这个意义上，有学者指出："对事实真相的追求被赋予很高的优先地位，但这种优先未必高于诸如国家安全、保护家庭关系或抑制刑讯逼供等其他价值。"[2] 用以确立法律事实的证据不仅要真实、相关，而且要符合为追求上述价值而制定的法律规则的要求。这些考虑进一步加剧了法律事实主张的可驳斥性。

二 规则的内在缺陷

法律规则的缺陷首先表现为相关法律概念的不确定性。在法律领域，哈特较早地引入法律概念的可驳斥性来谈论这一点。他举例说，要真正理解合同的概念，不仅要知道合同成立的一些肯定条件，例如一方要约、另一方承诺等；还要正确地把握那些由"除非……"一词所引导的主张，它们的作用不是肯定一个有效合同的存在，而是在所有肯定条件都满足的情况下，驳斥（defeat）存在一个有效合同的主张。正是在这个意义上，哈特说："合同是一个可驳斥性的概念。"[3] 严格说来，"可驳斥性的概念"这一说法有些似是而非。正如麦考密克所说，具有可驳斥性的并

---

[1] ［美］特伦斯·安德森等：《证据分析》（第二版），张保生等译，中国人民大学出版社2018年版，第82页。

[2] ［美］特伦斯·安德森等：《证据分析》（第二版），第107页。

[3] H. L. A. Hart, "The Ascription of Responsibility and Rights", *Proceedings of the Aristotelian Society*, Vol. 49, 1948–1949, p. 175.

不是合同这个概念，也不是合同这个制度性实体本身，而是那些用以判断合同是否成立的规则。① 哈特所说的"可驳斥性概念"，指的是这样一种现象：对于某个法律概念来说，人们无法构造出一个充分必要条件式的规则，根据这一规则，就可以确定地判断某一个体是否在这一概念的外延之下；或者用麦考密克的话说，人们能够构造出的据以进行涵摄判断的规则最多是"一般必要与推定充分的"。②

哈特与麦考密克所说的上述现象，可以一般地被称为法律概念的不确定性。不确定的法律概念可能是模糊的、含混的或抽象的。模糊概念是指那些虽有较明确的内涵但外延不清晰的概念，例如"清晨""数额较大"等；它根源于世界的连续性与分类的离散性之间的紧张关系。含混概念是指那些内涵、外延均不明确的概念，例如"水果""毁坏"；它根源于相应范畴的形成过程——人们在形构这类概念或者说对相应的范畴进行归类的时候，往往是从整体印象出发的，而不是从完全清晰的二值性特征出发的。抽象的或者说评价性的法律概念在英美法中有时被称为"标准"，例如"合理注意""公平费率"；它通常根源于立法者试图使法律规则保持一定程度灵活性的努力。在抽象概念的具体化过程中，往往要借助人们关于"公平""合理"等的一般共识；这些共识并不是一成不变的，而是随着社会环境的变迁不断改变的。

法律概念的不确定性，使得涵摄判断必须结合具体的语境进行，已有的规则只能提供一般性的指引，而不能完全决定判断的结论。正是在这个意义上，拉伦茨说，"法律经常利用的日常用语与数理逻辑及科学性语言不同，它并不是外延明确的概念，毋宁是多少具有弹性的表达方式，后者的可能意义在一定的波段宽度之间摇摆不定，端视该当的情况、指涉的事物、言说的脉络，在句中的位置以及用语的强调，而可能有不同的意蕴。"③ 在个案中，具有相关性的语境因素不是直接呈现的，而是随着探究的不断深入依次出现的。从而在涵摄判断的过程中，某个暂时的

---

① Neil MacCormick, "Defeasibility in Law and Logic", in Z. Bankowski et al. eds. *Informatics and the Foundation of Legal Reasoning*, Kluwer Academic Publishers, 1995, p. 102.

② ［英］尼尔·麦考密克等：《制度法论》，周叶谦译，中国政法大学出版社2004年版，第89页。

③ ［德］卡尔·拉伦茨：《法学方法论》，陈爱娥译，商务印书馆2003年版，第193页。

结论可能被随后的进一步探究驳斥。此外，法律概念的不确定性，还使得不同的诉讼参与者可以分别提出自己的理解，从而得出相反的涵摄判断结论。例如，在上述尼克斯诉赫登案（Nix v. Hedden）中，控诉双方均提出不同的对水果的理解，控方强调水果的通常含义，而辩方则诉诸水果的科学含义。在这种案件中，完整的推理过程必须包含对不同理解及其结论的评估。

除了法律概念的不明确性，由于立法主体不可能预见到所有的情形，法律规则还可能会出现各种漏洞；此外，由于法律规则往往来源于不同的主体，它们之间可能相互冲突。这些都会导致基于规则的推理被其他考虑所驳斥。

三 一些政策性考虑

法律规则之所以会面临各种明示或隐含的例外，不仅是出于立法能力的限制，而且源于一些政策性的考虑。首先，法律之所以要容纳各种明示例外，在某种程度上说，是为了提高推理的效率与能力。

我们知道，法律中的明示例外可以进一步区分为但书型例外与独立型例外。前者通过"除非……""但是……除外"等子句与被例外的规则规定在同一个法律条文中；例如："未成年人的父母均不具备完全民事行为能力的，该未成年人的监护人不得将其送养，但父母对该未成年人有严重危害可能的除外。"而后者则与被例外的规则规定在不同的法律条文中。例如，规定故意伤害应负刑事责任的法律条文与规定正当防卫的法律条文通常相互独立。在一些学者看来，无论但书型例外，还是独立型例外，相关的例外情形都可以嵌入被例外的规则中，作为它的条件之一。[1] 例如，将规定但书型例外的法律条文"如果 A，那么 B，除非 C"重构为"如果 A，并且非 C，那么 B"，原来的例外情形 C 就以否定条件非 C 的形式嵌入到规则中了。独立型例外稍微复杂一点。例如，对于规则 R1"如果 A，那么 B"与规则 R2"如果 C，那么 D"来说，如果 B 和 D 不相容，例如 B 为判处三年以下有期徒刑，D 为不负刑事责任，并且

---

[1] E. g., Frederick Schauer, "On the Supposed Defeasibility of Legal Rules", *Current Legal Problems*, Vol. 51, No. 1, Jan. 1998, pp. 223–240.

R2 优先于 R1 的话，那么 R2 的法定条件 C 就构成了 R1 的例外情形，加上该例外情形，R1 可以改写为"如果 A，那么 B，除非 C"。于是看起来，和但书型例外一样，独立型例外中的例外情形也可以重构为相应规则的条件之一。但实际上，上述这样一种对法律例外的重构是完全不得要领的。它没有看到例外情形与被例外的规则的条件在本质上是不同的——无论例外情形与被例外的规则是否规定在同一个条文中。

例外情形与条件的不同可以通过规则 Ra"如果 A，那么 B，除非 C"与规则 Rb"如果 A，并且非 C，那么 B"之间的不同来说明。为了适用规则 Rb 以得出结论 B，人们必须要证明条件 A 与条件非 C 都是成立的。但为了适用规则 Ra 以得出结论 B，人们只需要证明条件 A 是成立的，并不需要证明例外 C 是不成立的，或者非 C 是成立的。例如，对于规则"未成年人的父母均不具备完全民事行为能力的，该未成年人的监护人不得将其送养，但父母对该未成年人有严重危害可能的除外"来说，只要尚未证明"父母对该未成年人有严重危害可能"这一主张，人们就可以直接从"该未成年人的父母均不具备完全民事行为能力"中得出"该未成年人的监护人不得将其送养"这一结论。条件与例外情形的不同在于：为了适用某个规则，人们必须证明该规则的条件是成立的；然而，并不必须证明该规则的例外情形是不成立的，只要尚未证明例外情形成立即可。

为了更为清晰地展示这一区别，可以将主张 P 被证明成立表示为 Proved P，那么主张非 P 被证明成立可以表示为 Proved ¬ P，主张 P 未被证明成立则可以表示为 ¬ Proved P。注意非 P 被证明成立与 P 未被证明成立——Proved ¬ P 与 ¬ Proved P——之间的不同。它们是差等关系而非等值关系。从 Proved ¬ P 可以推出 ¬ Proved P，反之则不然。通过这种表示方式，既可以清晰地看到规则 Ra 与规则 Rb 中的不同：Ra 的适用条件为 P(A) ∧ ¬ P(C)，Rb 的适用条件则为 P(A) ∧ P(¬ C)；也可以清晰地看到规则 Ra 中的条件 A 与例外情形 C 的不同：为了判断 Ra 能否在手头案件中适用，人们总是需要考虑条件 A 是否成立，但并不总是需要考虑例外情形 C 是否成立。这在很大程度上节省了推理主体的时间、精力以及其他资源，从而提高了法律推理的效率。此外，它还使得人们在某些信息匮乏的情况下，也可以进行推理，从而提高了法律推理的能力。如果法律推理要考虑所有的例外情况才能得出结论，那么不仅会极大地加重推理者的负担，而且在例外情况是否成立的信息无法取得的情况下会使推理成为不可能完成的任务。

　　除了提高法律推理的效率与能力，法律容纳明示例外的另外一个重要原因是分配证明责任。证明责任分配的一般原则是，"不适用特定法律规范则其诉讼请求就不可能得到支持的当事人，承担法律规范的特征在实际发生的案件中已实现的证明责任，或者简单地说，对拟适用的法律规范的条件承担证明责任"[①]。但该方当事人并不对法律规则的例外情形不存在承担证明责任，相反，一般由对方当事人对存在例外情形承担证明责任。不同的证明责任分配方式体现了立法者对不同利益的权衡以及相关的价值倾向。最近我国夫妻共同债务证明责任的改变充分体现了这一点。根据以往的《最高人民法院关于适用〈中华人民共和国婚姻法〉若干问题的解释（二）》第二十四条的规定，债权人不用就相关债务为夫妻共同债务承担证明责任，相反由夫妻一方就该债务不为夫妻共同债务承担证明责任。这种证明责任的分配方式体现了对债权人利益的保护。但根据最新的《最高人民法院关于审理涉及夫妻债务纠纷案件适用法律有关问题的解释》第四条的规定对于那些超出日常生活需要所负的债务，债权人要对该债务为夫妻共同债务（用于共同生活、共同生产经验或者基于夫妻双方共同意思表示）承担证明责任。之所以进行这一改变，是考虑到以往证明责任的分配方式虽然充分保护了债权人，但严重不利于夫妻中的无辜一方。从这个例子中可以看出，由于规则的条件与例外由不同的诉讼当事人承担证明责任，而证明责任的分配又实质性地影响到当事人的利益，立法者可以通过将一些因素规定为条件、另一些因素规定为例外的方式使其所偏好的利益权衡观念或价值倾向法定化。

　　如果说法律领域内对明示例外的容纳来源于提高法律推理的效力与能力以及适当地分配证明责任的需要，那么对隐含例外的容纳，则主要是出于增强法律的合理性、灵活性以及稳定性的需要。几乎所有的法律规则在适用的过程中都会碰到过度包含或包含不足的问题。正如丹宁勋

[①] ［德］莱奥·罗森贝克：《证明责任论》（第五版），庄敬华译，中国法制出版社2018年版，第14—15页。

爵所说,"无论一项法律什么时候被提出来考虑,人们都没有能力预见到在实际生活中可能出现的多种多样的情况。即使人们有这种预见能力,也不可能用没有任何歧义的措辞把这些情况都包括进去"①。过度包含与包含不足的情形大致可以分为两类,一类是规则的清晰文义与规则的目的相冲突,严格遵循规则无助于规则目的的实现,甚至有碍于规则目的的实现。例如,我国《合同法》第 74 条规定:"因债务人放弃其到期债权或者无偿转让财产,对债权人造成损害的,债权人可以请求人民法院撤销债务人的行为。债务人以明显不合理的低价转让财产,对债权人造成损害,并且受让人知道该情形的,债权人也可以请求人民法院撤销债务人的行为。"这一规定的目的是防止债务人恶意逃避其债务。但立法者忽略了恶意逃避债务不仅可以采取放弃债权、无偿或低价转让财产等方式,在实践中还可能采取以明显不合理的高价收购他人财物的方式。由于规则的清晰文义并没有包含该行为方式,如果严格遵循规则的话,那么针对债务人的这种行为,债权人是不能行使撤销权的。这一结果显然与制定该规则的目的相悖。另一类情形是,严格遵循规则并不与规则的目的相冲突,但会贬损其他重要价值或极大地损害社会公共利益等。德沃金曾举过这样一个案例。立法者出于保护环境规定:政府应当采取必要行动,保证由政府审批、资助或执行的行动不会危及"濒危物种"的保全。田纳西水利部门为增加水力发电修建了一个水坝,投资超一亿美元,即将完工。后环保人士发现,该水坝的建成将会使一种叫作蜗牛镖的濒危物种灭绝;于是起诉要求停止继续修建该水坝。在该案中,如果严格适用相关规则,将会造成公共资金的巨大浪费。② 当上述情形发生时,不容纳任何例外的极端形式主义做法虽然在逻辑上可能,但无疑会放大法律根源于一般性的固有缺陷或"弊端",即无法充分照顾到不同主体或境况之间的差异。③ 就此而论,容纳例外使得法律规则更具有合理

---

① [英]丹宁勋爵:《法律的训诫》,杨百揆等译,法律出版社 1999 年版,第 13 页。

② See Ronald Dworkin, *Law's Empire*, Cambridge, Mass.: Harvard University Press, pp. 20 - 23.

③ 参见[美]博登海默《法理学、法律哲学与法律方法》,邓正来译,中国政法大学出版社 2004 年版,第 420 页;[美]凯斯·R. 孙斯坦《法律推理与政治冲突》,金朝武译,法律出版社 2004 年版,第 159 页。

性。其次，极端形式主义还使得法律无法灵活有效地回应社会变迁所提出的新问题，加剧法律所固有的僵化性；正是在这个意义上，杜威（John Dewey）强调，如果不允许在具体情形中不断修正规则，那么"一个时代的开明口号就会逐渐成为下一个时代的反动堡垒"①。此外，允许人们在法律推理的过程中提出新的个案例外使得法律在一定程度上可以消解法律规则与现实生活之间的紧张关系，从而有助于维护法律的稳定性。正因为此，几乎没有任何法律体系完全禁止隐含的例外。② 这些问题在上一章讨论法律推理的自治取向时已有相当的论述，此处不再详细展开。

第三节 可驳斥性法律推理与法治

法律推理是一种可驳斥性推理，法律推理的可驳斥性根源于法律制度的各种实际情况以及法律适用中的各种实践需求。但有学者可能会担心，它是否会加剧法律的不确定性，从而危及我们的法治理想。③ 下面的讨论旨在说明：这一担忧并没有必要，法律推理的可驳斥性不会加剧法律的不确定性从而冲击法治理想；恰恰相反，正是可驳斥性推理使得法治理想的实现成为可能。

一 可驳斥性推理与法律的确定性问题

确定性是一种极为重要的法律价值。"法治被宣传的最重要的优点之一就是，凡是存在法治的地方就存在确定性。"④ 为了实现法律的确定性，人们要求法律的语言尽量清晰，要求官方行为依据先在的规则而进行。法律推理的可驳斥性所引发的担忧也主要集中在这两个方面。首先，涵

---

① See John Dewey, "Legal Method and Law", *Cornell Law Quarterly*, Vol. 10, No. 2, Dec. 1924, p. 17.

② See Jaap Hage, "Law and Defeasibility", *Artificial Intelligence and Law*, Vol. 11, No. 2–3, June 2003, p. 232.

③ See e. g., Roberto M. Unger, *Law in Modern Society*, New York: Free Press, 1976, p. 200; Mark Tushnet, "Defending the Indeterminacy Thesis", *Quinnipiac Law Review*, Vol. 16, No. 3, 1996, pp. 339–356.

④ [英]尼尔·麦考密克：《修辞与法治：一种法律推理理论》，程朝阳等译，北京大学出版社2014年版，第309页。

摄判断的可驳斥性是否会使得人们随意地理解某个法律概念,从而使得法律语言丧失清晰性;其次,规则适用的可驳斥性是否会使得规则失去应有的约束力。

第一个担忧可以在两个方面具体展开。首先,有学者可能会担心,人们可能会随意地偏离某个法律概念的日常用法,从而使得简单案件与疑难案件之间的区分不再成立,或者说"所有的案件都是疑难的";其次,在那些由于规则的含义不清楚而产生的疑难案件中,由于解释规则的多样性与可驳斥性,人们可能随意地选择某个解释规则以支持自己的主张。

我们知道,哈特关于简单案件与疑难案件的区分,是人们相信法律仅存在"温和的"(moderate)或"弱的"(weak)不确定性的重要理由。[①] 这个区分的大意是说,任何一般词项都有意义的"核心区"与"阴影区"。简单案件是指那些处于相关规则意义"核心区"的案件,在这些案件中,基于共享的语言习惯以及更深层次的"生活形式",人们可以轻而易举地根据规则确定相关实例的法律后果;只有对于那些处于"阴影区"的疑难案件来说,相关的法律后果才是不确定的。[②] 由于绝大多数的案件是简单案件,因此法律的不确定性是有限的,并不会对法治理想造成威胁。

涵摄判断推理的可驳斥性有时可能会被用作反对进行上述区分的理由。例如,在富勒看来,任何一个表面上处于"核心区"的案件都有可能成为疑难案件。以哈特经常举的"禁止车辆进入公园"这一规则为例。在哈特看来,卡车显然处于"车辆"的核心区,但实际上并非如此。假设一群当地的爱国者想把一辆二战中用过的卡车作为纪念品安放在公园里,那么这一案件中的卡车就并不处于"车辆"的核心区。[③] 由于涵摄判断是可驳斥的,没有哪个个别实例一定处于某个一般词项的核心区。或

[①] See e. g., Ken Kress, "Legal Indeterminacy", *California Law Review*, Vol. 77, No. 2, Mar. 1989, pp. 283 – 337; Conor Casey, "Legal Indeterminacy: Causes and Significance", *Trinity College Law Review*, Vol. 18, 2015, pp. 42 – 55.

[②] H. L. A. Hart, *The Concept of Law*, (2nd edition), Oxford: Oxford University Press, 1994, pp. 124 – 136.

[③] L. Fuller, "Positivism and Fidelity to Law: A Reply to Professor Hart", *Harvard Law Review*, Vol. 71, No. 4, Feb. 1958, p. 663.

者换句话说，一般法律词项并没有所谓的意义核心区；从而并不存在简单案件与疑难案件的区分。所有案件都必须借助规范的意旨进行规范性的考量。富勒的反驳混淆了涵摄判断问题与规则适用问题。在上例中，人们之所以对是否将"禁止车辆进入公园"适用到该卡车上心存疑虑，不是因为人们不知道该例中的卡车是不是"车辆"，而是因为此时适用规则似乎不能达成规则的目的，从而造成了上文所说的过度包含的问题。在富勒的反驳中，更为严重的问题是，将"可驳斥"这样一种可能性混同于"被驳斥"这样一种现实性。对于任何一个一般词项来说，我们总是能够设想出一些情况，在这些情况下，应当偏离它的常规用法；但这并不意味着，一般词项不存在常规用法，也不意味着人们总是或经常偏离常规用法。实际上，我们之所以能够设想出某种特殊情况，正是因为我们知道什么是常规情况——富勒之所以设想"二战中用过的、作为纪念品的卡车"这样一种特殊情况，正是因为在他看来，对于一般的卡车来说，法律后果显然是确定的。在常规情形下，一般词项的通常含义既是理解的起点，也是终点。一般来说，偏离日常用法的理解只发生在那些某个表面合理的其他理解方式被实际提出，并且从某个规范性的视角看，后者的确优于前者的情形下。

由于存在不同的解释规则，人们担忧它们可能会被机会主义使用，以"包装"自己的实质性判断。[①] 这一担忧在很大程度上可以被如下事实消解：在相当多的情况下，不同的解释规则得出的结论是一致的。例如，在王益民等遗弃案中，陈兴良教授从体系解释与历史解释的不同角度出发得出了相同的结论。[②] 再如，对于《宪法》第131条规定的"人民法院依照法律规定独立行使审判权"中的"法律"，有学者更是从文义解释、体系解释、历史解释与目的解释四个不同的角度出发得出了相同的结论。[③] 其次，虽然不同的解释规则之间不存在绝对的优先顺位，但一般说来，文义解释具有优先性，只有在有明确的证据支持与文义解释不一致的

---

① 参见苏力《法律人思维？》，《北大法律评论》2013年第2期。
② 参见陈兴良《非家庭成员间遗弃行为之定性研究——王益民等遗弃案之分析》，《法学评论》2005年第4期。
③ 参见陈坤《宪法能否司法适用无宪法文本依据》，《政治与法律》2017年第7期。

结论时，人们才会考虑历史解释、体系解释等。例如，《侵权责任法》第78条规定："饲养的动物造成他人损害的，动物饲养人或者管理人应当承担侵权责任，但能够证明……"这里的"他人损害"，根据通常的理解，既包括"他人的人身损害"，也包括"他人的财产损害"，由于没有证据表明这种通常理解是不正确的，这种通常理解就是正确的。再如，《侵权责任法》第26条规定："被侵权人对损害的发生也有过错的，可以减轻侵权人的责任。"其中的"过错"，根据通常的理解，包括"故意"与"过失"。但是《侵权责任法》第27条紧接着规定："损害是因受害人故意造成的，行为人不承担责任。"从"法不赘言"的体系解释规则出发，将第26条的"过错"解释为"过失"是适当的。对于历史解释与体系解释来说，一般说来，如果根据历史材料能够明确地确定某个词语的含义，那么与之冲突的体系解释的结论就是可以被驳斥的。例如，在上例中，假设某个立法材料，能够确定第26条的"过错"就是既包括"过失"，也包括"故意"，那么上述基于"法不赘言"的解释结论就可以被推翻。只有在缺乏历史的或体系的素材作为解释依据时，人们才会考虑基于法律的客观意旨或正当化理由来解释具有不同理解的规则。总之，无论是某个解释规则的使用，还是排除，都不是随意的，而是要经过认真考虑和充分论证的。所谓的"司法虚饰"问题，大多来源于外行对于法律推理实践的臆想。

  规则适用的可驳斥性引发的对法律确定性的担忧主要是针对隐含例外的。上文已述，隐含例外主要有两类。一类是，规则的清晰文义与规则的目的相冲突，严格遵循规则无助于规则目的的实现，甚至有碍于规则目的的实现；另一类是，严格遵循规则并不与规则的目的相冲突，但会贬损其他重要价值或极大地损害社会公共利益等。在这两种情形下，法官会考虑偏离规则的常规适用。人们可能担忧，这种偏离是否会加剧法律的不确定性。应当说，这种担忧比上面的担忧更有道理。因为由规则不清楚而产生的不确定，并不能归咎于推理的可驳斥性。但不严格遵循清楚的规则而产生的不确定性，的确是由法官将规则视为可在个案中驳斥的态度所造成的。不过这一担忧在一定程度上可被如下事实所缓和：偏离清楚规则的法律适用会给法官带来更多的心理负担与证成负担。因为对于绝大多数忠诚于法治理想的法官来说，偏离清楚的规则同时也就偏离了公众对他们的角色要求，也偏离了他们的自我认识与道德自觉。更重要的是，为了克服这些负担，法官在决定是否要偏离清楚的规则时所遵循的一些规范性要求，在很大程度上避免了这种偏离所引起的不确定性。在处理包含不当（过度包含或包含不足）问题时，法官通常要考虑如下因素。首先，冲突的原因是什么？立法者在制定相关规则时，是否已经意识到产生冲突的这种情形？还是因为立法者疏忽没有注意到这种情形？或者在立法者制定规则的时候没有此类情形？一般来说，如果有证据表明立法者知道或应当知道产生冲突的这种情形，但基于某些考虑仍然制定了该规则，那么法官应当选择不偏离规则，尽管可能会造成实质的不公正。但如果是立法者的疏忽所造成的，那么法官应当选择弥补立法者在认识上的缺陷。例如，《刑法》第67条第2款规定："被采取强制措施的犯罪嫌疑人、被告人和正在服刑的罪犯，主动如实供述司法机关还未掌握的本人其他罪行的，以自首论。"这一条中忽略了被采取强制措施的一般违法人员。在司法实践中，如果遇到这种情形，也应当以自首论。其次，当规则的清晰文义与立法目标不一致时，严格遵循规则是会阻碍立法目标的实现，还是仅仅无法促进立法目标的实现？如果仅仅是无法促进立法目标的实现，那么法官一般不应当偏离；而如果阻碍了立法目标的实现，那么应当偏离。再次，当立法目标与其他价值相冲突时，严格遵循规则会在多大程度上损害其他价值？偏离规则又会在多大程度上损害立法目标以及法的安定性价值？通常认为，法官应当将立法目标与法的安定性价值结合在一起与偏离规则所能增进的那些价值进行权衡。例如，阿列克西强调，对于与规则 R 相冲突的原则 P 来说，只有在 P 的分量比 R 所赖以建立的实质原则 P_R 与形式原则 P_f 的分量之和还重的时候，R 的适用才会被 P 所限制。① 最后，法官还要考虑偏离对于相关个人的影响。一般来说，如果偏离有助于增进个人权利，那么可以偏离；如果偏离有损于个人权利或者加重个人义务、责任，那么不应当偏离。例如，《刑法》第259条规定："明知是现役军人的配偶而与之同居或者结婚的，处三年以下有期徒刑或者拘役。""与军人配偶长期通奸"的行为并不属于"同居"或"结婚"，虽然严格遵循法律的明文规定将此行为排除在外阻碍了"保护军婚"这一立法目标的实现，

---

① See Robert Alexy, *A Theory of Constitutional Rights*, Oxford: Oxford University Press, 2002, p. 48.

但由于偏离法律的明文规定将加重行为人的法律责任,因此不偏离是妥当的。可以看出,是否偏离规则是建立在一系列的权衡基础之上的。这意味着,偏离规则并不意味着规则失去约束力,否则这些权衡就没有必要了。

二　可驳斥性推理与法治实现的可能

在现代社会,法治作为一种政治与法律理想获得了广泛的理论认可与制度认同。但人们对于"法治"的认识与理解并不完全一致。最简单的理解是,"法治"就是"用法律进行治理"(rule by law),简单地说,无论政府做什么,都要有法律的授权。① 不过有学者认为,这样一种对"法治"的理解使它成为一种空洞的同义反复,因为"政府根据定义就是获得法律授权的机构";就此而论,"法治"应被理解为"法律的治理"(rule of law),而不是"用法律进行治理"。② "法律的治理"意味着政府的所有行为必须根据先在的、一般性的法律规则来进行。有些学者认为,"法治"应该包含更多的形式要求,例如,用以治理的法律必须是公开的、明确的、可行的、稳定的等;③ 此外,法律必须经过民主程序制定也是一个常见的形式要求。还有的学者推崇更为实质的法治观念。例如,认为法治必须内在地包含"个人自由与自然正义";④ 更多的要求包括道德共识甚至有关社会福利的特定分配政策。⑤ 基于这些不同的看法,有学者指出,"法治"从根本上说是一个"本质竞争的概念"(essentially contested concept);⑥ 甚至有学者夸张地说,有多少人捍卫法治,就有多少种法治观念。⑦

---

① Noel B. Reynolds, "Grounding the Rule of Law", *Ratio Juris*, Vol. 2, No. 1, Mar. 1989, p. 3.
② See e. g., Joseph Raz, "The Rule of Law and its Virtue", in Joseph Raz, *The Authority of Law*, Oxford: Clarendon Press, 1979, pp. 210 – 228.
③ 如,[美]富勒:《法律的道德性》,郑戈译,商务印书馆2005年版,第55—107页。
④ T. R. S. Allan, *Law, Liberty, and Justice: The Legal Foundations of British Constitutionalism*, Oxford: Oxford University Press, 1993, pp. 21 – 22.
⑤ 参见[美]布雷恩·Z. 塔玛纳哈《论法治:历史、政治和理论》,李桂林译,武汉大学出版社2010年版,第128页。
⑥ Jeremy Waldron, "Is the Rule of Law an Essentially Contested Concept (in Florida?)", *Law & Philosophy*, Vol. 21, No. 2, Mar. 2002, p. 137.
⑦ Olufemi Taiwo, "The Rule of Law: The New Leviathan?", *Canadian Journal of Law & Jurisprudence*, Vol. 12, No. 1, Jan. 1999, p. 152.

明确哪一种对法治的理解才是妥当的，显然是本书力所不及的。不过可以明确的是，不管"薄""厚"，法治要想实现，首先，从先在的法律规则出发，人们必须能够得出某些法律问题的答案，也就是说，只要法官或其他法律工作者愿意，他们能够将相关的法律决定建立在法律规则的基础上。其次，对于他们是否真的这样做了，可以进行有效的评估；换句话说，法律问题的答案存在正确与错误之分。

这两个要求都以可驳斥性推理为前提。对于第一个要求，首先，由于法律规则总有可能面临一些无法事前想到的例外，无法被重构为一个能够作为演绎推理之大前提的完整的实质条件式。实际上，即便在某个司法制度或实践中，不允许对任何法律规则有个案例外，出于上文所说过的提高推理效率与能力以及分配证明责任的需要，仍有必要区分规则的条件与例外情形。这使得法律规则具有可驳斥性。从具有可驳斥性的法律出发，自然只有采取可驳斥性推理，才能得出结论。其次，即便在一些最为简单的案件中，也需要引入一些法律之外的实质判断，而这些实质判断是可驳斥的。仍以"禁止车辆进入公园"为例。上文已述，对于一般的卡车来说，这一规则是明显可适用的。虽然如此，仅从"∀(x)(车辆(x)→禁止进入公园(x))"与"车辆(a)"这两个前提出发仍然是得不出任何结论的，因为大前提前件中的谓词与小前提中的谓词不一致。只有在引入"∀(x)(卡车(x)→车辆(x))"这一额外的前提之后，才能得出"禁止进入公园(a)"这个结论。这一前提是根据人们的生活常识引入的。在那些涉及包含评价性概念规则的案件中，则需要根据人们共享的评价性态度或道德信念引入某些前提，这些前提表现为规范性主张。无论是常识经验所主张的事实性，还是人们普遍赞同的规范性主张，都是可错的。就此而论，即便法律规则本身是不可驳斥的，要想依赖它得出某个结论，也必须采取可驳斥性推理的形式。既然在最简单的案件中，都需要采取可驳斥性推理才能得出结论，更别提那些由于概念不明确、规则之间存在冲突或规则存在实质性缺陷等造成的各种疑难案件了。

对于第二个要求，首先需要明确的是，司法可错性是法治的前提。所谓司法可错性，简单地说，就是"在具体的案件中，法律是（要求）

什么"这样的法律问题存在正确答案。例如，在朱建勇故意毁坏财物案[①]中，朱建勇采用高进低出股票的手段，造成他人数额巨大资金损失的行为，是否构成刑法第275条所规定的故意毁坏财物罪？对于这一问题，不同的刑法学者给出了不同的回答。陈兴良教授认为不构成，张明楷教授则认为构成。[②] 但他们都认为这个问题是存在正确答案的，尽管他们对于正确答案是什么存在分歧——实际上，他们的分歧正是建立在存在正确答案这一共识的前提上，如果不存在正确答案，也就不存在正确答案是什么的问题。只有当法律问题存在正确答案时，我们才可能谈论法官所做出的判决是正确的还是错误的。如果像一些怀疑论者所说的那样，法律问题不存在正确答案的话，那么在具体的个案中，法律是什么，就完全取决于法官说它是什么。[③] 从而法治，或者说"法律的治理"，就会成为一种完全的空想，取而代之的将是"法官的治理"。

法治要求司法可错性，换句话说，要求"朱建勇的行为构成故意毁坏财物罪"这样的法律主张具有客观的正确与错误之分，而不是如果某个具有裁判权的法官（或者法律共同体）认为它是对的，它就是对的，

---

① 参见上海市静安区人民法院刑事判决书，（2002）静刑初字第146号。

② 陈兴良教授与张明楷教授对此案的讨论，请参见陈兴良《故意毁坏财物行为之定性研究》，《国家检察官学院学报》2009年第1期；张明楷《刑法学》（第3版），法律出版社2007年版，第749—750页。

③ 这种怀疑论可以基于多种理由提出。例如，可以从法律命题缺乏真值的角度提出，如果"朱建勇的行为构成故意毁坏财物罪吗"这样的法律问题具有正确答案的话，那就意味着"朱建勇的行为构成故意毁坏财物罪"这个命题要么是真的，要么是假的，而在一些学者看来，法律命题是没有真假之分的。当问及"为什么法律问题没有真假之分"时，怀疑论者又可能给出形形色色的答案。例如，不存在法律命题中所用到的概念指称的各种实体，或不存在使法律命题具有真值的事实；法律命题是一种规范性主张，而规范性主张是非认识性的，仅仅表达了主体的态度或情感；等等。此外，这种正解怀疑论还可以从判决终局性的角度提出。像人们经常援引的杰克逊大法官的话，"我们说了算不是因为我们说得对，相反，我们说得对是因为我们说了算"。本书无力对这种怀疑论进行全面展开与充分回应。大致说来，从真值缺乏论出发的质疑往往建立在一种不可靠的哲学理论基础上，或者完全忽略了符合论之外的真理理论的可能性。从判决终局性出发的质疑则混淆了判决的有效性与判决的正确性。的确，错误的判决也是有效的，在判例法的背景下，错误判决的规则也可能成为有效的法律规则。然而，这并不意味着，错误的判决因此就变得正确了。错误的判决可能会改变现有的规则，但不能改变之前的规则，也不能改变哪一种（关于之前规则的）理解才是正确的这一问题的答案。从根本上说，判决是否正确取决于它是否获得了最佳的法律推理的支持，而不取决于它是谁做出的，也不取决于它是否能够产生法律上的约束力，或者是否能对未来的法律体系带来某些变化或造成其他影响。

否则就是错的。但问题在于，一方面，法律主张是一种规范性主张，无法通过经验验证的方式获得证实。另一方面，前面说过，法律主张无法从先在的法律规则体系中演绎推出，对任何法律主张的证立都实质性地依赖于一些假定、原则或解释规则之类的前提。这些假定、原则或解释规则不仅是暂时的，而且往往相互冲突。就此而论，法律主张也无法获得完全的证立。既然法律主张既无法得到经验的验证，也无法得到完全的证立，那么我们在什么意义上谈论它的对错呢？当我们说一个法律主张正确的时候，显然不是说它和某种客观事实相符合——在法律领域，我们无法找到某种事实来表明某个法律主张是正确的；相反，只有在我们能够通过其他途径表明"朱建勇的行为构成故意毁坏财物罪"这一主张正确时，才能说这是一个法律上的"事实"——而是说它能够获得最强的论证支持。在法律领域中，情况通常不是这样的：一个法律主张获得了绝对的支持，而与它相竞争的法律主张则没有获得任何支持或者被彻底驳倒了；而是相互竞争的不同主张获得不同程度的支持。正是在这个意义上，朱尔斯·科尔曼与布莱恩·莱特说："（法律问题的）结论并不是要么合理，要么不合理，也不是合理的就同等程度的合理，不合理的就同等程度的不合理。在那些合理的结论之间，会有一些比其他一些得到了该组法律理由较多的支持。"[1] 在科尔曼等人看来，一个法律主张是真的，就是说在理想的认识条件下，人们认为它是真的。通过现实条件与理想条件的对比，科尔曼等人把法律主张的正确性与人们关于法律主张是否正确的信念联系了起来，并努力使法律领域的真理既不独立于信念，也并不混同于现实条件下所能够达成的信念。但问题在于，理想条件是无法达成的，尽管人们可以提出关于它的一些标准，但无法衡量当下的现实条件与这些标准之间究竟还有多大的差距，从而也就不可能真正知道这些标准是否设置得妥当。就此而论，科尔曼等人的理想认识条件说是不适当的。更为妥当的一种看法是，如果一个法律主张能够比所有与之竞争的主张获得更强的支持，那么它是正确的；而一个法律主

---

[1] ［美］朱尔斯·科尔曼、布莱恩·莱特：《确定性、客观性与权威性》，载［美］安德雷·马默主编《法律与解释：法哲学论文集》，张卓明等译，法律出版社2006年版，第297—298页。

张截至目前为止获得了最强的支持,则是它能够获得最强支持的证据,尽管这一证据不是决定性的。

上述讨论意味着,我们在判断一个法律主张是否正确时,不仅仅要考察这一法律主张自身,很多时候还要考察与之相竞争的其他法律主张。正因为如此,有学者主张,法律证立应该被对话地形塑。[1] 实际上,即便没有与之竞争的其他法律主张,由于任何一个法律主张的支持理由都可能随着探究的深入而不断呈现,关于它是否正确的判断也就不太可能是不可修正的。但与此同时,我们又需要一个截至目前为止看起来正确的结论,并且期望这一结论能够得到理性的支持,而不是沦为纯粹的猜测。正如佩岑尼克所说:"理性的观念越狭窄,非理性蔓延的空间就越广阔。"[2] 出于无法得出一个确凿结论的现实处境以及需要得出一个理性结论的实践需求,我们需要采纳可驳斥性推理。只有通过可驳斥性推理,我们才能在理由不充分或相冲突的前提下对哪一个法律主张是正确的进行理性的判断,并使这一判断对新的理由保持开放。说到底,可驳斥性推理使得不确定的知识成为可能,只有承认不确定的知识,法律领域才存在知识的可能性。由于只有在一个法律主张可以被判断为正确或错误的前提下,司法判决才可以被说成是对的或错的,而司法过错性又是法治的前提,因此我们说:可驳斥性推理使得法治成为可能。

总之,法律推理不仅的确是可驳斥性的,而且应当是可驳斥性的。那么,应当如何刻画这种可驳斥性的法律推理呢?接下来的章节实际上都是围绕这一问题而展开的。

---

[1] See e.g., Arno R. Lodder, *Dialaw: On Legal Justification and Dialogical Models of Argumentation*, Dordrecht, Boston, London: Kluwer, 1999, p. 8.

[2] [瑞典] 亚历山大·佩岑尼克:《法律科学:作为法律知识和法律渊源的法律学说》,桂晓伟译,武汉大学出版社2009年版,第178页。

第四章

经典逻辑的法律应用及困境

本章讨论经典逻辑，包括经典逻辑的句法、语义、特征，经典逻辑视角下的推理，以及它在法律领域中的应用与面临的困境。考察的必要性，一方面在于，要充分理解下文所提及的各种非经典逻辑系统，首先要对经典逻辑有一定的把握，因为非经典逻辑建立在经典逻辑的基础上，并保留了经典逻辑的一些特征。另一方面也在于，要发展适于法律的逻辑系统，首先要了解经典逻辑在哪些方面已经应用到法律领域中了，以及在应用的过程中，会面临什么样的困境。实际上，能否提供令人满意的解决困境的方案，正是评估各种不同的非经典逻辑的一个重要标准。

第一节 经典逻辑及其特征

经典逻辑由布尔（George Boole）、弗雷格（Gottlob Frege）、罗素（Bertrand Russel）等人在19世纪末20世纪初所创立的命题演算和一阶谓词演算系统构成，与亚里士多德发展的传统逻辑不同，它使用人工语言符号，通过公理化、形式化的方法将推理刻画为一种严格的证明程序，因此又称为数理逻辑。在20世纪30年代，甘岑（Gerhard Gentzen）建立了第一个自然演绎系统，使逻辑演算更类似于人们的实际推理过程。在此之后，哥德尔（Kurt Gödel）、塔斯基（Alfred Tarski）等人对一阶演算的句法与语义进行了更细致的分析，并对相关的一些元逻辑与逻辑哲学问题进行了更深入的研究。由于一阶谓词逻辑比谓词逻辑具有更强的表达能力，而自然演绎系统又比公理系统更接近人们关于推理的一些直觉，下面主要以一阶谓词逻辑的自然演绎系统为例，介绍经典逻辑的句法、语义，经典逻辑视域下的推理，以及它的若干重要特征。

一 经典逻辑的句法和语义

逻辑是一个人工语言系统，但不是所有的人工语言系统都是逻辑，逻辑是那些旨在囊括所有有效推理规则的人工系统。因此，对于逻辑系统，我们要从两个方面去考察：一是句法层面，二是语义层面。下面就以一阶谓词逻辑为例，介绍经典逻辑的句法和语义。不同的一阶谓词逻辑系统之间的差别将在必要时提及，单纯表示法的一些不同将被忽略。

1. 一阶谓词逻辑的句法

（1）一个形式逻辑系统首先需要一些初始符号来形成表达命题的公式。初始符号也是构成一个逻辑语言 L 的字母表。不同的形式逻辑系统有不同的初始符号，初始符号的丰富程度在一定程度上决定了逻辑系统的表达能力与刻画有效推理的能力。一阶谓词逻辑比命题逻辑有更丰富的初始符号，也有更强大的表达与刻画能力。一阶谓词逻辑的初始符号有：

a）个体常元符号。一般用从 a 到 w 的小写字母表示，必要时可带下标。个体常元符号用以表达指称确定的个体的自然语言词项。例如，在"张三是学生"这个命题中"张三"指称的就是确定的个体，在一阶谓词逻辑中可用字母 a 或带下标的 a_1 表达。

b）个体变元符号。一般用小写字母 x，y，z 表示，必要时可带下标。个体变元符号表示不确定的个体，或者说某一个体域中的任意个体。由于一般性命题都是关于不确定的个体的——例如"所有的人"会死——有了个体变元符号，才有可能构成可以用来表达一般命题的公式。

c）谓词符号。在谓词逻辑中，谓词是指那些用来表示个体所具有的性质或个体之间的关系的、带有空位的语言单位。例如，在命题"张三是学生"中，"……是学生"是个体"张三"所具有的性质，在命题"张三是李四的学生"中，"……是……的学生"是个体"张三"和个体"李四"之间的关系。"……是学生"和"……是……的学生"都是谓词。不同的地方在于，"……是学生"有一个空位，"……是……的学生"则有两个空位。它们分别是一元谓词和二元谓词。一般地，有 n 个空位的谓词就是 n 元谓词。当一个一元谓词的空位上填入一个指称确定个体的词项（个体词）时，就成为一个命题。例如，谓词"……是学生"的空位上插个体词"张三"，就构成了"张三是学生"这样一个命题。相应地，二元谓词要成为一个命题，就需要插入一个由两个个体词所组成的有序对。例如，谓词"……是……的学生"插入有序对 < 张三，李四 > 就成为一个完整的命题"张三是李四的学生"。这里需要注意的是顺序，如果插入 < 李四，张三 >，就会形成一个不同的命题"李四是张三的学生"。一般地，当一个 n 元谓词插入由 n 个个体词组成的有序对时，就形成一个命题。

在谓词逻辑中，谓词一般用从 A 到 Z 的大写字母表示，必要时可带下标。例如，如果用 a 表示"张三"，用 b 表示"李四"，用 S_1 表示"……是学生"，用 S_2 表示"……是……的学生"，那么命题"张三是学生"就可以表示为 $S_1(a)$，命题"张三是李四的学生"可以表示为 $S_2(a, b)$。然而，当括号里不是个体常元符号，而是个体变元符号时，所表示的就不是一个命题，而是一个命题函项。例如：$S_1(x)$、$S_2(y, z)$。命题函项没有真假，只有当其中的变元被某个常元代入时才有真假。例如，用 a 代入 $S_1(x)$ 中的 x。

d）函数符号。在自然语言中，有些个体不是直接用它所专用的个体词来指称的，而是通过其他个体词与函数构造起来的词项来指称的。例如，"张三的父亲"是一个由指称张三的个体词"张三"与函数词项"……的父亲"构成的词项，它指称一个确定的个体。在一阶谓词逻辑中，这种词项通常用带有下标的小写字母 f_i（i≥1）表示，称为函数符号。

e）连接词符号。有了个体常元符号、谓词符号、函数符号等，我们就可以表达那些描述了基本事态的原子命题了。但对于那些复合事态来说，人们是通过一些连接词把不同的原子命题连接起来进行描述的。例如，"柏拉图是希腊人，并且柏拉图是哲学家"。那么要用人工语言表达这个命题，不仅需要表达个体词"柏拉图"的符号以及相关的谓词符号，还需要表达"并且"这个连接词的符号。在一阶谓词逻辑中，人们一般用"∧"（合取符号）来表达连接词"并且"；并用符号"¬"（否定符号）、"∨"（析取符号）、"→"（条件符号）、"↔"（双条件符号）分别表示"并非""或者""如果，那么""当且仅当"。由于这些连接词中的一些可以通过其他连接词加以定义，不是所有的一阶谓词逻辑系统都包括全部五个连接词。①

f) 量词符号。要表达"所有的人会死"这个命题，仅有表示"人"的个体符号和表示"……会死"的谓词符号是不够的，还需要表达"所有的"这一量词的符号。一阶谓词逻辑中用符号"∀"（全称量词符号）来表达"所有的"这一量词。一阶谓词逻辑中的另一个量词符号是"∃"（存在量词符号），表示"有的""至少有一个"。并不是所有自然语言中的量词在一阶谓词逻辑中都有相应的符号表示。例如，"很多""很少"在一阶谓词逻辑中没有相应的量词符号表示。②

g) 辅助性符号旨在明确某个连接词符号、量词符号的管辖范围，避免歧义，比如括号等辅助性符号。

有些一阶谓词逻辑中含有等词符号"="以及不相等的符号"≠"，用来表达"至少有 n 个个体"与"至多有 n 个个体"这样的数量命题。

值得注意的是，有些一阶谓词逻辑系统没有将所有的连接词符号、量词符号都作为初始符号，而是将其中的一些作为初始符号，其他的通过定义引入。例如，对于连接词符号，将"¬"与"→"作为初始符号，其他的连接词通过定义引入；对于量词符号，将"∀"作为初始符号，其他的量词符号通过定义引入。相应的定义为：

$$(A \wedge B) =_{def} (A \rightarrow \neg B)$$
$$(A \vee B) =_{def} (\neg A \rightarrow B)$$
$$(A \leftrightarrow B) =_{def} (A \rightarrow B) \wedge (B \rightarrow A)$$
$$\exists (x) A =_{def} \neg (\forall (x) \neg A)$$

将哪些连接词作为初始符号，哪些连接词通过定义引入，在一定程度上是任意的。如果两个逻辑系统仅仅在选择的初始符号上不同，但能

---

① 在逻辑学史上，人们还尝试过以单个的连接词作为初始符号。例如，单个连接词"｜"，解释为：P｜Q 为真，当且仅当，P 与 Q 均为假。如果以"｜"作为初始连接词，那么"¬P"就可以表示为"P｜P"，"P∧Q"可以表示为"（P｜Q)｜(P｜Q）"。参见涂纪亮、陈波主编《蒯因著作集》（第 2 卷），中国人民大学出版社 2007 年版，第 29 页。

② Altham 试图构造一个含有这些量词符号的逻辑。See J. E. Altham, *The Logic of Plurality*, London: Methuen, 1971.

产生相同的定理与推论规则，那么可以将它们视为是同一个逻辑系统的。

（2）公式及其形成规则。公式，或者说合式公式，是指逻辑系统中符合特定形成规则的表达式，相当于自然语言中的句子，用来表达命题。

a）项的形成规则。一阶谓词逻辑中的公式是由项（item）、谓词符号、连接词符号等构成的，因此，在定义"公式"之前，需要首先定义"项"。项的形成规则如下：

（I1）个体常元符号是项；

（I2）个体变元符号是项；

（I3）如果 t_1，…，t_n 是项，并且 f 是一个 n 元函数符号，那么 f（t_1，…，t_n）是项；

（I4）只有按照（I1）-（I3）构造的表达式是项。

b）公式的形成规则

（F1）如果 P 是一个 n 元谓词符号，并且是 t_1，…，t_n 是项，那么 P（t_1，…，t_n）是公式。

（F2）如果 A 是公式，那么（¬A）是公式。

（F3）如果 A、B 是公式，那么（A∧B）、（A∨B）、（A→B）、（A↔B）是公式。

（F4）如果 A 是公式，那么 ∀(x)A、∃(x)A 是公式。

（F5）只有按照（F1）-（F5）形成的表达式才是公式。

当然，在含有等词的一阶谓词逻辑系统中，还有这样的形成规则：如果 t_1，t_2 是项，那么 $t_1 = t_2$ 是公式。

在项和公式的形成规则中，均有一个"闭合"规则，分别是（I4）与（F5），它们表明了什么样的表达式不是一个逻辑系统中的公式。如果没有这样的规则，相关的定义是不完整的。

上面在介绍谓词符号时提到，如果填入一个谓词空位的不是个体常元符号，而是个体变元符号，那么形成的就不是一个命题，而是一个命题函项，例如：H(x)、G(y)。在个体变元被常元代入时，命题函项就"闭合"

为一个命题。命题函项"闭合"还有一种方式，就是其中的变元被全称或存在量词所约束，或者说处在全称或存在量词的辖域内。量词的辖域是量词之后紧随的最小单元。在某个量词辖域内的变元，例如 (x)(F(x)→G(x)) 中的全部 x，均为约束变元；不在任何量词辖域内的变元，例如 ∃(x)F(x)∧(G(y)→M(x)) 中的 y，以及第三次出现的 x，为自由变元，前两次出现的 x 则为约束变元。对于一阶谓词逻辑中的任何一个公式来说，如果其中没有任何自由变元，那么称之为闭公式；反之，如果其中至少有一个自由变元，则称之为开公式。只有闭公式表达确定的命题。

（3）推论规则。推论规则是自然演绎系统的核心。一阶谓词逻辑中的推论规则可以分为三类：与证明结构有关的结构规则、与连接词符号的使用有关的连接词规则、与量词符号的使用有关的量词规则。

a）结构规则。假设规则（hyp）与重复规则（reit）是最常见的两条结构规则。假设规则，有时也被称为前提引入规则，是指在证明的任何地方都可以引入一个假设或前提；重复规则，有时也称结论引用规则，是指在证明的过程中，任何一个不再未消去的假设范围内的步骤都可以为后续步骤引用。有些一阶谓词逻辑系统给出了更多的结构规则。

b）连接词规则。不同的一阶谓词逻辑系统给出了不同的连接词规则集合。一个思路是从最常见的条件式推理的规则（例如肯定前件式、否定后件式）开始，到一些等值规则（例如双重否定规则、结合律、德摩根律），再加上条件证明与间接证明。另一个思路则是对五个连接词分别构造引入规则与消去规则。这两种思路产生的结果是相同的。但引入—消去规则集合更规整一些。见下表：

连接词	引入规则（I）	消去规则（E）
否定（¬）	(¬I) 假设 A，得出 B 与 ¬B；推出 ¬A	(¬E) ¬¬A；推出 A
合取（∧）	(∧I) A，B；推出 A∧B	(∧E) A∧B；推出 A（或 B）
析取（∨）	(∨I) A；推出 A∨B（或 B∨A）	(∨E) A∨B，¬A（或¬B）；推出 B（或 A）
条件（→）	(→I) 假设 A，得出 B；推出 A→B	(→E) A→B，A；推出 B
双条件（↔）	(↔I) A→B，B→A；推出 A↔B	(↔E) A↔B；推出 A→B（或 B→A）

c) 量词规则。有关量词的推论规则，也可以分为引入规则与消去规则，见下表：

量词	引入规则（I）	消去规则（E）
全称量词（∀）	（∀I）A(y)；推出∀(x)A(x)	（∀E）∀(x)A(x)；推出A(t/x)
存在量词（∃）	（∃I）A(t)；推出∃(x)A(x)	（∃E）∃(x)A(x)；推出A(t)

值得注意的是，所有的量词推论规则都有一些条件。以全称量词规则为例，它的引入规则的条件是：y 为在 A 中出现的自由变元，x 对 y 的取代处处进行，此外，取代 y 的变项 x 不能在 A（y）中约束出现；它的消去规则的条件是：t 对 x 的代入要处处进行。

2. 一阶谓词逻辑的语义

未经解释的公式只是纯粹的符号连接，没有任何意义。只有在经过解释之后，才能得到一个描述事物状态的命题。简单地说，对一阶谓词逻辑的解释就是明确它所包含的符号的语义。由于在一阶谓词逻辑中，个体常元符号、个体变元符号、谓词符号与函数符号为非逻辑常项符号（或者简单地说，非逻辑符号），连接词符号与量词符号为逻辑常项符号（或逻辑符号），从而解释也就可以分为两部分：对非逻辑符号的解释与对逻辑符号的解释。

（1）非逻辑符号的解释。对形式语言 L 中的非逻辑符号的解释分为两步。一是在指定 L 的论域 D 的基础上给出其中的个体常元符号、谓词符号、函数符号在该论域内分别代表的个体、性质或关系、函数运算；它们组合在一起形成一个结构 U。所谓结构，实际上就是一个有序对 <D, λ>，其中 D 为 L 的论域或者说 U 的全域；λ 是定义在 L 的非逻辑符号上的一个函数，使得：(1) 对 L 中的每个个体常项 c，$λ(c) ∈ D$；(2) 对 L 中的每个 n 元谓词符号 F_n，$λ(F_n)$ 是 D 中个体的性质（当 n=1 时）或个体间的 n 元关系（当 n>1 时）；(3) 对 L 中的每个 n 元符号 f_n，$λ(f_n)$ 是 A 中的一个 n 元函数。由于逻辑常项的解释不依赖于特定的结构与语言，这样在 L 的结构 U 确定之后，L 中的所有闭公式就都有了确定的意义。但对于那些包含自由变元的开公式来说，还需要对其中的自由变元进行解释。对自由变元的解释是一个指派 ρ，或者说是一个从 L 的个体变项集到论域 D 的一个函数：

$$\rho: \{x, y, z, \cdots\} \to D$$

ρ 将 A 中的一个元素指派给变项作为它的值。结合上面对个体常元符号、谓词符号以及函数符号的解释，对 L 的解释就可以定义为：

一个 L 解释是指一个有序对 σ = <U, ρ>，其中 U 是一个 L 结构，ρ 是 L 上的指派。

经过指派之后，L 中的所有项都代表个体。L 中的任一项 t 在解释 σ 下的值 σ(t) 可定义如下：

(t1) 对于 L 的任一个体变项 x，σ(x) = ρ(x)。
(t2) 对于 L 的任一个体常项 c，σ(c) = (c)^σ。
(t3) 对于 L 中的 $f_n(t_1, \cdots, t_n)$，σ($f_n(t_1, \cdots, t_n)$) = $(f_n)^σ$(σ(t_1), ⋯, σ(t_n))。其中，f_n 是 L 中的 n 元函数符号，t_1, ⋯, t_n 是 L 中的项；i, n⩾0。

既然任一项 t 都代表确定的个体，那么任一原子公式 F(t) 都有确定的真值。如果用 {1, 0} 代表真值集，其中 1 为真，0 为假。那么任一原子公式 A = $F_n(t_1, \cdots, t_n)$ 在解释 σ 下的真值 σ(A) 可定义为：

σ(A) = 1 当且仅当 <σ(t_1), ⋯, σ(t_n)> ∈ $(F_n)^σ$

简单地说，也就是一个原子公式为真，当且仅当，该原子公式中相关的个体或个体序列例示了相关的谓词或者说在相关谓词的外延之下。显然，这种解释与人们对于命题真假的直觉认识是相符的。

(2) 逻辑符号的解释。在对一阶谓词逻辑中的非逻辑符号进行解释之后，所有的原子公式都获得了真值。但要确定非原子公式的真值，还需要对逻辑符号进行解释。

首先是对连接词符号的解释。连接词将不同的原子公式连接成一个复合公式，这些复合公式的真值并不取决于原子公式的具体内容，而只取决于它们的真值，因此这些复合公式又被称为其中所包含的原子公式的真值函项。不同的命题连接词实际上代表了不同的真值函数算子。它们的作用是在输入原子公式的真值后确定相应的复合公式的真值。对五个连接词的解释分别如下：否定符号"¬"是一元函数，置于公式 A 之前，形成公式¬A，使得：¬A 为真当且仅当 A 为假。合取符号"∧"是一个连接两个公式 A 与 B 的二元函数，形成公式 A∧B，使得：A∧B 为真当且仅当 A 与 B 都真。析取符号"∨"连接公式 A 与 B 形成公式 A∨B，使得：A∨B 当且仅当 A 和 B 至少有一个为真。条件符号"→"连接公式 A 与 B 形成公式 A→B，使得：A→B 为真当且仅当 A 假或 B 真。双条件符号"↔"连接公式 A 与 B 形成公式 A→B，使得：A↔B 为真当且仅当 A→B 和 B→A 都为真。

在上述连接词符号的解释中，争论最大的是条件符号。因为它会导致一些所谓的"实质蕴含悖论"，例如，对于任意的两个公式 A 与 B，A→B 与 B→A 中至少有一个是真的。这不太符合人们的直觉。因此有些学者试图为条件符号提供另外的解释。① 但一来，其他的解释也会产生一些不符合直觉的情形；二来，对条件符号做如上解释最简洁。此外，在逻辑符号的解释中，符合直觉是否具有压倒一切的重要性是值得怀疑的。

对于全称量词与存在量词，有两种解释的思路。第一种思路是诉诸变元的值，将"∀(x)F(x)"解释为"在论域 D 中，所有的 x 满足 F"；"∃(x)F(x)"解释为"在论域 D 中，至少有一个 x 满足 F"。第二种思路诉诸代入变元的常项，将"∀(x)F(x)"解释为"F(x) 的所有代入实例都是真的"；"∃(x)F(x)"解释为"F(x) 的至少一个代入实例是真的"。这两种解释有不同的本体论考量，但都是可以接受的。

二 经典逻辑视域下的推理

经典逻辑具有句法和语义两个层面，那么在经典逻辑的视角下，一

---

① 例如刘易斯提出了严格条件解释，安德森等人则提出了更为严格的相干条件解释。对此问题的进一步讨论，可参见 Lou Goble, eds., *The Blackwell Guide to Philosophical Logic*, Malden: Blackwell, 2001, pp. 280 – 308; Dov M. Gabbay, etc., eds. *Philosophy of Logic*, Amsterdam: Elsevier, 2007, pp. 723 – 789。

个推理是有效的，也可以从这两个层面进行描述。经典逻辑中的形式推理可以理解为一个二元对 <Φ, φ>，其中 Φ 是作为前提的公式 $P_1, \cdots\cdots, P_n$ 构成的集合；φ 是作为结论的公式。

  一个推理 <Φ, φ> 在一阶语言 L 中是句法有效的，当且仅当 φ 能够通过 Φ 的推论规则从 Φ 与 L 中的公理（如果有）中推出；通常表示为：$Φ \vdash_L φ$。φ 称为 Φ 的句法后承。

  一个推理 <Φ, φ> 在一阶语言 L 中是语义有效的，当且仅当不存在任何一种解释，使得 Γ 中的命题都为真而 Q 为假；通常表示为：$Φ \vDash_L φ$。φ 称为 Φ 的语义后承。

  对于一个一阶语言 L 来说，如果通过 L 中的推论规则产生的所有推理实例都是语义有效的，换句话说，对于任何公式集 Φ 和公式 φ 来说，如果 $Φ \vdash_L φ$，那么 $Φ \vDash_L φ$，则称 L 是可靠的；如果所有语义有效的推理实例都能通过 L 中的推论规则产生，换句话说，对于任何公式集 Φ 和公式 φ 来说，如果 $Φ \vDash_L φ$，那么 $Φ \vdash_L φ$，则称 L 是完全的。哥德尔证明了经典逻辑既是可靠的，也是完全的。

  根据推理的语义有效性定义，以及上面对于条件符号"→"的定义，对于任何一个推理 θ = <Φ, φ> 来说，构造条件句"Φ→φ"；θ 是语义有效的，当且仅当该条件句是永真的。此时也称 Φ 蕴含 φ，换句话说，蕴含就是条件句的永真性。上面提到，在经典逻辑中，θ 是语义有效的，当且仅当 θ 是句法有效的。从而在经典逻辑中，$Φ \vdash φ$ 当且仅当 Φ→φ 永真。永真的命题公式又被称为定理。经典逻辑中的非结构性推论规则由于表达了一些基本的有效推理形式，它们也可以通过这样的方式转化为定理。例如，可以将上面提到的合取消去推论规则理解为表达了这样的定理：(A∧B)→A。在经典逻辑的诸多定理中，人们挑出为数不多的一些，将它们视为不证自明的公理，构成公理系统。

  从上面的讨论中可以看出，公理系统与自然演绎系统具有深层次的一致性。一些经典逻辑系统采用公理模式。一些经典逻辑系统采用自然演绎模式，系统中没有公理，只有推论规则。但只要它们能够产生相同的定理和有效的推理实例，它们就不是不同的系统，而只是相同系统的不同模式。采用自然演绎模式的好处在于，它凸显了逻辑作为处理推理有效性的一种工具，而不是一个特殊的知识集合。

三 经典逻辑的若干特征

从上面的讨论中也可以总结出经典逻辑的一些特征。首先，经典逻辑具有外延性。对于项与谓词，经典逻辑只关心它的指称而不关心它的含义；对于命题，经典逻辑只关心它的真假而不关心它的意义。一阶命题的真假只与项是否满足谓词或者说是否例示了谓词所指称的性质或关系有关，而与项是如何被指称的以及性质或关系如何被表达的都没有关系。经典逻辑的外延性还体现在它将"→"解释为实质条件式。

其次，经典逻辑具有一阶性。这表现在，经典逻辑只允许对个体进行量化，而不允许对个体的性质或关系进行量化。换句话说，在经典逻辑语言中，人们只能谈论个体或个体之间具有什么样的性质或关系，而不能谈论这些性质或关系或它们之间具有什么样的（二阶）性质或关系。从而经典逻辑有时也被称为一阶逻辑，但不是所有的一阶逻辑都是经典逻辑。

再次，经典逻辑遵从二值原则。经典逻辑中的任一命题或者是真的，或者是假的；非真即假，非假即真。换句话说，在经典逻辑中，如果将由所有命题构成的集合划分为两个子集：真命题子集和假命题子集，那么这一划分是互斥的与完全的。

此外，经典逻辑还遵从"由假得全"原则。在经典逻辑中，存在定理 $(A \land \neg A) \to B$，这意味着人们从矛盾中可以推出任何命题；从而经典逻辑不能处理不一致信息。如果将一个演绎封闭的公式集称为一个理论，那么基于从矛盾中可以推出一切，包含不一致信息的理论实际上包含每一个公式，从而也就是不足道的（trivial）。

最后，经典逻辑具有单调性。经典逻辑表达的一个形式推理，如果是有效的，就一直是有效的；换句话说，已被推出的结论不会被新加入的前提而取消。如果 $\Phi \vdash \varphi$，那么对任一公式 ψ，有 $\Phi \cup \psi \vdash \varphi$。

非经典逻辑是指至少不具备上述特征之一的逻辑系统。例如，二阶逻辑允许对性质或关系进行量化；多值逻辑不满足二值原则；各种内涵逻辑系统，包括真势模态逻辑、道义模态逻辑等，不具有外延性；非单调逻辑旨在突破经典逻辑的单调性;论辩逻辑的重心则是规避"由假得全"以处理不一致信息。这些非经典逻辑中的一些已被应用到法律推理领域中,或被认为应当应用到法律领域中,以更好地刻画法律推理。对此,下文相关章节会进行详细考察。这里让我们将目光先局限在经典逻辑在法律领域中的应用。

第二节 经典逻辑在法律领域中的应用

导论部分对逻辑的作用进行了一般性的、理论性的阐述,这里的讨论则主要基于一些学者将经典逻辑实际应用到法律领域中的尝试。在进行这一讨论的过程中,会顺带提及经典逻辑的若干不足,但关于不足的系统讨论将在下一节进行。

一 法律文本的规范化

从20世纪50年代开始,陆续有一些学者主张,在起草法律文本时,要自觉地运用符号逻辑,以避免句法歧义,实现法律文本的规范化。艾伦(Layman E. Allen)是较早进行这一提倡的学者。他认为符号逻辑的使用可以帮助人们避免在起草法律文件时发生无意识的歧义;例如:条件/双条件歧义、合取/析取歧义以及连接词的辖域不明。[1] 恩格霍姆(Rudy Engholm)提到,法律文本的规范化不仅有利于消除歧义,而且在解释法律文本、法律教育以及法律信息获取方面也有重要价值。[2] 艾伦等学者的想法在80年代后获得了更多学者的支持。格雷(Grayfted B. Gray)提到,符号逻辑的使用可以消除歧义,已经充分证立了法律文本规范化的价值,但它还有四个额外的好处,分别是:(1)加速制定法起草的过程。(2)将制定法条文拆成更小的片段,明确揭示这些片段之间的联系,标识每一个片段,从而使得它们更容易被讨论。(3)使得制定法更易读、

---

[1] Layman E. Allen, "Symbolic Logic: A Razor-Edged Tool for Drafting and Interpreting Legal Documents", *Yale Law Journal*, Vol. 66, 1957, pp. 833–879.

[2] Rudy Engholm, "Logic and Laws: Relief from Statutory Obfuscation", *Journal of Law Reform*, Vol. 9, No. 2., 1976, pp. 322–347.

易适用。(4) 规范化产生机器可阅读的法律陈述,通过可计算的法律专家系统来模仿法律推理。①

格雷所说的第四点与下面要谈到的法律专家库有关,这里我们先通过艾伦所举的一个例子来说明法律文本的规范化,以及它何以能够消除歧义。艾伦举了很多实例进行讨论,其中的一个例子关于美国专利法第102节的部分规定。

第102节:专利获得的条件;新颖性与专利权的丧失
任何人应当有权获得专利,除非:
(a) 这项发明被本国的其他人知道或使用,或者在本国或外国获得过专利或者在出版物中被描述,在申请专利的发明之前,或者
(b) 这项发明在本国或外国获得过专利或者在出版物中被描述,早于在美国申请专利的日期一年以上,或者
(c) ……

在这一法律文本中,第一个问题关于"除非"(unless)。这个除非是一个表达了"如果并非 P,那么 Q"的"弱除非",还是一个同时表达了"如果并非 P,那么 Q"与"如果 P,那么并非 Q"的"强除非"?这一歧义属于上面所说的条件/双条件歧义。这一法律文本中还有辖域不明引起的歧义。例如,(a) 项中"申请专利的发明之前"是只限制"在本国或外国获得过专利或者在出版物中被描述"还是同时限制"本国的其他人知道或使用"与"在本国或外国获得过专利或者在出版物中被描述"?在艾伦等人看来,如果严格地使用连接词,并采用结构化的形式来撰写法律文本,这些歧义本是能够避免的。

艾伦后来又将连接词扩展到道义词"应当",主张澄清"应当不……"与"不应当……"之间的区别。② 如果我们将"应当"等视为逻

---

① Grayfred B Gray, "Reducing Unintended Ambiguity in Statutes: An Introduction to Normalization of Statutory Drafting", *Tennessee Law Review*, Vol. 54, No. 3, 1987, pp. 433 – 456.

② Layman E. Allen, "Language, Law, and Logic: Plain Legal Drafting for the Electronic Age", in B. Niblett (ed.), *Computer Science and Law*, Cambridge: Cambridge University Press, 1980, pp. 75 – 100.

辑常项，就已经超出经典逻辑的范畴。不过我们也可以把它视为一个特殊的谓词。这就产生了这样的问题：符号逻辑分析能否解决因为语义不确定而产生的问题？在艾伦、格雷等人看来，符号逻辑分析不能解决语义的不确定性问题。他们区分了语义不确定性与句法不确定性，认为符号逻辑的运用仅有助于避免后者。这在一定程度上是因为，他们所谈论的符号逻辑主要是命题逻辑。而在罗伯特·罗德斯（Robert E. Rodes）、克卢格等试图将一阶谓词逻辑运用到法律中来的学者看来，符号逻辑也有助于解决语义不确定性。例如，罗德斯等人谈论概念的"辨别"，[①] 克卢格谈论"语义学的误判"。[②]

公道地说，一阶谓词逻辑本身并不能消除语义的不确定性，不过通过使用它来重述法律主张能够帮助人们发现其中的含混或抵牾。而艾伦等人所谈论的法律文本的规范化与其说是对于符号逻辑的应用，倒不如说是对于逻辑符号以及某种结构化表达形式的运用。此外，因为许多法律主张是很难仅通过命题逻辑来进行准确刻画的，仅利用命题逻辑中的符号来规范化法律文本是不够的，但量化公式等的引入又会使得法律文本变得自然人不易接近。就此而论，法律文本的规范化很难找到一个在实践上成功的范例。当然，逻辑符号的使用以及一些结构化的表达形式能够增进法律文本的清晰性、易读性与简洁性，这是毋庸置疑的。

二 法律推理的逻辑分析

在已有的学术文献中，大体有三种不同的对法律推理的逻辑分析。一种是对法律推理宏观结构的逻辑考察。例如，萨尔托尔从规范条件式的类型与推论规则谈起，到中间法律概念，再到权力与宣告行为，以及对法律文本的解释，总体上采用了一阶谓词逻辑作为分析的工具，虽然有些地方超出了经典逻辑的范畴。萨尔托尔的分析提供了一个法律推理的总体性框架。例如，从基于宣告的推断产生有效力的规则，通过去引

---

① Robert E. Rodes & Howard Pospesel, *Premises and Conclusions: Symbolic Logic for Legal Analysis*, New Jersey: Prentice-Hall, 1997, pp. 221–225.

② ［德］乌尔里希·克卢格：《法律逻辑》，雷磊译，法律出版社2016年版，第228—230页。

号消去约束力，以使得该规则能够成为下一个推断的前提，从而将不同层次上的推理串联起来得出最终的结论。①

第二种是对一些具体的法律推理类型的考察。例如，法律三段论、法律类推、反向论证等。例如，麦考密克通过个案对法律三段论的考察②，克卢格对法律类推与反向论证的考察③。上面说过，麦考密克将法律三段论视为演绎推理，在之后的《修辞与法治》中，为法律三段论辩护时，所说的仍然是"为演绎主义辩护"④。克卢格也试图将法律类推与反向论证处理成一种演绎推理。例如，对于反向论证，在克卢格看来，如果是"内蕴涵"或者"相互蕴涵"，那么是允许的；而如果是"外蕴涵"，那么是无效的。克卢格所说的"内蕴涵""外蕴涵"与"相互蕴涵"实际上就是我们所说的"充分条件句"或者简单地说"条件句""必要条件句"与"双条件句"。对于反向论证，迈瑞特·亨克特（Maarten Henket）采用了类似的分析，主张将所有的法律规则都重构为某种充分必要条件句。⑤

第三种是对某个具体的法律推理进行逻辑重述，以澄清含混的前提，或者揭示隐含的前提。例如，罗德斯通过对巴伯诉文森特（Barber v. Vincent）案进行逻辑重述，揭示了其中隐含的前提，并辨别了一些含混的陈述。⑥

应当说，通过运用经典逻辑对法律推理进行分析，可以增进对于法律推理的结构、环节等方面的理解，也有助于反思一些特殊类型的法律推理，对法律推理的经典逻辑重述在一定程度上也有助于清晰地阐明推

---

① See Giovanni Sartor, *Legal Reasoning: A Cognitive Approach to the Law*, Berlin: Springer, 2005, p. 521ff.

② [英] 尼尔·麦考密克：《法律推理与法律理论》，姜峰译，法律出版社2018年版，第34—37页。

③ [德] 乌尔里希·克卢格：《法律逻辑》，雷磊译，法律出版社2016年版，第149页以下。

④ 参见 [英] 尼尔·麦考密克《修辞与法治》，程朝阳等译，北京大学出版社2014年版，第66页。

⑤ See Maarten Henket, "On the Logical Analysis of Judicial Decisions", *International Journal for the Semiotics of Law*, Vol. 5, No. 2, June 1992, pp. 153 – 164.

⑥ See Robert E. Rodes & Howard Pospesel, *Premises and Conclusions: Symbolic Logic for Legal Analysis*, New Jersey: Prentice-Hall, 1997, pp. 230 – 232.

理的过程。但如果局限在经典逻辑的范围内，法律推理的不同环节很难前后一致地连接起来；正因为此，萨尔托尔才引入了一些特设性的推论规则——从"A是有效的"推出"A"这一"有效性消去"规则——以连接不同层面上的法律三段论推理。另一方面，法律类推、反向论证等也很难被重构为经典逻辑的演绎有效模式。

三 法律推理的有效性检验

在《现代逻辑在法律中的应用》一书中，塔麦洛提出了几种检验法律推理是否有效的方法，分别是：证明法（包括直接证明、间接证明与条件证明）、真值表法（包括完全真值表法、简化真值表法）、反公式法。其中，证明法只能检验法律推理的有效性，不能检验法律推理的无效性；换句话说，对于有效的法律推理来说，可以通过构造一个证明来表明它是有效的，但构造不出来这样一个证明，并不意味着该法律推理一定是无效的。真值法既能检验法律推理的有效性，也能检验法律推理的无效性，但过于烦琐。基于此，塔麦洛提出了反公式法，通过转化规则、消除规则与交换规则能够检验所有命题推理的有效性以及相当一部分一阶谓词推理的有效性。[①]

塔麦洛谈到的这几种方法都需要先将法律推理转化为用人工语言表示的形式推理，但在法律实践中，多数人对形式推理不是非常熟悉，有些人甚至可能反感。因此，在对法律推理的实际检验中，这些方法并没有得到广泛的运用。在法律实践中，人们经常通过某种不需要形式化的方法来揭示某个推理的无效性。例如，克卢格曾提到这样一个刑事案例，法院在量刑部分的论述中说，被告人不是危险惯犯，因为在最后一次服刑之后他已经开始了正常的市民生活，由此证明刑罚对他已经产生了持久的影响；但在同一个判决中又说，被告人因为威胁到公共安全，应被送进疗养院或精神病院，因为最后一次量刑没有产生持久影响。在这一判决中，使用了两个相互矛盾的前提。正是基于这一点，联邦最高法院宣告，被告人的人身危险性既无法被确认，也无法被否认，因此该判决

---

① 参见〔奥〕伊尔玛·塔麦洛《现代逻辑在法律中的应用》，李振江等译，中国法制出版社2012年版，第56页以下。

由于违背思维法则必须被撤销。① 这样一种对经典逻辑的运用并不需要先将法律推理形式化。另一种人们经常使用的不需要先将法律推理形式化的揭示无效性的方法是"逻辑类比反驳"。此外，导论部分提到，人们还可以通过直接指明法律推理所犯的某个逻辑谬误来揭示它的无效性——实际上，这是亚里士多德的传统词项逻辑在法律领域中的主要应用。

运用经典逻辑检验法律推理的麻烦在于，并不是所有在经典逻辑中无效的法律推理都是无效的。例如，上面提到的反向论证，在经典逻辑中会被判断为犯了"否定前件式"的逻辑谬误，但在法律实践中，这一推理类型经常被认为是有效的。

四 指导法律推理活动

虽然经典逻辑是高度符号化的，但它仍然可以指导人们从事法律推理活动。从论证的视角看，可以将法律推理理解为一个试图通过构造证明得出结论的思维活动。一些经典逻辑系统提供的推论规则可以作为指导构造证明的工具。例如，在法律推理中经常运用的归谬法。通过归谬法证明任意命题 A 思路是：先假设 ¬A 成立，根据这一假设推出矛盾 B 与 ¬B；我们知道矛盾为假，从而可以通过应用否定后件式条件消去推出 A 成立。法律推理中经常用到的另外一个证明思路是分情况证明，即在已有 $A_1 \vee \cdots \vee A_n$ 的情况下，假设 A_1，得出 B，假设 A_2，也得出 B，……假设 A_n，仍得出 B，从而最终证明 B。归谬法与分情况证明均可能直接作为逻辑系统中的推论规则而出现。在《前提与结论》一书中，罗德斯还提到了经典逻辑的另外一种指导作用，即对经典逻辑的熟练把握可以使得人们避免在推理过程中陷入一些"陷阱或怪论"。②

逻辑对于法律推理还有某种"潜移默化"的作用。例如，在受过系统的逻辑训练后，人们的思维更加缜密，更不可能出错。但这一作用很难被没有受过系统逻辑训练的人承认。或许，正如塔麦洛所说："……要真正认识到现代逻辑在法律中的应用价值就必须接受足够的现代逻辑训

---

① [德] 乌尔里希·克卢格:《法律逻辑》，雷磊译，法律出版社2016年版，第217—218页。
② See Robert E. Rodes & Howard Pospesel, *Premises and Conclusions: Symbolic Logic for Legal Analysis*, New Jersey: Prentice-Hall, 1997, p. 235ff.

练,掌握应用现代逻辑的专门知识和技能。很显然这是很多法律人不愿意或难以做到的。因此,对于那些对现代逻辑知识知之甚少且不愿意学习现代逻辑的法律人而言,表明现代逻辑对于法律思维的重要价值将是一件事实上难以完成的工作。然而,……法律逻辑专门知识和技能的优越性对于掌握这种专门知识和技能的人是不证自明的。"① 塔麦洛所说的现代逻辑是指我们所说的经典逻辑,并将经典逻辑的不被重视归咎于法律人的无耐心或无能力。这固然是原因之一,但另外一个重要的原因可能是:经典逻辑不是一个很好地处理法律推理的逻辑系统,不仅因为它的高度符号化,而且因为它在很多方面偏离了人们对于法律推理的一些直觉认识。例如,经典逻辑对于法律规则的逻辑刻画不太符合人们的理解,经典逻辑对法律推理的形塑没有关注它的论辩品格,等等。换句话说,一个更适于法律领域的逻辑系统或许能够增进人们的兴趣,从而也增进人们进行逻辑推理的能力。

五 法律专家系统与自动法律推理

从 20 世纪 80 年代开始,随着计算机科学的发展与人工智能研究的兴起,一些学者投入到法律自动推理的研究中来。其中最受关注的是法律专家系统的研发。法律专家系统是一种能够在一定程度上对法律问题进行自动求解的计算机系统。较早的法律专家系统有塞高特(M. J. Sergot)等人开发的对英国国籍法的逻辑编程,它可以被视为一个基于规则的法律专家系统的雏形;② 以及阿什利(Kevin D. Ashley)等人开发的基于案例的"海波系统"(HYPO)。③

在早期的法律专家系统中,经典逻辑的应用主要体现在两个方面。首先,经典逻辑所使用的逻辑符号与句法形式被用来将法律知识表达为机器可阅读的人工语言形式。例如,在基于规则的法律专家系统中,法

---

① [奥]伊尔玛·塔麦洛:《逻辑在法律中的应用》,李振江等译,中国法制出版社 2012 年版,序言第 2 页。

② See M. J. Sergot, F. Sadri, R. A. Kowalski, et. al. , "The British Nationality Act as a Logic Program", *Communications of the ACM*, Vol. 29, No. 5, May 1986, pp. 370 – 386.

③ See Kevin D. Ashley, "Reasoning with cases and hypotheticals in HYPO", *Int. J. Man-Machine Studies*, Vol. 34, No. 6, June 1991, pp. 753 – 796.

律知识通常被表达为 IF – THEN 结构。其次，经典逻辑中的推论规则被用来作为推论机制的底层逻辑。法律专家系统中的推理机制通常为通过正向链接与反向链接遍历知识库中的规则。正向链接就是根据已有信息推断出新的信息，例如已有信息为 A 是 x，根据规则"如果 A 是 x，那么 B 是 y"，推出 B 是 y，将 B 是 y 加入动态数据库中，再寻找以 B 作为前件的规则。正向链接可能推出很多无关的信息。因此更常用的是目标驱动的反向链接。反向链接从查询开始，如果查询到结论"B 是 y"，那么不需要进行任何操作，否则在知识库中寻找以"B 是 y"为后件的规则 R_1。如果规则 R_1 的全部前件为真，那么"B 是 y"得证；否则继续查询以 R_1 的某个未被查询到的前件为后件的规则 R_2。可以看出，正向链接与反向链接背后的底层逻辑都是"条件消去"的推论规则。而对于那些使用了一阶谓词逻辑语言的法律专家系统来说，还需要对待匹配信息中的常量与规则中的变量进行合一置换，这一置换的底层逻辑是一阶谓词逻辑中有关量词的推论规则。

要实现自动法律推理，仅有经典逻辑是远远不够的。一方面，前面提到的专家系统只能用来进行"基于规则的推理"，而不能用来进行"关于规则的推理"，而后者在一个完整的法律推理过程中占有很大的比重。另一方面，即便是对于那些"基于规则的推理"来说，仅运用经典逻辑中的推论规则也是无法进行的。例如，在法律规则中，经常有一些条件以可推翻的推定的形式出现，那些包含了这样的条件的法律规则要依赖于一种经典逻辑泵提供的非单调性的推论规则。对于这一问题，在英国国籍法的逻辑编程中，作者们采取了"作为失败的否定"（negation as failure）这一推论规则。再例如，经典逻辑本身也没有提供任何冲突消解策略来处理规则之间的不一致问题。总之，要真正实现自动法律推理，需要更先进的逻辑工具。

第三节 经典逻辑在法律应用中的困境

上文在考察经典逻辑在法律领域中的应用时，顺带提及了它的一些不足。下面是对这些不足的一个系统考察。此外，能否较好地解决经典逻辑所面临的这些困境，也是评估下面两章所提到的不同逻辑系统的重要标准。

一 法律规则的例外

经典逻辑面临的第一个困境是，它无法准确地刻画法律规则可能面临的例外。我们从对法律三段论的经典逻辑刻画谈起。

我们知道，典型的法律三段论有两个前提，大前提是陈述法律规则内容的命题，小前提是陈述个案事实的命题。例如，法律三段论 N4.1：

(P_1) 禁止车辆进入公园
(P_2) a 是车辆
(Q) 禁止 a 进入公园

在 N4.1 中，大前提陈述了"禁止车辆进入公园"这一法律规则（R4.1）的内容，小前提陈述了"a 是车辆"这一事实。人们通常认为基于这两个前提，可以证立"禁止 a 进入公园"这一决定。换句话说，法律推理 N4.1 在直观上是有效的，或者说具有系统外的有效性。

但在命题逻辑中，P_1、P_2 与 Q 是三个不同的（原子）命题，只能用三个不同的命题常元字母来表示，这一推理表示为 F4.1：

(P_1) R
(P_2) S
(Q) W

由于在命题逻辑中，不存在使得人们能够从 R 与 S 的合取中推出 W 的推论规则，F4.1 在命题逻辑系统内是无效的。

为了使 N4.1 在命题逻辑系统内有效，可以增加一个新的前提，即 (P_3) 如果禁止车辆进入公园，并且 a 是车辆，那么禁止 a 进入公园。在命题逻辑中，这一新的前提可以表示为：$(R \wedge S) \to W$。因此在加入前提后，有 F4.2：

(P$_1$) R
(P$_2$) S
(P$_3$) (R∧S)→W
(Q) W

F4.2 在命题逻辑中是有效的，因为可以通过合取引入（α，β⊢α∧β）与条件消去（α→β，α⊢β）这两个推论规则从其前提中推出结论。

然而，这并不意味着，命题逻辑是刻画法律三段论的合适工具。一来，这一刻画并不符合人们的真实推理过程，那些从事法律三段论推理的人们在直观上会觉得，这一前提的引入是不必要的。二来，如果（P$_2$）"a 是车辆"换成另外一个前提"b 是车辆"，那么（P$_3$）同样要做相应的变动。如果用 T 表示"b 是车辆"，P$_3$ 就要修改为（R∧T）→W。这意味着，在法律规则的每一次运用中，人们都无法从已有的前提中推出结论，而是要重新构造相应的前提。这显然不太符合人们的常识，也无法体现法律规则的作用。

命题逻辑不能作为刻画法律三段论的合适工具的原因在于，一方面，在命题逻辑的语言中，没有表达全称量词的词汇，而法律规则是一般性的，针对某一范围内的全部对象，对法律规则的准确刻画需要揭示出它的这种一般性。另一方面，命题逻辑将原子命题视为不可分割的基本单位，无法刻画原子命题的内部结构，从而无法找到任何原子命题之间可能具有的共同性。例如，"张三会死"与"李四会死"在命题逻辑中只能表达为两个完全不同的命题，但在直观上，它们之间是存在某种共同之处的；"张三会死"与"张三是人"同样如此，这种共同性对于刻画法律三段论推理的有效性来说至关重要。

一阶谓词逻辑有更丰富的语言，能够彰显不同原子命题之间的共同性——在上面的例子中，"张三会死"与"李四会死"可以分别表示为 D(a)、D(b)，这两个表达式具有共同的谓词，代表了"……会死"这一个共同的性质；"张三会死"与"张三是人"可以分别表示为 D(a)、P(a)，具有共同的个体词，代表了"张三"这一共同的个体——也提供了揭示法律规则一般性的手段，因此在当下的法律逻辑文献中经常作为表达法律三段论的工具。

在一阶谓词逻辑中，N4.1 可以表示为 F4.3：

(P$_1$) ∀(x)(车辆(x)→禁止进入公园 (x))
(P$_2$) 车辆 (a)
(Q) 禁止进入公园 (a)

F4.3 在一阶谓词逻辑中是有效的，可以通过全称消去（∀(x)A ⊢ A(t/x)，t 是对 A 中的变元 x 的代入）与条件消去这两个推论规则从其前提中推出结论。可以看出，并不需要增加新的前提，一阶谓词逻辑就可以比较"自然"地刻画、建模法律三段论推理；并且，这种刻画方式也比较符合人们对于法律三段论的直观理解：它是一个将法律规则"适用到"具体案件中的过程，其中，具体案件中的个别事物例示（instantize）了法律规则前件中所规定的一般条件。因此，不少学者认为，一阶谓词逻辑是刻画法律推理，或至少是刻画法律三段论推理的合适工具。[①]

然而，法律三段论推理并不像看上去那么容易处理。我们必须考虑到，法律是一种包含例外的事业。为了能够灵活、公正地应对社会生活，法律规则需要被理解为可能会遭遇例外的规则，而不是严格的、绝对无例外的规则。例如，虽然一般地说，"禁止车辆进入公园"，但并不禁止警车进入公园。在一阶谓词逻辑中，如何表达法律规则的例外呢？最容易想到的一个方案是将例外理解成一个一般性的法律规则，即"允许警车进入公园"（R4.2），那么在车辆 b 是警车时，人们就可以基于 R4.2 做出允许 b 进入公园的决定。做出这一决定的推理过程可以表示为 F4.4：

(P$_1$) ∀(x)(警车(x)→允许进入公园 (x))
(P$_2$) 警车 (b)
(Q) 允许进入公园 (b)

[①] 例如，塔麦洛在《逻辑在法律中的应用》一书中所说的就是一阶谓词逻辑；而在《法律逻辑》一书中，克卢格更是明确表示，"法律逻辑"就是一阶谓词逻辑在法律中的应用。参见[奥]伊尔玛·塔麦洛《逻辑在法律中的应用》，李振江等译，中国法制出版社 2012 年版，导论，第 2—3 页；[德]乌尔里希·克卢格《法律逻辑》，雷磊译，法律出版社 2016 年版，第 16—27 页。

仅就这一推理本身来说，似乎并无问题。但如果将 R4.1 "禁止车辆进入公园"也考虑进来的话，就会发现这种理解法律例外的方式是不妥当的，因为警车也是车辆，从而基于 R4.1 可以得出禁止 b 进入公园的结论。"禁止 b 进入公园"与"允许 b 进入公园"显然是不相容的，而一阶谓词逻辑也不能提供在它们之间进行选择的手段。一个可能的解决方案是，将 R4.1 调整为 R4.3 "禁止车辆进入公园，除非它是警车"。在一阶谓词逻辑中，R4.3 可以被表示为：∀（x）((车辆(x)∧¬警车（x）→禁止进入公园（x））。这样对于不是警车的车辆 a 来说，人们可以基于 R4.3 得出禁止 a 进入公园的结论，R4.2 因前件不满足从而无法适用；而对于的确是警车的车辆 b 来说，人们可以基于 R4.2 得出允许 b 进入公园的结论，R4.3 因前件中的第二个合取肢不满足无法适用。从而既能刻画正常情况下的法律推理，也能刻画例外出现时的法律推理。

但当更多的例外被考虑进来时，情况开始变得复杂起来。例如，救护车也应当被允许进入公园。如果将救护车作为例外考虑进来的话，按照上面的思路，需要构造一个新的针对救护车的规则 R4.4 "允许救护车进入公园"，相应地，R4.3 应当调整为 R4.5 "禁止车辆进入公园，除非它是警车或救护车"，在一阶谓词逻辑中，R4.5 可以被表示为：

∀(x)((车辆(x)∧¬警车(x)∧¬救护车(x)→禁止进入公园(x))

这样，对于救护车 c 来说，R4.5 因前件中的第三个合取肢不满足无法适用，而对于普通车辆 a 来说，R4.5 前件中的三个合取肢都满足，人们可以基于它得出禁止 a 进入公园的结论。只不过推理过程稍微复杂了一点，用一阶谓词逻辑的形式可以表示为 F4.5：

（P_1）∀(x)(车辆(x)∧¬警车(x)∧¬救护车(x)→禁止进入公园(x))

（P_2）车辆（a）

（P_3）¬警车（a）

(P₄) ¬ 救护车（a）
(Q) 禁止进入公园（a）

警车、救护车仍然不是全部的例外，能够想到的例外还有消防车、维修车等，如果把这些例外全部考虑在内，法律规则以及法律规则在个案中的适用将变得极为复杂。此外，更严重的问题是，有些例外无法事先预知，从而也就无法明示在法律规则中。按照这一思路，完整的法律规则应被表述为 R4.6：

∀(x)((车辆(x)∧¬ 警车(x)∧¬ 救护车(x)∧¬ 消防车(x)……)→禁止进入公园（x）

这一规则不仅冗长，而且根本无法适用。因为其中存在省略的条件，人们无法判断这些省略的条件是否能得到满足。

这一解决方案的问题还表现在，它不符合人们的真实思维过程。在常规情形下的法律推理中，人们并不是在考察所有可能的例外情形都不存在之后再得出相应的结论，而是直接适用那个没有将例外纳入其中的初始规则。只有在发现或被告知例外情形的确存在时，人们才会回过头去反思之前所做的推理，并在必要时撤回之前得出的结论。这一做法是符合思维经济原则的，所谓"不挠不痒的地方"。由于有些例外无法提前预知，人们实际上不可能在考察所有的例外情形之后再做决定。即便例外都可预知，提前考察它们也是费时费力的。

另外一种可能的解决方案不是将每一个例外都安置到规则中去，而是将规则理解为自身带有"情况正常"这个限定，并将例外单独表达成一种非正常情况。例如，将"车辆禁止进入公园"表示为 R4.7：

∀(x)(车辆(x)∧情况正常→禁止进入公园(x))

并将警车、消防车等例外表示为：

(E₁) ∀(x)（警车（x）→¬ 正常情况）
(E₂) ∀(x)（消防车（x）→¬ 正常情况）
……
(Eₙ) ……

在没有关于例外的信息时，有推理 F4.6：

(P₁) ∀(x)(车辆(x) ∧ 情况正常 → 禁止进入公园(x))
(P₂) 车辆（a）
(P₃) 情况正常
(Q) 禁止进入公园（a）

得出禁止车辆 a 进入公园的结论。但在碰到例外时，则根据相应的例外规则得出"¬ 正常情况"这一结论，前提 P₃ 不再成立。

这一解决方案使得法律规则的表达更具有帕肯所说的结构相似性、模块性等特征，但并不能真正地解决问题。因为要适用 R4.7，必须要确认"情况正常"这一命题是真的，而要确认这一命题是真的，仍然必须考察所有的例外规则；除非我们能够从"缺乏表明情况不正常的信息"这一前提推出"情况正常"。然而在经典逻辑中，并不存在使得这一推理成立的推论规则。

二　规则之间的冲突

法律规则的冲突是指两个法律规则有相容的构成要件（前件），却有不相容的法律后果（后件），从而导致在某个真实或假想的案例中，它们的法律后果不能同时实现。例如，我国《合同法》第 230 条规定了承租人对承租房屋的优先购买权，而《物权法》第 101 条则规定了共有人对共有的动产或不动产的优先购买权。假设在一个案例中，a 是房屋 w 的承租人，b 是同一处房屋 w 的共有人。那么按照《合同法》规则

(R4.8) ∀(x) ∀(y)（承租（x, y）→优先购买（x, y））
a 享有对 w 的优先购买权。但按照《物权法》规则

(R4.9) ∀(x) ∀(y)（共有人（x, y）→优先购买（x, y））
b 享有对 w 的优先购买权。

"优先购买（a, w）"与"优先购买（b, w）"显然不能同时实现。如果"优先购买（a, w）"成立，那么有"¬ 优先购买（b, w）"；反之亦然。在实际的法律推理过程中，人们通常会通过赋予其中某一条规则以优先性来解决这个问题。如果赋予 R4.8 以优先性，那么得出"优先购买（a, w）"的结论；反过来，则得出"优先购买（b, w）"的结论。但这样一个推理过程无法通过经典逻辑来进行准确刻画，因为在经典逻辑中，法律规则被表达为实质条件式，而在不同的实质条件式之间不存在优先关系。

一个可能的解决方案是将优先性"内置"到规则之中。例如，对于任意相互冲突的两个规则（R_i）A→C 与（R_j）B→D 来说，如果 R_j 优先于 R_i，那么将 R_i 改写为（R_i'）A∧¬ B→C；R_j 保持不变。反过来，如果 R_i 优先于 R_j，则将 R_j 改写为（R_j'）B∧¬ A→D；R_i 保持不变。在上面的例子中，如果 R4.8 优先，那么 R4.8 保持不变，将 R4.9 改写为：

(R4.10) ∀(x) ∀(y)（共有人（x, y）∧（¬ ∃（z）（z≠x ∧承租（z, y）））→优先购买（x, y））

相应地，如果 R4.9 优先，那么 R4.9 保持不变，将 R4.8 改写为：

(R4.11) ∀(x) ∀(y)（承租（x, y）∧（¬ ∃（z）（z≠x∧共有人（z, y）））→优先购买（x, y））

现在假设 R4.8 优先，那么在仅有共有人 b 的情况之，适用规则 R4.10 得出 b 享有优先购买权，而当既有共有人 b，又有共有人 a 的情况下，规则 R4.10 前件中的第二个条件不满足，因此不能适用，只能适用规则 R4.8，得出 a 享有优先购买权的结论。

这一解决方案的麻烦在于，首先，它需要事先将所有的规则重构为无矛盾的，但由于许多规则之间的冲突是在后来的适用过程之中被发现的，这一任务实际上很难完成。其次，不符合思维经济的原则。因为这一思路实际上要求人们在适用一个规则之前考察所有可能相关的规则，从而也不符合人们实际的思维进程。再次，当规则前件中的条件较多时，这一重构会使得规则变得更为烦琐，尤其在存在更多的冲突规则时，这一情况更为严重。此外，当新增一个规则时，需要调整已有的规则，从而不利于规则集合的维护。由于人们总是可能从政治道德或其他资源中引入新的规则（原则），作为推理的依据，这实际上也使得一个稳定规则的存在成为不可能。

三　关于规则的推理

在法律推理中，不仅有基于规则的推理，而且有关于规则的推理。例如，关于是否存在一个有效的规则或者某个规则是否有效的推理，关于一个有效的规则是否具有可适用性的推理，以及两个规则之间是否存在冲突关系的推理，等等。

下面是一个关于规则的推理的例子 N4.2：

(P_1) 如果两个规则有相容的前件，并且有不相容的后件，那么它们相互冲突；

(P_2) 规则 m 与规则 n 有相容的前件，并且有不相容的后件；

(Q) 规则 m 与规则 n 相互冲突。

我们当然可以用一阶谓词逻辑将这个推理简单地表示为 F4.7：

(P1) $\forall(x)\forall(y)(C(f_1(x), f_1(y)) \land \neg C(f_2(x), f_2(y)) \to D(x, y))$

(P2) $C(f_1(m), f_1(n))$

(P3) $\neg C(f_2(m), f_2(n))$

(Q) $D(m, n)$

其中，$f_1(x)$ 表示规则 x 的前件，$f_2(x)$ 表示规则 x 的后件，C 表示相容关系，D 表示冲突关系。但这样一种表示没有展示出规则的内部结构，也没有表达出前件或后件之间相容关系的本意。我们知道，一般规则的前件与后件是全称谓词公式。两个全称谓词公式相容，实际上也就是说，两个相关的谓词可能被同一个个体所满足；反过来，不相容，也就是说它们不能被同一个个体所满足。在某种二阶语言下，它可以被表示为：

$$\forall(X)\forall(Y)((\exists(z)X(z)\land Y(z))\leftrightarrow C(X,Y))$$

其中，X、Y 是谓词变元，z 是个体变元，C 是一个二阶谓词。这一表达式不是一阶语言中的合式公式。由于涉及谓词本身的性质以及对谓词的量化，它无法通过一阶语言表达出来。同样的麻烦存在于对规则的有效性、可适用性等问题的讨论。

如果仅仅考虑关于规则的推理，那么不考虑规则的内部结构是可以的。但如果想同时刻画关于规则的推理与基于规则的推理，就必须考虑到它们之间的衔接问题。

例如，下面的元三段论是一个关于规则的推理（N4.3）：

(P_1) 如果一个规则被主体宣布为有效的，那么该规则是有效的；
(P_2) "禁止汽车进入公园"这个规则被立法主体宣布为有效的；
(Q) "禁止汽车进入公园"这个规则是有效的。

下面的三段论则是一个基于规则的推理（N4.4）

(P_1) 禁止车辆进入公园；
(P_2) a 是车辆；
(Q) 禁止 a 进入公园。

可以看出，在 N4.3 中，"禁止车辆进入公园"是一个项，在 N4.4 中的"禁止车辆进入公园"则是一个句子。为了将这两个三段论衔接起来，或者将 N4.3 中的项表达为公式，这就需要将一阶语言"高阶化"；或者将 N4.4 中的公式转化为项,那么不能再把规则表达为一个条件句,基于规则的推理就需要加入新的逻辑常项,像"基于逻辑的逻辑"所做的那样;或者引入经典逻辑中所没有的某个推论规则将 N4.3 中的项与 N4.4 中的句子衔接起来,像萨尔托尔所做的那样。

总之,虽然在一定程度上说,经典逻辑既能刻画基于规则的推理,也能刻画关于规则的推理,但它无法同时刻画基于规则的推理与关于规则的推理;换句话说,它无法刻画包含这两种推理的完整法律推理过程。

四 特殊类型的法律推理

在刻画法律推理时,经典逻辑面临的另外一个问题是,它只能刻画法律三段论并且将法律三段论错误地刻画为一种演绎推理,而不能刻画非三段论的推理类型。

首先,经典逻辑不能刻画类比推理。简单地说,类比推理是指那种从两个事物在某个方面相似推出它们在另外一个方面也相似的推理。法律规则经常被类推适用。例如,基于发疯的马和汽车一样,可能给公园内的行人带来危险,将禁止汽车进入公园这一规则类推适用到发疯的马之上。这一决定背后的相关推理为 N4.5:

(P_1) 这匹发疯的马和一辆汽车一样,都可能带来危险;
(P_2) 禁止一辆汽车进入公园;
(Q) 禁止这匹马进入公园。

采用一阶语言,可以表示为 F4.8:

(P_1) $M(a) \wedge M(b)$
(P_2) $N(b)$
(Q) $N(a)$

在经典逻辑中,F4.8 显然是无效的。但 N4.5 在法律领域中却是被人们所接受的。一个可能的解决方案是认为在 N4.5 中有隐含的前提。例如

（P₃）"可能带来危险"（M）与"禁止进入公园"（N）这两个特征具有相关性。这个解决方案符合我们的直觉。实际上，正是因为某个对象可能带来危险，立法者才禁止它进入公园。然而，由于经典逻辑的一阶性，两个特征之间具有相关性这一点无法得以表达。

其次，经典逻辑也不能刻画反向论证。在适用法律规则的过程中，人们经常从规则的法定条件不被满足，推导出与规则的法律后果相反的结论。例如，《刑法》第17条第2款规定"已满十四周岁不满十六周岁的人，犯故意杀人、故意伤害致人重伤或者死亡、强奸、抢劫、贩卖毒品、放火、爆炸、投毒罪的，应当负刑事责任"。现有事实：小刚现年15周岁，与他人斗殴导致对方受轻伤。根据上述规则与事实，某个法官得出结论，小刚不负刑事责任。从直觉上看，法官的上述推论是有效的。实际上，无论是在真实的司法审判实践活动中，还是在学者们对于个案判决的讨论中，这种推论都是常见的。例如，在指导性案例24号中，法官即根据《侵权责任法》第二十六条的规定"被侵权人对损害的发生也有过错的，可以减轻侵权人的责任"与案件事实"交通事故的受害人没有过错"，得出结论"不可以减轻侵权人的责任"。① 但在经典逻辑中，这一推理是无效的。例如，在命题逻辑的框架下，这一推理可以重构为F4.9：

(P₁) $p \to q$
(P₂) $\neg p$
(Q) $\neg q$

其中，p表示被侵权人对损害的发生也有过错，q表示侵权人的责任可以减轻。这显然犯了否定前件式的逻辑错误。在逻辑与直觉发生冲突时，我们当然可以直接否定直觉，将这一推理视为无效的。② 但由于这种推理形式在法律推理中颇为流行，如果不加分别地都将它们视为无效的，

---

① 参见指导性案例24号：荣宝英诉王阳、永城财产保险股份有限公司江阴支公司机动车交通事务责任纠纷案。

② See e.g., Arend Soeteman, *Logic in Law*, Dordrecht: Kluwer, 1989, p.236.

显然会加剧从事法律推理的人们对逻辑的不信任。有些学者主张把所有的规则都视为充分必要条件式的，以解决这个问题。① 但这显然违背了人们关于法律规则多样性的直觉。还有些学者主张采纳一些使得法律具有封闭性的闭合元规则。② 由于在我们的法律体系内，规定相反法律结果的规则是很常见的。例如，"醉酒的人犯罪，应当负刑事责任"与"精神病人在不能辨认或者不能控制自己行为的时候造成危害结果，经法定程序鉴定确认的，不负刑事责任"。这一方案同样建立在不真实的假设基础上。这些方案都试图通过调整人们的推理过程以使得它们在经典逻辑内有效，但实际上，应当被调整的不是人们的推理过程，而是逻辑本身。法律适用中的这些特殊推理类型呼唤新的逻辑工具。

---

① See Maarten Henket, "On the Logical Analysis of Judicial Decisions", *International Journal for the Semiotics of Law*, Vol. 5, No. 2, June 1992, pp. 153 – 164.

② See Hendrick Kaptein, "E Contrario Arguments in Law: From Interpretation to Implicit Premises", *International Journal for the Semiotics of Law*, Vol. 6, No. 3, Jan. 1993, pp. 315 – 324.

第五章

非单调逻辑及其在法律领域的应用

由于法律规则总有可能面临例外，法律概念需要解释，以及需要的法律事实往往难以获得，在法律推理中，人们经常需要在信息不充分的情况下"跳跃"到结论。这一过程是不保真的和非单调的，随着新的信息的加入，人们可能会撤回这个结论。这使得法律推理在很大程度上类似于日常推理。为了刻画日常推理的这种可废止性，从20世纪80年代左右开始，人们提出了一些非单调逻辑系统。最早的非单调逻辑系统是MaDermott 和 Doyle 提出的非单调逻辑（NML），通过在命题逻辑语言中添加表示一致性的算子 M 来实现可驳斥性推理。[1] 由于很难为新的逻辑常项 M 找到一个合理的语义解释，NML 被其他非单调逻辑系统替代。目前发展得较为成熟的非单调逻辑系统主要有麦卡锡（John McCarthy）提出的限定逻辑（Circumscription）、[2] 瑞特（Raymond Reiter）提出的缺省逻辑（Default Logic，DL）、[3] 摩尔（Robert C. Moore）提出的自认知逻辑（Auto Epistemic Logic，AEL）、[4] 纽特（Donald Nute）提出的可驳斥逻辑

---

[1] McDermott & Doyle, "Non-monotonic Logic 1", *Artificial Intelligence*, Vol. 13, No. 1, Jan. 1980, pp. 41 – 72.

[2] John McCarthy, "Circumscription: A form of Nonmonotonic Reasoning", *Artificial Intelligence*, Vol. 13, No. 1, Jan. 1980, pp. 27 – 39.

[3] Raymond Reiter, "A Logic for Default Reasoning", *Artificial Intelligence*, Vol. 13, No. 1, Jan. 1980, pp. 81 – 132.

[4] Robert C. Moore, "The Role of Logic in Knowledge Representation and Commonsense Reasoning", *Proceedings of the Second National Conference on Artificial Intelligence*, Pittsburgh, Aug. 18 – 20, 1982, pp. 428 – 433.

(Defeasible Logic)。① 其中最为成熟的、在法律领域应用较多的是瑞特的缺省逻辑。在缺省逻辑等非单调逻辑的启发下,哈赫(Jaap Hage)提出了专门为法律推理设计的"基于理由的逻辑"(Reason-based Logic,以下简称"理由逻辑"或 RBL)。② 本章重点对缺省逻辑与理由逻辑在法律领域中的应用进行一个比较考察,来看它们能否很好地解决第四章中经典逻辑所遇到的那些困境。之所以重点讨论这两种逻辑,也是因为第七章提出的法律逻辑较多地借鉴了这两种非单调逻辑。

第一节 缺省逻辑的提出与发展

缺省逻辑是瑞特在 1980 年提出来的,旨在刻画日常推理。缺省逻辑的核心概念是"缺省规则"(default rules)。一个缺省规则的例子 D_1,如:

$$\frac{鸟(a):\neg\ 企鹅(a)}{会飞(a)}$$

这个缺省规则是说:如果已知 a 是鸟,并且可以一致地假定 a 不是企鹅,那么推出 a 会飞。根据这一缺省规则,如果人们已知的只有 a 是鸟这一信息,缺乏 a 是否企鹅的信息,就可以得出 a 会飞的结论。但在知道 a 是企鹅的情况下,由于不能一致地假定 a 不是企鹅,不能适用该规则推出 a 会飞的结论。日常推理的可驳斥性得以实现。

一般地,一个缺省规则 μ 具有如下形式:

$$\frac{\alpha:\beta_1,\cdots,\beta_n}{\gamma}(n \geqslant 1)$$

α、β_1、…、β_n 与 γ 都是一阶语言中的闭公式(不带自由变元)。其

---

① Donald Nute, "Defeasible Logic", in Oskar Bartenstein, et al., *Web Knowledge Management and Decision Support*, Berlin: Springer, 2001, pp. 151-169.

② See e. g., Jaap Hage and H. B. Verheij, "Reason-Based Logic: A Logic for Reasoning with Rules and Reasons, *Law, Computers and Artificial Intelligence*, Vol. 3, No. 2-3, 1994, pp. 171-209; Jaap Hage, *Reasoning with Rules*, Dordrecht: Kluwer Academic Publishers, 1997.

中，α 为缺省规则 μ 的前提（prerequisite），可以表示为 pre（μ）；$β_1$，…，$β_n$ 是缺省规则 μ 的证立（justifications），可以表示为 just（μ）；γ 为 δ 的结论（consequent），可以表示为 con（μ）。

一个缺省规则模式（a default rule schema）是带有变元的如上形式。例如 D_2：

$$D_2 = \frac{鸟(x) : \neg\ 企鹅(x)}{会飞(x)}$$

一个缺省规则模式可以视为所有可以通过将该模式中的变元替换为常元而得到的缺省规则的集合。例如，给定事实"鸟（a）"与"鸟（b）"，D_2 实际上是 $D_{2.1}$ 与 $D_{2.2}$ 构成的集合：

$$D_{2.1} = \frac{鸟(a) : \neg\ 企鹅(a)}{会飞(a)}$$

$$D_{2.2} = \frac{鸟(b) : \neg\ 企鹅(b)}{会飞(b)}$$

在缺省逻辑中，人们通过将缺省规则适用到已知的事实上，扩展知识的范围。一个缺省理论 T 由表达已知事实的一阶逻辑公式集 W 与一组缺省规则集 D 构成：＜W，D＞。对于任一在 W 中的缺省规则 μ 来说（μ∈W），如果已知 pre（μ），并且可以一致地假定 just（μ），那么推出 cons（μ）。通过这样一种方式，W 得到了扩展。在考察扩展的精确定义之前，可以首先来看一下它的几个重要性质。首先，扩展 E 应当包括 W，即 W⊆E，因为原来已知的事实信息不会在扩展过程中丢失。其次，E 应当是演绎闭包的，即 E＝Th（E），换句话说，原有的在一阶语言中成立的推理同样是有效的。再次，由于我们的目标是得出尽可能多的结论，因此在一个缺省规则可用时，没有任何理由不适用它以得出结论。换句话说，每一个可用的缺省都应该得到适用。即，对于 D 中的任一缺省规则 μ 来说，如果 pre（μ）∈E，而 just（μ）∉E，那么 cons（μ）∈E。最后，由于上面几个性质只是规定了什么样的公式应当在扩展 E 之内，而没有规定什么样的公式不应当在扩展 E 之内。要使它充分，还必须加上，E 中的公式应"扎根于"（be grounded in）理论 T。换句话说，它或者能够通过适用 D 中的缺省规则得出，或者能够通过 W 中的公式进行演绎操作得出。基于上述考虑，瑞特定义了一个缺省理论 T = < W, D > 的扩展 E 如下：

定义 E_0 = W，并且对于每一个 i⩾0 来说，

E_i + 1 = Th（E_i）∪ {cons（μ）| μ ∈ D, pre（μ）∈ E_i, just（μ）∉ E},

E 是 T 的一个扩展当且仅当 E = $\cup_{i=0}^{\infty} E_i$。

一个缺省理论 T 可能有多个扩展，如果一个公式 φ 存在于 T 的所有扩展中，那么我们说 φ 是 T 的谨慎后承（skeptical consequence），或者说 T 能够谨慎推出 φ；如果 φ 存在于 T 的某个扩展中，那么我们说 φ 是 T 的轻信后承（credulous consequence），或者说 T 能够轻信推出 φ。

值得注意的是，上面的扩展定义看起来是建构性的，但其实不是，因为在适用每一个缺省规则时，都需要考虑该缺省规则的证立与最终的扩展 E 是否一致，而不是仅仅考虑是否与已经产生的扩展 E_i 一致。换句话说，通过这样一个定义，人们没有办法通过一步一步地适用缺省规则的方式得到一个最终的扩展 E，而必须通过先猜测一个扩展 E，再去检测一致性。

基于这一不足，现在引入 Grigoris Antoniou 提出的操作定义。[①] 操作定义的思路大体如下：对于一个缺省理论 T = < W, D > 来说，设 Π = ($μ_0$, $μ_1$, …) 是由 D 中的缺省规则所构成的一个序列，其中，没有任何缺省是重复出现的。以 Π（k）来指称从头开始的一个长度为 k 的 Π 的片段。对于每一个序列 Π 我们可以设定两个由一阶公式构成的集合，In（Π）与 Out（Π）：

---

① Grigoris Antoniou, "A Tutorial on Default Logic", *ACM Computing Surveys*, Vol. 31, No. 3, Sep. 1999, pp. 342 – 343.

In（Π）= Th（W∪｛cons（μ）| μ 在 Π 中出现｝）
Out（Π）=｛¬ β | β ∈ just（μ），μ 在 Π 中出现｝

简单地说，In（Π）代表通过适用所有在 Π 中出现的缺省之后得到的信息；Out（Π）则代表那些不应该存在于现在的知识库中的信息。举个简单的例子，假设一个缺省理论为 T = < W，D >。其中，W =｛a｝，D 包含如下两个缺省规则：

$$\mu_1 = \frac{a:\neg b}{\neg b}, \mu_2 = \frac{b:c}{c}$$

那么，对于 Π =（），有 In(Π) = Th(｛a，¬ b｝)，Out(Π) =｛b｝。对于 Π =（μ_2，μ_1），则有 In(Π) = Th(｛a，c，¬ b｝)，Out(Π) =｛¬ c，b｝。值得注意的是，Π 中的缺省规则并不一定能够按照给定的顺序进行适用。例如，对于 Π =（μ_2，μ_1）来说，μ_2 并不能被适用，因为它的前提 b 并没有出现在目前已知的信息中，即 b ∉ In(( )) = Th(W) = Th(｛a｝)。但 Π =（μ_1）就没有问题，因为它的前提 a 出现在了已有的信息中。在当 Π 中的缺省规则能按照其中给定的顺序进行适用时，我们说 Π 是缺省理论 T 的一个"进程"（process）。当 Π 是 T 的一个进程时，定义：

Π 是成功的，当且仅当 In(Π) ∩ Out(Π) = ∅，否则称 Π 是失败的；

Π 是封闭的，当且仅当每一个能够适用于 In(Π) 的 μ ∈ D 都已经存在于 Π 中了。

例如，一个缺省理论 T = < W，D >，W =｛a｝，D 包含如下两个缺省规则：

$$\mu_1 = \frac{a:\neg b}{d}, \mu_2 = \frac{true:c}{b}$$

$\Pi_1=(\mu_1)$ 是成功的，但不是封闭的，因为 μ_2 能适用于 $In(\Pi_1)=Th(\{a,d\})$。$\Pi_2=(\mu_1,\mu_2)$ 是封闭的，但不是成功的，因为 $In(\Pi_2)\cap Out(\Pi_2)\ne\emptyset$，具体点说，$In(\Pi_2)=Th(\{a,d,b\})$，$Out(\Pi_2)=\{b,\neg c\}$，都含有 b。$\Pi_3=(\mu_2)$ 则是成功且封闭的。一方面，$In(\Pi_3)\cap Out(\Pi_3)=\emptyset$；另一方面，$\mu_1$ 不能适用于 $In(\Pi_3)=Th(\{a,b\})$，因为不能一致地假定 μ_1 的证立，即 $\neg b$。此时，$In(\Pi_3)=Th(\{a,b\})$ 就是 T 的一个扩展，实际上也是 T 的唯一扩展。一般地，如果一个缺省理论 T 存在一些成功且封闭的进程 Π，那么 $In(\Pi)$ 就是 T 的扩展。正式定义如下：

> 扩展的操作定义：一个公式集 E 是一个缺省理论 T 的一个扩展，当且仅当 $E=In(\Pi)$，Π 是 T 的成功且封闭的进程。

比起瑞特原来的不动点定义，操作定义不用猜测一个缺省理论的扩展，而是可以通过列出所有可能进程的方式得出扩展。操作定义虽然避免了猜测，但当一个缺省理论有较多的缺省规则的时候，列出所有的进程是费时费力的，而且其中有相当一部分进程会走向失败；换句话说，操作定义的效率性是堪忧的。但这个缺陷不单属于缺省逻辑，实际上，对于所有的非单调逻辑来说，都很难找到一个简洁并且可靠的得出扩展的算法。

瑞特的缺省逻辑，还存在另外一些缺陷。首先，一个缺省理论可能没有扩展。例如，对于缺省理论 $T=<W,D>$，其中 $W=\emptyset$，$D=\{\mu_1\}$：

$$\mu_1=\frac{true:a}{\neg a}$$

T 没有扩展。因为对于 $In(())$ 来说，μ_1 能够适用，因为前提是已知的，且可以一致地假定 μ_1 的证立 a。但在适用 μ_1 之后，$\neg a$ 就被添加到现有的知识库中，这又导致 μ_1 不能被适用。$In((\mu_1))\cap Out((\mu_1))\ne\emptyset$。在有些学者看来，没有扩展并不是缺省逻辑的缺陷，而是因为缺省理论中的相关缺省规则是没有意义的,而这应该由缺省规则的提供者承担责任。但也有一些学者认为,由于缺省规则可能来源于不同的知识提供主体,缺省逻辑本应当能够更容忍这些错误。

后一种观点似乎更有道理,尤其是考虑到:一个缺省理论本能产生扩展,但在增添一条没有意义的缺省规则之后,反而不能产生扩展。例如,缺省理论 T = <∅, {true:a/a} >有唯一的扩展 E = Th({a}),但增添了一个缺省的 T' = <∅, {true:a/a, true:b/¬b} >就不再有扩展了。由于没有意义的缺省规则总是可能被添加,这使得缺省理论过于脆弱。为了解决缺省理论没有扩展这个问题,瑞特将缺省限制在正规缺省的范围内。所谓正规缺省,是指那些证立和结论相同的缺省,即具有如下形式的缺省:

$$\frac{\alpha : \gamma}{\gamma}$$

瑞特 1980 年的文章证明了,这样的缺省总是有扩展的。但问题在于,这样一种解决问题的方式使得缺省逻辑的表达能力与刻画推理的能力都大幅下降。在讨论缺省逻辑在法律领域中的应用时,还会回到这个问题上。另外一个解决这一问题的方案是修改扩展的定义。例如 Lukaszewicz 提出的证立缺省逻辑(Justified Default Logic)与 Schaub 提出的限制缺省逻辑(Constrained Default Logic)。[1]

瑞特的缺省逻辑的第二个问题是不考虑缺省之间的优先性。例如,一个缺省理论 T = <W, D>, W = {鸟(a), 企鹅(a)}, D 包含如下两个缺省规则:

$$\mu_1 = \frac{鸟(x):会飞(x)}{会飞(x)}, \mu_2 = \frac{企鹅(x):不会飞(x)}{不会飞(x)}$$

---

[1] See Witold Lukaszewicz, "Considerations on Default Logic", *Proceedings of the Non-Monotonic Reasoning Workshop*, New Paltz, Oct. 17 – 19, 1984, pp. 165 – 193; Thorsten Schaub, "On Constrained Default Theories", in B. Neumann, eds., *Proceedings of the 10th European Conference on Artificial Intelligence*, New York: John Wiley and Sons, 1992, pp. 304 – 308.

T 有两个扩展，分别为 E₁ = Th ({鸟 (a)，企鹅 (a)，会飞 (a)})，E₂ = Th ({鸟 (a)，企鹅 (a)，不会飞 (a)})，分别对应于进程 Π₁ = (μ₁)、Π₂ = (μ₂)。但直觉告诉我们，只有第二个扩展才是合理的。一些学者试图通过运用隐含的优先性标准，例如特别性标准（specificity），来解决这个问题。[1] 但对于一些领域的推理来说，例如法律领域，仅有特别性标准可能是不够的，特别性标准也不是最重要的标准。为容纳更多的优先性标准，并在逻辑语言内部处理关于规则优先性的推理，Brewka 先后提出了不同版本的优先缺省逻辑（Prioritized Default Logic）来处理这个问题。由于 Brewka 明确提到了他改进的缺省逻辑在法律领域中的应用，对这个问题的讨论也将放在下一小节中。

瑞特的缺省逻辑还存在更多的缺陷，例如，它不满足半单调性（semi-monotonicity）、累积性（commutativity）等人们在构造非单调逻辑系统时一般希望它具有的性质。为了克服这些问题，不同的经过改进的缺省逻辑被提出，例如 Brewka 提出的累积性缺省逻辑（cumulative default logic）。[2] 这些问题与我们所关心的法律领域中的推理并不十分有关，所以我们一般略过它们，只在必要时附带提及。

第二节　缺省逻辑在法律领域中的应用

一　例外的两种表示

经典逻辑在刻画法律推理时遇到的第一个麻烦是，无法应对法律例外。因此我们首先来看缺省逻辑在这方面的表现如何。让我们举一个法律领域中的例子。在我国民法中，成年人一般具有民事行为能力，但不能辨认自己行为的成年人是例外。在经典逻辑中，为了不产生冲突，它要表示成两条规则，R5.1 与 R5.2：

---

[1] See e. g., J. Pearl, "System Z: A Natural Ordering of Defaults with Tractable Applications to Nonmonotonic Reasoning", in Rohit Parikh, eds., *Proceedings of the Third International Conference on Theoretical Aspects of Reasoning about Knowledge*, New York: Springer-Verlag, 1990, pp. 121–135.

[2] Gerhard Brewka, "Cumulative Default Logic: In Defense of Nonmonotonic Inference Rules", *Artificial Intelligence*, Vol. 50, No. 2, July 1991, pp. 183–205.

(R5.1) 成年人（x）∧能够辨认自己行为（x）→具有行为能力（x）

(R5.2) 成年人（x）∧不能辨认自己行为（x）→不具有行为能力（x）

这一表示的问题在于，如果只知道"成年人（a）"这一信息，不能得出任何结论。但由于"不能辨认自己行为"是例外，而不是条件，基于上文对例外与条件的区分，已知"成年人（a）"，在不知道 a 是否能够辨认自己行为的条件下，应当能够得出"具有行为能力（a）"这一结论。通过将 R5.1 表达成下面的缺省（D5.1）可以实现这一目标。

$$D5.1: \frac{成年人(x):能够辨认自己行为(x)}{具有行为能力(x)}$$

对于缺省理论 T_1 = <W, D>，其中 W = {成年人（a），R5.2}，D = {D5.1}，由于 D5.1 的前提已知，并且能够一致地假定"能够辨认自己行为（a）"，T_1 的唯一扩展是 E = Th（{成年人（a），R5.2，具有行为能力（a）}）。在将"不能辨认自己行为（a）"加入之后，T_2 = <W', D>，其中 W' = {成年人（a），不能辨认自己行为（a），R5.2}，D 保持不变。此时 D5.1 不能适用，T_2 唯一扩展 E = Th（{成年人（a），不能辨认自己行为（a），R5.2}），这一演绎闭包中包含"不具有行为能力（a）"。

为实现同样的目标，R5.1 还可以表示成缺省 D5.2：

$$D5.2: \frac{成年人(x):具有行为能力(x)}{具有行为能力(x)}$$

可以看出，缺省理论 T_3 = <W, D'>（其中 W = {成年人（a），R5.2}，D' = {D5.2}）与 T_1 具有相同的扩展，T_4 = <W', D'>（其中 W' = {成年人（a），不能辨认自己行为（a），R5.2}，D' = {D5.2}）则与 T_1 具有相同的扩展。

由于 D5.1 中具体表示了规则的例外，D5.2 并没有将例外具体地表达出来，它们可以分别称为具体子句缺省与一般子句缺省。在这一具体的例子中，将 R5.1 表示为具体子句缺省与一般子句缺省看上去并没有太大的区别。但当某一规则的例外较多时，这两种表示方式就有区别了。以上面提到的规则"禁止车辆进入公园"为例，它的例外有警车、救护车、消防车等。如果只考虑这三种例外，采取具体子句缺省的方式，这一规则可以表示为一个缺省子规则：

$$D5.3: \frac{车辆(x): \neg 警车(x), \neg 救护车(x), \neg 消防车(x)}{禁止进入公园(x)}$$

与下面三个子规则的组合：

（R5.3）$\forall(x)(警车(x) \rightarrow \neg 禁止进入公园(x))$
（R5.4）$\forall(x)(救护车(x) \rightarrow \neg 禁止进入公园(x))$
（R5.5）$\forall(x)(消防车(x) \rightarrow \neg 禁止进入公园(x))$

若采取一般子句缺省的方式，则可以表示为缺省子规则 D5.4 与上述三个子规则的组合。

$$D5.4: \frac{车辆(x): 禁止进入公园(x)}{禁止进入公园(x)}$$

可以看出，一般子句缺省比具体子句缺省更好地保持了规则与规则渊源之间的结构相似性（structural similarity）。因为在法律文件中，规则与例外通常都是分散表述的。此外，采用一般子句缺省的好处还在于，方便人们随时加入新的例外。例如，在需要加入"维修车"这一例外时，只需要加入子规则：

（R5.6）$\forall(x)(维修车(x) \rightarrow \neg 禁止进入公园(x))$

就可以了，并不需要对缺省子规则进行修改。反过来，如果采取具体子句缺省，则需要进行修改。就此而论，一般子句缺省具有更强的模块性（modularity）。

二 例外的例外

在上面的例子中，采用一般子句缺省的另外一个好处是，相关的缺省是正规的。但这些好处在面临更加复杂的情况时未必能够保持。我们必须考虑到，不仅规则可能有例外，而且例外本身可能有例外。例如，警车、救护车等之所以成为"禁止车辆进入公园"这一规则的例外，是因为它们通常是在执行公务，以促进更为重要的价值或目标的实现。如果它们不是在执行公务，应当将它们和其他车辆一视同仁，即禁止它们进入公园。换句话说，R5.3 等同样是有例外的。按照一般子句缺省的方法，R5.3 应当被表示为：

$$D5.5: \frac{警车(x): \neg \ 禁止进入公园(x)}{\neg \ 禁止进入公园(x)}$$

与子规则（R5.7）$\forall(x)$（警车(x)$\wedge\neg$ 执行公务 (x)→禁止进入公园 (x)）

的组合。只考虑缺省 D5.5 似乎是没有什么问题的。缺省理论 T_5 = < W, D >（其中 W = {警车 (a)，车辆 (a)，R5.7}，D = {D5.5}）的唯一扩展是 E = Th（{警车 (a)，车辆 (a)，R5.7，¬ 禁止进入公园 (a)}）。缺省理论 T_6 = < W', D >（其中 W' = {警车 (a)，车辆 (a)，R5.7，¬ 执行公务 (a)}，D = {D5.5}）的唯一扩展是 E = Th({警车 (a)，车辆 (a)，R5.7，¬ 执行公务 (a)})，由于 R5.7 的存在，该演绎闭包中包含"禁止进入公园 (a)"。

但如果将缺省 D5.4 也考虑进来的话，就会产生违反直觉的结果。T_7 = < W, D' >（其中 W = {警车 (a)，车辆 (a)，R5.7}，D = {D5.4, D5.5}）有两个扩展，E_1 = Th（{警车 (a)，车辆 (a)，R5.7，禁止进入公园 (a)}），E_2 = Th({警车 (a)，车辆 (a)，R5.7，¬ 禁止

进入公园（a）⊦）。在直觉上，只有 E₂ 是合理的。如果采用具体子句缺省的话，固然可以避免这个悬而未决的冲突问题，但又会失去结构相似性与模块性。那怎么处理悬而未决的冲突呢？

三　可应用谓词方案

帕肯提供了一种方案，可以解决这个问题，同时又能避免过分地失去结构相似性与模块性，即在缺省规则的证立中加入特殊谓词"可应用 n $(x_1, \cdots, x_m)$"（其中 n 是某一缺省规则的名称索引），并给出关于某个规则不可应用的规则。例如，对于上例来说，这一方案将 D5.4 与 D5.5 分别修改为：

$$D5.6: \frac{车辆(x):可应用 D5.6(x) \wedge 禁止进入公园(x)}{禁止进入公园(x)}$$

$$D5.7: \frac{警车(x):可应用 D5.7(x) \wedge \neg 禁止进入公园(x)}{\neg 禁止进入公园(x)}$$

并给出规则

（R5.8）　$\forall(x)$（警车 (x)→¬ 可应用 D5.6 (x)）

在该例中，这一解决方案是可行的。对一个 D = {D5.6, D5.7} 的缺省理论 T 来说，如果事实集中只有 R5.7、R5.8 与"车辆（a）"，那么可以适用缺省 D5.6 得出"禁止进入公园（a）"的结论。如果将"警车（a）"也加入事实集中，那么事实集的演绎闭包中就会包含"不可应用 D5.6（a）"，不能一致地假定 just（D5.6），D5.6 不能应用，只有 D5.7 可以应用，从而可以得出结论"¬ 禁止进入公园（a）"。如果将"¬ 执行公务（a）"也加入事实集，由于这一事实集的演绎闭包中包含"禁止进入公园（a）"，不能一致地假定 just（D5.7），D5.7 也不可应用，唯一的扩展是这一事实集的演绎闭包。

可应用谓词方案的核心是给出某个规则不可应用的规则，以阻止它的适用，从而不仅可以用来表示上面所说的反证例外，而且可以用来表示底切例外。反证例外是相对于法律后果的例外，旨在产生与其所例外的规则的后果相反的后果；底切例外的"野心"相对来说则小一些，仅旨在产生其所例外的规则不可应用的后果。[①] 一般地，一个在 c 情况下具有底切例外的规则"如果 a，那么 b"可以表示为缺省 $Di: \frac{a: 可应用 Di \wedge b}{b}$ 与规则（Ri）c→¬ 可应用 Di 的组合。

但如果底切例外本身有例外呢？Ri 需要从不能容纳例外的硬规则调整为缺省规则：

$$Dj: \frac{c: 可应用 Dj \wedge \neg 可应用 Di}{\neg 可应用 Di}$$

为了理解这为什么是可行的，我们可以构造 T = <W, D>（其中 W = {a, c}，D = {Di, Dj}）。对于这一缺省理论，如果先适用 Di，那么对于 In((Di)) = Th({a, c, b})，可以继续适用 Dj，但在适用 Dj 后，会得出"¬ 可应用 Di"，导致 In((Di, Dj)) 与 Out((Di, Dj)) 中都有"¬ 可应用 Di"，从而这一进程失败。因此只能先适用 Dj，在适用 Dj 之后不能一致地假定 just (Di)，Di 不能适用。从而 T 的唯一扩展是 Th({a, c, ¬ 可应用 Di})。

假设底切例外本身的例外是硬规则，那么有例外的底切例外就可以表示为 Dj 与规则

（Rj）d→¬ 可应用 Dj

如果将 d 与 Rj 分别补充到刚才的缺省理论的事实部分中，那么 Dj 对于 In(()) 不可被适用，而 Di 对于 In(()) 是可以适用的。唯一的扩展是 Th({a, c, b})。与没有将 d 与 Rj 补充进入时，Di 相当于被"恢复"

[①] 萨尔托尔又将它们分别称为"相对于后果的例外"与"相对于规范的例外"。See Giovanni Sartor, "The Structure of Norm Conditions and Nonmonotonic Reasoning in Law", in Giovanni Sartor et al. eds. *Proceedings of the 3rd international conference on Artificial intelligence and law*, New York: ACM Press, 1991, pp. 155–164.

适用了。

当然，如果 Rj 本身还是有例外的，则需要进一步的迭代。通过这种方式，所有的例外都可以被刻画。但上面只考虑了一个例外，以及一个例外的例外，当例外很多时，并且例外的例外也很多时，这种相互索引的方式就会显得非常凌乱，原本想要保持的结构相似性与模块性也会消失殆尽。

四 优先性元规则方案

现在我们可以来看另外一种方案。实际上，对于 T_7 来说，我们之所以在直觉上认为只有 E_2 是合理的，是因为 D5.5 应当优先于 D5.4 得以适用。因此一个很自然的思路就是引入明确规则之间优先性的元规则。例如，如果存在元规则

（R5.9） D5.5 优先性 D5.4

就可以优先适用 D5.5 以得出相应的结论。

Brewka 提供了一个对缺省逻辑的扩充系统优先缺省逻辑（PDL）来实现这种推理。[①] PDL 将缺省规则局限在正规缺省的范围内。由于正规缺省的证立与结论是一样的，可以简单地表示为：α/γ。Brewka 的基本思路是，那些前件已经被推导出来的更优先的缺省总是先于那些低优先性的缺省而得到适用，从而保证了低优先性缺省只有在不与高优先性缺省冲突的情况下才会得到适用。基于这一思路，Brewka 首先定义：

活跃缺省：一个缺省 $\mu = \alpha/\gamma$ 在 E 中是"活跃的"（active）缺省，当且仅当（1）$\alpha \in E$，（2）$\gamma \notin E$，（3）$\neg \gamma \notin E$。

然后表示缺省规则之间优先关系的"＞"将缺省理论 T = <W, D> 扩充为优先缺省理论 Δ = <W, D, ＞>，并用≫来代表包含＞的严格总序。定义：

产生于≫的扩展：设 Δ = <W, D, ＞> 是一个优先扩展理论，≫是

[①] Gerhard Brewka, "Reasoning About priorities in Default Logic", in *Proceedings of the 12th National Conference on Artificial Intelligence*, Seattle, WA, July 31 – August 4, 1994, pp. 940–945.

包含有严格偏序＞的严格总序。E 是产生于≫的优先缺省理论 Δ 的一个扩展当且仅当 E = ∪E_i，其中：E_0 = Th（W），并且

$$E_{i+1} = \begin{cases} E_i（E_i \text{ 中没有活跃的缺省}）\\ Th(E_i \cup \gamma)（E_i \text{ 中有活跃的缺省}，\gamma \text{ 是最优先的活跃缺省的结论}）\end{cases}$$

在此基础上定义：

优先扩展：E 是优先缺省理论 Δ = ＜W，D，＞＞的优先扩展当且仅当存在一个严格总序包含产生 E 的偏序＞。

例如，缺省理论 Δ = ＜W，D＞，W = {a}，D = {b/c, a/b, a/¬c}，在瑞特的缺省逻辑中，有两个扩展，分别为：E = Th({a, b, c})，E' = Th({a, b, ¬c})。

现在假设 a/¬c＞b/c，对于这一偏序，有三个总序，分别为：a/b＞a/¬c＞b/c；a/¬c＞b/c＞a/b；a/¬c＞a/b＞b/c。可以验证，每一个总序都会产生扩展 E'。E' 是唯一的优先扩展。

回到上面的例子。上例中的情况更简单一些，因为只存在 D5.4 与 D5.5 两个缺省。假设 D5.5＞D5.4。将这一信息添加到 T_7 = ＜W，D'＞中后，得出唯一的优先扩展：Th（{警车（a），车辆（a），R5.7，¬禁止进入公园（a）}）。

在这一方案中，人们要将所需要的优先性信息全部明确地表达出来。这一要求有时显得太高了。例如，人们可能希望能够基于特别性、时间顺序或其他标准推出规则的优先性。基于这一想法，Brewka 进一步提出了在缺省逻辑中进行关于优先性推理的方案。为做到这一点，不仅需要特殊的二元谓词＞来表示规则之间的优先性，而且需要对不同的缺省进行命名，或者说需要用不同的标识符 μ_i 来指称不同的缺省 α/γ。$\mu_1 > \mu_2$ 是一个公式，表示 u_1 优先于 μ_2。一个命名缺省理论是一个二元对＜W，D＞，其中 D 是已被命名的缺省的集合。值得注意的是，与优先缺省理论不同，命名缺省理论不需要关于优先性的集合。因为公式 $\mu_1 > \mu_2$ 可以作为事实或作为缺省的一部分而存在。对于一个命名缺省理论 T = ＜W，D＞来说，可以用 D^o 来指称那些未命名之前的缺省所构成的集合，那么＜W，D^o＞就是对应的瑞特缺省理论。

仍然用上面提到的例子。令 Δ = ＜W，D＞，其中 D = {μ_1，μ_2}：

μ_1：车辆（x）/禁止进入公园（x）
μ_2：警车（x）/¬ 禁止进入公园（x）
W =｛车辆（a），警车（a），$\mu_2 > \mu_1$｝

很明显，这个命名缺省理论的（瑞特）扩展有两个，分别为：

E1 = Th（W∪｛禁止进入公园｝）
E2 = Th（W∪｛¬ 禁止进入公园｝）

由于只有在 μ_1 优先于 μ_2 的情况下，才能产生 E1，而 E1 中又包含了"μ_2 优先于 μ_1"的信息，从而在某种意义上说，E1 是内在不相容的。如果我们把所有这种内在不相容的扩展都清除出去，那么就得到了所需要的优先扩展。现在需要相容性的精确定义：

相容性：令 Δ = <W，D>是一个命名缺省理论，E 是 Δ 的瑞特缺省扩展，$\gg$ 是 D^o 的严格总序。那么 $\gg$ 与 E 相容，当且仅当：

$$E \cup \{\mu_i > \mu_j \mid \mu_i: r_i \in D, \mu_j: r_j \in D, r_i \gg r_j\}$$

对它们是一致的。

在有了相容性定义之后，就可以定义：

命名缺省理论的优先扩展：令 Δ = <W，D>是一个命名缺省理论，E 是 Δ 的瑞特缺省扩展。E 是 Δ 的一个优先扩展，当且仅当：E 是一个与 E 相容的总序 $\gg$ 产生的扩展。

在上例中，产生 E_1 的总序为"车辆（x）/禁止进入公园（x）"$\gg$"警车（x）/¬ 禁止进入公园（x）"，因此 E_1 不是一个与 E_1 相容的总序产生的扩展，从而 E_1 不是优先扩展。E_2 是优先扩展。现在来看这种方案是如何解决关于优先性推理的。对此，我们需要把 μ2 优先于 μ1 这一信息视为并非直接给定的，而是推出的。推出的前提可以是一个硬规则：

（R5.10） $\forall (\mu_i, \mu_j)$（更特别（μ_i, μ_j）→（$\mu_i > \mu_j$））

与事实"更特别(μ_2, μ_1)"。令$\Delta_1 = <W, D>$，其中$D = \{\mu_1, \mu_2\}$，$W = \{$车辆（a），警车（a），R5.10，更特别$(\mu_2, \mu_1)\}$。这一缺省理论有同样的两个瑞特扩展：

E1 = Th（W∪{禁止进入公园（a）}）
E2 = Th（W∪{¬ 禁止进入公园（a）}）

同样，E1 与产生 E1 的总序是不相容的，因此不是优先扩展。

问题在于，R5.10 所赖以建立的规则"更特别的规则具有优先性"并不一定是一个硬规则，它同样可能面临例外。在这种情况下，应当将R5.10 修改为一个缺省：

μ_{spec}：更特别$(\mu_i, \mu_j) / \mu_i > \mu_j$

在这种情况下，相应的命名缺省理论为$\Delta_2 = <W', D>$，其中$D = \{\mu_1, \mu_2, \mu_{spec}\}$，$W' = \{$车辆（a），警车（a），更特别$(\mu_2, \mu_1)\}$。产生唯一的优先扩展 Th（W'∪{¬ 禁止进入公园（a），$\mu_2 > \mu_1\}$）。这一扩展同样符合我们的直觉。

但是，特别性并不是唯一的优先性标准，在法律领域中，还有其他的优先性标准，例如时间标准（"新的规则更优先"）、权威标准（"来自更有权威的主体的规则更优先"）等。这两个标准可以分别被表示为：

μ_{rece}：更晚$(\mu_i, \mu_j) / \mu_i > \mu_j$
μ_{auth}：更有权威$(\mu_i, \mu_j) / \mu_i > \mu_j$

如果在上面的缺省理论Δ_2中加入缺省μ_{auth}与事实"更有权威(μ_1, μ_2)"。那么新的缺省理论Δ_3有四个瑞特扩展，分别为：

E1 = Th（W''∪{禁止进入公园（a），$\mu_1 > \mu_2\}$）
E2 = Th（W''∪{¬ 禁止进入公园（a），$\mu_1 > \mu_2\}$）

E3 = Th（W''∪｛禁止进入公园（a），$\mu_2 > \mu_1$｝）
E4 = Th（W''∪｛¬禁止进入公园（a），$\mu_2 > \mu_1$｝）

其中，E_2 与 E_3 是内在不相容的，E_1 与 E_4 都是 Δ_3 的优先扩展。是否要禁止 a 进入公园仍然是一个悬而未决的问题。这是由于两个优先性标准之间存在冲突，换句话说，解决规则冲突的元规则相互冲突。这一冲突可以通过引入一个元—元规则得到解决。例如：

$$\mu_{\text{meta-auth/spec}}: \mu_{\text{auth}} > \mu_{\text{spec}}$$

这个元—元规则是说，权威优先性标准优先于特别性优先性标准。如果在 Δ_3 中进一步加入 $\mu_{\text{meta-auth/spec}}$ 这一事实，那么新的缺省理论 Δ_4 就只存在一个优先缺省：Th（W''∪$\mu_{\text{auth}} > \mu_{\text{spec}}$∪｛禁止进入公园（a），$\mu_1 > \mu_2$｝）。我们得出最终的结论：禁止 a 进入公园。

当然，这个元—元规则也可能有例外，如果它有例外的话，那么可以被表示为一个缺省：

$$\mu_{\text{meta-auth/spec'}}: T/\mu_{\text{auth}} > \mu_{\text{spec}}$$

在 $\Delta 3$ 中将该缺省加入得到的 $\Delta 5$，与 $\Delta 4$ 一样能够谨慎推出"禁止 a 进入公园"这一结论。如果存在与这一元—元规则冲突的元—元规则，那么还可以引入元—元—元规则。通过这样的方式，我们可以在缺省逻辑中进行任意 n 层次的关于元规则的推理，以得出符合直觉的结论。

五 对缺省逻辑及其法律应用的评价

上面提到了两种解决悬而未决冲突问题的方案，分别是可应用谓词方案与优先性元规则方案。可应用谓词方案不需要引入优先性标准，可以刻画不同类型的例外，但当例外与例外的例外较多时，需要较多的相互索引，会失去结构相似性、模块性与易读性。优先性元规则方案能够保持这些优点，而且对规则的理解与刻画是自然的、符合直觉的：相互冲突的规则会引发相互冲突的结论，要得到一个确定的结论，必须确定哪一个规则是优先的，但这些确定哪一个规则是优先的元规则本身可能是相互冲突的，此时又需要元—元规则，层次依次递进。如果 n 层次上的冲突缺乏 n+1 层次上的元规则，那么它是无法得到解决的。但这并不是逻辑的缺陷，是因为这个问题本身就没有确定的答案。但优先性元规则方案很难处理底切例外。这是它不如可应用谓词方案的一个重要方面。

对于第四章提到的四个问题——例外、规则冲突、关于规则的推理、特殊法律推理类型——来说，缺省逻辑在经过适当的扩展之后能够在一定程度上较好地处理例外问题与规则冲突问题。带有可应用谓词的缺省逻辑能够处理各种类型的例外，虽然在结构相似性、模块性等方面有所欠缺，命名缺省逻辑能够较好地处理规则冲突问题，并且能够进行关于规则优先性的推理，但它在处理底切例外时会遇到障碍。此外，缺省逻辑，无论是带有可应用谓词的缺省逻辑，还是命题缺省逻辑，都很难处理关于规则的推理，也很难处理类比推理等一些特殊类型的法律推理。正因如此，一些学者指出，刻画法律推理的逻辑应当从法律出发，而不是从逻辑出发。理由逻辑（RBL）可以视为这一思路下的典范。

第三节　理由逻辑（RBL）：构造法律逻辑的一个尝试

理由逻辑有多个不同的版本，其中，哈赫在《运用规则推理》一书中提出的版本是最系统的。[①] 虽然在《法律逻辑研究》一书中，哈赫对理由逻辑有些新的想法，但这些想法并不系统，使得理由逻辑不再像一个完整的逻辑系统，而更像是不同逻辑片段的拼凑。[②] 因此下面的介绍仍以《运用规则推理》一书中所提出的版本为主，不过《法律逻辑研究》中的一些定义或表达会因为更为严谨、细致而被采纳。

---

① Jaap Hage, *Reasoning with Rules*, Dordrecht: Kluwer Academic Publishers, 1997, chapter 3, 4.

② Jaap Hage, *Studies in Legal Logic*, Dordrecht: Springer, 2005, chapter 3, 4 and 5.

一 理由逻辑的语言

哈赫提出理由逻辑的主要动机在于发展一个适于刻画法律推理的逻辑系统，或者更一般地说，适于刻画运用规则推理的逻辑系统。在哈赫看来，运用规则的推理与运用命题的推理是不同的。这在根本上是因为，规则和命题是不同的。例如，对于语句"盗窃是可罚的"来说，在被理解为表达了一个命题时，它是有真值的；而在被理解为表达了一个规则时，它是没有真值的。换句话说，我们不能说一个规则是真的还是假的，只能说它是有效的还是无效的。由于规则可能面临例外，一个规则是有效的，并不意味着对应的命题是真的。要准确地刻画运用规则的推理，我们就不能把规则表示成一个表达命题的公式，而是要把它视为一个个体。但又不能把规则处理成一般的个体，因为规则的内部结构对于通过规则的推理来说是非常重要的。为了表示规则，首先扩展一阶谓词逻辑的语言，引入一些特殊的谓词、函数等符号。

1. 事态、事实、理由

我们知道，在一阶谓词逻辑中，事态是没有名称的，而是直接用语句来表达。例如：M（a）表达了 a 具有性质 M 这样一个事态。但在理由逻辑中，我们不仅需要表达这一事态，有时还要提及这一事态。例如：M（a）这个事态是存在的。为了表达这个命题，我们需要将 M（a）理解为一个项。为避免项与对应的语句之间的混淆，我们将用\M（a）\来表示一个项，用 M（a）来表示对应的语句。例如："\盗窃（张三）\"指称"张三盗窃"这个事态，"盗窃（张三）"则是表达这一事态的语句。①当有时简单地采用命题标记 P 来表示一个命题时，相应地，也简单地采用\P\来指称这个命题所表达的事态。现在需要引入第一个特殊的谓词 Obtains 来表示某个事态的存在。Obtains 只用在事态上，它的直觉含义是，某个事态是存在的。如果一个事态是存在的，那么它也就是一个事实（fact），或者说，表达这个事态的命题是真的。因此 Obtains 的定义为：

---

① 原文是通过首字母大小写的方式来区分项和语句的。例如，Thief（zhangsan）是表达"张三盗窃"这一事态的语句，而 thief（zhangsan）则是指称这一事态的项。在中文中，这个方法不适用。

$$\text{Obtains} \backslash S \backslash =_{def} S$$

一个理由是一个对其他事态具有特殊重要意义的事态。例如，事态"\盗窃（张三）\"是事态"\可罚（张三）\"的理由。只有真实存在的事态即事实才能成为其他事态的理由。由于理由也是事态，因此可以用同样的方法来区分表达命题"事态 a 是事态 b 的理由"的语句与指称项"事态 a 是事态 b 的理由"的个体符号。当需要表达这个命题时，引入 Reason 这个特殊的谓词。Reason（\a\，\b）\ 表达"事态 a 是事态 b"的理由。相应地，\Reason（\a\，\b\）\指称该事态。但这个表示不是很直观，通过引入函数符号 reason 指称这个事态更直观一些：reason（\a\，\b）\。根据上面对 Obtains 的定义，有：

Obtains（reason（\a\，\b）\ 当且仅当 Reason（\a\，\b）\。

值得注意的是，理由有正面的，有反面的。例如，\盗窃（张三）\是\可罚（张三）\的一个正面理由，但\未成年（张三）\则是\可罚（张三）\的一个反面理由。因此完整地表示理由应当使 Reason 成为一个三元谓词。一般地，事态 a 是事态 b 的一个正面理由，可以表示为：

Reason（\a\，\b\，pro）

相应地，事态 a 是事态 b 的一个反面理由，则可以表示为：

Reason（\a\，\b\，con）

对于事态 b 来说，不仅可能有\a\这一支持理由，还可能有\m\、\n\等支持，我们可以用 reason-pro（\b）\ 来指称由所有支持事态 b 的理由构成的集合；相应地，reason-con（\b）\ 指称所有反对事态 b 的理由构成的集合。

如果既存在支持事态 b 的理由，又存在反对事态 b 的理由，那么事态 b 是否成立，取决于哪一方更有权重。更有权重可以用一个三元谓词 Otw 来表示。假设支持与反对事态 b 的理由的集合分别为｛pros｝、｛cons｝，那么支持方更有权重可以表示为：

Otw（｛pros｝，｛cons｝，\b）\

相应地，反对方更有权重则可以表示为：

Otw（{cons}，{pros}，\b)\

2. 规则的表示

现在可以来看规则在理由逻辑中如何表示。规则在理由逻辑中被视为个体，但是结构化的个体，不能用一阶谓词逻辑中常用的表示个体的方式来表示。在哈赫看来，由于规则是由前件与后件所构成的，前件是若干个事态的组合，后件则是一个事态。因此可以通过一个将前件与后件连接起来的符号"⇒"来表示。例如，规则"盗窃是可罚的"可以表示为：

\盗窃（x)\⇒\可罚（x)\

这种表示方式的问题在于，人们很难直观地看出来它是一个个体，反倒像一个语句。为了使规则看起来像个体，与理由逻辑对规则的理解保持一致，可以通过函数的方式来表达规则。例如，将上述规则表示为：rule（\盗窃（x)\，\可罚（x)\)。由于存在多个规则，为了最大程度地将它们区别开来，可以引入规则的标记符，例如这一规则可以被标记为"盗窃1"。下面我们就采用这种方式表达规则：

rule（盗窃1，\盗窃（x)\，\可罚（x)\)

由于使用了规则的标记符，这一规则也可以简单地表示：rule（盗窃1）。一般地，rule（r）指称以r为名称的规则。当r是一个变元时，rule（r）同样是一个变元，它指称任一条规则。

在大多数法律制度下，都存在这样一条规则：如果立法者制定一个规则，并且这个规则没有被废除，那么这个规则就是有效的。我们可以将这个规则称为"承认规则"。那么它可以被表示为：

rule（承认规则，\立法者制定（rule（r))\∧\未被废除（rule

(r))\, \有效 (rule (r))\)

这是一条关于规则的规则。需要注意的是，在理由逻辑中，一个规则只是项，而不是公式。但规则的性质可以用理由逻辑中的公式来表述。例如，

立法者制定 (rule (r))

是理由逻辑中的一个公式。这是一个开公式，因为其中的 rule (r) 是变元。它可以用任何一个具体的规则代入。用 rule (盗窃1) 代入，则有：

立法者制定 (rule (盗窃1))

它表达命题：盗窃1这条规则是立法者制定的。

3. 规则的性质及其表示

在哈赫看来，在那些关于规则的命题中，表达"规则有效""规则可适用""规则应用"以及"规则被排除"的命题具有非常重要的作用，因为它们直接关系到通过规则的推理是否有效。因此需要一些特殊的谓词来表示"有效性""可适用性""适用"与"排除"。

规则 r 是有效的，可以简单地表示为：Valid (rule (r))。当需要表达规则的内部结构时，可以完整地表示为：

Valid (rule (r, ante (r), cons (r)))

其中 ante (r) 表示 r 的前件，cons (r) 表示 r 的后件。由于 r 是变元，它们都是变元。如果用上面的承认规则代入，那么有闭公式：

Valid (rule (盗窃1, \盗窃 (x)\, \可罚 (x)\))

它表达命题：盗窃1这条规则是有效的。

在理由逻辑中，这一命题可以是从其他命题中推导出来的结论，也

可以作为前提。

一般地说，如果一个规则 r 是有效的，并且它的前件在某个案例 c 中被满足，那么 r 对于 c 来说是可适用的。像 rule（r）可以被用来表示一个规则变元一样，我们也可以用 case（c）来表示一个案例变元。可以通过一个二元谓词 Applicable 将规则 r 可适用于案例 c 表示为：

Applicable（rule（r），case（c））

如果一个规则是可适用的，那么它构成了适用这个规则的一个理由。值得注意的是，适用一个规则和一个规则可适用并不相同，适用一个规则会产生一个实现该规则后件的理由，但一个规则可适用只能产生适用这个规则的理由。因此需要一个不同的二元谓词 Applies 表示规则 r 适用于案例 c：

Applies（rule（r），case（c））

值得注意的是，虽然规则 r 的前件 ante（r）在某个案例 c 中被满足，但 r 并不一定可适用于 c，因为可能存在其他理由排除了这个规则的适用。因此需要一个特殊的谓词 EX 表示规则 r 在案例 c 中被排除适用：

EX（rule（r），case（c））

4. 目标与关于目标的一些命题的表示

在法律推理中，我们有时会谈到一个法律规则的目标，一般地说，当一个规则的适用不能促进规则的目标时，我们就有一个不适用它的理由。因此需要通过一些方式来表达目标以及关于目标的一些命题。

在理由逻辑中，目标与规则一样是结构化的个体事态。一个目标由两个部分构成，一个部分是它的名称，另外一个部分是它旨在促进的事态。一个旨在促进事态 a 的目标可以表示为：

goal（g，\a）\

其中 g 是这个目标的名称。例如，一个旨在促进青少年保护的目标可以被表示为：goal（青少年保护，\青少年保护）\。由于名称是唯一的，目标简单地表示为：goal（g）。当 g 是一个变元时，goal（g）表示一个目标变元。

不仅规则可以被称为有效的，目标也可以被称为有效的。一个目标是有效的可以简单表示为：Valid（goal（g））。例如命题："青少年保护"这个目标是有效的，可以表示为：Valid（goal（青少年保护））。此外，和规则一样，目标也可能被排除，可以用同样的谓词 EX 来表示目标 g 在案例 c 中被排除：

EX（goal（g），case（c））

此外，一个目标还可能被某个事态所促进或阻碍。如果一个目标 g 被某个事态 a 所阻碍，那么可以说事态 a 促进了目标 g 的缺乏或否定：~g。因此可以通过二元谓词 Prom 分别将事态 a 促进与阻碍目标 g 表示为 Prom（\a\，goal（g））与 Prom（\a\，~goal（g））。

5. 道义模态

在理由逻辑中，有两个表示道义模态的谓词：Otd 与 Otb。它们分别表示"应当做……"（ought to do）与"……（状态）是应当的"。Otd 后面紧跟着具体的行为或行为类型，例如［帮助他人］。Otb 是一个二元谓词，满足这个谓词的序列由一个主体和一个具体行为或行为类型构成。例如，"张三应当帮助他人"可以表示为：Otd（张三，［帮助他人］）。所有人都应当帮助他人这个命题则可以表示为：∀（x）（人（x）→Otd（x，［帮助他人］））。对于某个具体行为或行为类型［A］，我们可以在它的前面加上符号"~"表示它的互补行为或行为类型。例如，［~盗窃］表示"不盗窃"。那么"张三不应当盗窃"可以表示为：Otd（张三，［~盗窃］）。注意"张三不应当盗窃"的意思是说，"张三应当不盗窃"，而不是"并非张三应当盗窃"，后者的正确表示是：¬ Otd（张三，［盗窃］）。Otd 是一个二元谓词，而 Otb 则是一个一元谓词，它后面紧跟着某种事态，表示这个事态是应当的。例如，张三没有从事盗窃这个事态是应当的，可以表示为：Otd（¬ 盗窃（张三））。

二 理由逻辑中的推导关系

理由逻辑不仅扩展了一阶谓词逻辑的语言，而且扩展了一阶谓词逻辑的推论规则，以方便刻画那些人们认为有效的通过规则的推理。为了构造新的推论规则，需要对通过规则、理由与目标的推理过程进行更为细致的考察，以把握那些人们认为有效的推理机制。

1. 通过规则、理由、目标的推理

通过规则的推理从一个有效的规则开始。如果（1）一个规则是有效的，并且（2）它的前件在某个案例中被满足，并且（3）没有证明它被排除了，那么这个规则可适用于该案例。一个规则的前件是带有变元的事态。例如，规则"盗窃是可罚的"的前件是\盗窃（x)\。一个规则的前件在某个案件中被满足，也就是，用案例中的相应个体去替换变元后得到的具体事态在该案中存在。例如，在案例"张三盗窃案"中，规则"盗窃是可罚的"的前件被满足，就是说用"张三"来替换\盗窃（x)\中的 x 得到的\盗窃（张三)\，在案例"张三盗窃案"中是存在的。

一般地，事态 a 在案例 c 中存在可以表示为：

Obtains（\a\，case（c））

那么事态\盗窃（张三)\在案例"张三盗窃案"中存在，就可以表示为：Obtains（\盗窃（张三)\，case（张三盗窃案))。

由于规则的前件 ante（r）带有变元，我们可以用 ante（r（x/t))表示用常元 t 来替换其中的变元。那么规则 r 的前件在案例 c 中满足，也就可以表示为：Obtains（ante（r（x/t)），case（c))。那么上面的推导机制也就是：

如果已知：
Valid（rule（r))
Obtains（ante（r（x/t)），case（c))
并且未知：
EX（rule（r），case（c))

那么，可推出：
Applicable（rule（r），case（c））

值得注意的是，前两个条件与后一个条件的不同。为了得出规则可适用的结论，需要证明它是有效的，并且需要证明它的前件得到了满足，但并不需要证明它没有被排除，不能证明它被排除就足够了。当我们缺乏它是否已被排除的信息时，显然不能证明它被排除了，因此在此情况下可以得出它可以适用的结论。当我们把它被排除的信息加入时，则不可以进行这样的推导。这体现了这一推导的可驳斥性。

如果一个规则是可适用的，那么这是一个适用它的理由。即：

如果已知：
Applicable（rule（r），case（c））
那么，可推出：
Reason（\Applicable（rule（r），case（c））\，\Applies（rule（r），case（c））\，pro）

相应地，如果一个规则在某个案例中得到了应用，那么也就使得它的前件在该案例中的具体实例成为它的后件在该案例中的具体实例的一个理由。即：

如果已知：
Applies（rule（r），case（c））
那么，可推出：
Reason（ante（r（x/t）），cons（r（x/t）），pro）

例如，规则"盗窃是可罚的"应用于案例"张三盗窃案"，可以推出：Reason（\盗窃（张三）\，\可罚（张三）\，pro）。同样，规则"未成年人是不可罚的"应用于案例"张三盗窃案"，可以推出：Reason（\未成年人（张三）\，\可罚（张三）\，con）。

假设这是关于张三是否可罚的全部理由。那么有：

reason-pro（\可罚（张三）\）={\盗窃（张三）\}
reason-con（\可罚（张三）\）={\未成年人（张三）\}

为了决定得出哪一个结论，需要一个关于两者权重的领域知识。假设有：Otw{\未成年人（张三）\，\盗窃（张三）\，\可罚（张三）\}。那么可以得出结论：¬ 可罚（张三）。一般地，有：

如果已知：Otw({pros}，{cons}，\a)\
那么，可推出：a

相应地，

如果已知：Otw({cons}，{pros}，\a)\
那么，可推出：¬ a

一般来说，关于权重的领域知识不是由理由逻辑提供的，而是由作为推理前提的理论所提供的。但有一个例外，理由逻辑提供了一个权衡知识：一个非空理由集总是胜过一个空理由集。上面提到，从 Applicable（rule（r），case（c））能够推出的是：Reason（\Applicable（rule（r），case（c））\，\Applies（rule（r），case（c））\，pro），而不是直接推出 Applies（rule（r），case（c））。因为还可能存在反对适用规则 r 到案例 c 中的理由。只有在没有反对适用的理由时，才能得出这一结论。在一般情况下，关于规则是否适用，除了规则的可适用性之外，没有其他理由。但在一些例外情况下则可能有。例如，规则的适用会阻碍规则的目标。现在来看通过目标的推理。

基于有效目标的推理和基于有效规则的推理结构类似：如果一个行为［A］在案例 c 中能够促进某个有效的目标 g，并且没有证明目标 g 被排除了，那么能够推出一个支持这个行为的理由。即：

如果已知：
Valid（goal（g））

Obtains (\Prom ([A], goal (g))\, case (c))

并且未知：

EX (goal (g), case (c))

那么，可推出：

Reason (\Prom ([A], goal (g (x/t)))\, \Otd (t, [A]), pro)

其中 t 是对目标 g 中涉及的主体变元进行替换的主体常元。

相应地，如果一个事态 a 能够促进目标 g，那么有：

如果已知：

Valid (goal (g))

Obtains (\Prom (\a\, goal (g))\, case (c))

并且未知：

EX (goal (g), case (c))

那么，可推出：

Reason (\Prom (\a\, goal (g)\, \Otb (\a)\, pro)

2. RBL 理论的扩展

在有了上面的推论规则之后，可以定义 RBL 的扩展如下：

令 T 是一个 RBL 理论，Th (T) 是 T 的演绎闭包，E 是一个句子集，$T_0 \cdots T_\infty$ 是一系列句子集，并且：

(1) T_0 = Th(T ∪ { ∀ (RS) ∀ (\a) \ (RS≠∅→Otw (RS, ∅, \a)\,

∀ (\a) \ ∃c (case (c) ∧ Obtains (\a\, case (c)))→a}

其中，RS 为支持或反对事态 a 的理由集：{Pros} 或 {Cons}，\a\ 为任一事态。T_0 在直觉上是初始的 RBL 理论加上这样两个公理：i) 任何一个非空理由集都压倒一个空理由集，ii) 如果一个事态 a 在某个案例中存在，那么这个事态存在。

(2) $T_{n+1} = Th(T_n \cup \Delta(T_n))$，$\Delta(T_n)$ 是满足如下条件的最小句子集：

a) 如果

Valid (rule (r)) $\in T_n$，并且

Obtains (ante (r (x/t))，case (c))，并且

EX (rule (r)，case (c)) $\notin E$，那么

Applicable (rule (r)，case (c)) $\in \Delta T_n$

b) 如果

Applicable (rule (r)，case (c)) $\in T_n$，那么

Reason (\ Applicable (rule (r)，case (c)) \，\ Applies (rule (r)，case (c))\，pro) $\in \Delta T_n$

c) 如果

Applies (rule (r)，case (c)) $\in T_n$，并且

cons (r (x/t)) 为原子公式，那么

Reason (ante (r (x/t))，cons (r (x/t))，pro) $\in \Delta T_n$

d) 如果

Applies (rule (r)，case (c)) $\in T_n$，并且

cons (r (x/t)) 为原子公式的否定，那么

Reason (ante (r (x/t))，¬ cons (r (x/t))，con) $\in \Delta T_n$

e) 如果

Valid (goal (g, \a)\ ) $\in T_n$，并且

Obtains (\Prom ([A]，\a)\，case (c)) $\in T_n$，并且

EX (goal (g)，case (c)) $\notin E$，那么

Reason (\Prom ([A]，\a)\，\Otd (x, [A])\，pro) $\in \Delta T_n$

f) 如果

Valid (goal (g, \b)\ ) $\in T_n$，并且

Obtains (\Prom (\a\, \b\ )\，case (c)) $\in T_n$，并且

EX (goal (g)，case (c)) $\notin E$，那么

Reason (\Prom (\a\, \b\ )\，\Otb (\a)\，pro)

g) 如果

Valid (goal (g, \a)\ ) ∈ T_n, 并且

Obtains (\Prom ([A], \~a)\, case (c)) ∈ T_n, 并且

EX (goal (g), case (c)) ∉ E, 那么

Reason (\Prom ([A], \a)\, \Otd (x, [¬ A])\, pro)

h) 如果

Valid (goal (g, \b)\ ) ∈ T_n, 并且

Obtains (\Prom (\a\, \~b\ )\, case (c)) ∈ T_n, 并且

EX (goal (g), case (c)) ∉ E, 那么

Reason (\Prom (\a\, \b\ )\, \Otb (\~a)\, pro) ∈ ΔT_n

令 reason-pro (\a)\ = {s: Reason (s, \a\, pro) ∈ E},

reason-con (\a)\ = {s: Reason (s, \a\, con) ∈ E}

i) 如果

Otw (reason-pro (\a)\, reason-con (\a)\, \a)\ ∈ T_n, 那么

a ∈ ΔT_n

j) 如果

Otw (reason-con (\a)\, reason-pro (\a)\, \a)\ ∈ T_n, 那么

¬ a ∈ ΔT_n, 那么

从 a) 到 j) 的条件实际上是理由逻辑的推论规则,可以分别用 R^a 到 R^j 来表示。

(3) E 是 T 的一个扩展,当且仅当 E = $\bigcup_{i=0}^{\infty} T_i$。

在直觉上,一个 RBL 理论的扩展,就是从原理论与两条公理的演绎闭包 T_0 开始,定义一系列句子集 T_0,…,T_∞,每个句子集 T_{n+1} 都在原来的句子集 T_n 的基础上增加那些能够通过运用 R^a 到 R^j 的推论规则从 T_n 中得出的句子,直到没有新的结论能够被添加进来,即 T_{n+1} = T_n。此时得到的集合 E 就是 T 的扩展。

三 理由逻辑的法律应用

现在我们来看理由逻辑如何刻画法律推理。

1. 法律规则的常规适用

在法律的常规适用中，人们直接从一个有效的规则与手头个案事实出发，得出相应的结论。例如，基于"盗窃是可罚的"与"张三盗窃"，得出结论"张三可罚"。我们来看理由逻辑是如何刻画这一推理的。

将该规则命名为 r_1，案例命名为 c_1，那么在理由逻辑中，上述规则与事实可以表示为：

rule（r_1，\盗窃（x）\，\可罚（x）\）
Valid（rule（r_1））
Obtains（\盗窃（张三）\，case（c_1））

根据推论规则 R^a，假设最终的扩展 E 中不包含 EX（rule（r_1），case（c_1）），可推出：

Applicable（rule（r_1），case（c_1））

根据推论规则 R^b，可推出：

Reason（\Applicable（rule（r_1），case（c_1））\，\Applies（rule（r_1），case（c_1）\），pro）

假设 E 中没有其他关于 Applies 的理由，根据 reason-pro 与 reason-con 的定义，现有：

reason-pro（\Applies（rule（r_1），case（c_1）\）= {\Applicable（rule（r_1），case（c_1））\}
reason-con（\Applies（rule（r_1），case（c_1）\）= ∅

基于（1）中的公理 i，有：

Otw（reason-pro＊, reason-con＊, \＊) \ (＊ = (Applies (rule (r_1), case (c_1))))

根据推论规则 R^i，可推出：

Applies (rule (r_1), case (c_1))

根据推论规则 R^c，可推出：

Reason (\盗窃（张三)\, 可罚（张三)), pro)

假设 E 中没有其他关于张三可罚的理由，根据 reason-pro 与 reason-con 的定义，现有：

reason-pro (\可罚（张三)\) = {\盗窃（张三)\}
reason-con (\可罚（张三)\) = Ø

再次基于公理 i，有：

Otw (reason-pro (\可罚（张三)\), reason-con (\可罚（张三)\), \可罚（张三)\)

根据推论规则 R^i，可推出结论：

可罚（张三)

在运用上述推论规则的过程中，我们进行了一些猜测，即最终的扩展 E 中不包含排除规则 r_1 的句子，也不包含关于规则 r_1 适用以及张三可罚的其他理由。由于在初始理论 T 中没有出现含有 EX 谓词的句子，又由于理由只能作为有效规则或目标的结论，这些假设是合理的。根据上述推理过程，可以得出扩展 E =

Th {Valid（rule（r_1），\盗窃（x）\，\可罚（x）\），
Obtains（\盗窃（张三）\，case（c_1）），
∀（RS）∀（\a）\（RS\≠∅→Otw（RS，∅，\a）\，
∀（\a）\∃c（case（c）∧Obtains（\a\，case（c）））→a，
Applicable（rule（r_1），case（c_1）），
Reason（\Applicable（rule（r_1），case（c_1））\，\Applies（rule（r_1），case（c_1）\），pro），
Applies（rule（r_1），case（c_1），
Reason（\盗窃（张三）\，可罚（张三），pro），
可罚（张三）}。

与我们的猜测一致。由于扩展的非建构性，在推理的过程中进行猜测对于理由逻辑来说是不可避免的。

2. 例外情况与规则的排除适用

现在来看理由逻辑如何处理法律例外。上面提到，法律例外分为底切例外与反证例外两种。先来看底切例外。规则的底切例外仅发生规则不适用的效果，而不对任何个案有其他影响。法律领域中的底切例外的典型例子是法律规则在适用范围方面的限制。例如，根据法律的时效，法律规则一般仅适用于它颁布之后的案例。在上面的案件中，如果事实"张三盗窃"发生在规则"盗窃是可罚的"颁布之前，那么不能适用该规则。

理由逻辑提供了一条方便的途径来处理底切例外。我们可以直接将规则适用的限制处理为一条关于排除规则适用的有效规则，并纳入理由逻辑的初始理论中。例如，我们可以直接将上述规则的时效限制处理成这样一条规则：

rule（r_2，\早于（颁布（rule（r）），发生case（c））\，EX（rule（r），case（c）））

并在 RBL 的初始理论中加入 Valid（rule（时效））。在增添了这一规则与相应的事实信息之后，初始理论 T 中包含规则：

Valid（rule（r_1，\盗窃（x）\，\可罚（x）\））
Valid（rule（r_2，\早于（颁布（rule（r）），发生 case（c））\，EX（rule（r），case（c））））

与事实：

Obtains（\盗窃（张三）\，case（c_1））
Obtains（\早于\，case（c_1））

值得注意的是，r_1 虽然是有效的且前件满足，但我们无法通过推论规则 R^a 得出 Applicable（rule（r_1），case（c_1））的结论，因为 r_2 使得我们不能假定 EX（rule（r_1），case（c_1））。我们只能先从 r_2 出发根据推理规则 R^a 得出 Applicable（rule（r_2），case（c_1））的结论，根据上述常规适用的推理过程，最终会得出 EX（rule（r_1），case（c_1））的结论。这个 RBL 理论的唯一扩展 E =

Th｛Valid（rule（r_1），\盗窃（x）\，\可罚（x）\），
Valid（rule（r_2，\早于（颁布（rule（r）），发生 case（c））\，EX（rule（r），case（c））））
Obtains（\盗窃（张三）\，case（c_1）），
Obtains（\早于（颁布（rule（r1），发生 case（c1））\，case（c1））
∀（RS）∀（\a）\（RS\ ≠∅→Otw（RS，∅，\a）\，
∀（\a）\ ∃c（case（c）∧Obtains（\a\，case（c）））→a，
Applicable（rule（r_2），case（c_1）），
Reason（\Applicable（rule（r_2），case（c_1））\，\Applies（rule（r_2），case（c_1）\），pro），
Applies（rule（r_2），case（c_1），
Reason（\早于（颁布（rule（r_1），发生 case（c_1））\，EX（rule（r_1），case（c_1）），pro），

EX（rule（r_1），case（c_1））}。

规则的反证例外不仅发生规则不适用的效果，而且会产生与规则的后件不相容的法律后果。在理由逻辑中，反证例外需要处理成两条规则。一条是排除原规则适用的规则，另一条则是产生不相容法律后果的规则。例如，对于上面提到的"警车"作为规则"禁止车辆进入公园"的例外来说，在理由逻辑中，"禁止车辆进入公园"这一规则可以表示为：

rule（v，\车辆（x）\，\禁止进入公园（x）\）

例外则可以处理为如下两条规则：

rule（p_1，\警车（（x），case（c））\，EX（rule（v），case（c）））

rule（p_2，\警车（x）\，\¬ 禁止进入公园（x）\）

对于"相关车辆 m 是警车"的案例"警车欲进入公园案"来说，可构造包含有效规则 Valid（rule（v））、Valid（rule（p_1））、Valid（rule（p_2））与事实"警车（m）"、"Obtain（警车((m)，case（警车欲入公园案）））"的 RBL 理论 T，T 的唯一扩展是那个同时包含 EX（rule（v），case（警车欲入公园案））与"¬ 禁止进入公园（m）"的句子集。

可以看出，理由逻辑能够较好地处理两种不同的例外。

3. 规则之间的冲突

在理由逻辑中，相互冲突的规则并不会带来任何不一致，因为规则的可适用性（Applicable（rule（r），case（c）））仅仅产生了适用规则（Applies（rule（r），case（c）））的理由，而不是规则适用本身，此外规则的适用也仅仅产生了得出相应法律后果（cons（rule（r（x/t））））的理由，而不是法律后果本身。如果两个规则相互冲突，并且它们在某一个案例中都得以适用，那么它们所产生的就是某个结论的一个支持理由与一个反对理由。例如，"盗窃是可罚的"与"未成年人是不可罚的"是两个相互冲突的规则。如果在一个案例中，同时有"盗窃（张三）"与

"未成年人（张三）"，那么根据上述常规的规则适用过程，会产生支持与反对"可罚（张三）"的两个理由集合：

reason-pro（\可罚（张三）\）= {\盗窃（张三）\}
reason-con（\可罚（张三）\）= {\未成年人（张三）\}

如果没有这两个理由集合的权衡信息，那么关于张三是否可罚无法得出最终的结论。要想得出最终的结论，要有关于"压倒"的信息。例如：

Otw({\未成年人（张三）\}，{\盗窃（张三）\}，\可罚（张三）\)

在增添了这一信息之后，根据推理规则 R^j，可以推出：

¬可罚（张三）

可以看出，通过明示加入权衡信息，理由逻辑可以处理规则之间的冲突。除此之外，理由逻辑还提供了另外一种处理规则冲突的方案，即冲突规则方案。一般来说，如果在某个案例中，两条规则相互冲突，那么具有优先性的规则会排除不具有优先性的规则。我们可以把这一规则表示为：

rule（ex_1,
\优先（rule（r_i），rule（r_j），case（c））\ ∧ \冲突（rule（r_i），rule（r_j），case（c））\,
\EX（rule（r_j）），case（c）\)

并在理由逻辑中加入公理 iii：Valid（rule（ex_1））。

为了运用这一规则得出排除规则在案例中的适用这一结论。还需要两个方面的信息：一是，什么样的规则是某个案例中相互冲突的；二是处于冲突之中的规则哪一个具有优先性。

对于相互冲突，可以按照通常的理解——如果在一个案例中，两个规则的结论的例示是不相容的，那么这两个规则在这个案例中是相互冲突的——加入公理 iv：

∀（rule（r_i））∀（rule（r_j））∀（case（c））
（¬（cons（r_i（x/t））∧cons（r_j（x/t）））→冲突（rule（r_i），rule（r_j），case（c）））

至于处于冲突之中的规则哪一个具有优先性，这一信息可以明示地给出。例如，对于如下两个规则 rule（可罚$_1$）与 rule（可罚$_2$）：

rule（可罚$_1$，\盗窃（x）\，\可罚（x）\）
rule（可罚$_2$，\未成年（x）\，\不可罚（x）\）

在 case（c_1）＝"张三盗窃案"中，可以明示地给出下面的优先性信息：

优先（rule（可罚$_2$），rule（可罚$_1$），case（c_1））

由于有"¬（可罚（张三）∧¬可罚（张三））"，基于这一前提与公理 iv，通过条件分离，有：

冲突（rule（可罚$_1$），rule（可罚$_2$），case（c_1））

根据这一结论与上面的优先性信息以及公理 iii，根据推论规则 R^a，可推出：

EX（rule（可罚$_1$）），case（c_1）\

从而在"可罚₁"与"可罚₂"这两个规则中，可罚₁被排除，只有可罚₂能够产生关于张三可罚的理由。从而可以得出"¬可罚（张三）"的结论。在这样一个方案中，不需要对支持与反对的理由进行权衡，因为被排除适用的规则无法产生理由。

哪一个规则具有优先性这一信息不仅可以明示地给出，而且可以被推出。例如，从"新法优于旧法""上位法优于下位法""特别法优于一般法"中推出。这些一般的元规则同样可以表述为有效的规则：

Valid (rule（优先₁，\新于（rule（r_i），rule（r_j））\，\（优先（rule（r_i），rule（r_j），case（c）））\））

Valid (rule（优先₂，\高于（rule（r_i），rule（r_j））\，\（优先（rule（r_i），rule（r_j），case（c）））\））

Valid (rule（优先₃，\特别（rule（r_i），rule（r_j））\，\（优先（rule（r_i），rule（r_j），case（c）））\））

从这些关于优先性的规则出发，给定哪一个规则更新、位阶更高或更加特别的信息，可以推出哪一个规则优先的具体信息。

总的来说，在理由逻辑中，有两种处理规则冲突的方案。一种是权衡理由，另外一种是冲突规则。如果"新法优于旧法"等优先性规则在具体的案例中发生了冲突，同样可以通过这两种方案得以解决。

4. 关于规则的推理

理由逻辑还可以较为方便地处理关于规则的推理。例如，关于规则有效性的推理，以及关于规则不适用的推理。关于规则有效性的推理，例如，在法律领域中，人们一般能够从一个规则是立法者制定的，并且没有被废除，得出它是有效规则的结论。在理由逻辑中，这一推理可以通过构造上面提到过的承认规则来实现：

Valid (rule（承认规则，\立法者制定（rule（r））\∧\未被废除（rule（r））\，\Valid（rule（r））\））

一般来说，如果在某个案例 c 中适用规则 r 导致阻碍规则的目标 g

(r)的实现，那么就产生了一个不适用规则的理由，尽管规则仍然是可适用的。据此，可以构造下面这一规则：

Valid（rule（阻碍目标），
（\Prom（\Applies（rule（r），case（c））\，\～goal（g（r））\，case（c））\，
\¬ Applies（rule（r），case（c））\）））

从这一规则出发，可以得出反对适用规则 r 的理由。最终是否要适用规则，取决于这一理由与支持规则适用的理由之间的权衡。当然，如果采纳实用主义的司法哲学，也可以通过构造另一条有效的规则：

Valid（rule（目标优先，
\ rule（r）≠rule（阻碍目标）\，
\ 优先 rule（（阻碍目标），rule（r），case（c））\））

甚至公理：

∀（rule（r））（rule（r）≠rule（阻碍目标）→优先（rule（阻碍目标），rule（r），case（c）））

来解决。它们的意思都是说，"阻碍目标"这一规则比其他的规则优先，但作为规则的前者是容忍例外的，而作为公理的后者是不容忍任何例外的。

此外，从一些有效的目标出发，也可以推出不适用规则的理由。规则最终是否适用同样取决于这些理由与规则的可适用性之间的权衡，当然也可以通过构造一些规则来避免这一权衡。详细的推理过程不再赘述。

5. 特殊类型的法律推理

在理由逻辑中，类比推理可以通过几种不同的方式实现。首先，规则的前件在某个案例中满足是规则在该案件中具有可适用性的理由，但不是唯一的理由。我们可以将规则适用于某个案例能够促进规则的目标，

作为支持规则可适用性的另一个理由。基于这一理解，可以构造如下有效的规则：

Valid（rule（类推适用$_1$，
\ Prom（\Applies（rule（r），case（c））\，\goal（g（r））\，case（c））\，
\ Applicable（rule（r），case（c））\））

从规则类推适用$_1$出发，通过常规的规则适用过程，可以推出某个规则 r 在某个案例 c 中的可适用性。根据推论规则 R^b，r 的可适用性为它在 c 中的适用创设了理由。

与此相仿的一种理解是，将规则适用于某个案例能够促进规则的目标这一事态，直接作为支持规则适用的一个理由。基于这一理解，可构造规则：

Valid（rule（类推适用$_2$，
\ Prom（\Applies（rule（r），case（c））\，\goal（g（r））\，case（c））\，
\ Applies（rule（r），case（c））\））

与类推适用$_1$不同，从类推适用$_2$出发，通过常规的规则适用过程，可以直接推出某个规则 r 在某个案例 c 中适用，而不仅仅是 r 在 c 中有可适用性。根据推论规则 R^c 与 R^d，可以直接推出事实 ante（rule（r（x/t）））是实现后果 cons（rule（r（x/t）））的支持或反对理由。

其次，对类比推理的另外一种理解是，如果手头案例事实中的相关个体 i_h 与典型案例中的相关个体 i_s 充分相似，那么这构成了规则 r 可适用（Applicable）或规则适用（Applies）于案例 c 的理由。基于这一理解，可以构造如下两个有效的规则：

Valid（rule（类推适用$_3$，

\ 充分相似（i_h，i_s）\，
\ Applicable（rule（r），case（c））\））

与

Valid（rule（类推适用$_4$，
\ 充分相似（i_h，i_s）\，
\ Applies（rule（r），case（c））\））

要运用这两个规则，必须对其中的 i_h 与 i_s 进行明确的定义。i_h 是案例 c 的个体，可以定义为 {i_h} = {t|（rule（r（x/t）），case（c））}。直觉的理解就是，i_h 就是案例 c 中用来替换规则 r 中变元的那些常元。i_s 是典型案例中的个体，实际上可以理解为那些明确隶属于规则前件中的谓词的那些个体。对于某个规则，i_s 可以直接给定。例如，对于故意毁坏财物的规则，可以给定 i_s = 事实"甲故意砸坏乙的电脑"。至于两者充分相似的信息，可以明示地给定，也可以构造判断充分相似的一些规则，从中推出这一信息。

最后，还可以仿照推论规则 R^a 构造新的推论规则，例如：

如果
Obtains（充分相似（i_h，i_s）））∈T_n，并且
EX（rule（r），case（c））∉E，那么
Applicable（rule（r），case（c））∈ΔT_n
或者
如果
Obtains（充分相似（i_h，i_s）））∈T_n，并且
EX（rule（r），case（c））∉E，那么
Applies（rule（r），case（c））∈ΔT_n

在有了 i_h 与 i_s 充分相似的信息之后，如果没有关于 EX（rule（r），case（c））的信息，就可以直接根据这一推论规则，推出 Applicable (rule（r），case（c））或 Applies（rule（r），case（c））。

可以看出，理由逻辑提供了多种方法来处理类比推理。哪一种方法更合适，取决于我们认为哪一种方法更符合对于类比推理的正确理解。

除了类比推理，理由逻辑还提供了处理反向推理的方案。反向推理是指，根据某个规则的前件不被满足，推出相反的法律后果的推理。例如，对于规则"禁止车辆进入公园"，在碰到一个人骑马进入公园的情况时，人们通常会推出允许即不禁止马进入公园的结论。在经典逻辑中，这一推理很明显是无效的。但在法律领域中，这一推理通常被认为是允许的。在理由逻辑中，可以通过构造这样一条有效的规则：

Valid（rule（反向推理，\Obtains（~ante（rule（r（x/t））)）\, \~cons（rule（r（x/t）））\））

使得反向推理成为有效的。但这一条规则有些"太强"了。因为显然并不是对于所有的规则来说，我们都能从它的前件不满足，推出它的后件实现。

四 对理由逻辑的评价

从上面的讨论可以看出，理由逻辑在处理法律推理时比较灵活。它可以通过在领域知识中加入符合要求的领域规则来处理不同类型的法律推理，甚至可以增添支配推理活动的推论规则来实现这一点。这使得它可以处理常规案件中的法律推理，也可以处理疑难案件中的法律处理；不仅可以处理基于法律规则的推理，而且可以处理关于法律规则的推理。但理由逻辑也存在一些问题。

首先，理由逻辑对于常规案件的处理过于复杂。在常规案件中，人们直接从规则前件满足推出规则后件的实例。但在理由逻辑中，常规适用则需要五个步骤：首先从规则的前件满足得出规则的可适用性，其次从规则的可适用性得出规则适用的支持理由，再从规则适用的支持理由与反对理由的权衡中得出规则适用，然后从规则适用中得出规则后件实例的支持理由，再次基于理由权衡推出规则后件实例的结论。这不太符合人们在规则常规适用中的真实推理过程。哈赫说，规则的常规适用并

第五章　非单调逻辑及其在法律领域的应用　/　193

不像看上去得那样简单。即便一个规则的前件是满足的，但可能并不适用；即便规则适用了，但可能后件的实例并不能实现。因此处理规则常规适用的逻辑应当能够给这种例外的可能性提供空间。这是对的。但这种空间的提供最好不要以违反真实思维过程的方式进行。如果例外在规则适用的非形式推理中是隐含的，换句话说，人们是直接得出结论的，那么相应的形式推理最好也能够直接得出结论，并同时保留撤回或修改这个结论的可能性。在这一点上，缺省逻辑是优于理由逻辑的。

其次，理由逻辑的扩展是非建构性的，必须要进行猜测。在这个问题上，理由逻辑与缺省逻辑是相同的。但理由逻辑的麻烦更大一些。因为理由逻辑的推理过程更加复杂，使得恰当的扩展更难以被猜测出来。更严重的是，在理由逻辑中，最终的结论取决于不同理由集之间的权衡，一般来说，这些权衡信息需要额外给出，但需要哪些权衡信息在推理之初实际上是较难发现的。这使得对于稍微复杂一些的案件来说，人们实际上很难运用这套逻辑进行推理。与此同时，它的非建构性也使得通过理由逻辑的法律推理无法便捷地通过计算机实现。

再次，理由逻辑对于法律推理的刻画过于细节化，使得它不像是逻辑，倒像是法律适用过程的一个详细展开，失去了一个好的逻辑应当具有的简洁性与明晰性。理想的做法并不是在一个逻辑内部费尽心思地设计法律推理的每一个环节所需要的推论规则，而是在区分推论规则与领域规则的基础上，提供一套简洁、规整的推论规则体系，使得基于与关于这些领域规则的推理可以根据这些推论规则进行。缺省逻辑虽然把所有的法律规则都算作推论规则，但它们具有相同的结构，它们的逻辑性质与运作方式也是完全相同的，从而一个法律缺省理论中有哪些缺省规则完全可以交给法律领域专家去负责。而理由逻辑的这种做法使得它变得难以维护与检验，因为它的推论规则对于法律人来说过于技术化，而对于逻辑学家来说又过于领域化。上面提到，在处理关于规则的推理，以及一些特殊类型的推理时，理由逻辑有多种选择，既可以将法律规则处理为领域规则，也可以将它们处理为推论规则。从表面上看，这是一个优点，能够灵活地处理法律推理。但这种灵活性同时也意味着，理由逻辑没有很好地将领域规则与推论规则区别开来。

最后，理由逻辑过分地依赖于理由集之间的权衡，而理由权衡是一种实质判断，这使得它处理法律推理得出明确结论的能力大大减弱。实际上，有些论证之间的冲突不处理为理由之间的权衡，能够更好地得到解决。例如，不同的规则本身可能具有不同的优先性，不同的论证形式之间也可能具有不同的优先性。从而基于不同规则的、通过不同形式的推理所得出的结论未必需要那些关于理由分量的信息，也能够得出最终的结论。此外，通过论证比较而非理由权衡给出最终的结论，不仅更加符合法律推理与论证的真实实践，也更容易通过计算机实现。

第四节　一个简单的总结

这一部分主要考察了两种不同的非单调逻辑，它们都是一种基于扩展的刻画可驳斥性推理的方法。即在信息不充分时，通过某种途径"跳跃"到一个合理的但并不一定总是成立的结论。这一"跳跃"在日常生活与法律领域都非常重要，因为我们需要在信息不充分的条件下做出各种决策。缺省逻辑与理由逻辑对法律推理中的这种"跳跃"的刻画各有利弊。缺省逻辑所提供的方案比较规整，但由于它将法律规则处理为元语言中的推论规则，从而无法刻画关于法律规则的各种推理。理由逻辑将法律规则视为个体，这使得它能够构造出各种关于法律规则的元规则，从而灵活地应对各种类型的法律推理。但理由逻辑的推论规则相对来说较为零碎，对理由权衡的过度依赖减弱了它的推理能力。此外，在理由逻辑中，不同的领域规则，包括那些它为了处理一些特殊类型的法律推理所构造的各种规则，都具有相同的地位和作用，它们的适用会产生相同分量的理由，这无疑增加了对理由权衡信息的依赖性。缺省逻辑与理由逻辑的优点可以通过一定的方式结合到一起。例如，将法律规则视为个体，使得在对象语言内谈论规则的各种性质成为可能，并将一些关于法律规则的方法论规则处理为缺省规则，使得在保持逻辑推论机制规整的同时能够处理各种类型的法律推理。但这尚不能完全避免缺省逻辑与理由逻辑的缺陷。首先，缺省规则之间的冲突仍然需要利用之前提到的冲突解决机制加以解决，从而缺省逻辑原有的一些问题被沿袭下来。其次，缺省逻辑与理由逻辑都不是建构性的，仅仅将它们结合起来，相应逻辑的理论的扩展仍然需要猜测。再次，在规则不发生冲突的情况下，基于不同规则的推理具有相同的证立程度，这不太符合法律推理的真实情况。最后，缺省逻辑与理由逻辑都是从一个固定的理论出发，通过一个论证得出最终的结论，这也不符合法律实践的真实情形，很多时候，合理的法律结论是在不同论证的比较与评估中产生的，仅仅将缺省逻辑与理由逻辑相结合是无法实现这一点的。上述缺陷的避免可以通过引入论辩逻辑得以克服。为了深入对这一问题的理解、发展具体的结合路径，下面一章让我们来考察论辩逻辑及其在法律领域中的应用。

第六章

论辩逻辑及其在法律领域的应用

作为一种基于论证的刻画可驳斥性推理的方案，论辩逻辑是从20世纪末21世纪初发展起来的。它的基本思路是，一个结论是否成立取决于它所处的论证的状态，而它所处的论证的状态又取决于与它不一致的其他论证的状态。一般地说，如果一个论证没有被任何其他论证击败，那么它就是可接受的，它所支持的结论也就是成立的。当然，具体什么样的论证是可接受的，取决于人们采取什么样的标准。可以看出，如果说非单调逻辑是从处理不完全信息推理开始延伸到不一致信息推理的话，那么论辩逻辑从一开始就是以处理不一致信息推理为动因的。本章旨在考察以不一致信息处理为出发点的论辩逻辑能否合理地刻画法律推理。

第一节 论辩逻辑的基本思路与抽象论辩框架

一 论辩逻辑的基本思路

论辩逻辑是在非形式论证理论的基础上发展起来的。从20世纪50年代开始，一些对经典逻辑不满的学者主张，真正有用的逻辑不应当只关注公理、推论规则以及形式推演，而应当更关注论证的合理性；而对于一个论证的评估来说，不能只考虑论证的形式，更要考虑论证的内容及其过程。在《论证的使用》中，图尔敏提到，如果一个论证能够防御住可能的攻击，那么它就是有效的。[①] 但他并没有给出防御成功的标准。在

---

① See Stephen E. Toulmin, *The Use of Argument*, Cambridge: Cambridge University Press, 1958.

一定意义上可以说，论辩逻辑是对图尔敏等人的非形式论证理论的形式化，旨在给出一个论证可接受的形式标准。

论辩逻辑的基本思路是通过考察、评估论证之间的攻击关系来判断一个主张是否得到了证立。要考察、评估论证，首先要从已有的知识集合中构造出论证。

例如，给定知识集合

K_1：｛"盗窃是可罚的"，"未成年人是不可罚的"，"张三盗窃"，"张三是未成年人"｝

可以构造 a、b 两个论证：

a：盗窃是可罚的，张三盗窃，因此张三是可罚的。

b：未成年人是不可罚的，张三是未成年人，所以张三是不可罚的。

论证 a 与论证 b 相互攻击。对于处于相互攻击之中的两个论证来说，哪个是"可接受的"，哪个是"被击败的"，取决于哪一个论证具有优先性。如果没有优先性信息，这两个论证有可能都处于"悬而未决的"状态。①

一般来说，哪一个论证更优先是一种领域知识，不由论辩逻辑给出，但有两个例外。一个例外是"特别性"原则（principle of specificity）。这个原则是说，对于相互冲突的两个论证来说，依据更具体的信息得出结论的那个优先。例如，论证 c 与论证 d。

c：未成年人没有民事行为能力，李四是未成年人；所以李四没有民事行为能力。

d：16 岁以上、以自己劳动收入为主要生活来源的未成年人具有

---

① 也有可能都处于"可接受的"状态或"被击败的"状态，这要看所在的论辩逻辑系统选择什么样的论辩语义。下面会对这个问题进行详细讨论。

民事行为能力,李四是16岁以上、以自己劳动收入为主要生活来源的未成年人,所以张三是不可罚的。

论证d更优先,因为"李四是16周岁以上、以自己劳动收入为主要生活来源的未成年人"比"李四是未成年人"更具体。

另一个例外是底切攻击。上面所举的例子都是反驳攻击。在反驳攻击中,两个论证的结论相互冲突。但有时一个论证攻击另一个论证,不是攻击它的结论,而是攻击它的前提与结论之间的联系。例如,论证e与论证f。

> e:证人甲说看到王五盗窃,所以王五盗窃。
> f:证人丙说甲当时和自己在一起从而不可能看到王五盗窃,所以甲在说谎。

论证f对于"王五有无盗窃"并没有实质看法,而只是说不能从"证人甲说看到王五盗窃"中推出"王五盗窃"。论证f对论证e的攻击就是底切攻击,论证f为底切者,论证e为被底切者。在底切攻击中,底切者论证总是优先于被底切者论证。

底切攻击的优先关系一般为所有将这一攻击关系包含在内的论辩逻辑系统所认可,但特别性原则未必如此。某个论辩逻辑系统可以通过给出专门的优先性关系集合来补充甚至取代特别性原则。对于有些领域来说,这是必要的。例如,在法律领域,优先性原则并不是解决论证之间冲突的唯一原则,甚至不是最重要的原则。因此一个旨在刻画法律推理的论辩逻辑系统应该专门给出优先性关系集合。

在判断优先性的基础上,可以评估两个论证之间的击败关系。一般地,当两个论证相互反驳攻击时,更优先的那个论证击败另一个论证;当一个论证底切攻击另一个论证时,底切者击败被底切者。例如,在上面的论证中,论证b击败论证a,论证d击败论证c,论证f击败论证e。论证a、c、e是"被击败的",论证b、d、f是"可接受的"。论证b、d、f的结论也就是"被证立的"。

论辩逻辑的这一设想要想通过一个论辩逻辑系统来实现,还要有两个必需的前提。第一个前提是，要将上面的自然语言论证处理为形式论证。这通常通过选定一个底层逻辑语言来实现。一个底层逻辑语言不仅决定了产生论证的知识是如何表示的，而且决定了什么样的论证能够从这些知识中产生（因为论证是基于推论规则产生的）。此外，为了刻画反驳攻击的击败关系，这个底层逻辑语言还需要提供表示论证优先信息的方法，虽然论证优先信息本身可能是由领域知识所提供的。当然，如果一个论辩逻辑系统完全不考虑特别性原则与底切攻击以外的击败关系，这一点是不需要的。第二个前提是，我们需要一种论辩语义来刻画论证的最终状态。在上面的讨论中，我们仅考虑了两个论证之间的冲突。但实际的情形通常更为复杂。例如，如果论证 a 击败论证 b，那么论证 b 的状态是"被击败的"，但如果加入另外一个论证 c 使得论证 b 击败论证 a，那么论证 b 的状态又变成"可接受的"。因此，我们需要一种论辩语义提供论证评价的标准。由于论辩语义是在给定两个论证之间击败关系的基础上给出的，它可以忽略论证的内部结构，从而独立于构造论证的底层逻辑语言。下面我们先来看独立于不同底层逻辑的抽象论辩框架，有必要介绍一下潘明栋的抽象论辩框架及其提出的论辩语义。

二 潘明栋的抽象论辩框架

抽象论辩框架将一个论证视为一个"原子"个体，它不关心论证的内部结构，只关注论证之间的关系。潘明栋写于 1995 年的文章是考察抽象论辩语义的一个典范。[①] 下面就主要基于该文献介绍抽象论辩框架与论辩语义。首先定义论辩框架：

论辩框架：一个论辩框架是一个二元有序对：

$$AF = <AR, attacks>。$$

其中，AR 是一个论证的集合，attacks 是 AR 上论证间的二元关系的集合，即 attacks $\subseteq$ AR × AR。

[①] Phan Minh Dung, "On the Acceptability of Arguments and Its Fundamental Role in Nonmonotonic Reasoning, Logic Programming and N-person Games", *Artificial Intelligence*, Vol. 77, No. 2, Sept. 1995, pp. 321–357.

论证 a 击败论证 b 可表示为：attacks（a，b）。① 在一个论辩框架中，论证 a 与论证 b 之间存在击败关系可以表示为：(a，b)∈attacks。例如，对于上面提到的论证 a、b，可以构造论辩框架 AF_1 = < AR，attacks >，其中，AR = {a，b}，attacks = {(a，b)，(b，a)}；也可以直接表示为 AF_1 = < {a，b}，{(a，b)，(b，a)} >。

一般地说，如果击败另外一个论证 a 的论证 b 在某个论证集合中，那么我们也可以说这个论证集合击败了 a；反过来，如果被一个论证 a 击败的论证 b 在某个论证集合中，那么我们也可以说这个论证集合被论证 a 击败了。精确的定义如下：

论证集合与论证之间的击败关系：对于任一 AF = < AR，attacks > 和任一论证集 Ars⊆AR，Ars 击败 a，当且仅当∃b∈Ars，且 attacks (b，a)，a 击败 Ars，当且仅当∃b∈Ars，且 attacks (a，b)。

在有了论证集合与论证之间的击败关系之后，我们可以用 a^+ 与 a^- 分别表示 AR 中所有被 a 击败的论证的集合与所有击败 a 的论证的集合。即，令 AF = < AR，attacks >，a∈AR：

a^+ = {b|(a，b)∈attacks}
a^- = {b|(b，a)∈attacks}
相应地，对于 Ars⊆AR：
Ars^+ = {b | ∃a∈Ars；(a，b)∈attacks}
Ars^- = {b | ∃a∈Ars；(a，a)∈attacks}

Ars^+ 表示所有被 Ars 击败的论证的集合，Ars^- 表示所有击败 Ars 的集合。

论辩语义旨在确定一个论辩框架中"可接受的"论证集合。一个

---

① 值得注意的是，有些学者将这里的 attacks 理解为攻击关系，这是不对的。所有论辩语义的一个基本出发点是：假设有两个论证 a 与 b，attacks (a，b)，那么 a 是"可接受的"，b 是"被击败的"。如果将 attacks 理解为攻击关系，显然不具有这样的效果。

"可接受的"论证集合要满足的第一个条件是无冲突性（conflict-free），因为包含内在冲突的论证集合肯定是不可接受的。无冲突性可以定义如下：

> 对于 AF =（AR，attacks）和 Ars ∈ AR，Ars 是无冲突的，当且仅当对于 ∀a, b ∈ Ars，(a, b) ∉ attacks。

当然，不是所有的无冲突论证集合都是可接受的，因为一个无冲突的论证集合中可能包含了那些被击败的论证。一个可接受的论证集合还必须是"可防御的"（defensible）。要了解一个论证集合的可防御性，首先要了解一个论证集合对一个论证的"防御"。"防御"是一个论证集合和一个论证之间的二元关系。论证集合 S "防御"论证 a 是指，对于所有的论证 b 来说，如果 b 击败 a，那么在 S 中存在论证 c 击败 b。如果一个论证集合能够"防御"自身内部的所有论证，那么我们说，这个论证集合是"可防御的"。正式定义如下：

> 对于 AF =（AR，attacks）和 Ars ∈ AR，Ars 是可防御的，当且仅当对于 ∀b ∈ Ars⁻，存在 a ∈ Ars 使得 (a, b) ∈ attacks。

同时满足无冲突性与可防御性的论证集合被称为"可允许的"（admissible）。一个论证集合是"可允许的"只给出了"可接受的"论证集合的上限，但没有给出下限，因此还必须增加另外一个标准，这一标准使得所有被"可允许的"论证集合 S 所防御的论证都包含在 S 之中。满足这一标准的可允许集是完全的。因此我们可以把同时满足这三个标准的论证集合称为"完全外延"（complete extension）。

当存在多个完全外延时，那些谨慎的主体可以选择其中最小的集合，实际上也是所有完全外延的交集，该集合可以称为"根基外延"（grounded extensions），因为它扎根于所有的完全外延中。例如，对于论辩框架 AF_1 = < {a, b}，{(a, b), (b, a)} >，很容易看出，它的完全外延有：∅、{a}、{b}，∅ 是其中最小的集合，因此为根基外延。而那些轻信的主体则可以选择其中最大的集合，这一集合可以称为"偏好外延"

(preferred extensions)。在 AF_1 中，$\{a\}$、$\{b\}$ 为优先外延。除了完全外延、根基外延与偏好外延之外，一些学者还提出了稳定外延（stable extensions）、半稳定外延（semi-stable extensions）、理想外延（ideal extensions）等。[1]

除了潘明栋所提出的基于外延的语义，还可以通过对每个论证进行标记来确定它的状态。例如，Caminada 等人的加标语义。对于 AF = <AR, attacks>，构造加标函数 Lab：AR→ $\{in, out, und\}$；标签"in"表示"可接受的"，标签"out"代表"被击败的"，标签"und"代表"悬而未决的"。论证 a 应加标 in，当且仅当所有攻击 a 的论证 b 都被加标 out，论证 a 应加标 out，当且仅当至少存在一个攻击 a 的论证 b 被加标 in；论证 a 应加标 und，当且仅当所有攻击 a 的论证 b 都未被加标 in 并且至少存在一个攻击 a 的论证 b 未被加标 out。Caminada 等人已经表明加标语义与扩充语义是等价的，换句话说，上面所说的各种外延，都能找到与之对应的加标 in。[2] 此外，波洛克等学者给出了一种二值的加标语义，[3] Jakobovits 等人表明波洛克的加标语义等价于潘明栋的偏好外延语义。[4] 这里不再赘述。

抽象论辩框架仅处理两个论证之间的击败关系给出之后的状态评估，不同的论证是如何建构起来的，两个论证在什么条件下处于攻击关系与击败关系，则是由构造论证的底层逻辑语言给出的。一个具体的论辩逻辑系统必须选择某种底层逻辑语言，但不同的论辩逻辑系统可以选择不同的底层逻辑语言。下面选择在法律领域已得到初步应用的三个论辩逻辑系统进行考察，从而为构造妥当的法律论辩逻辑系统提供思考的起点。

---

[1] See e. g., Pietro Baroni, Massimiliano Giacomin, "On Principle-based Evaluation of Extension-based Argumentation Semantics", *Artificial Intelligence*, Vol. 171, No. 10 – 15, July-Oct. 2007, pp. 675 – 700; See Martin Caminada, "Semi-stable Semantics", in P. Dunne, T. Bench-Capon, eds., *Computational Models of Argument*, Amsterdam：IOS Press, 2006, pp. 121 – 130.

[2] See Martin Caminada, Dov M. Gabbay, "A Logical Account of Formal Argumentation", *Studia Logica：An International Journal for Symbolic Logic*, Vol. 93, Nov. 2009, pp. 109 – 145.

[3] See e. g., John L. Pollock, *Cognitive Carpentry：A Blueprint for How to Build a Person*, MA：MIT Press, 1995, pp. 121 – 123.

[4] H Jakobovits, D Vermeir, "Robust Semantics for Argumentation Frameworks", *Journal of Logic and Computation*, Vol. 9, No. 2, Apr. 1999, pp. 215 – 261.

第二节　三个典型的论辩逻辑系统

一　经典逻辑论辩系统

论辩逻辑系统的底层逻辑是没有限制的，因此可以直接从命题逻辑或一阶谓词逻辑的语言出发构造论辩系统。例如，Besnard 与 Hunter 所提出的演绎论辩系统。[①]

演绎逻辑系统使用经典逻辑作为底层语言，公理与推论规则可以通过任意一个经典逻辑系统给出。在演绎逻辑系统中，论证从知识库 Δ 中构造出来。Δ 是有穷的命题集合，为论证提供前提。Δ 中的公式在原则上是没有限制的。它可以表达任意的事实、信念或观点。它可以是不一致的，甚至其中某一公式也可以是不一致的；也可以有冗余或不精确的公式。从 Δ 中构造出来的一个论证可以定义如下：

一个论证是一个满足如下条件的有序对 AR = $<\Phi, \alpha>$：
(1) $\Phi \nvdash \bot$
(2) $\Phi \vdash \alpha$
(3) Φ 是 Δ 中满足条件（2）的最小集

如果 AR = $<\Phi, \alpha>$ 是一个论证，那么我们说 AR 是一个支持 α 的论证，Φ 是支持 α 的前提集，α 是结论（通常不在 Δ 中）。

演绎逻辑系统中的论证只能按照经典逻辑中的推论规则构造出来，并且可以按照经典逻辑中的任意推论规则构造出来。例如，对于知识库 Δ = $\{\alpha \rightarrow \beta, \alpha, \gamma \rightarrow \neg \beta, \gamma, \neg \alpha\}$，可以构造 AR_1 = $<\{\alpha \rightarrow \beta, \alpha\}, \beta>$、$AR_2$ = $<\{\gamma, \gamma \rightarrow \neg \beta\}, \neg \beta>$。它们是根据条件消去（肯定前件式）的推论规则构造出来的。我们还可以通过合取引入的推论规则构造论证 AR_3 = $<\{\alpha, \gamma\}, \alpha \wedge \gamma>$，或构造重言式论证 AR_4 = $<\{\alpha\}, \alpha>$。构造哪些论证取决于实践需要，但它们要满足上面给出的三个条件。例如，我们不

[①] Philippe Besnard, Anthony Hunter, *Elements of Argumentation*, MA: MIT Press, 2008, pp. 37–68.

能构造论证 <{α, ¬α}, β>、<{α}, β>、<{α, β}, β>，它们分别不满足条件（1）、条件（2）与条件（3）。在直觉上，条件（1）是说结论是前提集的演绎后承，前提（2）是说前提集本身应当是一致的，前提（3）是说前提集不应当包含无关的信息。

论证并不一定是相互独立的，换句话，不同的论证之间可能存在某种关系。在演绎论辩系统中，一个重要的关系是"保守性"（conservativeness）。它的定义如下：

一个论证 <Φ, α> 比另一个论证 <Ψ, β> 保守（conservative），当且仅当 Φ⊆Ψ 且 β ⊢ α。

例如，<{α}, α∨β> 比 <{α, α→β}, β> 保守。在直觉上，一个更保守的论证是一个更一般的论证，它使用了更少的前提，并得出了更不具体的结论。

在 Besnard 等的演绎逻辑系统中，论证之间的攻击关系分为三类：废止攻击、削弱攻击与反驳攻击。废止攻击定义如下：

<Φ, α> 废止攻击 <Ψ, β>，当且仅当 α ⊢ ¬(φ_1 ∧ … ∧ φ_n)，{φ_1, …, φ_n} ⊆ Ψ；

如果 AR_1 废止攻击 AR_2，那么我们说 AR_1 是 AR_2 的废止者（defeater）。例如，令 Δ = {¬α, α∨β, α↔β, γ→α}，那么 <{α∨β, α↔β}, α∧β> 是 <{¬α, γ→α}, ¬γ> 的废止者，后者的另一个更保守的废止者是 <{α∨β, α↔β}, α∨γ>。

削弱攻击可以定义如下：

<Φ, ¬(φ_1 ∧ … ∧ φ_n)> 削弱攻击 <Ψ, β>，当且仅当 (φ_1, …, φ_n) ⊆ Ψ。

同样，AR_1 削弱攻击 AR_2，那么我们说 AR_1 是 AR_2 的削弱者（undercutter）。例如，令 Δ = {α, α→β, γ, γ→¬α}，那么 <{γ, γ→¬α},

¬（α∧α→β）>是< {α, α→β}, β >的一个削弱者。< {α, α→β}, β >一个更不保守的削弱者是< {γ, γ→¬α}, ¬α >。

反驳攻击可以定义如下：

<Φ, α>反驳攻击<Ψ, β>, 当且仅当 ⊢α↔¬β；

同样，AR_1反驳攻击AR_2，那么我们说AR_1是AR_2的反驳者（rebuttal）。

实际上，反驳攻击是废止攻击的一种。如果<Φ, α>是<Ψ, β>的反驳者，那么前者也是后者的废止者。因为可令Ψ = {φ_1, …, φ_n}，则有$\varphi_1 \wedge \cdots \wedge \varphi_n$⊢β，在经典逻辑中进一步有¬β⊢¬（$\varphi_1 \wedge \cdots \wedge \varphi_n$），若<Φ, α>反驳攻击<Ψ, β>，则有α↔¬β，从而有α⊢¬（$\varphi_1 \wedge \cdots \wedge \varphi_n$）。

削弱攻击也可以归结为废止攻击，因为¬（$\varphi_1 \wedge \cdots \wedge \varphi_n$）显然是它自身的演绎后承。

因此，在经典逻辑论辩系统中，所有的攻击都可以归结为废止攻击。对于一个论证的所有废止者，可以定义"最保守废止者"这一概念。

<Φ, α>是<Ψ, β>的最保守废止者，当且仅当<Φ, α>废止攻击<Ψ, β>，并且对于任何其他废止攻击<Ψ, β>的论证<Φ', α'>来说，如果Φ' ⊆ Φ且α⊢α'，那么Φ⊆Φ'且α'⊢α。

如果<Φ, α>是<Ψ, β>的最保守废止者，那么对于与α逻辑等值的α'，<Φ, α'>是<Ψ, β>的一个削弱者。定义典范（canonical）削弱如下：

<Φ, ¬（$\varphi_1 \wedge \cdots \wedge \varphi_n$）>是<Ψ, β>的典范削弱，当且仅当它是<Ψ, β>的最保守削弱，并且Ψ = {φ_1, …, φ_n}。

这样，演绎论辩系统将所有的攻击都归结为典范削弱。在典范削弱中Ψ = {φ_1, …, φ_n}，可以直接用▽表示。

在此基础上，Besnard等定义论证树（argument tree）如下：

一个结论为 α 的论证树 T，它的所有节点都是论证，且满足：

(1) 根节点是结论为 α 的论证；

(2) 不存在有父节点 $<\Psi_1, \beta_1>, \cdots, <\Psi_n, \beta_n>$ 的节点 $<\Psi, \beta>$，使得 $\Psi \subseteq \Psi_1 \cup \cdots \cup \Psi_n$；

(3) 节点 N 的子节点必须是对 N 的典范削弱，并且满足条件 (2)。

条件 (2) 通过禁止循环攻击限制了论证树的长度，条件 (3) 通过禁止典范削弱之外的其他攻击方式限制了论证树的宽度。

在一个论证树 T 中，任何一个论证要么是"攻击论证"（attacking argument），要么是"防御论证"（defending argument）。如果一个论证 AR_i 是根节点，那么 AR_i 是一个防御论证。如果 AR_i 是一个防御论证，那么任何一个以 AR_i 为父节点的论证 AR_j 都是攻击论证。如果 AR_j 是一个攻击论证，那么任何一个以 AR_j 为父节点的论证 AR_k 都是防御论证。

攻击论证与防御论证只代表了论证在论证树中的作用，并不代表论证所处的状态。在经典逻辑论辩系统，一个论证树中的论证只有两种状态：未废止的（undefeated）和被废止的（defeated）。它们的定义如下：

一个论证 AR_i 是未废止的，当且仅当它的所有子节点 AR_j 是被废止的。

一个论证 AR_i 是被废止的，当且仅当它至少有一个子节点 AR_j 是未废止的。

根据这个定义，一个论证的所有叶节点都是未废止的。

如果一个论证树 T 的根节点是未废止的，那么 T 是"已确证的"（warranted），否则是"未确证的"（unwarranted）。"已确证"与"未确证"是论证树的性质而非论证的性质，一个论证在一个未确证的论证树里处于未废止状态，并不意味着这个论证是可接受的。从这个意义上说，论证是否可接受不仅取决于论证在论证树中的状态，而且取决于论证树本身的性质。

二 可驳斥逻辑编程系统

可驳斥逻辑编程系统结合了逻辑编程（logic programming）与可驳斥论辩理论（defeasible argumentation），与传统的逻辑编程系统不同，它提供了具有可驳斥性的推论机制。下面主要基于García 和 Simari2004 年提出的 DeLP 系统介绍可驳斥编程系统。[①]

DeLP 语言有三个不相交的集合：事实集、严格规则集与可驳斥规则集。事实集中的所有事实都被表达成文字（literal）的原子命题或其否定。例如，"盗窃（张三）"表示张三盗窃这一事实，"¬ 可罚（张三）"则表示张三不可罚。严格规则与可驳斥规则代表不可驳斥的信息与可驳斥的信息，分别具有形式：$L_1, \ldots, L_m \rightarrow L_n$ 与 $L_1, \ldots, L_m \Rightarrow L_n$。其中，$L_1, \ldots, L_m$、$L_n$ 都是文字。严格规则是没有例外的规则，例如"企鹅（a）→鸟（a）"；可驳斥规则是有例外的规则，例如"鸟（a）⇒会飞（a）"。含有变量的规则模式（schematic rule）代表所有规则实例。

一个可驳斥逻辑程序 P 是由事实、严格规则与可驳斥规则构成的集合。程序 P 可以区分为两个子集：事实与严格规则子集 Π、可驳斥规则子集 Δ。在此基础上，我们先来看基于可驳斥规则的推导。可驳斥推导（defeasible derivation）可以定义如下：

令 P =（Π, Δ）是一个可驳斥逻辑程序，L 是一个文字。从 P 到 L 的一个可驳斥推导（或者说 P 可以可驳斥推出 L），由一个有限序列 $L = L_1, \ldots, L_n$ 构成，且每一个 L_i 出现在该序列中因为：

（1）L_i 是 Π 中的一个事实，或者

（2）P 中存在一个规则 R_i（严格规则或可驳斥规则），R_i 的后件是 L_i，前件是 $B_1, \ldots, B_k$，而且前件中的每一个文字 B_i 都是该序列中在 L_i 之前的元素 L_j。

例如，对于 $P_1 = \langle \Pi, \Delta \rangle$，其中：Π = {小鸡（x）→鸟（x），企鹅

[①] Alejandro J. Garcia, Guillermo R. Simari, "Defeasible Logic Programming: An Argumentative Approach", *Theory and Practice of Logic Programming*, Vol. 4, No. 2, Jan. 2004, pp. 95–138.

(x)→鸟 (x), 企鹅 (x)→¬ 会飞 (x), 小鸡 (a), 企鹅 (b), 受惊 (a)}, Δ = {鸟 (x)⇒会飞 (x), 小鸡 (x)⇒¬ 会飞 (x), (小鸡 (x), 受惊 (x)⇒会飞 (x)), 巢在树上 (x)⇒会飞 (x)}。序列

小鸡 (a), 鸟 (a), 会飞 (a)

是一个支持会飞 (a) 的可驳斥推导。同样, 序列

小鸡 (a), ¬ 会飞 (a)

是一个支持¬ 会飞 (a) 的可驳斥推导。这两个推导使用了不同的规则, 前者使用了规则"小鸡 (a)→鸟 (a)"与"鸟 (a)⇒会飞 (a)", 后者使用了规则"小鸡 (a)⇒¬ 会飞 (a)"。

可以看出, 首先, 在一个可驳斥推导中, 必须至少有一个事实存在, 只有规则是无法进行推导的; 其次, 可驳斥推导可以使用两种不同的规则, 也可以使用一种规则。如果一个推导仅使用严格规则和事实, 那么我们可以称它为一个严格推导。正式定义如下:

令 P = (Π, Δ) 是一个可驳斥逻辑程序, h 是一个文字, 存在一个可驳斥推导 $L_1, \cdots, L_n = h$。那么 h 有一个从 P 出发的严格推导 (或者说 P 可以严格推出 h), 如果:

(1) h 是一个事实, 或者
(2) 所有用以得出序列 $L_1, \cdots, L_n$ 的规则都是严格规则。

在上例中, ¬ 会飞 (b) 存在一个严格推导:

企鹅 (b), ¬ 会飞 (b)

因为其中用到的所有规则, 即 {"企鹅 (b)→¬ 会飞 (b)"}, 都是严格规则。

在上面的例子中, 还可以看出, 在一个可驳斥逻辑编程中, 有时会

同时存在支持文字 L 与互补文字¬ L 的推导，此时我们说它的规则集是矛盾的。值得注意的是，事实与严格规则集 Π 是不可能包含矛盾的，因此矛盾的规则可能存在于可驳斥规则集 Δ 中，也可能存在于 Π∪Δ 中。当同时存在支持一对互补文字的推导时，需要引入论辩理论来解决这一问题。在直觉上，一个论证就是一个用以得出某个结论的最小的、无矛盾的规则集。正式定义如下：

令 P =（Π，Δ）是一个可驳斥逻辑程序，h 是一个文字。AR = < D, h > 是一个支持 h 的论证，其中 D⊆Δ 且满足：

(1) 在 Π∪D 中存在支持 h 的可驳斥推导；
(2) Π∪D ⊬；
(3) D 是满足 (1)、(2) 的最小集。

例如，在上面的例子中，支持"¬ 会飞（b）"的论证是：

<｛小鸡（a）⇒¬ 会飞（a）｝，¬ 会飞（a）>

支持"会飞（a）"的论证则有两个：

<｛鸟（a）⇒会飞（a）｝，会飞（a）>
<｛(小鸡（a），鸟（a）⇒会飞（a）)｝，会飞（a）>

可以看出，首先，在 DeLP 中，论证由两个部分构成，一部分是该论证所使用的可驳斥规则集 D，另一部分是结论 h；而事实与严格规则不是论证的一部分，虽然它们对于推导出 h 可能是必要的。论证 AR 所使用的可驳斥规则集可以用 Def（AR）表示，结论可以用 Conc（AR）表示，那么论证 AR 实际上也就是二元组 < Def（AR），Conc（AR）>。其次，可驳斥逻辑编程系统中的论证是非单调的，因为在 Π 中增加事实或严格规则可能导致原有的一些论证不再是论证。例如，对于 P = <Π，Δ >，其中 Π =｛鸟（a）｝，Δ =｛鸟（a）⇒会飞（a）｝，可以构造论证 <｛鸟（a）⇒会飞（a）｝，会飞（a）>。但如果在 Π 中增加事实"企鹅（a）"

与严格规则"企鹅（a）→¬ 会飞（a）"，那么 <{鸟（a）⇒会飞（a）}，会飞（a）> 不再是一个论证，因为条件（2）不满足。

如果论证 AR_1 所使用的可驳斥规则集是论证 AR_2 所使用的可驳斥规则集的子集，即 Def（AR_1）⊆Def（AR_2），那么我们说 AR_1 是 AR_2 的子论证。值得注意的是，两个论证 AR_1 与 AR_2 的联合并不总是论证，因此 Def（AR_1）∪Def（AR_2）可能不是最小集，或者 Def（AR_1）∪Def（AR_2）∪Π 是矛盾的。

在 DeLP 中，反驳或反对论证的概念建立在文字分歧（disagreement）的基础上。文字分歧的定义如下：

令 P =（Π, Δ）是一个可驳斥逻辑程序，h 与 h' 分歧，当且仅当 Π∪{h, h'} 矛盾。

显然，两个互补的文字 p、¬ p 是分歧的，但两个不互补的文字也可能是分歧的。例如，给定 Π = {a→h, b→¬ h}，文字 a、b 也是分歧的。因为 Π∪{a, b} 是矛盾的。在子论证与文字分歧的基础上，可以定义反驳如下：

<D_1, h_1> 反驳 <D_2, h_2>，当且仅当 <D_2, h_2> 存在一个子论证 <D, h> 使得 h、h_1 分歧，也称 <D_1, h_1> 反驳 <D_2, h_2> 于 h。

如果 <D_1, h_1> 反驳 <D_2, h_2> 于 h，那么 h 也被称为一个反驳点，子论证 <D, h> 也被称为分歧子论证。例如，AR_1 = <{小鸡（a）→¬ 会飞（a）}，¬ 会飞（a）> 反驳 AR_2 = <{鸟（a）→会飞（a）}，鸟（a）>，同样 AR_2 也是 AR_1 的前者。在这个例子中，分歧子论证是论证自身。

可驳斥论辩理论的核心问题是论证优先性的评价标准。DeLP 提供了两个不同方案。一个是来源于 Poole 的一般化特别性（generalized specificity）标准，[1] 另一个是明示规则之间的优先信息。在直觉上，特别性标准

---

[1] See David Poole, "On the Comparison of Theories: Preferring the Most Specific Explanation", in Aravind Joshi, eds., *Proceedings of The Ninth International Joint Conference on Artificial Intelligence*, San Francisco: Morgan Kaufmann, 1985, pp. 144 – 147.

是说，如果一个论证使用了更多的事实或更少的规则，那么它更优先。正式定义如下：

令 P = （Π，Δ）是一个可驳斥逻辑程序，$Π_G$ 是 Π 中的严格规则集，F 是 P 可驳斥推出的所有文字构成的集合，<D_1，h_1>、<D_2，h_2>是 P 中的两个论证。<D_1，h_1>比<D_2，h_2>更特别（可表示为<D_1，h1>><D2，h2>），如果：

（1）对于所有 H⊆F：如果 $Π_G$∪H∪D_1 可驳斥推出 h_1 并且 $Π_G$∪H 不能严格推出 h_1，那么 $Π_G$∪H∪D_2 可以可驳斥推出 h_2，并且

（2）存在 H'⊆F 使得 $Π_G$∪H'∪D_2 可驳斥推出 h_2 并且 $Π_G$∪H' 不能严格推出 h_2，并且 $Π_G$∪H'∪D_2 不能可驳斥推出 h_2。

除了这样一个标准之外，DeLP 还可以使用明示的规则优先信息。在 DeLP 中，如果两个论证都只使用了严格规则，那么它们是不可能相互冲突的。如果一个论证只使用了严格规则而另一个论证并非如此，那么前者优于后者。因此优先性仅存在于可驳斥论证之间。可驳斥性论证之间的优先性可以通过它们所使用的可驳斥规则的优先性来判断。在明示给出可驳斥规则之间优先信息的基础上，可以定义论证之间的优先性如下：

令 P 是一个可驳斥逻辑程序，>是一个可驳斥规则间的优先关系。给定两个论证<D_1，h_1>与<D_2，h_2>，<D_1，h_1>优先于<D_2，h_2>，如果：

（1）存在规则 r_i∈D1、r_j∈D2，使得 r_i>r_j，

（2）不存在规则 $r_{j'}$∈D2、$r_{i'}$∈D1，使得 $r_{j'}$>$r_{i'}$。

对于两个处于反驳关系的论证来说，如果一个论证优先于另一个论证，那么前者击败后者。DeLP 定义了两种击败。一种称为真正击败（proper defeat），定义如下：

令 $<D_1, h_1>$、$<D_2, h_2>$ 是两个论证。$<D_1, h_1>$ 真正击败 $<D_2, h_2>$ 于文字 h，当且仅当 $<D_2, h_2>$ 存在一个子论证 $<D, h>$ 使得 $<D_1, h_1>$ 反驳 $<D_2, h_2>$ 于 h，并且 $<D_1, h_1> > <D_2, h_2>$。

除了反驳击败之外，DeLP 还定义了阻碍击败（blocking defeat）：

令 $<D_1, h_1>$、$<D_2, h_2>$ 是两个论证。$<D_1, h_1>$ 阻碍击败 $<D_2, h_2>$ 于文字 h，当且仅当 $<D_2, h_2>$ 存在一个子论证 $<D, h>$ 使得 $<D_1, h_1>$ 反驳 $<D_2, h_2>$ 于 h，并且 $<D_1, h_1>$ 与 $<D, h>$ 上的优先序无关。

DeLP 之所以要定义阻碍击败，是为了在询问过程中能够基于悬而未决的冲突得出"未决"（undecided）这一结论。

给定击败关系，任一论证的状态可以采用抽象论辩框架来加以判断，当然也可以采用不同的判断机制。DeLP 为了更为方便地实现关于某个文字的询问回答机制，采用了对论辩树进行二值加标的方式来确定论证的状态。

论辩树，由根据击败关系而形成的论证队列 $\Lambda = [<D_0, h_0>, <D_1, h_1>, <D_2, h_2>, <D_3, h_3>, \cdots]$ 构成，其中，任何一个论证 $<D_i, h_i>$（i>0），击败之前的论证 $<D_{i-1}, h_{i-1}>$。但有几个重要的限制，包括不能出现自我击败、已经使用的论证与子论证不能再次出现、相邻的论证不能都是阻碍击败等。DeLP 用"U"（未击败）与"D"（被击败）来给一个论辩树中的每一个论证加标：（1）所有的叶节点加标 U，（2）一个节点被加标 D，当且仅当它的至少一个子节点被加标为 U，（3）一个节点被加标为 U 当且仅当它的所有子节点被加标为 D。通过这样一个从底到上的程序，能够确定一个论辩树的根节点的状态。

在确定论辩树的根节点的状态的基础上，DeLP 建立了这样一种询问回答机制：

对于任何一个文字 L 来说：

（1）如果 L 出现在可驳斥逻辑编程中，那么：

（1.1）如果存在论证＜D，L＞在某个论辩树中作为根节点被加标为U，那么对L的回答是"肯定"；

（1.2）如果论证＜D，¬L＞在某个论辩树中作为根节点被加标为U，那么对L的回答是"否定"；

（1.3）如果既不存在作为根节点被加标为U的＜D，L＞的论辩树，也不存在作为根节点被加标为U的＜D，L＞的论辩树，那么对L的回答是"未决"；

（2）如果L没有出现在可驳斥逻辑编程中，那么对L的回答是"未知"。

三 集成式论辩框架（ASPIC$^+$）

ASPIC$^+$是帕肯在欧洲集成式论辩服务平台项目（ASPIC Project）的基础上发展起来的，它采用了上面所提到的潘明栋的抽象论辩框架。[①] 虽然ASPIC$^+$没有指定逻辑语言，但不像抽象论辩框架，它给出了对于逻辑语言的某些限制，并且给出了论证构造的方式以及攻击关系与击败关系的具体定义。因此，在具体论辩逻辑系统与抽象论辩框架之间，可以说它仍然更偏向于前者。

在ASPIC$^+$中，一个论辩系统是一个四元组AS＝（L，¯，R，≤）。其中，

（1）L是一个逻辑语言。

（2）¯是从L到2L的反对函数：对于φ，ψ∈L，如果φ∈ψ̄且ψ∉φ̄，则称φ与ψ是反对关系，如果φ∈ψ̄且ψ∈φ̄，那么φ与ψ是矛盾关系。

（3）R是推论规则集，由严格推论规则集R_s与可驳斥推论规则集R_d构成，且$R_s \cap R_d = \emptyset$。

（4）≤是R_d上的偏前序。

论证通过将推论规则集中的规则适用到L的子集上产生。L的某个子集P是一致的，当且仅当不存在φ，ψ∈P使得φ∈ψ̄，否则P是不一致的。

[①] See H. Prakken, "An Abstract Framework for Argumentation with Structured Arguments", *Argument and Computation*, Vol. 1, No. 2, 2010, pp. 93 – 124; S. &H. Prakken, "The ASPIC + Framework for Structured Argumentation: A Tutorial", *Argument and Computation*, Vol. 5, No. 1, Feb. 2014, pp. 31 – 62; S. Modgil & H. Prakken, "Abstract Rule-based Argumentation", *IfCoLog Journal of Logics and their Applications*, Vol. 4, No. 8, 2017, pp. 2319 – 2406.

论证从一个知识库中产生。知识库的定义如下：

一个论辩系统（L, ⁻, R, ≤）的知识库，是一个二元组（K, ≤'）。其中，K⊆L，≤'是一个在 K \ K_n 上的偏前序。

$K = K_n \cup K_p \cup K_a \cup K_i$，K 的这些子集是不相交的，并且：

K_n 是公理集。在论证中，公理前提是不可被攻击的。

K_p 是普通前提（ordinary premises）集。在论证中，普通前提可以被攻击，是否被击败要考虑攻击者和被攻击者的优先级。

K_a 是假设集。在论证中，假设集可以被攻击，并且当被攻击时，总是被击败。

K_i 是议题集。在论证中，议题需要被进一步的论证所支持，一个包含未被支持的议题的论证是不被接受的。

可以看出，在 K 的这四个子集中，只有 K_n 是不可错的，其他都是可错的。

在 ASPIC⁺ 中，论证是通过一步一步将推论规则串连起来构造出来的。因此论证包含支持中间结论的子论证。对于一个给定的论证 A，可以用 Prem（A）表示 K 中所有用来构造论证的公式，Conc（A）表示 A 的结论，Sub（A）表示它的所有子论证，DefRules（A）表示 A 中的所有可驳斥规则，TopRule（A）表示 A 中所使用的最后一个推论规则。在此基础上，可以定义论证如下：

基于论辩系统（L, ⁻, R, ≤）中的知识库（K, ≤'）的论证 A 是：

（1）φ，如果 φ∈K 且满足

Prem（A）= {φ}，

Conc（A）= φ，

Sub（A）= {φ}，

DefRules（A）= ∅，

TopRule（A）= undefined

(2) $A_1, \cdots, A_n \to \psi$，如果 $A_1, \cdots, A_n$ 是论证且在 R_s 中存在一个严格规则 $Conc(A_1), \cdots, Con(A_n) \to \psi$，且满足：

Prem (A) = Prem (A_1) ∪⋯∪ Prem (A_n)

Conc (A) = ψ

Sub (A) = Sub (A_1) ∪⋯∪ Sub (A_n) ∪ {A}

DefRules (A) = DefRules (A_1) ∪⋯∪ DefRules (A_n)

TopRule (A) = Conc (A_1), ⋯, Con (A_n)→ψ

(3) $A_1, \cdots, A_n \Rightarrow \psi$，如果 $A_1, \cdots, A_n$ 是论证且在 R_d 中存在一个可驳斥规则 $Conc(A_1), \cdots, Con(A_n) \Rightarrow \psi$，且满足：

Prem (A) = Prem (A_1) ∪⋯∪ Prem (A_n)

Conc (A) = ψ

Sub (A) = Sub (A_1) ∪⋯∪ Sub (A_n) ∪ {A}

DefRules (A) = DefRules (A_1) ∪ ⋯ ∪ DefRules (A_n) ∪ {Conc (A_1), ⋯, Con (A_n)⇒ψ}

TopRule (A) = Conc (A_1), ⋯, Con (A_n)⇒ψ

如果论证 A 没有使用可驳斥规则，即 DefRules (A) = ∅，那么 A 是严格的，否则称 A 是可驳斥的。如果 A 使用的前提都是不可错的，即 Prem (A) ⊆ K_n，那么 A 是坚实的 (firm)，否则它是似真的 (plausible)。如果基于 S 存在一个严格的论证支持 ψ，那么 S ⊢ψ；如果存在一个可驳斥的论证支持 ψ，那么 S | ~ψ。现在可以定义论证理论 (argumentation theories) 如下：

一个论证理论是一个三元组 AT = (AS, KB, ≤)，其中 AS 是一个论证系统，KB 是 AS 中的一个知识库，≤ 是所有能够从 KB 中构造出来的论证的集合排序。

在 ASPIC⁺中，论证之间的攻击关系分为三类，分别为底切攻击、反驳攻击与贬损攻击 (undermining attack)，分别定义如下：

(1) 底切攻击：论证 A 底切攻击论证 B 于 B' 当且仅当 Conc

(A) ∈ $\bar{B}'$, B' ∈ Sub (B), B' 具有形式：B_1'', ..., B_n''⇒ψ。

（2）反驳攻击：论证 A 反驳攻击论证 B 于 B' 当且仅当 Conc (A) ∈ $\bar{\varphi}$, B' ∈ Sub (B), B' 具有形式：B_1'', ..., B_n''⇒φ。在这种情况下，A 反对反驳（contrary-rebuts）攻击 B 当且仅当 Conc (A) 是 φ 的一个反对。

（3）贬损攻击：论证 A 贬损攻击论证 B 于 φ 当且仅当 Conc (A) ∈ $\bar{\varphi}$, φ ∈ Prem (B)\K_n。这种情况下，A 反对贬损（contrary-undermines）攻击 B 当且仅当 Conc (A) 是 φ 的一个反对，或者如果 φ ∈ K_a。

在直觉上，底切攻击是对可驳斥规则的攻击，表明了可驳斥规则的不可适用性；底切攻击只能针对可驳斥论证，不能针对严格论证。反驳攻击是对结论或子结论的攻击，反驳攻击提出一个论证来支持与该结论具有矛盾或反对关系的结论；贬损攻击则是对非公理的前提的攻击。在上述攻击情形中，当 B'=B 时，我们说 A 直接攻击 B；否则 A 间接攻击 B（直接攻击 B'）。

在这三种攻击中，底切攻击总是成功，换句话说，只要论证 A 底切攻击论证 B，那么论证 A 击败论证 B。反对反驳与反对贬损也总是成功。但是其他形式的反驳与贬损则未必。这时，就需要用到知识库中的优先性信息了。表示优先性信息的偏序 ≤ 代表了规则与论证之间的强度关系，一般地说，它们满足这样的条件：如果 A 是严格的且坚实的而 B 是可驳斥的或似真的，那么显然 A 强于 B；并且任何一个严格规则都不能使得一个论证更强或更弱。如果一个攻击成功了，那么我们就说被攻击的论证被击败了。因此，如果 A 底切攻击 B，那么 A 底切击败 B。反驳击败的条件更高一些，不仅要求反驳攻击，而且至少要求被攻击的论证不强于攻击论证；贬损攻击同样如此。据此，击败可以定义如下：

论证 A 击败论证 B 当且仅当 A 的任一前提都不属于 K_i，并且：
(1) A 底切攻击 B，或者；
(2) A 反驳攻击 B 于 B'，并且或者 A 反对反驳攻击 B，或者 B'≤A；
(3) A 贬损攻击 B，并且或者 A 反对贬损攻击 B，或者 B≤B。

至于优先关系的来源，ASPIC⁺一般归结为可驳斥规则与非公理前提的强度（所有严格规则与公理前提的强度都是一样的，并且总是强于可驳斥规则与非公理前提），即论辩系统中的≤与知识库中的≤'。通过最弱链接（比较最弱的可驳斥规则与最弱前提）或最后链接原则（比较最后的可驳斥规则或当论证都为严格论证时，比较最弱的前提），规则与前提之间的强度排序上升为论证之间的强度排序。

在确定击败关系的基础上，可以定义严格击败：

论证 A 严格击败论证 B，当且仅当 A 击败 B 且 B 未击败 A。

最后，可以定义 ASPIC⁺的论辩框架：

一个与论证理论 AT 相应的抽象论辩框架（AF）是二元对 <A, Def>，其中：A 是建立在 AT 基础上的论证，Def 是它们之间的击败关系。

利用潘明栋的论辩语义，可以判断每一个论证的状态。

第三节　论辩逻辑在法律领域的若干应用

论辩逻辑在法律领域已经得到了一些应用。上面的章节中曾经说过，经典逻辑很难处理法律三段论，因为经典逻辑不能处理不一致信息，但基于经典逻辑的论辩系统在一定程度上可以处理不一致信息基础上的法律三段论推理，虽然它仍然把法律三段论理解为一种演绎有效的推理。此外，在法律与人工智能领域中，可驳斥逻辑编程则被用来开发法律自动推理系统，更多的论辩逻辑系统则被用来比较、评估论证，辅助人们进行法律推理并做出决策。下面就从这几个方面来考察论辩逻辑的法律应用。

一　法律三段论的逻辑刻画

我们可以用经典逻辑论辩系统来刻画法律三段论。例如，对于"盗窃是可罚的，张三盗窃，因此张三是可罚的"这个推理，可以视为从知

识库 Δ = {∀（x）（盗窃（x）→可罚（x）），盗窃（张三）} 构造出来的一个论证 <{∀（x）（盗窃（x）→可罚（x）），盗窃（张三）}，可罚（张三）>。由于从这个知识库中只能构造出一个支持"可罚（张三）"的论证，不能构造出支持"¬ 可罚（张三）"的论证，因此形成一个只有一个节点的论证树，即：

<{∀（x）（盗窃（x）→可罚（x）），盗窃（张三）}，可罚（张三）>

这个节点是叶节点，因此是未废止的，这个节点又是根节点，因此这个论证树是已确证的。作为一个已确证的论证树上的一个未废止的论证，它是可接受的。

如果加入新的信息"未成年是不可罚的""张三未成年"，则有知识库 Δ = {∀（x）（盗窃（x）→可罚（x）），盗窃（张三），∀（x）（¬ 成年（x）→¬ 可罚（x）），¬ 成年（张三）}，可以构造一个支持"张三（可罚）"的论证 AR_1 = <{∀（x）（盗窃（x）→可罚（x）），盗窃（张三）}，张三（可罚）> 与一个支持"¬ 张三（可罚）"的论证 AR_2 = <{∀（x）（¬ 成年（x）→¬ 可罚（x）），¬ 成年（张三）}，¬ 可罚（张三）>。

AR_2 作为 AR_1 的反驳者，在经典逻辑论辩系统中可以处理为典范削弱者 AR_3 = <{∀（x）（¬ 成年（x）→¬ 可罚（x）），¬ 成年（张三）}，▽>。▽ = ¬（∀(x)(盗窃（x）→可罚（x））∧盗窃（张三））。形成论证树 T_1：

AR_1 = <{∀(x)(盗窃（x）→可罚（x）)，盗窃（张三）}，可罚（张三）>

↑

AR_3 = <{∀(x)(¬ 成年（x）→¬ 可罚（x）)，¬ 成年（张三）}，▽>

在 T_1 中，叶节点 AR_3 是未废止的，因此 AR_1 是被废止的，AR_1 是根节点，因此 T_1 是未确证的。由于 T_1 是未确证的，虽然 AR_3 是未废止的，但并不一定是可接受的。

当然，将 AR$_2$ 作为根节点，也可以构造论证树 T$_2$：

AR$_2$ = <{∀(x)(¬成年(x)→¬可罚(x))，¬成年(张三)}，¬可罚(张三)>

AR$_4$ = <{∀(x)(盗窃(x)→可罚(x))，盗窃(张三)}，▽>

其中▽ = ¬(∀(x)(¬成年(x)→¬可罚(x))，未成年(张三))。同样，T$_2$ 也是未确证的。

现在来看更复杂的情况。令知识库 Δ = {盗窃（张三），∀(x)(盗窃(x)→可罚(x))，¬成年（张三），∀(x)(¬成年(x)→¬可罚(x))，16 周岁以上（张三），独立生活（张三），∀(x)(16 周岁以上(x)∧独立生活(x)→成年(x))，成年（张三）∨盗窃（张三），¬16 周岁以上（张三），独立生活（张三）}，可以构造如下论证树：

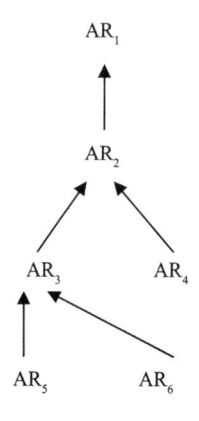

```
              AR₁
               ↑
              AR₂
              ↗ ↖
           AR₃   AR₄
            ↑↖
          AR₅  AR₆
```

其中：

AR$_1$ = <{盗窃（张三），∀(x)(盗窃(x)→可罚(x))}，可罚（张三）>

AR$_2$ = <{¬成年（张三），∀(x)(¬成年(x)→¬可罚(x))}，▽>

AR₃ = <{16周岁以上（张三），独立生活（张三），∀(x)(16周岁以上(x)∧独立生活(x)→成年(x))}, ▽>

AR₄ = <{成年（张三）∨盗窃（张三）}, ▽>

AR₅ = <{¬16周岁以上（张三）}, ▽>

AR₆ = <{独立生活（张三）}, ▽>

在这一论证树中，AR₄是未废止的，由此AR₂是已废止的，从而AR₁是未废止的。据此，该论证树是得到确证的。可以看出，虽然这一知识库中有大量不一致的信息，但仍能形成得到确证的论证树。就此而论，经典逻辑论辩系统在一定程度上能够处理包含不一致信息的法律推理。

然而，经典逻辑论辩系统同样存在诸多缺陷。首先，经典逻辑论辩系统要将所有的攻击都处理为攻击前提的典范削弱，从而很难处理那些并不旨在攻击前提或结论，而是旨在攻击前提与结论之间的联系的冲突类型。其次，在经典逻辑论辩系统中，人们无法对公式的优先性进行排序，因此当两个论证处于反驳关系时，也无法通过比较哪一个论证更为优先的方式来加以解决。再次，给定一个知识库，能够构造出的论证与论证树在原则上是无限多的，其中哪一些有助于解决人们所面临的实际问题并不明朗，就此而论，试图利用经典逻辑论辩系统构造得到确证的论证树以及未废止的论证来表明某个主张的可接受性，是相当困难与严重无效率的。此外，由于在经典逻辑论辩系统中，法律规则只能被表述为实质条件式，很难妥当地处理法律例外与关于法律规则的推理。

总之，虽然经典逻辑论辩系统是简洁的，但它并不是一个适宜的处理法律推理的逻辑工具。但通过对经典逻辑论辩系统的考察，我们至少获得了两个有益的教训：一是，选择合适的底层逻辑语言对于构造妥当的论辩逻辑系体来说是至关重要的；二是，不是所有关于推理的重要特征都可以体现在论证之间的关系上，有些重要的特征需要体现在论证的内部。

二 法律自动推理

论辩逻辑在法律与人工智能领域已经得到了一些应用。例如，上面介绍的可驳斥逻辑编程系统（DeLP）被应用到法律自动推理中。下面就以 C. Beierle 等学者提出的 LiZ 系统为例进行考察。① 在该系统中，相关的事实则自然是被添加到 DeLP 的事实集中，而法律规则与法律规则的例外则被表达成后件互补的可驳斥规则。例如，"禁止车辆进入公园""允许警车进入公园""警车是汽车"分别被表达为：

r_1：车辆（x）$\Rightarrow$ 禁止进入公园（x）

r_2：警车（x）$\Rightarrow \neg$ 禁止进入公园（x）

r_3：警车（x）$\rightarrow$ 汽车（x）

r_1、r_2、r_3 实际上是规则模式，其中的变量可以被任意的实例所替代。其中，r_1、r_2 为可驳斥规则（模式），r_3 为严格规则（模式）。在给定事实

f1：警车（a）的情况下，对于 P = <Π, Δ>，其中 Π = {r_3, 警车（a）}，Δ = {r_1, r_2}，存在支持"禁止进入公园（a）"的推导（使用可驳斥规则 r_1）：

警车（a），汽车（a），禁止进入公园（a）

也存在支持"$\neg$ 禁止进入公园（a）"的推导（使用可驳斥规则 r_2）：

警车（a），$\neg$ 禁止进入公园（a）

基于这两个推导，可以构造支持"禁止进入公园（a）"的论证 AR_1 = <D_1, h_1>，其中 h_1 = 禁止进入公园（a），D_1 = {r_1} 与支持"$\neg$ 禁止进入公园（a）"的论证 AR_2 = <D_2, h_2>，其中 h_2 = $\neg$ 禁止进入公园（a），D_2 = {r_2}。AR_1 与 AR_2 显然是相互反驳的。在 DeLP 中，它们之间的冲突可以通过 Poole 的特别性标准来解决，无须明示的规则优先性信息。因为 AR_1 比 AR_2 使用了更多的规则（AR_1 使用了 r_3，AR_2 并非使用 r_3），因此支持"$\neg$ 禁止进入公园（a）"的 AR_2 具有优先性，即更强。因此 AR_2（真正）击败 AR_1。

---

① See C. Beierle, et. al., "Using Defeasible Logic Programming for Argumentation-Based Decision Support in Private Law", in P. Baroni, et. al. eds., *Frontiers in Artificial Intelligence & Applications*, Amsterdam：IOS, 2010, pp. 87–98.

在 DeLP 运行中可以形成两个论辩树（论证队列）：

$\Lambda_1 = [\ <D_1,\ h_1>,\ <D_2,\ h_2>\ ]$

$\Lambda_2 = [\ <D_2,\ h_2>\ ]$

其中，在论辩树 Λ_2 中，以"¬ 禁止进入公园（a）"为结论的论证 < D_2, h_2 > 作为根节点被加标为 U，因此对询问"禁止进入公园（a）？"的回答为"否"。

在应用了 DeLP 的 LiZ 系统中，如果要增加例外，只需增添相关的规则即可。例如，增添"允许救护车进入公园"这一例外，只需要增加可驳斥规则：

r_4：救护车（x）⇒¬ 禁止进入公园（x）

值得注意的是，救护车之所以是例外，是因为救护车无疑是汽车，或者说存在严格规则：

r_5：救护车（x）→车辆（x）

在给定"救护车（b）"的情况下，与警车的例子类似，在 DeLP 中，对询问"禁止 b 进入公园？"的回答同样是"否"。

应用了 DeLP 的 LiZ 系统还可以较为方便地处理关于例外的例外。例如，"允许警车进入公园"这个例外本身可能有例外，即"禁止不在执行公务的警车进入公园"，这一例外可以通过如下规则模式被增添到系统中：

r_6：警车（x）∧不在执行公务（x）→禁止进入公园（x）

结合事实"警车（a）""不在执行公务（a）"的情况下，可构造论证 AR_3 = < D_3, h_1 >，其中 D_3 = $\{r_6\}$。由于 AR_3 比 AR_2 使用了更多的事

实（AR₃ 使用了事实"不在执行公务（a）"，AR₂ 未使用），AR₃ 击败 AR₂。在 DeLP 中，有论辩树：

$$\Lambda_3 = [\ <D_1, h_1>,\ <D_2, h_2>,\ <D_3, h_1>\ ]$$

在该论辩树中，叶节点 <D₃, h₁> 加标 U，因此 <D₂, h₂> 加标 D，最终 <D₁, h₁> 加标 U。因此对"禁止进入公园（a）?"的询问，回答为"是"。

此外，LiZ 系统在增加新的例外时不需要修改原来的规则，保证了模块性，从而能够更好地对其进行维护。然而，LiZ 系统同样存在很多缺陷，这些缺陷来源于 DeLP 的表达机制与推理技术。一方面，在 DeLP 中，所有的规则，以及关于规则优先性的信息，都是给定的，它无法处理包括规则优先性信息在内的各种关于规则的推理。而在法律实践中，人们不仅根据规则进行推理，而且还做出各种关于规则的推理，例如，关于一个规则是否可适用的推理，关于两个规则中的哪一个更为优先的推理，等等。无法处理这些法律推理无疑是 DeLP 的一个缺憾。另一方面，DeLP 将所有的冲突都归结为可驳斥规则之间的冲突，这并不符合我们的直觉。事实同样是可错的。就此而论，使用更多事实的论证未必更可靠。一个更合理的论辩逻辑系统应当既能够处理事实方面的冲突，也能够处理规则方面的冲突。

三 法律论辩的逻辑刻画

在法律实践中，当事人经常提出不同的论证以支持或反对某个主张，法律推理呈现出对话的特征。Prakken 与 Sartor 的辩证模型（以下简称 PS 模型）在一定程度上展示了法律论辩的这个特征。[1]

我们首先看来 PS 模型对于法律论辩的刻画。PS 模型采用了类似于逻辑编程（LP）的语言来表示规则。但它区分了强否定与弱否定，分别用符号"¬"与"~"来表示。在直觉上，强否定"¬L"是指"并非 L"，弱否定"~L"则指"没有证据表明 L"。

---

[1] See Henry Prakken & Giovanni Sartor, "A Dialectical Model of Assessing Conflicting Arguments in Legal Reasoning", *Artificial Intelligence and Law*, Vol. 4, No. 3-4, Sep. 1996, pp. 331-368.

在 PS 模型中，规则具有如下统一形式：

r：$L_0 \wedge \cdots \wedge L_j \wedge \sim L_k \wedge \cdots \wedge \sim L_m \Rightarrow L_n$

其中，r 是规则的名称，每一个 $L_i(0 \leq i \leq n)$ 都是强文字，$\sim L_k$、…、$\sim L_m$ 称为规则 r 中的假定（assumptions）。如果一个规则不含有假定，那么它就是一个严格规则。例如，在下面两个规则中，r_2 就是严格规则。

r_1：～未成年人⇒有行为能力（x）
r_2：¬ 未成年人（x）⇒有权投票（x）

当然，为方便阅读，可以用"→"来表示严格规则，将 r_2 写为"¬ 未成年人（x）→有权投票（x）"。但在 PS 模型中，"→"并不在对象语言中，因为借助是否包含假定完全可以将严格规则与可驳斥规则区别开来。PS 模型中的理论是一个三元对 <S，D，<>，其中，S、D 分别是严格规则与可驳斥规则的集合，<则是 D 上的严格偏序。

PS 模型中的论证由规则的序列构成，正式定义如下：

论证的定义：一个论证是一个规则例示（ground instances of rules）的有限序列 A = [r_0, …, r_n]，并且：

（1）对于每一个 i，r_i 前件中的每一个强文字 L_j 来说，都存在小于 i 的 k，使得 L_j 是 r_k 的后件；

（2）该序列中没有任何两个不同的规则具有相同的后件。

在直觉上，这个定义的第一个条件是说，论证是由规则的联结构成的，在这一联结的过程中，弱文字可以被忽略。第二个条件则防止了论证包含循环的链条。一个论证 A 立基于一个 PS 模型理论 <S，D，<> 当且仅当 A 中的所有规则都在 S∪D 中。如果 A 没有包含可驳斥规则，那么它是严格论证，否则它是一个可驳斥论证。论证 A' 是论证 A 的子论证当且仅当 A' 是 A 的子序列。文字 L 是论证 A 的结论当且仅当 L 是 A 中的某个规则的后件。文字 L 是论证 A 的假定当且仅当 A 中有以 ～¬ L 作为前件之一的规则。

值得注意的是，PS 模型对于结论的理解与一般论证理论不同。例如，对于论证 A = [r_1: →a, r_2: a∧~¬b⇒c, r_3: c∧~d⇒e] 来说，A 的结论为 {a, c, e}，而不仅仅为 e。这样定义结论是为了使其他定义更容易。根据上述定义可知，A 的子论证为 {[ ]，[r_1]，[r_1, r_2]，[r_1, r_2, r_3]}，其中 [ ] 与 [r_1] 是严格的，其他子论证（包括 A 自身）都是可驳斥的；A 的假定为 {b, ¬d}。

PS 模型区别强否定与弱否定的目的之一是更自然，同时更符合直觉地表述不同类型的规则，以及它们的作用。例如，上面关于未成年人的规则 r1 与 r2，在缺乏 a 是否未成年人的信息下，可以构造论证 [r_1] 来支持"有行为能力（a）"，但 [r_2] 并不是一个论证，要构造一个论证支持"有权投票（a）"，必须存在一个以"¬成年人（a）"为结论的规则，当然，可以直接是"r_3: →¬未成年人（a）"，这时可以构造论证 [r_3, r_2]。

此外，强弱否定的区分也使得在 PS 模型中，可以通过两种方式攻击一个以 L 为结论的论证。一种是头头攻击（head-to-head attack），即构造一个以¬L 为结论的论证。另一种是头身攻击（head-to-body attack），即针对支持 L 的论证中的假定。头身攻击总是成功，头头攻击是否成功则取决于冲突论证中的哪一个更强。在 PS 模型中，相互攻击的两个论证哪一个更强取决于哪一个相关于该论证的可驳斥规则集更强，后者又取决于两个规则之间的优先性信息，即：

> 对于任何两个可驳斥规则集 R 与 R' 来说，R < R' 当且仅当对于 R 中的一些 r 来说，R' 中的所有 r' 都有 r < r'。

两个规则之间的优先性信息既可以明示地给出，也可以作为论证的结论被推出。这是 PS 模型的一个重要进步。因为在法律推理中，规则之间的优先性本身是可争论的。至于对论证状态的评估，PS 模型不仅提供了不动点定义，而且提供了一个程序性的对话证明理论。首先定义对话（dialogue）如下：

一个对话是一个行动（moves）的有限序列，$move_i$ = ($Player_i$, Arg_i) ($i>0$)，其中：

(1) $Player_i$ = P 当且仅当 i 是奇数，$Player_i$ = O 当且仅当 i 是偶数；

(2) 如果 $Player_i$ = $Player_j$ = P 且 i≠j，那么 Arg_i ≠ Arg_j；

(3) 如果 $Player_i$ = P（i>1），那么 Arg_i 是满足如下条件的最小论证：(a) Arg_i 严格驳斥 Arg_{i-1}，或者 (b) Arg_{i-1} 未严格驳斥 Arg_{i-2}；

(4) 如果 Playeri = O，那么 Arg_i 空驳斥（Ø-defeat）Arg_{i-1}。

一个对话树是一个由行动组成的有限树，其中每一个枝都是对话，并且如果 $Player_i$ = P，那么 $move_i$ 的所有子行动都是 Arg_i 的空驳斥。现在通过一个案例展示这一证明理论。

假设有这样一个旨在保护文化遗产的可驳斥规则"禁止改变被保护建筑的外观"，根据这一规则，作为文化遗产的建筑 a 的外观不允许被改变。但同时又有旨在进行城镇规划的另一个可驳斥规则"可以改变需要重建的建筑的外观"，根据这一规则，建筑 a 的外观可以改变。根据这两个规则，人们可以构造两个相互攻击的论证。为了解决哪一个论证胜出，需要有一个规则优先的信息。现在假设存在一个冲突解决规则，保护文化遗产的规则优先于城镇规划规则。那么根据这一冲突解决规则，前一个规则优先。但在法律体系中，还存在其他的冲突解决规则。例如，"后法优于前法"。再假设"后法优于前法"本身要早于"保护文化遗产的规则优先于城镇规划规则"，那么会得出什么样的结论呢？

这一案例中的规则可以罗列如下：

$r_1(x)$：被保护建筑（x）⇒¬ 可以改变外观（x）

$r_2(x)$：需要重建（x）⇒可以改变外观（x）

$r_3(y, x)$：保护文化遗产规则（x）∧城镇规划规则（y）⇒y < x

T (x, y)：早于（x, y）⇒x < y

$r_4(r_1(x))$：⇒$r_1(x)$ 是保护文化遗产规则

$r_5(r_2(x))$：⇒$r_2(x)$ 是城镇规划规则

$r_6(r_1(x), r_2(y))$：⇒早于（$r_1(x)$, $r_2(y)$）

$r_7(a)$：⇒被保护建筑（a）

$r_8(a)$：⇒需要重建（a）

$r_9(T(x, y), r_3(x, y))$：⇒早于（T(x, y), r_3(x, y)）

根据这些规则，首先，支持建筑 a 不可更改外观的一方可以提出运用 r_7 与 r_1 提出论证：

P_1：[r_7：⇒被保护建筑（a），r_1：被保护建筑（a）⇒¬ 可以改变外观（a）]

反对方只能以如下方式回应：

O_1：[r_8：⇒需要重建（a），r_2：需要重建（x）⇒可以改变外观（a）]

对于 O 的反驳，P 可以提出如下优先论证：

P_2：[r_4：⇒保护文化遗产规则（r_1），

r_5：⇒城镇规划规则（r_2）

r_3：保护文化遗产规则（r_1）∧城镇规划规则（r_2）⇒r_2 < r_1]

对此，O 还可以提供一个冲突性的优先论证：

O_2：[r_6：⇒早于（r_1, r_2），T：早于（r_1, r_2）⇒r_1 < r_2]

现在 P 可以将争论提升到元—元层次，提出一个元优先论证：

P_3：[r_9：⇒早于（T, r_3），T'：早于（T, r_3）⇒T < r_3]

至此，O 无法提出进一步的论证来回应 P，因此，结论建筑 a 的外观不可改变成立。

PS 模型对法律论辩进行了刻画，充分考虑到了法律论辩的各种特点。它不仅能够刻画基于规则的推理，而且可以刻画哪一个规则具有优先性的推理，甚至能够有限程度地刻画关于规则可否适用的推理。我们知道，在法律条文中，经常有类似于这样的表述："在……条件下规则 r 不适用"。在 PS 模型中，可以增加一个特殊的谓词"可适用性"（applicability）。由于 PS 模型区分了强弱两种否定，因此可以通过将每个规则 r_i 增加一个额外的条件"∼¬ 可适用（r_i）"——"没有证据表明 r_i 不适用"——来刻画这种推理。由于"∼"是弱否定，正常情况下，可以直接依据相关的规则构造论证；但当有证据表明某一个规则不可适用时，这个额外的条件不满足，从而不可依据它构造论证。

然而，由于 PS 模型采取类似于逻辑编程的语言，因此不能完全克服

DeLP 的局限。例如，将所有的冲突都表达为规则之间的冲突。PS 模型的另外一个缺陷是，基于某个 PS 模型理论，没有一个确定的算法能够告诉人们可以构造出什么样的论证，这使得 PS 模型成为一种纯粹描述性的逻辑理论。此外，PS 模型的对话证明理论很难用以同时评估多个论证。正因为这些缺陷，Prakken 转向 ASPIC⁺框架的开发。

四 法律论证的评估与司法决策

在法律实践中，包括判决在内的各种司法决策经常建立在比较、评估论证的基础上，因此包括 ASPIC⁺在内的一些论辩系统能够用来辅助决策。ASPIC⁺从一开始就旨在处理相互冲突的论证，它可以表示具有不同确定性的知识、刻画不同类型的冲突。

例如，在上面的例子中，假设"p_1：a 是被保护建筑"是普通前提，"p_2：a 需要重建"是假设集，那么对于建立在 p_i 之上的论证 A_i 与攻击 P_i 的论证 B_i（i 为 1 或 2）来说，B_1 是否击败 A_1 取决于它们的强度，而 B_2 总是击败 A_2；如果 p_2 仅仅是一个议题，那么除非 p_2 被进一步的某个论证所支持，那么基于 p_2 的论证一般来说是没有得到证立的。由于我们的知识具有不同的确定程度，即便两个论证都是演绎推理，它们的强度也可能不一致，一般来说，论证所立基的前提越确定，论证的强度越大。ASPIC⁺对于不同前提的区分使得这种直觉能够被合理地刻画出来。

上面说过，在法律实践中，论证之间的冲突有三种基本的类型，即攻击前提、攻击结论或攻击前提与结论之间的联系。ASPIC⁺框架能够更加清晰地分辨它们，从而区分不同类型的法律推理。例如，对于建立在 $R_d = \{r_1: 车辆（x）\Rightarrow 禁止进入公园（x）\}$，$K_p = \{f_1: 车辆（a）\}$ 上的论证"[车辆（a）]⇒禁止进入公园（a）"来说，可能有三种不同类型的攻击。首先是攻击它的前提。例如，在 a 是一辆电动三轮车的情况下，可以基于规则"电动三轮车（x）→车辆（x）"构造攻击前提的论证。其次可以直接攻击它的结论。例如，在 a 是一辆警车的情况下，可以基于规则"警车（x）⇒允许进入公园（x）"构造攻击结论的论证。再次，在合适的底层逻辑语言中，还可以直接攻击规则 r_1，构造以"¬ r_1"为结论的论证。第一种攻击与第三种攻击总是成功，而第二种攻击成功与否则取决于冲突论证之间的强度关系。但第一种攻击与第三种攻击并不会影响到立基于其他规则与事实的支持"禁止进入公园（a）"的论证，第二种攻击则对其他论证有影响。这些都符合我们在法律推理实践中的直觉。

值得注意的是，ASPIC$^+$框架本身并不能在一定的知识库的基础上自动地构造论证，它更主要的作用在于通过比较、评估不同的论证以确定某个论证的状态，当然这也需要特定论辩语义的补充。我们可以通过ASPIC$^+$框架构造适当的论证辅助系统，帮助我们确定特定论证的状态，从而进行司法决策。在法律实践中，经常是原告提出一些论证，被告提出另外一些论证，这些不同的论证是建立在具有不同确定性的知识的基础上，采取了具有不同强度的论证形式，法官需要在比较、评估它们的基础上确定结论。因此通过 ASPIC$^+$ 等论辩系统构造的论证辅助系统符合法律论辩的实际。一些作者在此领域内已经做出了一些开创性的工作，例如 Verheij 设计的论证助手。① 论证助手通过将知识获取和表示等因为法律的开放性与动态性很难完成的一些工作交给用户来处理，降低系统的复杂性程度。它的主要任务在于通过评价论辩材料、计算特定论证以及相关主张的状态来帮助用户进行推理活动。相较于完全的法律自动推理，这一目标在短期内更有得到较好实现的可能性。

ASPIC$^+$的一个不足在于，当规则和前提的强度都不同时，如何比较两个论证之间的强弱？例如，一个论证是演绎有效的，但建立在日常前提的基础上，而另一个论证是可驳斥的论证，但建立在公理的基础上，它们具有相同的强度吗？ASPIC$^+$没有给出答案。另一个不足是，它无法刻画关于规则的推理。在 ASPIC$^+$ 框架中，规则的强度信息是在论辩框架中给定的，不能作为结论而出现。

第四节 一个简单的总结

回顾一下我们的目标，我们希望能够找到一个妥当的法律逻辑系统，

---

① See Bart Verheij, "Artificial Argument Assistants for Defeasible Argumentation", *Artificial Intelligence*, Vol. 150, No. 1 – 2, Nov. 2003, pp. 291 – 324; Bart Verheij, *Virtual Arguments: On the Design of Argument Assistants for Lawyers and Other Arguers*, Berlin: T. M. C. Asser Press, The Hague, 2005.

它能够用来阐明以及评估法律推理的有效性,深化对法律推理的理解,并在一定程度上指导包括人类在内的智能主体从事法律推理活动。法律推理经常基于不充分的、不一致的前提,这导致经典逻辑不能很好地完成上述任务。具体来说,它无法刻画法律规则的例外,无法处理规则之间的冲突,无法应对关于规则的推理,也无法解释为什么一些特殊类型的推理在法律实践中被认为是有效的。我们希望能够找到一个合适的逻辑工具刻画经典逻辑具有的这些缺陷。这一部分考察了几种不同的论辩逻辑。它们在法律领域中均有初步的应用,不能完全满足我们的需要,但也都给我们提供了一些值得借鉴的地方。经典逻辑论辩系统是简洁的,并强调了经典逻辑本身的严格性以及论证内部构造的重要性;DeLP 强调了论辩逻辑系统的可实施性,而是否可实施在一定程度上是检验一个逻辑系统的重要标准;在 PS 模型中,规则是否可以适用以及关于规则强度的推理可以得到较好的处理,这是其他论辩逻辑系统不具有的一个优点;ASPIC⁺框架则提供了一个同时处理不确定知识与可驳斥规则的思路。总的来说,论辩逻辑系统以处理不一致信息为初衷,因此更注重论证之间的冲突关系,而不是很关心论证的内部状态。为了更好地刻画法律推理,可以将论辩逻辑与上一章讨论的非单调逻辑结合起来。下面一章将具体讨论这种结合的可能性与思路。

第七章

一个非单调法律论辩系统的构想

上文在谈论法律推理的特征时，提到了刻画法律推理时需要注意的一些问题，例如不仅要刻画基于规则的推理，而且要刻画关于规则的推理，要承认类推的作用等（第二章）；更重要的是，对法律推理的刻画要能够体现它的可驳斥性（第三章）；此外，还要能够克服经典逻辑面临的那些困境（第四章）。本章旨在提出一个非单调法律论辩逻辑系统（Non-monotonic Legal Argumentation System，NLAS）的构想，它借鉴了缺省逻辑、理由逻辑（第五章）以及若干论辩逻辑系统（第六章）的优点，在一定程度上能够满足这些要求。

本章的总体结构为，第一节讨论非单调法律论辩系统的构造思路与理论来源：即将非单调逻辑与论辩逻辑相结合；在非单调逻辑中，将缺省逻辑与理由逻辑相结合；并在此过程中借鉴了法律方法论与非形式论证理论的一些研究成果。总的来说，NLAS 分为两层：逻辑层与论辩层。第二节讨论 NLAS 的逻辑层，主要介绍它的语言与底层逻辑。第三节讨论 NLAS 的论辩层，主要讨论论证的定义、单个论证的强度、论证之间的攻击与击败关系、论辩语义以及结论的获取。第四节首先评估了 NLAS 在刻画法律三段论、法律例外、规则冲突、关于规则的推理以及在特殊类型的推理中的表现，然后谈论了它可以在哪几个方向上得到进一步扩展。

第一节　非单调法律论辩系统的
理论来源与构造思路

一　非单调逻辑与论辩逻辑的结合

在法律实践中，人们经常需要在不充分与不一致的信息基础上进行推理并做出决定。当面临不充分、不一致的信息时，人们首先想到的可能是：补充不充分的信息、明确不一致的信息，从而在完善的信息基础上进行演绎推理。但这一设想是不切实际的。在有限的时间、精力与理性范围内，信息不可能是完善的。对于法律领域来说，情况更是如此。人们所能做的只能是在现有信息的基础上，做出尽可能理性的决定。这一决定所赖以建立的推理不是演绎有效的，而是可驳斥的。大体而言，有两种不同的刻画可驳斥推理的方案，一种是非单调逻辑，另一种是论辩逻辑。前者的出发点是刻画基于不充分信息的推理，在信息不充分时，人们进行合理的猜测，遇到反例时再撤回它。后者的出发点是刻画基于不一致信息的推理，在具有不同来源的信息相互冲突时，人们通过比较、评估支持或反对它们的不同论证，确定一个主张的可靠性。因此，非单调逻辑倾向于将可驳斥性完全局限在单个的论证内部，而论辩逻辑则倾向于把它刻画为不同论证之间的冲突、击败以及恢复。一个更好的思路是将这两种不同的逻辑结合起来。

具体点说，在法律论辩中，对一个法律论证的攻击可以分为三种，分别为攻击前提、攻击结论与攻击前提与结论之间的联系。例如，对于"牛黄是天然孳息，因此牛黄应由所有权人取得"这一论证，攻击前提的方式是表明"牛黄不是天然孳息"；攻击结论的方式是构造一个论证以支持"并非牛黄应由所有权人取得"；攻击前提与结论之间的联系的方式则是表明由"牛黄是天然孳息"到"牛黄应由所有权人取得"的推理步骤是不成立的。

这三种类型的攻击具有不同的力度。人们一般认为，对结论的攻击并不总是成功，它是否成功要取决于双方的强度；对前提的攻击与对前提与结论之间的联系的攻击却总是成功的。实际上，对这一例子来说，它可以被重构为"牛黄是天然孳息，天然孳息应由所有权人取得，因此牛黄应由所有权人取得"。前一个论证中的前提与结论之间的联系，实际上可以理解为后一论证中的前提"天然孳息应由所有权人取得"。这两个论证实际上是同一个推理的不同表述方式。因此对前提的攻击与对前提与结论之间的联系的攻击在某些时候可以认为是一回事。当然，并不是所有时候都是如此，更加复杂的情况将在下文予以辨明。

这三种攻击也具有不同的作用。对结论的攻击导向相反的结论，而对前提的攻击与对前提与结论之间的联系的攻击并不导向相反的结论，只是使得原来的结论并不能根据被攻击的论证而得到证立。例如，表明"牛黄不是天然孳息"或"并非天然孳息应由所有权人取得"并不旨在确立"并非牛黄应由所有权人取得"这一结论，而旨在说明原来的论证是不成立的。换句话说，这种攻击并不影响基于其他前提对"牛黄应由所有权人取得"的论证。而对结论的攻击则会影响其他论证。

正因为如此，对它们可以采取也应当采取不同的处理策略。对前提与结论之间的联系的攻击和被攻击的论证，可以被刻画为某一主张在动态的信息集合中是否得到了支持，采用非单调逻辑来加以刻画；而对结论的攻击则更适宜被刻画为不同论证之间的冲突，采用论辩逻辑来加以刻画。对前提的攻击则视情况做不同的处理。

二 缺省逻辑与理由逻辑的结合

在各种非单调逻辑中，我们主要考察了缺省逻辑与理由逻辑。缺省逻辑的优点在于表达与推理机制的简洁性，它可以通过一般子句与具体子句这两种不同的形式表达法律例外，但在表达例外的例外时会存在一些问题。如果采用一般子句会产生违反直觉的结果，而如果采用具体子句的话则会失去结构相似性与模块性。通过"可应用"谓词在一定程度上能够解决这一问题，但相互索引的方式显得极为凌乱。经过适当的改造——Brewka 提出的优先缺省逻辑——它可以表达规则的优先性信息并处理关于优先性的推理，但优先缺省逻辑又很难处理底切例外。此外，缺省逻辑也很难用来刻画基于关于规则的推理。例如，关于一个规则是否有效的推理、一个规则在某一个案中是否可适用的推理等。在法律领域中应用缺省逻辑所面临的这些困境，在很大程度上根源于将法律规则作为推论规则（rules of inference），即缺省逻辑中的缺省。由于推论规则不在对象语言中,很难进行各种关于它们的形式推理。但实际上,一方面,它们并不是推论规则,而是下面将要谈到的实质规则(material rules)。它们更适合被看成是个体,这样才更有助于刻画各种关于它们的推理。另一方面,将它们视为推论规则也不利于对它们的维护。

虽然缺省逻辑在法律领域中的已有应用存在诸多问题,但这并不意味着缺省逻辑不能在法律领域中应用。更好的一种应用方式,不是将法律规则等实质规则表达为缺省,而是将指导法律推理的方法论规则(methodological rules)表达为缺省。它的合理性在于,首先,这些方法论规则实际上可以被视为法律领域中的特殊推论规则,因为它们的作用是指导人们合理地进行法律思考。其次,相较于法律规则,这些规则的数量与例外的数量都比较有限,经过深思熟虑的构造,也可能不会出现例外的例外。再次,方法论规则是关于规则的规则,将它们作为推论规则可以很好地刻画关于规则的各种推理。最后,通过将类推论证、反向论证转化为方法论规则,可以刻画一些特殊类型的法律推理。

在将方法论规则表达为缺省的过程中,理由逻辑为我们提供了诸多启发。实际上,将法律规则视为个体、将方法论规则表达为推论规则这两个出发点,就是受到了理由逻辑的启迪。但理由逻辑本身同样存在许多不足。例如,对于常规案件的处理过于复杂,过分地依赖于理由之间的权衡,使得在缺乏权衡信息的情况下根本无法得出任何结论。由于权衡信息是额外给出的,并且通常不是法律教义学所提供的,从而极大地损害了法律推理的自恰性。

通过将缺省逻辑与理由逻辑结合起来,能够吸纳两者的优点,并在一定程度上克服它们的不足。但仅仅结合缺省逻辑与理由逻辑,无法展现法律推理的论辩特征,因此它们还要与论辩逻辑结合起来。

三 对法律方法论、非形式论证理论的借鉴

要将方法论规则表达为缺省,首先要对法律推理领域的方法论规则进行梳理和总结。因此法律论辩系统的构造借鉴了传统的法律方法论研究的一些成果。但本章试图构造的法律逻辑所关注的方法论规则主要分为三类,第一类关于法律规则的直接适用,第二类关于法律规则的解释,第三类关于(根据规则目标的)个案例外的创设、类推适用与规则的反

向适用。它们均被表达为缺省。这一法律论辩系统没有包含全部的方法论规则,尤其是没有包含一些尚有争议的方法论规则。不过这一系统是开放的,随着方法论研究的深入,随时可以加入新的、被广泛接受的方法论规则。

除了借鉴法律方法论研究的一些成果,法律论辩逻辑还借鉴了非形式论证理论,尤其是沃顿的论证型式理论。① 沃顿总结了一些常见的论证型式(argumentation schemes)。对于每一种论证型式,都有一系列的批判性问题(critical question,CQ)。例如,基于专家观点的论证型式可以表述为:

大前提:专家来源 e 是命题 p 所处的特定领域 f 中的专家。
小前提:e 声称 p 是真的(假的)。
结论:p 是真的(假的)。
对于这一论证型式可以提出如下批判性问题:②
CQ1:专业性问题:e 作为一个专家来源有多可靠?
CQ2:领域问题:e 是 p 所在的领域的专家吗?
CQ3:观点问题:e 声称了什么样的可以用来支持 p 的观点吗?
CQ4:可信度问题:e 是一个可信的人吗?
CQ5:一致性问题:p 与其他专家的主张一致吗?
CQ6:支持证据问题:e 的声称建立在证据的基础上吗?

沃顿理论对于我们的借鉴意义在于,一方面,沃顿所说的论证型式中的一些内容可以被视为方法论规则,从而可以被处理为缺省规则。在帕肯看来,沃顿所说的论证型式可以被重构为推论规则。③ 这一说法对于

---

① See e.g., D. N. Walton, *Legal Argumentation and Evidence*, University Park, PA: Pennsylvania State University Press, 2002, chapter 2; D. N. Walton, C. Reed & F. Macagno, *Argumentation Schemes*, Cambridge: Cambridge University Press, 2008.
② D. Walton, C. Reed & F. Macagno, *Argumentation Schemes*, Cambridge: Cambridge University Press, 2008, p.309.
③ Henry Prakken, "AI & Law, Logic and Argument Schemes", *Argumentation*, Vol.19, No.3, 2005, pp.303-320.

有些论证型式来说是成立的，特别是对于沃顿最近与一些合作者提出的一些关于法律解释的论证型式来说尤其如此。[1] 但将有些论证型式处理为类似于法律规则与日常规则一样的实质规则更合适。另一方面，沃顿所说的一些批判性问题可以被理解为对攻击论证的不同方式的总结。例如，上面提到的批判性问题 5 可以理解为对结论的攻击，其他批判性问题可以理解为对前提的攻击。

第二节　非单调法律论辩系统的逻辑层

一　本体论与语言

在语言方面，非单调法律论辩逻辑（NLAS）是对带有等词"＝"的谓词逻辑的扩充，并较多地借鉴了理由逻辑的表达方式。NLAS 同样有一个丰富的本体论。除了通常的各种对象之外，还有三类特殊的个体。第一类是"事态"（a state of affairs），第二类是实质规则（material rules），第三类是目标（goal）。

1. 事态及相关表达

事态有两类，一类是事实（facts），即真实存在的事态；另一类是非事实（non-facts），即不存在的事态。我们知道，在一阶逻辑中，事态不作为个体而存在，它没有名称，也不用个体词来指称，而是用公式来表示。例如，在一阶谓词逻辑中，它可以被表示为"S（a）"。当且仅当一个公式所表达的事态是存在的，表达它的公式是真的；当且仅当一个公式所表达的事态不存在，表达它的公式是真的。在 NLAS 中，事态与公式之间的关系同样如此。只不过在 NLAS 中，不仅可以用公式来表达（represent）事态，而且可以用个体词作为某个事态的名称来指称（denote）它。就像"张三"这个名称指称张三这一对象一样，对于张三是学生这个事态，也可以用一个名称来指称它，这个名称可以是一个字母、一个简写，也可以是"张三是学生"，这时我们将引号中的符号串视为一个名称，而不是一个句子。由于引号具有歧义性，我们采用双斜线的形式来

---

[1] See D. Walton, G. Sartor & F. Macagno, "An Argumentation Framework for Contested Cases of Statutory Interpretation", *Artificial Intelligence and Law*, Vol. 24, No. 1, Mar. 2016, pp. 51 – 91.

表达。即，对于任何事态 s，我们可以用句子或公式"s"来表达它，也可以用 \ s \ 这样的个体词来指称。例如：句子"张三是学生"表达了张三是学生这个事态，个体词 \ 张三是学生 \ 则指称了张三是学生这个事态。

事态可以是复合的，对于任何一个事态 \ p \ 来说，\¬ p \ 指称了"¬ p"所表达的事态；对于任何两个事态 \ p \ 与 \ q \ 来说，\p∧q \ 指称了公式"p∧q"所表达的事态，\p∨q \ 指称了公式"p∨q"所表达的事态，\p→q \ 指称了公式"p→q"所表达的事态，\p↔q \ 指称了公式"p↔q"所表达的事态。可以看出，事态与普通个体的一个不同是，事态可以是结构化的，而普通个体是没有结构的。例如 \ S（a）∧M（a）\ 就指称一个结构化的事态。另一个不同是，修饰普通个体的谓词是多样的，例如，修饰张三的谓词可以是"……是学生""……是党员""……是高的"等。但事态个体的性质就没有那么多。实际上，在 NLAS 中，适用于具体事态的谓词只有一个，即"……存在"和理由逻辑一样用一元谓词符号"Obtain"来表示。由于一个事态存在，当且仅当表达它的公式是真的，我们可以定义该谓词如下：

特殊谓词 Obtain 的定义（公理 A1）：Obtain（\ω）\ $=_{def}$ ω

其中，ω 是一阶逻辑中的任一公式，\ω \ 是 ω 所表达的事态的名称。Obtain 这个谓词在使用上与其他谓词没有什么不同，从而可能产生迭代。例如，Obtain（\Obtain（\S（a）\）\）。这使得表达可能产生无谓的啰唆，我们约定，在 NLAS 中，总是使用最简单的、复合语法的表达形式。例如，如果没有特别情况，Obtain（\Obtain（\S（a）\）\）就用"S（a）"来表达。

事态可以是具体的，也可以是抽象的。例如，"张三给了李四一本书"这个事态是具体的，可以用"给（张三，李四，一本书）"来表达或 \ 给（张三，李四，一本书）\ 来指称。"张三给了李四某个东西"这个事态是抽象的，可以表达为"给（张三，李四，x）"，也可以用 \ 给（张三，李四，x）\ 来指称。值得注意的是，由于带有自由变元的公式是没有真值的，类似于 Obtain（\给（张三，李四，x）\）也不是一个完整的公式。但像∃（x）Obtain（\给（张三，李四，x）\）这样约束变元的则只是一个闭公式。

一个抽象事态被一个具体事态所例示（instantiation）。例示就是通过某种替换，将某个抽象事态中的所有变元替换为同一个常元。例如，抽象事态\小偷（x）\可以被"小偷（张三）"所例示，\学生（x）∧党员（x）\可以被"学生（张三）∧党员（张三）"所例示，但"学生（张三）∧党员（李四）"不是\学生（x）∧党员（x）\的一个例示。我们可以使用一个特殊的函数符号"ins"来表示例示关系。例如，ins（\小偷（x）\，$i_{(张三/x)}$）=\小偷（张三）\，即用"张三"来替代抽象事态\小偷（x）\中的所有变元所得的值为\小偷（张三）\。值得注意的是，ins是一个函数符号，而不是一个谓词符号，因此 ins（\小偷（x）\，$i_{(张三/x)}$）并不是一个公式，而只是一个项。

2. 实质规则及相关表达

实质规则包括法律规则、日常规则等。之所以将这些规则称为实质规则，是为了将它们区别于推论规则。在经典逻辑中，实质规则被表达成实质条件式。缺省逻辑则不区分实质规则与推论规则，统一表达为缺省。还有一些逻辑系统将实质规则表达成特殊的条件句。上面相关章节对这些表达实质规则的方式进行了考察。这里不再赘述。NLAS 对实质规则和推论规则进行了区分。前者在推理与论证的过程中是作为前提而使用的，它们在知识库中；而推论规则是 NLAS 推理机制的一部分。

在 NLAS 中，实质规则被视为结构化的个体。一个规则有三个部分构成：名称（r_{id}）、前件（ant）与后件（con），通过函数符号"rule"结合在一起。规则的名称即 r_{id} 可以任意给出，但不同的实质规则不能具有相同的名称。由于实质规则都是一般性的，它的前件与后件都是抽象事态。例如，规则"禁止车辆进入公园"可以表达为：

rule（p_1，\车辆（x）\，\禁止进入公园（x）\）

由于实质规则的名称是唯一的，该规则可以用 rule（p_1）来指称。

再如，"天然孳息应由原物所有权人取得"这一规则可以表达为：

rule（z_1, \天然孳息（x）∧原物所有权人（x，y）\，\应由取得（y，x）\）

对于任何一个规则 rule（r_{id}）来说，它的前件与后件可以分别被表示为 \ ant（rule（r_{id}））\与 \ con（rule（r_{id}））\。它们都是抽象事态，可以被具体事态所例示。例如，\车辆（x）\可以被 \ 车辆（a）\所例示，\天然孳息（x）∧原物所有权人（x，y）\可以被 \ 天然孳息（b）∧原物所有权人（b，张三）\例示。在直觉上，一个规则的前件在某个案例中被满足，实际上也就是作为规则前件的抽象事态在该案例中的例示是存在的，即 Obtain（\ins（\ant（rule（r_{id}））\，i）\）。由于表达作为规则前件的抽象事态的是一个开公式，经过相应的 i 替换就是一个闭公式，我们可以用 ant（rule（r_{id}））/i 表示经过 i 替换之后的闭公式。那些对于任一规则，有公理 A2：

Obtain（\ins（\ant（rule（r_{id}））\，i）\）≡ ant（rule（r_{id}））/i

其中，i 替换是指用案例中的个体常元替换规则中的个体变元。例如，对于规则 rule（p_1, \车辆（x）\，\禁止进入公园（x）\）来说，有：

Obtain（\ins（\车辆（x））\，i）\）≡车辆（a）

作为个体，实质规则没有真值。但它可能是有效的或无效的。NLAS 提供了一个特殊的谓词"Valid"用以表达实质规则的有效性。一个规则是有效的，可以表达为：

Valid（rule（r_{id}, \ant（rule（r_{id}））\，\con（rule（r_{id}））\））

或者简单地表达为：

Valid（rule（r_{id}））

如果一个规则是有效的，而它的前件在某个案例中又被满足，那么在通常情况下，能够推出它的后件在某个案例中被满足。具体的推论规则将在下文给出。这里只讨论如何表示后件满足。和前件满足一样，后件满足有两种表示方式，一种是作为后件的抽象事态在该案例中的例示是存在的，即 Obtain（\ins（\con（rule（r_{id}））\，i）\），另一种是替换之后的闭公式为真，可以表示为：con（rule（r_{id}））/i。这两种表示方式是等值的，即在 NLAS 中有公理 A3：

Obtain（\ins（\con（rule（r_{id}））\，i）\）≡ con（rule（r_{id}））/i

有的规则虽然是有效的，它的前件在某个案例中也满足，但却因为某种原因被排除在这一个案中的适用。NLAS 提供了一个特殊的谓词"Exc"来表示规则被排除适用。这个谓词是一个二元谓词，表示某个规则在某个案例中被排除适用，也可以说是对于某个 i 替换来说被排除适用，可以表示为：

Exc（rule（r_{id}），i）

例如，规则 rule（p_1，\车辆（x）\，\禁止进入公园（x）\）在警车 a 个案中被排除适用，即对于 i 替换 $i_{(a/x)}$ 排除适用，可以表达为：

Exc（rule（p_1），$i_{(a/x)}$）

$i_{(a/x)}$ 中的变元 x 是相应规则 p_1 中的 x，由于某个替换总是跟随着特定的规则，这点不用特别指明。

在 NLAS 中，还有一个特别的函数 best-int，best-int（rule（r_{id1}）表示 r_{id1} 的最佳解释。假设 r_{id1} 的最佳解释为 r_{id2}，它们之间的这种关系可以表示为：

best-int（rule（r_{id1}）= rule（r_{id2}）

利用这一函数，可以构造合适的推论规则，以产生新的实质规则。

3. 目标及相关表达

每一个法律规则都有旨在促进的目标，在规则正常适用的情况下，人们不运用这些目标进行推理。但在一些特殊的情况下，这些目标就显得尤为重要。例如，人们有时会进行这样的论证：虽然在某一案例中，某个法律规则的前件没有满足，但如果不适用规则，则不利于达成甚至有碍于达成规则目标的达成，因此应当适用规则；或者反过来，虽然规则的前件满足了，但适用规则并不利于甚至有碍于目标的达成，因此应当排除它的适用。此外，在法律解释中，法律规则的目标也发挥了重要作用。

NLAS 采用函数符号"goal"来表示目标。一个目标由两个部分构成，一个部分是目标的名称 g_{id}，名称可以是任意的，但不同的目标应有不同的名称。另一部分是旨在促进的作为目标的事态。例如，"促进信息公开"这一目标可以表示为：goal（g_1, \信息公开）\。由于名称是唯一的，也可以简单地表示为：goal（g_1）。此外，一个法律规则 rule（r_{id}）的目标可以直接用函数 goal（rule（r_{id}））来表示。那么法律规则 r_1 的目标是事态 μ，这一命题就可以表示为：

goal（rule（r_1））= goal（g_{id}, \μ）\

只有真实起作用的目标才能够在法律推理中发挥作用。NLAS 提供了一个特殊的谓词"Act"来刻画这一点，在直觉上，Act（goal（g_{id}））表示目标 g_{id} 是真实起作用的。

一个目标事态可能被另外一个事态所促进、阻碍或无关（既不促进，也不阻碍），NLAS 分别用三个二元谓词来表示：Fur（\ν\, goal（g_{id}））表示事态 ν 阻碍目标 g_{id}，Imp（\ν\, goal（g_{id}））表示事态 ν 促进目标 g_{id}，Unc（\ν\, goal（g_{id}））表示事态 ν 既不促进也不阻碍目标 g_{id}。

在法律领域，除了目标之外，经常被提及的还有原则（principle）。NLAS 没有提供专门的函数与谓词来表达原则，这是因为原则的作用在很大程度上可以通过基于目标或规则的推理而实现。例如，"民事行为应当有利于保护环境"的绿色原则可以理解为，如果一个民事行为阻碍了

"保护环境"这一目标的达成，那么这一民事行为是无效的或可撤销的等。

二 底层逻辑

非单调法律论辩系统采用缺省逻辑作为底层逻辑，但并不是像缺省逻辑那样，将所有的规则都处理为缺省，而只是将关于规则、目标推理的一些方法论规则处理为缺省，这大大减少了缺省的数量，使得它们之间的相互调适变得容易。

上文相关章节已对缺省逻辑进行了介绍，这里不再赘述。有三点需要说明。一是表述上的，为了表述方便下文将以 $\alpha: \beta_1, \cdots, \beta_n // \gamma$ 的形式来书写缺省。其中，α 为前提，$\beta_1, \cdots, \beta_n$ 为证立，γ 为结论；在不会引起混淆的情况下，一些函数符号被省去，例如 rule（r_{id}）将直接写为 r_{id}，goal（g_{id}）直接写为 g_{id}。二是，NLAS 中的所有缺省实际上都是缺省型式，而不是具体的缺省规则，在运用它们时需要先被实例化。三是，在缺省中，α 与 $\beta_1, \cdots, \beta_n$ 可以不出现。如果不出现 α，视为 T：$\beta_1, \cdots, \beta_n // \gamma$；不出现 $\beta_1, \cdots, \beta_n$，则是正规缺省。

1. 作为缺省（推论规则）的方法论规则

一般来说，如果一个规则是有效的，并且它的前件在某一案例中被满足，那么它的后件在该案例中被满足，除非它被排除。这一直觉可以刻画为下面的半正规缺省：

d_1：Valid（r_{id}）∧ Obtain（\ins（\ant（r_{id}）\, i）\）：Obtain（(\ins（\con（r_{id}）\, i）\) ∧ ¬ Exc（r_{id}, i）//Obtain（\ins（\con（r_{id}）\, i）\）

例如，在给定实质规则"rule（p_1, \车辆（x）\, \禁止进入公园（x）\）"与事实"车辆（a）"的情况下，有：

Valid（p_1）
Obtain（\ins（\ant（p_1）\, i）\）（根据公理 A2）

由于没有规则 p_1 被排除的信息，可以一致地假定¬ Exc（p_1, i），从而根据 d_1，可以得出：

Obtain（\ins（\con（p_1）\, i）\）

根据公理 A3，即：

禁止进入公园（a）

当然，如果有规则 p_1 被排除的信息，就不能一致地假定¬ Exc（p_1, i），也就无法得出这一结论。这一信息可以明示地给出，也可能是推理的结论。假设现增加实质规则"rule（p_2, \警车（x）\, \Exc（p_1）\）"与事实"警车（a）"，有：

Valid（p_2）
Obtain（\ins（\ant（p_2）\, i）\）（根据公理 A2）

由于没有规则 p_2 被排除的信息，可以一致地假定¬ Exc（p_2, i），同样，根据 d_1 与公理 A3 可以得出 Exc（p_1）。可以看出，在 NLAS 中，规则的例外被表达成以 \ Exc（r_{id}, i）\作为后件的规则。

规则的有效性不仅可能作为推理的前提，而且可能作为推理的结论。一般来说，如果规则 r_{id1} 的最佳解释是 r_{id2}，并且规则 r_{id1} 是有效的，那么规则 r_{id2} 同样是有效的；当然，如果规则 r_{id1} 在某个案件中被排除适用了，那么 r_{id2} 同样被排除。下面两个正规缺省对此进行了表达：

d_2：Valid（r_{id1}）∧ best-int（r_{id1}）＝ rule（r_{id2}）//Valid（r_{id2}）
d_3：Exc（r_{id1}, i）∧ best-int（r_{id1}）＝ rule（r_{id2}）//Exc（r_{id2}, i）

例如，在给定规则"rule（p_1, \车辆（x）\, \禁止进入公园（x）\）"与事实"电动三轮车（b）"的情况下，是没有办法得出是否要禁止 a 进入公园的结论的。但如果有如下信息：

best-int（r_{id1}）= rule（p_3，\最高时速可达 60km/h 的交通工具（x)\，\禁止进入公园（x)\）

电动三轮车（x）→最高时速可达 60km/h 的交通工具（x）

根据 d_2 以及相关的演绎规则，就可以产生新的有效规则与事实：

Valid（p_3）

最高时速可达 60km/h 的交通工具（b）

再根据 d_1 与相关公理，可以得出结论：

禁止进入公园（b）

在法律实践中，人们不仅基于实质规则进行推理，而且基于目标进行推理。例如，人们不仅可能基于"禁止车辆进入公园"这一规则禁止汽车 a 进入公园，还可能基于保护行人安全的目标禁止汽车 a 进入公园。一般地，如果一个目标 g_{id} 是真实起作用的，并且一个事态 v 能够促进作为目标 g_{id} 的事态 μ，那么事态存在 v。据此有正规缺省

d_4：Act（g_{id}））∧ Fur（\$v$\，$g_{id}$）//Obtain（\$v$\）

在上例中，有：

Act（goal（g_1，\行人安全)\）
Fur（\禁止进入公园（a)\，g_1）

根据 d_4，可以得出结论：

Obtain（\禁止进入公园（a)\）

相应地，如果 g_{id} 是真实起作用的，并且事态 v 阻碍它的实现，那么 v 不存在，即有：

d_5：Act（g_{id}））∧ Imp（\$v$\，$g_{id}$）//¬ Obtain（\$v$\）

上面说过，在法律实践中，除了已经存在的例外之外，经常出现需要创设个案例外的情况。一个非常典型的情况是，虽然某个规则的前件在某个案例中被满足，但是如果适用这个规则会无助于实现规则的目标，甚至阻碍规则目标的实现。阻碍规则目标的实现和无助于规则目标的实现，是两种不同的情况。虽然尚有一定争议，但多数学者认为，当规则适用阻碍目标实现时，应当排除规则的适用。我们也持这种看法，据此，有正规缺省：

d_6：(goal（r_{id}）= goal（g_{id}））∧ Imp（\ins（\con（r_{id}）\，i）\，g_{id}）//Exc（r_{id}，i）

在直觉上，d_6 的意思是说，如果规则 r_{id} 的目标是 g_{id}，并且在个案中实现规则 r_{id} 的后件会阻碍 g_{id}，那么就排除 r_{id} 在该个案中的适用。

例如，"禁止车辆进入公园"的目标是保护行人安全，而如果不让救护车 c 进入公园的话，会使得公园内受伤的行人得不到及时的救治，从而阻碍这一目标的实现，因此要排除这一规则对于救护车 c 的适用。现有信息：

goal（rule（r_1，\车辆（x）\，\禁止进入公园（x）\））= goal（g_1，\行人安全）\
车辆（c）
Imp（\禁止进入公园（c）\，g_1）

根据 d_6，可得出结论：Exc（r_1，$i_{(c/x)}$）。这使得 d_1 的证立部分不满足，从而相关的实质规则无法得以适用。

如果适用规则并不阻碍目标的实现，只是无助于规则目标的实现。

人们一般认为，这会使得基于相关规则的论证变弱，并不意味着一定要排除规则的适用。关于规则与论证的强度问题，将在 NLAS 的论辩层处理。

在法律实践中，经常出现的另外一种情况是，虽然某个规则的前件在某个案例中没有被满足，但适用该规则能够促进规则目标的实现，人们也适用规则得出相应的结论。这一推理过程可以通过下面的缺省来刻画：

d_7：（goal（r_{id}）= goal（g_{id}））∧ Fur（\ins（\con（r_{id}）\，i）\，g_{id}）//Obtain（\ins（\con（r_{id}）\，i）\）

在这 7 条缺省中，除了 d_1 是半正规缺省外，其他都是正规缺省。

2. 底层逻辑的推理机制

缺省运用的方式和瑞特的缺省逻辑大致相同，是将缺省推论规则运用到用一阶公式所表达的信息集合上去，包括那些用 Obtain、Valid 等特殊谓词所表达的一阶公式。在考察缺省逻辑时，我们介绍了 Grigoris Antoniou 提出的操作定义，这里采用这一定义来处理 NLAS 的底层逻辑的推理（回顾第五章第一节）。

但有两点值得注意。首先，在 NLAS 中存在公理集，那么任何一个理论扩展的演绎闭包中都应当包含这些公理。令 A_n 为公理集，即，如果 E 是一个缺省理论 T 的扩展，那么 E 的演绎闭包 Th（E）= Th（E∪A_n）。另外一种处理方法是，认为任何一个缺省理论 T 的信息中都包含了这些公理。但这会将不同来源的信息混同起来。

其次，在瑞特缺省逻辑中，是逐条地将缺省推论规则运用到已知信息上，直到产生不一致为止。但在 NLAS 中，看起来，将一条缺省运用到已知信息上，就可能产生不一致的信息。例如，假设已知信息中有：

Valid（rule（r_1，\车辆（x）\，\禁止进入公园（x）\））
Valid（rule（r_2，\警车（x）\，\¬ 禁止进入公园（x）\））
车辆（a）
警车（a）

将缺省 d_1 运用到这些信息上，就会产生不一致的公式集 {Valid（r_1），Valid（r_2），车辆（a），警车（a），禁止进入公园（a），¬ 禁止进入公园（a）}。

有时候并不直接产生不一致的集合，但是隐含着某种不一致。例如，假设已知信息中有：

Valid（rule（r_1，\车辆（x)\，\禁止进入公园（x)\))
Valid（rule（r_3，\警车（x)\，\Exc（r_1，i)\))
车辆（a）
警车（a）

将缺省 d_1 运用到这些信息上，产生公式集 {Valid（r_1），Valid（r_3），车辆（a），警车（a），禁止进入公园（a），Exc（r_1，$i_{(a/x)}$)}。这个公式集隐含不一致，因为"禁止进入公园（a）"的得出是实质规则 r_1 根据 d_1 得到了运用，而 Exc（r_1，$i_{(a/x)}$) 又表明该实质规则的 d_1 部分并没有被满足。

问题出在什么地方呢？我们必须得注意到，d_1 并不是一个缺省规则，而是一个缺省规则型式，我们不能将 d_1 直接运用到这些信息上，而是先要根据这些信息将 d_1 等缺省规则具体化。先来看第一个例子。在这个例子中，缺省规则是 d_1 的两个实例：

（d_{1-1}）Valid（r_1）∧ Obtain（\ins（\ant（r_1)\，i)\)：Obtain（\ins（\con（r_1)\，i)\) ∧¬ Exc（r_1，i) //Obtain（\ins（\con（r_1)\，i)\)

与

（d_{1-2}）Valid（r_2）∧ Obtain（\ins（\ant（r_2)\，i)\)：Obtain（\ins（\con（r_2)\，i)\) ∧¬ Exc（r_2，i) //Obtain（\ins（\con（r_2)\，i)\)

如果首先将 d_{1-1} 应用到信息集中，得出 {Valid（r_1），Valid（r_2），

车辆（a），警车（a），禁止进入公园（a）}，此时 d_{1-2} 的证立不满足，因此不能应用；如果首先将 d_{1-2} 应用到信息集中，得出公式集 {Valid (r_1)，Valid (r_2)，车辆（a），警车（a），¬ 禁止进入公园（a）}，那么同样，d_{1-1} 被阻却应用。因此它有两个扩展：

E1 = Th({Valid (r_1)，Valid (r_2)，车辆（a），警车（a），禁止进入公园（a）} ∪ A_n)

E2 = Th({Valid (r_1)，Valid (r_2)，车辆（a），警车（a），¬ 禁止进入公园（a）} ∪ A_n)

现在来看第二个例子。在第二个例子中，缺省规则是：

(d_{1-1}) Valid (r_1) ∧ Obtain (\ins (\ant (r_1) \, i) \)：Obtain (\ins (\con (r_1) \, i) \) ∧ ¬ Exc (r_1, i) //Obtain (\ins (\con (r_1) \, i) \)

与

(d_{1-3}) Valid (r_3) ∧ Obtain (\ins (\ant (r_3) \, i) \)：Obtain (\ins (\con (r_3) \, i) \) ∧ ¬ Exc (r_3, i) //Obtain (\ins (\con (r_3) \, i) \)

首先将 d_{1-1} 应用到该例的信息集中，得出 {Valid (r_1)，Valid (r_3)，车辆（a），警车（a），禁止进入公园（a）}，此时没有理由不应用 d_{1-3}，但应用 d_{1-3} 会导致进程的失败。先应用 d_{1-3}，得出 {Valid (r_1)，Valid (r_3)，车辆（a），警车（a），Exc (r_1, $i_{(a/x)}$)}，此时 d_{1-1} 被阻止应用。只有这一个进程是成功且封闭的，因此只有一个扩展：

E = Th({Valid (r_1)，Valid (r_2)，车辆（a），警车（a），Exc (r_1, $i_{(a/x)}$)} ∪ A_n)

一个理论 T = < W，D > 的扩展还可以采用如下半归纳的方式来定义，即令 Th (T) 为 T 的演绎闭包，公式集 E 是 T 的一个扩展，如果它能够通过如下方式获得：

1. $E_0 = Th(T) \cup A_n$
2. $E_{i+1} = Th(E_i) \cup \{\gamma | \alpha : \beta // \gamma \in D, \alpha \in E_i, \neg \beta \notin E\}$
3. $E = \cup_i S_i$

这个定义是半归纳的，因为在第 2 步，需要猜测最终的扩展 E。

NLAS 采用轻信的（credulous）推论关系，即对于任何一个公式 φ 来说，如果它存在于 T 的一个扩展 E 中（而非所有扩展中），那么我们就说 T 推出 φ，可写为：T ├ ~φ。由于存在相互冲突的实质规则或目标，T 可能存在多个扩展。这时需要比较不同的实质规则或目标的强度。这一问题将放在下面的论辩层处理。

第三节　非单调法律论辩系统的论辩层

NLAS 的论辩层包括如下三个部分的内容，一是论证的定义与强度；二是论证之间的攻击与击败关系；三是论辩语义即论证状态的评估以及结论的获取。

一　论证的定义与强度

NLAS 的知识库 KB 是一个有序对（K，<），$K = K_n \cup K_o \cup K_a$，且 $K_n \cap K_o \cap K_a = \emptyset$，≤是 $K \setminus K_n$ 上的严格偏序。在 K 的三个子集中，K_n 是指公理的集合，即不会出错的信息的集合，K_o 是通常情况下正确的信息的集合，K_a 是不太确定的信息的集合。

在 NLAS 中，有两个固定的集合，分别为公理集 A_n 与缺省集 D。我们将 D 分为两个子集，分别为 $D_a = \{d_1, d_2, d_3, d_5\}$，$D_b = \{d_4, d_5, d_7\}$。

基于知识库的论证的定义：基于一个知识库 <K，≤'> 的一个论证 AR 是一个满足如下条件的三元组 <$\Phi, _iD, \varphi$>：

1. $\Phi \neq \emptyset$；

2. $\varphi \notin \Phi$；

3. $\Phi \subseteq K,_i D$ 是 D 中的缺省基于 Φ 的演绎闭包的实例集合；

4. φ 在缺省理论 $<\Phi,_i D>$ 的一个扩展中；

5. 不存在 $\Phi' \subset \Phi$ 或 $_i D' \subset _i D$，使得 φ 在 $<\Phi',_i D>$、$<\Phi,_i D'>$ 或 $<\Phi',_i D'>$ 的一个扩展中。

在直觉上，条件1禁止了无前提的论证，即一个孤立的公式不是论证，这与一些学者对于论证的定义不同，但符合我们关于论证的直觉。条件2禁止结论出现在前提集中，这包括结论出现在前提集中的一种特殊情况：$\{\varphi\} = \Phi$，即结论与前提完全相同。条件3要求论证是基于知识库 $<K, <>$ 的。条件4要求 φ 能够获得 Φ 的支持。条件5要求排除无助于支持 φ 的不必要信息，同时也使一个论证的中间结论不在它的前提集中。

例如，令知识库 $KB_1 = (K, <)$，其中 K = {救护车 (a)，$\forall(x)$(救护车 (x)→车辆 (x))，Valid (rule (r_1, \车辆 (x)\, \禁止进入公园 (x)\))，Act (goal (g_1, \行人安全)\)，Imp (\禁止进入公园 (a)\, goal (g_1))}；$<\, = \emptyset$。基于 KB_1，可以构造论证：

AR_1 = <{救护车 (a)，$\forall(x)$(救护车 (x)→车辆 (x))}，

$\emptyset$,

车辆 (a) >；

AR_2 = <{救护车 (a)，$\forall(x)$(救护车 (x)→车辆 (x))，Valid (rule (r_1, \车辆 (x)\, \禁止进入公园 (x)\))}，

{Valid (r_1) $\wedge$ Obtain (\ins (\ant (r_1)\, $i_{(a/x)}$))：Obtain (\ins (\con (r_1)\, $i_{(a/x)}$)\) $\wedge \neg$ Exc (r_1, $i_{(a/x)}$) //Obtain (\ins (\con (r_1)\, $i_{(a/x)}$)\)}，

禁止进入公园 (a) >

AR_3 = <{Act (goal (g_1, \行人安全)\)，Imp (\禁止进入公园 (a)\, goal (g_1))}，

{Act（g_1）∧Imp（\禁止进入公园（a）\，g_1）//¬ Obtain（\禁止进入公园（a）\）}，

¬ 禁止进入公园（a）>

值得注意的是，<{救护车（a），∀(x)(救护车（x）→车辆（x)），Valid（rule（r_1，\车辆（x）\，\禁止进入公园（x）\))}，Ø，救护车（a）>并不是一个论证，因为其中的"Valid（rule（r_1，\车辆（x）\，\禁止进入公园（x）\))"，不满足要求3。

子论证：令 Φ（AR）、D（AR）分别为 AR 中的相关集合，AR_i 是 AR_j 的子论证当且仅当 Φ（AR_i）⊆Φ（AR_j），且 D（AR_i）⊆D（AR_j）。

在上例中，AR_1 是 AR_2 的子论证。任何一个论证都是它自身的子论证。基于子论证的定义，可以定义真子论证。

真子论证的定义：AR_i 为 AR_j 的真子论证当且仅当 AR_i 是 AR_j 的子论证，而 AR_j 不是 AR_i 的子论证。

NLAS 中的不同论证存在强度的差别。论证的强度一方面取决于论证所应用的缺省即推论规则，另一方面也取决于论证的前提。取决于缺省规则的强度可以称为推断强度，取决于前提的强度可以称为前提强度。论证的强度是这两者的综合。

我们先来看推断强度。令 D（AR）为论证 AR 中所适用的缺省规则的集合，相应地，D（AR）就是这些缺省规则所来源的缺省型式的集合。据此，可以定义推断强度如下：

论证的推断强度定义：一个论证 AR 是

1. （推断）可靠的（sound），当且仅当 D（AR）=Ø；
2. （推断）似真的（plausible），当且仅当 D（AR）⊆D_a；

3. (推断) 可能的 (probable), 当且仅当 $D_b \subseteq D(AR)$;

在上面的例子中, AR_1 仅使用了演绎有效的推论规则 (回顾第四章第一节), 没有应用任何缺省, 即 $D(AR_1) = \emptyset$, 因此 AR_1 是推断可靠的论证。AR_2 仅使用了缺省 d_1 的实例, $d_1 \in D_a$, 因此 AR_2 是推断似真的论证。AR_3 使用了缺省 d_5 的实例, $d_5 \in D_b$, 因此 AR_3 是推断可能的论证。仅从推断强度上说, AR_1 强于 AR_2, AR_2 强于 AR_3。

现在来看论证的前提强度。上面说过, 在 NLAS 的知识库中, 除了优先性信息集合 $\leq$ 之外, 还有三个不同的知识集合: K_n、K_o 与 K_a。K_n 中的信息是不可能出错的, 这样的信息是较少的, 典型的例子是像 "$\forall(x)$ (鸟 $(x) \to$ 动物 (x))" 这样的语义规则。K_o 中的信息是目前我们较有把握相信的知识, 它们可能是经过经验证实的, 也可能是人们较为牢固的共识等。其中包含那些用特殊谓词 Valid、Act 所表达的有效的规则或真实起作用的目标的信息。K_a 中的信息是一些推定或假定, 例如, 在缺乏相关证据时的一些推定、多数人的意见、某种主流的道德观念、对于未来的某种后果的预测等。根据构造论证前提的信息类型, 可以定义论证的前提强度如下:

论证的前提强度定义: 令 $\Phi(AR)$ 为论证 AR 所使用前提的集合, $K_n(AR)$、$K_o(AR)$ 与 $K_a(AR)$ 分别是 AR 所在的知识库中 KB 中的相关知识集合, 论证 AR 是:

1. 前提可靠的, 当且仅当 $\Phi(AR) \subseteq K_n(AR)$;
2. 前提似真的, 当且仅当 $\Phi(AR) \cap K_a(AR) = \emptyset$, $\Phi(AR) \cap K_o(AR) \neq \emptyset$;
3. 前提可能的, 当且仅当 $\Phi(AR) \cap K_a(AR) \neq \emptyset$。

在上例中, K = {救护车 (a), $\forall(x)$ (救护车 $(x) \to$ 车辆 (x)), Valid (rule (r_1, \车辆 (x)\, \禁止进入公园 (x)\)), Act (goal (g_1, \行人安全)\ ), Imp (\禁止进入公园 (a)\, goal (g_1))}, 根据我们对于这些知识的理解, 可以认为, 其中: K_n = {$\forall(x)$ (救护车 $(x) \to$ 车辆

(x))｝，K_o = ｛救护车（a），Valid（rule（r_1，\车辆（x）\，\禁止进入公园（x）\）），Act（goal（g_1，\行人安全）\）｝，K_a = ｛Imp（\禁止进入公园（a）\，goal（g_1））｝。AR_1中有两个前提，前提1"救护车（a）"与前提2"∀(x)(救护车（x）→车辆（x）)"，前提1在K_o中，前提2在K_n中，没有前提在K_a中，符合第2项，因此AR_1是前提似真的。AR_2同样是前提似真的。AR_3则因为有前提在K_a中，所以是前提可能的。

可以看出，无论是论证的推断强度，还是论证的前提强度，都遵循"最弱结点原则"（the weakest node principle），即取决于最弱的推论规则或前提。论证的整体强度同样遵循这个原则。可以定义论证的强度如下：

论证强度的定义：论证 AR 是：

1. 可靠的，当且仅当 AR 推断可靠，且前提可靠；

2. 似真的，当且仅当 AR，或者推断可靠、前提似真，或者推断似真、前提可靠；或者推断似真、前提似真；

3. 可能的，当且仅当 AR，或者推断可能，或者前提可能。

在上面的例子中，AR_1是推断可靠的，但是前提似真的，整体强度是似真的；AR_2是推断似真的、前提似真的，整体强度仍然是似真的；AR_3是推断可能的、前提可能的，整体强度是可能的。

知识库中的另一集合 <，由于涉及两个论证的比较而放在下一部分进行讨论。这一部分所讨论的是单个论证的强度，这一讨论使得 NLAS 克服了传统的论辩逻辑只关心论证之间的攻击与击败关系，而忽视不同的论证就其本身而言强度可能不同这一缺陷。

二 论证之间的攻击与击败

1. 攻击（attack）

在 NLAS 中，推论规则本身是不会被攻击的，无论是演绎推论规则，还是作为缺省的方法论规则。实质规则可能受到攻击，但我们将对实质规则的攻击处理为它的例外。此外，由于实质规则在 NLAS 中是推理的前提，它们之间的冲突被处理为前提的冲突。因此，总的来说，在 NLAS 的论辩层中，论证之间的冲突能够被归结为命题之间的分歧。命题之间的分歧可以理解为经典逻辑中的不一致概念。

命题分歧的定义：命题 φ 与 φ' 分歧（disagree），当且仅当 {φ, φ'} 是不一致的。

显然，命题分歧是对称的，如果 φ 与 φ' 分歧，那么 φ' 与 φ 分歧。两个论证冲突最简单的形式是它们分别支持两个相互分歧的命题。我们可以将这一种冲突称为反驳攻击或简称为反驳（rebut）。由于推论规则与冲突无关，论证 <Φ, iD, φ> 可以简单地写为 <Φ, φ>。据此，反驳可以定义如下：

反驳的定义：论证 <Φ, φ> 反驳论证 <Φ', φ'> 当且仅当 φ 与 φ' 分歧。

例如，论证 AR_1 = <{车辆（a），Valid（rule（r_1, \车辆（x)\, \禁止进入公园（x)\))}, 禁止进入公园（a）> 与反驳论证 AR_2 = <{警车（a），Valid（rule（r_2, \警车（x)\, \¬ 禁止进入公园（x)\)), ¬ 禁止进入公园（a）>}。反驳关系是对称的，如果 AR_i 反驳 AR_j，那么 AR_j 反驳 AR_i。在该例中，AR_2 同样反驳 AR_1。

另外一种常见的冲突是一个论证攻击另外一个论证的前提，而非它的结论。我们将这种冲突被称为削弱攻击，或简称为削弱（undermine）。削弱可以定义如下：

削弱的定义：论证 <Φ', φ'> 削弱论证 <Φ, φ> 当且仅当 φ' ∈ Φ。

例如，论证 AR_3 = <{车辆（a），未悬挂警用标志（a），Valid（rule（r_3, \车辆（x）∧未悬挂警用标志（x)\, \¬ 警车（x)\)}, ¬ 警车（a）> 削弱论证 AR_2 = <{警车（a），Valid（rule（r_2, \警车（x)\, \¬ 禁止进入公园（x)\)), ¬ 禁止进入公园（a）>}。削弱关系不是对称的。在该例中，AR_3 削弱 AR_2，但 AR_2 并不削弱 AR_3。

由于削弱只针对一个论证的前提，而我们在论证的前提中排除了中间结论（论证定义的要求5），而反驳只针对一个论证的最终结论。因此，还有一种冲突方式没有考虑到，即一个论证攻击另外一个论证的中间结论。这种冲突称为中断攻击，或简称为中断（interrupt）。正义定义如下：

中断的定义：论证 $<\Phi',\varphi'>$ 中断论证 $<\Phi,\varphi>$ 当且仅当论证 $<\Phi,\varphi>$ 存在真子论证 $<\Phi_s,\varphi_s>$，$<\Phi',\varphi'>$ 反驳 $<\Phi_s,\varphi_s>$ 且 $<\Phi',\varphi'>$ 既不反驳也不削弱 $<\Phi,\varphi>$，此时我们说论证 $<\Phi',\varphi'>$ 中断论证 $<\Phi,\varphi>$ 于 φ_s。

例如，AR_3 中断论证 AR_4 = <{外观像警车（a），Valid（rule（r_4, \外观像警车（x)\, \警车（x)\))}, Valid（r_2)}, ¬ 禁止进入公园（a）>，因为 AR_4 有真子论证 AR_5 = <{外观像警车（a），Valid（r_4)}, 警车（a）>，AR_3 反驳 AR_5。值得注意的是，由于"警车（a）"并未出现在 AR_4 的前提中，因此 AR_3 不削弱 AR_4，但 AR_3 的确削弱了以"警车（a）"为前提之一的论证 AR_2。根据我们的定义，AR_2 不是 AR_4 的子论证，因为 AR_2 中有 AR_4 没有的前提。但 AR_2 的确和 AR_4 有着密切的联系。甚至在直观的意义上，我们可以说，AR_4 是由 AR_2 与 AR_5 两个部分构成的。此时我们可以说，AR_2 是 AR_4 的准子论证。准子论证可以严格定义如下：

准子论证的定义：论证 $<\Phi_q,\varphi_q>$ 是论证 $<\Phi,\varphi>$ 的准子论证，当且仅当 $<\Phi,\varphi>$ 有真子论证 $<\Phi_s,\varphi_s>$，且满足：
（1） $\varphi_q = \varphi$
（2） $\varphi_s \in \Phi_q$
（3） $\{\Phi_q - \varphi_s\} = \{\Phi - \Phi_s\}$

第一个要求是说，一个论证的准子论证与该论证的结论是相同的，例如 AR_2 与 AR_4 的结论是相同的。第二个要求是说，在一个论证的准子论证的前提集中，有一个前提是该论证的真子论证的结论，例如，AR_2 的前提之一为"警车（a）"，"警车（a）"是 AR_4 的真子论证 AR_5 的结论。第三个要求是说，一个论证的准子论证的前提集中去掉作为前提之一的该论证的真子论证的结论，与该论证的前提集及其真子论证的前提集的差集是相同的。例如，对于一个论证来说，它的每一个真子论证都对应着一个准子论证，不同的真子论证对应着不同的准子论证。有了准子论证的定义之后，可以更为方便地考察中断与反驳、削弱之间的关系。即一个论证 AR_i 中断论证 AR_j，当且仅当 AR_j 存在一个真子论证 AR_{j-s} 与一个准子论证 AR_{j-q}，使得 AR_i 反驳 AR_{j-q}，且 AR_i 削弱 AR_{j-s}。

最后我们来总结一下攻击的概念。

攻击的定义：$<\Phi, \varphi>$ 攻击 $<\Phi', \varphi'>$，当且仅当，或者 $<\Phi, \varphi>$ 反驳 $<\Phi', \varphi'>$，或者 $<\Phi, \varphi>$ 削弱 $<\Phi', \varphi'>$，或者 $<\Phi, \varphi>$ 中断 $<\Phi', \varphi'>$。

2. 论证强弱的比较

上面定义了攻击关系，要判断一个论证是否击败另外一个，多数时候需要比较两个论证的强度。我们引入符号">"来表示两个论证之间的强度关系，$AR_1 > AR_2$ 表示 AR_1 的强度大于 AR_2（二元关系">"是反自反的、非对称的、传递的严格偏序）。

上面说过，对于单个的论证来说，它的强度有三种状态，分别为可靠的、似真的与可能的。这种分类对于两个论证的比较来说，能够提供某种参考，但并不具有决定性。两个论证之间的比较还要结合 NLAS 知识库中的"<"信息进行。"<"表达了两个前提之间的强弱关系。对于两个命题 p_1、p_2 来说，$p_1 < p_2$ 是说 p_1 的强度小于 p_2。

在 NLAS 中，命题之间的强弱有且只有如下三种不同的来源。第一种来源：很显然，如果 p_1 在 K_n 中，而 p_2 在 K_o 或 K_a 中，那么 $p_2 < p_1$；同样，如果 p_1 在 K_o 中，p_2 在 K_a 中，那么 $p_2 < p_1$。如果 p_1、p_2 都在 K_n 中，那么 $p_1 \not< p_2$ 且 $p_2 \not< p_1$。即在 NLAS 中，有关于优先性的公理 A4、A5、A6：

A4：$\forall (p_i, p_j)(p_i \in K_n \land (p_j \in K_o \lor p_j \in K_a) \to p_j < p_i)$

A5：$\forall (p_i, p_j)(p_i \in K_o \land p_j \in K_a \to p_j < p_i)$

A6：$\forall (p_i, p_j)(p_i \in K_n \land p_j \in K_n \to p_i \not< p_j \land p_j \not< p_i)$

第二种来源：如果两个命题都在 K₀ 或都在 Ka 中，那么它们的强度信息可以明示地给出。例如，命题 p₁ "Valid（r₁，\警车（x）\，\¬ 禁止进入公园（x）\）" 与 p₂ "Valid（r₂，\车辆（x）\，\禁止进入公园（x）\）" 都在 K₀ 中，可以明示给出它们的强度信息 p₂ < p₁。

第三种来源：在 NLAS 中，命题的强度信息不仅可以明示地给出，而且可以作为推理的结论而被增添进入。例如，在 NLAS 的知识库中，如果存在有效的实质规则：

Valid（rule（r_{m-spec}，\更特别（r_i，r_j）\，\Valid（r_j）< Valid（r_i）\））

并有：

更特别（r₁，r₂）

那么通过应用缺省 d₁ 的实例规则，可以得出

Valid（r₂）< Valid（r₁）①

如果两个命题之间的强弱关系不能通过上面任何一种方式加以确定，那么它们是无法比较的。值得注意的是，即便两个命题之间的强弱关系是可以比较的，并不意味着两个论证的前提集之间的强弱关系是可以比较的。因为论证的前提集是一个命题的集合。基于命题的强弱关系，可以定义命题集合的强弱关系如下：

命题集的强弱关系：命题集 P < 命题 P'，当且仅当：
(1) 如果存在 p_i ∈ P、p_i' ∈ P' 使得 p_i' < p_i，那么一定存在

---

① 注意，这里的谓词 Valid 是不可省略的。在 NLAS 中，并不像在其他逻辑系统中命题之间也可以存在强弱关系，而此处所要表达的正是 Valid（r₂）与 Valid（r₁）这两个命题之间的强弱关系。

$p_j' \in P'$ 使得 $p_i < p_j'$;

(2) 至少存在一个 $p_k' \in P'$, 有 $p_k \in p$ 使得 $p_k < p_k'$ 且没有 $p_h \in p$ 使得 $p_k' < p_h$。

例如，对于两个命题集 $\{a\}$、$\{b\}$，如果强度信息为 $\{a<b\}$，那么有 $\{a\} < \{b\}$；对于两个命题集 $\{a_1, a_2\}$ 与 $\{b_1, b_2\}$，如果强度信息为 $\{a_1<b_1, b_1<a_2\}$，有 $\{b_1, b_2\} < \{a_1, a_2\}$；对于两个命题集 $\{a_3, a_4\}$ 与 $\{b_3, b_4\}$，如果强度信息集为 $\{a_3<b_3, b_4<a_4\}$，那么它们无法比较。

两个论证的强弱比较涉及两个方面的因素。一是它们的推断强度，二是它们前提集的强弱。至于论证的前提强度，则已经体现在前提集的强弱之中了，不能重复计算。对于任何两个论证 AR_i 与 AR_j 来说，就推断强度而言，有且只有三种情况：（1）AR_i 与 AR_j 的推断强度相同，（2）AR_i 的推断强度弱于 AR_j，（3）AR_i 的推断强度强于 AR_j。

第一种情况很简单，当两个论证的推断强度相同时，它们的强度关系完全取决于它们的前提集的强度关系。第二种情况为 AR_i 的推断强度弱于 AR_j。此时，如果 AR_i 的前提集的强度弱于 AR_j，或者它们的前提集的强度无法比较，那么 AR_i 弱于 AR_j；如果 AR_i 的前提集的强度强于 AR_j，那么它们的强弱关系无法比较。第三种情况为 AR_i 的推断强度强于 AR_j。此时，如果 AR_i 的前提集的强度强于 AR_j，或者它们的前提集的强度无法比较，那么 AR_i 强于 AR_j；如果 AR_i 的前提集弱于 AR_j，那么它们的强弱关系无法比较。

可以看出，两个论证 AR_i、AR_j 之间的强弱关系有三种，分别为 $AR_i > AR_j$、$AR_j > AR_i$ 与无法比较。令 $\Phi(AR)$ 为论证 AR 的前提集，$>'$、$='$ 表示两个论证之间的推断强度，则有

论证的强弱关系：对于两个论证 AR_i 与 AR_j 来说：

(1) $AR_i > AR_j$，当且仅当 $AR_i >' AR_j$ 且 $\Phi(AR_i) \not< \Phi(AR_j)$，或者

$AR_i =' AR_j$ 且 $\Phi(AR_j) < \Phi(AR_i)$；

（2） $AR_j > AR_i$，当且仅当 $AR_j >{}^!AR_i$ 且 $\Phi(AR_j) \not< \Phi(AR_i)$，或者

$AR_i = {}^!AR_j$ 且 $\Phi(AR_i) < \Phi(AR_j)$；

（3）无法比较，当且仅当 $AR_i \not> AR_j$ 且 $AR_j \not> AR_i$。

当两个论证的强度无法比较时，可以认为它们的强度相同。

3. 击败（defeat）

对于一个论证来说，受到攻击只意味着存在反对它的论证，并不意味着它被击败了。在直觉上，一个论证被击败了，意味着反对它的论证比它本身更强。如果一个论证虽然受到了攻击，但攻击它的论证强度不够，那么它可能并没有被击败。从这些以及相关的直觉出发，下面我们来考察击败关系。攻击类型不同，击败的要求也不同，我们先从最简单的攻击即反驳攻击开始。

反驳攻击是对称的。两个结论分歧的论证相互反驳。对于相互反驳的两个论证来说，在直觉上说，更强的那个论证自然击败更弱的那个论证，但强度相同的两个论证呢？假设只有一个以 φ 为结论的论证 AR_1，那么 φ 是得到证立的（被证立的强度随着论证的强度不同而不同），但如果又有一个以 $\neg\varphi$ 为结论的论证 AR_2 呢？如果 AR_2 的强度弱于 AR_1，AR_1 不受影响，如果 AR_2 的强度与 AR_1 的强度相同，那么在直觉上，虽然 AR_2 并不强于 AR_1，但此时继续相信 φ 显然并不比转而相信 $\neg\varphi$ 更理性，所以仍然可以说，AR_2 击败了 AR_1。但此时的击败和 AR_2 强于 AR_1 时的击败应是不同的，因为在强度相同时，AR_2 击败 AR_1，但 AR_1 同时也击败 AR_2，而在 AR_2 强于 AR_1 时，仅有 AR_2 击败 AR_1，AR_1 并不击败 AR_2。我们可以通过击败与严格击败来区分。严格击败的定义将在考察完所有的击败关系后给出，这里我们先定义基于反驳攻击的反驳击败：

反驳击败的定义：论证 AR_i 反驳击败论证 AR_j，当且仅当 AR_i 反驳 AR_j，且 $AR_j \not> AR_i$。

现在来看针对前提的削弱攻击。仍然从我们的直觉出发。假设一个人 A 以权威气象台的相关天气预报作为理由论证第二天的天气情况，而

该气象台的天气预报向来是比较准确的，那么这个论证是比较有说服力的。但如果另一个人 B 指出，天气预报并没有进行这样的播报，A 听错了。那么即便 B 的论证较弱，只要它还有一定的说服力，就没有理由继续相信 A 关于第二天的天气情况的断言。那么除非 A 能提供另外的论证支持天气预报的确进行播报了。换句话说，如果论证 AR_1 削弱论证 AR_2，那么 AR_1 弱于 AR_2，也击败 AR_2。据此我们可以定义削弱击败：

削弱击败的定义：论证 AR_i 削弱击败论证 AR_j，当且仅当 AR_i 削弱 AR_j。

在 NLAS 中，还有一种攻击为中断攻击。中断攻击既可以理解为对相关真子论证的反驳攻击，也可以理解为对相关准子论证的削弱攻击。由于对于中断攻击的那个论证来说，其子论证实际上是对被中断的那个命题的支持。因此同样需要比较论证的强度。但比较的并不是攻击论证与被攻击论证的强度，而是攻击论证与被攻击论证的真子论证的强度。中断击败可以定义如下：

中断击败的定义：论证 $AR_i = <\Phi', \varphi'>$ 中断击败论证 $AR_j = <\Phi, \varphi>$，当且仅当 AR_i 中断 AR_j 于 φ_s，且 AR_j 的真子论证 $<\Phi_s, \varphi_s> \not\succ AR_i$。

很显然，如果 AR_j 被中断击败了，那么 φ 不能获得证立。

根据上面三种类型的击败，可以总结击败定义如下：

击败的定义：论证 AR_i 击败论证 AR_j，当且仅当，或者 AR_i 反驳击败 AR_j，或者 AR_i 削弱击败 AR_j，或者 AR_i 中断击败 AR_j。

如果论证 AR_i 击败论证 AR_j，那么称 AR_i 为 AR_j 的击败者（defeater）。在击败的基础上可以定义严格击败如下：

严格击败的定义：论证 AR_i 严格击败论证 AR_j，当且仅当，AR_i 击败 AR_j，且并非 AR_j 击败 AR_i。

同样，当 AR_i 严格击败 AR_j 时，也可以称 AR_i 为 AR_j 的严格击败者。

三 论辩语义与结论获取

一个被击败的论证可能会被其他论证复原，因此要确定一个论证的状态，只考虑直接与其冲突的那个论证是不够的，还要考虑所有可能的相关论证，即对论证所在的整个网络进行分析。上文介绍了潘明栋的外延论辩语义与 Caminada 等人提出的加标论辩语义，它们都可以用以评估 NLAS 中的论证状态。

以潘明栋的外延论辩语义为例。首先可以依照潘明栋的论辩框架来定义 NLAS 中的论辩系统。

NLAS 中的论辩系统是一个二元组 <ARS，Def>，其中
（1）ARS 是所有论证的集合；
（2）Def 是论证间的击败关系集，Def$\subseteq$ARS×ARS。

然后依次定义论证集合与论证之间的击败关系、无冲突性、可防御以及可允许，并在此基础上定义一个论辩系统的各种外延（回顾第六章第一节）。

为了更为直观地确定结论的状态，我们这里借鉴 DeLP 确定论证状态的方式，即通过二值加标的论辩树。首先定义 NLAS 中的论辩链（argumentation line）。

论辩链的定义：基于知识库 <K，<> 的论辩链是由一系列论证 $\Lambda = [AR_1, \cdots, AR_n]$ 所构成的队列，其中任何每一个论证 AR_i，击败之前的论证 AR_{i-1}。

在一个论辩链中，$\Lambda_s = [AR_1, AR_3, \cdots]$ 是由支持性论证构成的论

证序列，Λ_c = [AR_2，AR_4，…] 是反对性论证构成的论证序列。一个论证链 Λ 是可接受的，如果：

（1）Λ 是一个有限的序列。

（2）支持性论证的集合 Λs 是一致的，反对性论证的集合 Λ_c 是一致的。

（3）没有任何一个论证 AR_k 与之前的论证 AR_h 相同或是 AR_h 的子论证。

（4）对于所有的 i，如果 AR_i 非严格击败 AR_{i-1}，并且存在 AR_{i+1}，那么 AR_{i+1} 严格击败 AR_i。

因为可能存在多个论证击败一个论证，而它们又可能被其他若干个论证击败，由此论证链构成一种树状结构，称为论辩树。

论辩树的定义：一个以 AR_1 为根节点的论辩树 T（AR_1）满足条件：对于任意的非根节点 N = AR_n，从根节点到该节点的论证链为 Λ = [AR_1，…，AR_n]，令所有击败 N 的论证为 dN_1、……dN_k。对于每一个击败 N 的 dN_i(1≤i≤k)，如果根节点到它的论证链 Λ' = [AR_1，…，AR_n, dN_i] 是可接受的，那么 N 就还有一个子节点 N' = dN_i。如果没有击败 N 的论证，或者从根节点到击败 N 的论证 dN_i 的论证链 Λ' 不是可接受的，那么 N 是叶节点。

这个定义有些拗口。但通俗地说，论辩树实际上就是一个在特定知识库中，从作为根节点的论证出发，不断寻找击败者、击败者的击败者……在没有进一步的合适的击败者时停止，从而形成的一种树状结构。

在论辩树构造出来之后，可以通过加标来确定树中每一个论证的状态。NLAS 同样是二值加标。标记"D"表示一个论证被击败了，"U"表示未被击败。对于一个论辩树来说，首先，所有的叶节点当然都是没有被击败的。其次，任何一个节点都击败它的父节点，因此如果一个节点未被击败，那么它的父节点被击败。换句话说，对于一个论证来说，只要尚有一个击败它的论证没有被任何论证所击败，那么它就被击败了；

当然，如果它的所有击败者都被其他论证击败了，那么它本身就是未被击败的。基于这些直觉，可以给出论辩树的加标原则。

论辩树的加标原则：对于论辩树 T（AR），对应的加标论辩树 T*（AR）可以通过对 T（AR）的每一个节点进行如下加标而获得：
(1) 所有的叶节点加标 U；
(2) 一个非叶节点加标为 U 当且仅当它的所有子节点加标为 D；
(3) 一个节点加标为 D 当且仅当至少有一个子节点加标为 U。

简单地说，加标就是一个先把每一个叶节点都确定为未被击败的，然后再向根节点的方向行进的过程。这个过程可以同时实现两个目标。一是，对于任何一个论证来说，可以评估它的状态。二是，对于任何一个主张来说，可以确定它是否获得了证立。

很显然，如果存在一个论辩树，在该论辩树中，论证 <Φ, φ> 作为根节点被加标为 U，那么我们就可以说 φ 获得了证立；否则我们说 φ 未获得证立。φ 的证立程度取决于论证 <Φ, φ> 的强度。

值得注意的是，对于 NLAS 来说，直接采用潘明栋的外延论辩语义或 Caminada 等人的加标语义也是可行的。上面采用类似于 DeLP 的论辩树的方式来确定论证的状态，一方面是因为它比较直观，另一方面有利于计算机实现。但总的来说，NLAS 是不可判定的，基于特定知识库的论证构造也是非能行的，用计算机实现还有很长的路要走。

第四节 非单调法律论辩系统的应用与扩展

一 非单调法律论辩系统的应用

下面从五个方面来考察 NLAS 对法律推理的刻画，分别为法律三段论、例外、规则冲突、关于规则的推理以及特殊类型的推理。

1. 法律三段论

法律三段论是一种典型的法律推理，任何合格的法律逻辑都应该能够妥当地处理法律三段论。经典逻辑将法律三段论处理为一种演绎推理，没有刻画出法律推理的可驳斥性。理由逻辑虽然能够刻画法律推理的可驳斥性，但则过于烦琐；传统的缺省逻辑对法律三段论的处理是简洁的，但将法律规则处理为推论规则不符合我们对于法律规则性质的理解。

NLAS能够很好地处理法律三段论。例如，给定法律规则rule（r_1，\车辆（x）\，\禁止进入公园（x）\）与事实"车辆（a）"，通过应用缺省d_1的实例，能够直接得出"禁止进入公园（a）"的结论，不用考虑这一规则是否被排除适用了。在正常情况下，法律三段论推理是不需要权衡各种不同的理由的，因此NLAS比理由逻辑更符合法律实践的真实情况。

2. 例外、例外的例外

法律是一个充满例外的事业。NLAS将例外处理为以"Exc（r_{id}）"为后件的实质规则，既使得在正常情况下，不用考虑例外；又使得当有例外出现时，被例外的法律规则的适用自动被阻断，不用权衡理由，也不用比较不同的论证。例如，在给定例外信息"Exc（r_1），i"的情况下，缺省d_1的证立不满足，不能应用到相应的规则和事实上。就此而论，NLAS比理由逻辑、其他论辩逻辑更符合我们对于法律例外的理解。

除此之外，NLAS对于例外的处理至少还有如下三个优点。首先，在NLAS中，例外信息不仅可以明示地给出，而且可以作为结论被推出。例如，通过给定有效的实质规则"Valid（rule（r_{e1}，\救护车（x）\Exc（r_1，i）\））"，可以推出r_1在遇到救护车的情况中被排除适用的例外。在法律推理中，绝大多数的例外信息是以实质规则的形式给出的，NLAS能够方便地应对这一情况。

其次，NLAS能够方便地应对例外的例外。例如，虽然救护车一般来说是"禁止车辆进入公园"的例外，但不在执行任务的救护车一般来说是例外的例外。对此，可以通过增加有效规则信息"Valid（rule（r_{e2}，\救护车（x）∧不在执行任务（x）\，\Exc（r_{e1}，i）\））来实现。由于例外信息是作为有效的实质规则而出现的，而不是作为缺省的证立而出现的，这种处理方式不会遇到传统的缺省逻辑所遇到的那些麻烦。

最后，NLAS还能很好地处理隐含例外。在法律推理中，不是所有的例外信息都是先行给出的，有相当多的例外是没有事先给出的隐含例外。缺省d_6使得隐含例外在NLAS中同样能够得到妥当的刻画。

3. 规则之间的冲突

NLAS 区分规则的例外和规则之间的冲突。这一处理方式更符合我们对于例外和规则性质的理解。一般来说，规则的例外只是阻碍规则在相关情形中的适用，并不旨在得出相反的结论，而与一个规则 r_1 冲突的规则 r_2 则旨在得出相反的结论。此外，规则的例外总是能够实现它的目标，即阻碍规则的适用，但与其他规则冲突的规则是否能够实现自己的目标则取决于它的强度。正因为此，在 NLAS 中，规则的例外并不需要在论辩层处理，但规则的冲突需要在论辩层处理。

NLAS 不仅能够处理那些直接以互补的事态作为后件的规则之间的冲突，例如两个分别以"\ 禁止车辆进入公园（x）\"与"¬ 禁止车辆进入公园（x）"为后件的规则；而且能够处理那些规则后件相应的实例命题为反对关系的规则之间的冲突。例如，两个分别以"\ 应处三年有期徒刑（x）\"与"\ 不负刑事责任（x）\"为后件的规则。它们的后件并不互补。但在具有信息"∀（x）（应处三年有期徒刑（x）→¬ 不负刑事责任（x））"的知识库中，从这两个规则出发，可以构造相互冲突的论证。

对于规则之间的冲突，有两个要点要考虑到，一是，两个实质规则是相互冲突的，但这并不意味着它们不能共存于一个知识库中，而只意味着从它们出发可以构造出相互冲突的论证。二是，知识库中存在相互冲突的规则，但这并不意味着一定会产生相互冲突的规则的后件的实例命题。因为一个规则的后件可能不满足，或者一个规则在个案中被排除适用。如果一个规则被排除适用，那么无法构造出以该规则的后件的实例命题作为结论的论证。NLAS 对规则冲突的刻画显然是满足这些要点的。

值得注意的是，对于实质规则的冲突，传统上有一种误解，即对于那些使用了冲突的实质规则的论证来说，哪个论证更强完全取决于哪个规则更强。但实际上，实质规则只是前提之一，论证的强度当然受到实质规则的影响，但同时也会受到其他前提的影响，而且还会受到推论方式的影响。就此而论，NLAS 对冲突论证的比较更符合法律实际。此外，就像可以随时引入例外规则一样，NLAS 也可以随时引入与原有的规则相互冲突的规则，并不需要对原有的规则体系进行很大的调整。

4. 关于规则的推理

由于将规则视为个体，NLAS 能够处理多种关于规则的推理。首先，

NLAS 能够处理规则是否有效的推理。特殊谓词 Valid 所表达的公式不仅可以作为某个推理的前提，而且可以作为某个推理的结论。只有知识库中有相应的以 \ Valid（r_{id}）\ 为后件的实质规则。例如，如果知识库中有"Valid（rule（r_{legi}，\立法者制定（r_{id}）\，\Valid（r_{id}）\））"，在给定事实"立法者制定（$r_{id/i}$）"的情况下，就可以运用 d_1 得出相关规则有效的结论。这一推理使得有效的规则不仅可以明示给出，而且可以通过推理不断增添。其次，NLAS 能够处理规则是否被排除的推理。这点上文在讨论例外问题时已经说过，不再赘述。再次，通过给出相关的实质规则或增添相关的缺省，NLAS 也能够处理法律解释推理，下文在讨论 NLAS 的扩展时还会回到这个问题上来。

5. 特殊类型的推理

在法律领域中，存在一些特殊类型的推理。主要包括类比推理与反向推理。类比法律推理一般发生在这样的场景下：虽然规则的条件在某个案例中不满足，但将规则适用到该案例上能够促进规则目标的实现，因此可以通过上面提出的缺省 d_7 来处理。对于反向推理，有两种不同的理解。一种观点认为，反向推理是没有必要的，可以将它们处理为基于目标或原则的推理；[①] 另一种观点认为，反向推理是一种重要的推理类型，需要独立刻画。[②] 应当说，即便不是所有的反向推理都应当允许，至少有些反向推理是可接受的。例如，在指导性案例第 24 号中，法官即根据《侵权责任法》第二十六条的规定"被侵权人对损害的发生也有过错的，可以减轻侵权人的责任"与案件事实"交通事故的受害人没有过错"，得出"不可以减轻侵权人的责任"这一结论。这一推理看上去没什么问题。

在 NLAS 中，至少有两种不同的方案来处理反向推理。一是，一些看起来可以接受的反向推理都以某种"常态恢复"作为结论。例如，在上

[①] See e. g., Jaap Hage, "A Theory of Legal Reasoning and a Logic to Match", *Artificial Intelligence and Law*, Vol. 4, No. 3 - 4, Sep. 1996, pp. 222 - 223.

[②] See e. g., Maarten Henket, "On the Logical Analysis of Judicial Decisions", *International Journal for the Semiotics of Law*, Vol. 5, No. 2, June 1992, p. 153 - 164; Hendrick Kaptein, "E Contrario Arguments in Law: From Interpretation to Implicit Premises", *International Journal for the Semiotics of Law*, Vol. 6, No. 3, Jan. 1993, pp. 315 - 24.

例中，侵权人的责任不可以减轻是常态，可以减轻的情况不是特殊的。因此可以在知识库中增加一些前件为真（T）并以某种常态作为后件的实质规则，例如，Valid（rule（r_{re}，T，\不可减轻侵权人责任（x）\））。然后或者再增加一条排除该规则的规则，例如，Valid（r_{re-c}，\被侵权人也有过错（x）\，\Exc（r_{re}，i）\）。或者不增加排除规则，而是通过赋予原规则更强的力度在论辩层面上解决不同论证的冲突。

另一种方案是增加如下缺省：

d_8：Valid（r_{id}）∧ ¬ Obtain（\ins（\ant（r_{id}）\，i）\）// ¬ Obtain（\ins（\con（r_{id}）\，i）\）

如果增加这一缺省，需要考虑的是基于 d_8 的推理的强度问题。反向推理虽然是可接受的，但它的强度应当是较弱的。反向推理的强度不仅弱于基于规则的推理，而且也不太可能高于类比推理以及基于目标的推理，这可以通过在论辩层面直接设定应用了 d_8 实例的论证具有最弱的推断强度来实现。

第一种处理方案更符合法律推理的实践，但可能会有些烦琐。第二种一般性的处理方案更简洁，但可能不符合某些法律推理理论。一种杂糅的方案也是可能的。例如，增加一个稍复杂的缺省，规定具有某些性质的规则才可以进行反向推理。更令人满意的方案的提出需要我们加深对反向推理的研究。

二 非单调法律论辩系统的扩展

NLAS 的一个非常突出的优点是它的灵活性。上面给出的 NLAS 可以视为一个最基础的版本，可以在它的基础上进行各种扩展。

1. 道义逻辑

在 NLAS 的底层逻辑中，为了保持逻辑的简洁性，未使用任何道义概念。如果从表达更自然的角度出发，可以在 NLAS 的逻辑语言中加入各种道义概念。例如，可以加入表示"应当"的初始逻辑符号 Obl，定义：For A =$_{def}$Obl¬ A、PermA =$_{def}$¬ OblA（For、Perm 分别表示"禁止""允许"），并根据需要增添相应的公理或演绎推论规则。

道义概念以及相关定义、公理或推论规则的加入，可以使得 NLAS 具有更强的表达能力。例如，"Obl Obtain（\s）\"表达"事态 s 应当存在"、"Obl Valid（r）"表达"实质规则 r 应当有效"、"Obl A"。在表示主体与行为的词汇的帮助下，通过 M∗（[actor]，[action]）还可以表示某人做某种行为是应当、禁止或允许的，其中 M∗ 是某种道义概念，[actor] 是某个人，[action] 是某个行为。例如，For（[张三]，[进入公园]）表示"禁止张三进入公园"。

将 NLAS 扩展为一种道义逻辑，能够增强它的推理能力，在多大程度上增强它的推理能力取决于增添多少公理以及推论规则。例如，公理"Obl p→Perm p"的加入使得我们能够从某个行为是应当的，推出它是被允许的。我们也可以通过加入一些带有道义概念的缺省，使得 NLAS 更容易处理一些有关规范的推理。我们之所以没有这么做，一是道义概念的加入容易带来一些反直觉的或悖论性的结果，二是相关的研究尚未取得足够的进展，从而不太容易构造出一些具有共识的方法论规则。例如，"一个规则是有效的"与"一个规则应当是有效的"究竟应该是一种什么样的关系？倾向于法律实证主义的学者可能会认为它们之间没有关系，而倾向于自然法理论的学者则可能会将它们等同起来。因此，虽然道义概念以及相关的公理与推论规则的加入会使 NLAS 的表达能力更强，也使得相关的表达更自然，但基于简洁性、必要性等方面的考虑，基础版本的 NLAS 并没有使用任何道义符号。

很有可能是出于同样的考虑，JaapHage 在理由逻辑的某个旧的版本中使用了道义逻辑符号，[1] 但又在一个较新的版本中撤回了它们。[2] 无独有偶，Douglas Walton 等人在不同版本的法律解释论证的逻辑分析中也是先使用了道义逻辑符号，后来又撤回了。[3]

---

[1] Jaap Hage, *Reasoning with Rules*, Dordrecht: Kluwer Academic Publishers, 1997, p. 136, 169.

[2] Jaap Hage, *Studies in Legal Logic*, Dordrecht: Springer, 2005, p. 99.

[3] See G. Sartor, et. all: "Argumentation Schemes for Statutory Interpretation: A Logical Analysis", in R. Hoekstra, eds. *Legal Knowledge and Information Systems* (*JURIX* 2014), Amsterdam: IOS Press, 2014, pp. 11 – 20; D. Walton, G. Sartor, andF. Macagno, "An Argumentation Framework for Contested Cases of Statutory Interpretation", *Artificial Intelligence and Law*, Vol. 24, No. 1, Mar. 2016, pp. 51 – 91.

值得注意的是，虽然 NLAS 未使用任何道义符号，但这并不意味着 NLAS 中的公式不能表达那些道义性的命题，而只是说，NLAS 通过将其中出现的道义概念处理为谓词而非逻辑符号来表达这些命题。总的来说，向道义逻辑的扩展需要借助两个方面的研究进展，一是道义逻辑本身的研究，二是有关规则有效性问题的法理学研究。

2. 解释方法论

在上面提出的 NLAS 的基础版本中，关于法律解释，只有一个函数符号"best-in"，这一函数将一个规则 r_i 的最佳解释映射到另一个规则 r_j 上，使得我们能够通过一些缺省从 r_i 具有某种性质推出 r_j 具有某种性质，例如 d_2、d_3。

对于法律解释，一些学者总结了常见的解释标准（interpretative canons）。例如，麦考密克等学者总结了 11 种常见的解释规范，分别为：日常语言标准、技术意义标准、语境一致标准、基于先例的标准、基于类比的标准、法律概念标准、法律原则标准、历史标准、目标标准、实质理由标准、意图标准。[①] Douglas Walton 等学者试图在论辩逻辑中将从这些标准出发的论证形式化。[②] 例如，所有运用支持某一解释结论的解释标准的模式可以总结为：

C：表达 E 出现在文本 D 中，对 E 的解释 M 满足解释规范 C 的条件 $\Rightarrow$ BestInt（E，D）= M

其中，"$\Rightarrow$"是构造可驳斥规则的符号。

例如，日常语言（ordinary language）标准要求：

OL：表达 E 出现在文本 D 中，对 E 的解释 M 满足日常语言 $\Rightarrow$ BestInt（E，D）≡ M

[①] N. MacCormick, R. Summers R, *Interpreting Statutes: A Comparative Study*, Dartmouth: Aldershot, 1991, pp. 464-465.

[②] See D. Walton, G. Sartor, and F. Macagno, "An Argumentation Framework for Contested Cases of Statutory Interpretation", 24 *Artificial Intelligence and Law*, Vol. 24, No. 1, Mar. 2016, pp. 51-91.

类似地，所有反对支持某一解释结论的解释标准可以总结为：

NR：表达 E 出现在文本 D 中，对 E 的解释 M 满足解释规范 NR 的条件 $\Rightarrow$ BestInt（E, D）$\neq$ M

Walton 等学者试图以可驳斥逻辑（defeasible logic）为底层逻辑在 ASPIC$^+$ 框架中处理法律解释论证。这是可行的，但在可驳斥逻辑中，实质规则与方法论规则混同在一起，而且论证的强度完全取决于可驳斥规则的强度，这些都不符合法律实践的真实情况。

通过增添一些特殊的谓词与函数符号，以及若干合适的缺省，NLAS 同样可以刻画这些解释标准。例如，以谓词 Inter（r_j, r_k）表示 r_k 是 r_j 的一个解释、Best-in（r_j, r_k）表示 r_k 是 r_j 的最佳解释。那么缺省

d_9：Inter（r_j, r_k）$\wedge$ Fur（\ins（\con（r_k）\, i）\, goal（r_j））//Best-in（r_j, r_k）

刻画了这样一个解释标准，即促进规则目标达成的那个解释是最佳解释。其他的解释标准也可以通过类似的方式表达成缺省，增添到系统中。究竟要增添那些缺省，以及这些缺省规则的强度如何，需要解释方法论领域的进一步研究。NLAS 提供了一个刻画这些解释方法论研究成果的框架。

3. 证明责任

对于基础版本的 NLAS 来说，另一个可能的扩展方向是加入证明责任。证明责任可以通过多种不同的方式实现。首先，由于在 NLAS 中，每个论证都有各自的强度，不管它是否与其他论证相冲突，因此对于主张 φ，可以直接设定不同的证明标准，并据其判断 φ 能否获得证立。

例如下列从弱到强的证明标准：

（1）微弱证明标准：至少存在一个支持 φ 的论证；

（2）较弱证明标准：至少存在一个支持 φ 的论证，且该论证未被严格击败；

（3）中度证明标准：至少存在一个未被击败的支持 φ 的论证；

（4）较强证明标准：至少存在一个未被击败的且似真的支持 φ 的论证；

（5）最强证明标准：至少存在一个未被击败的且可靠的支持 φ 的论证。

其次，由于每个论证不仅有不同的强度，而且有不同的推断强度和前提强度。证明标准不仅可以针对论证的总体强度来设定，而且可以针对不同的推断强度或前提强度来设定，甚至结合不同的推断强度与前提强度。例如，在某个领域中，可以要求只有在至少存在一个未被击败、前提似真或可靠且推断可靠的论证支持 φ，φ 才算得到了证立。

此外，证明责任还可以在击败关系或论辩语义中加入。例如，在一个对于可靠性的要求较低的领域或事项上，可以要求，对于具有某种性质的 φ 来说，所有攻击以 φ 为结论的论证 AR_i 的论证 AR_j 只有在强度为可靠或似真的情况下才能够击败 AR_i。再如，在一个可靠性要求较高的领域或事项上，可以要求，对于具有某种性质的主张 φ 来说，只有在所有攻击以 φ 为结论的 AR_i 的论证 AR_j 都被严格击败了，φ 才算获得了证立。

这些不同层面上的证明责任可以协调起来综合起作用。由于在日常生活与法律实践中，在不同事项上，人们对于可靠性的要求是不同的。例如，张三从事了行为 A 可能既是他需要承担民事责任的前提，也是他应受刑罚制裁的前提，但在这两种情形下，人们对"张三从事了行为 A"这一主张的可靠性的要求是不同的。总之，证明责任能够以不同的方式增添到 NLAS 的框架中，但如何将法律领域中不同的证明要求契合进去以构造一个妥当的 NLAS 扩展版本，则需要证据法、法理学以及对法律论辩的进一步研究。

结　语

　　逻辑是一种区分推理或论证是否有效，或者特定的主张在给定前提下是否获得证立的工具。在法律领域，逻辑与逻辑分析可以用以评估法律推理的有效性，深化人们对于法律推理的理解，以及指导包括人类在内的智能主体从事法律推理活动。然而，以法律三段论为原型的法律推理具有合理性、非保真性、动态性与扩展性，是一种典型的可驳斥推理，这导致人们所熟悉的、发展最成熟的经典逻辑在刻画法律推理的过程中面临诸多困境。例如，不能妥当地刻画法律例外、规则冲突、关于规则的推理以及一些特殊类型的法律推理。因此有必要寻找或构造新的逻辑工具。

　　20 世纪中后期以来，随着形式逻辑、知识论、人工智能、论证理论等诸多领域的研究进展，人们提出了形形色色的、处理可驳斥推理的新逻辑工具。大体而言可以分为两类：一类是基于扩展的可驳斥逻辑，本项研究被称为非单调逻辑，以缺省逻辑等为代表；它们以处理不充分信息推理为出发点，总的思路基于已有的信息进行合理的猜测，然后在遇到相反信息时撤回。另一类是基于论证的可驳斥逻辑，本项研究被称为论辩逻辑，以 DeLP 等为代表；它们以处理不一致信息推理为出发点，总的思路是通过比较、评估不同的论证并结合某种论辩语义来确定某个结论是否得到了证立。由于在法律实践中，在需要做出决定时，人们所拥有的信息往往是不充分的与不一致的，非单调逻辑与论辩逻辑比起经典逻辑更适于处理法律推理，因此在法律领域得到了较为广泛的应用。但它们也都存在一些不足之处。一方面，在各种不同的非单调逻辑中，结论都是从一个类似于经典逻辑的证明程序中获得的；在法律实践中，一个主张能否获得证立，不仅取决于支持它的论证，而且取决于反对它的论证。仅仅通过一个证明程序来获得结论，不符合法律实践的真实情况。另一方面，已有的各种论辩逻辑没有对法律论证的内部结构予以足够的关注与合理的揭示。

本项研究旨在结合非单调逻辑与论辩逻辑提出一个新的法律逻辑系统，即非单调法律论辩系统（NLAS）。NLAS 有两个层次：逻辑层与论辩层。在逻辑层，它以缺省逻辑作为底层逻辑，但在如下两个重要方面借鉴了理由逻辑。一是，将法律规则等实质规则处理为个体，而非特别的表达式，这使各种关于法律规则的推理变得容易处理。二是借鉴了理由逻辑的一些表达。它与理由逻辑的一个最大不同是，在理由逻辑中，理由与理由集之间的权衡是至关重要的，但在 NLAS 中，并没有理由的位置。那些在理由逻辑中由理由集之间的权衡所处理的问题，被放在了 NLAS 的论辩层，处理为论证之间的攻击与击败关系。NLAS 的逻辑层与瑞特的缺省逻辑也有较大的差别，除了刚才所说的，它将法律规则处理为个体，而瑞特的缺省逻辑则将法律规则处理为推论规则之外，它还限制了缺省的数量。在 NLAS 的逻辑层中，每一个缺省都是深思熟虑的，都反映了人们在法律方法论领域中所取得的一些共识。

NLAS 在论辩层借鉴了若干论辩逻辑系统。论辩层首先对论证进行了定义，一个论证对应于逻辑层的一个有效推论，虽然有效推论并不都是论证。由于在 NLAS 中，知识库的前提与作为缺省的推论规则都进行了类型化的处理，对于每一个论证，都可以确定它的前提强度与推断强度，并在此基础上确定它的总体强度。每一个论证都有自己的强度，这是 NLAS 的一个特色，或者说优势。此外，NLAS 对攻击与击败的处理也不同于一般的论辩逻辑。由于在 NLAS 中，无论是演绎推论规则还是作为缺省的方法论规则，本身都不会受到质疑，所以并没有考虑其他论辩逻辑考虑的底切攻击。那些在其他论辩逻辑中由底切攻击所处理的问题，在 NLAS 中被处理为实质规则的排除适用。在攻击方式上，NLAS 还提出了中断攻击这样一种新的攻击类型。在论辩语义与结论获取上，NLAS 可以同潘明栋的外延论辩语义相结合。但为了更为直观地评估特定论证的状态，NLAS 采用了类似于 DeLP 的论辩树的评估方式。与 DeLP 不同的是，由于在 NLAS 中，每个论证都有自己的强度，通过论辩树不仅能够确定一个主张是否得到了证立，还可以确定它被证立的程度。

总的来说，NLAS 的优势主要体现在如下几个方面。首先，它能够很好地处理不同类型的法律推理。例如，对于法律例外，它不仅能够方便地处理例外，而且能够方便地处理例外的例外，以及例外的例外的例外，等等。再如，对于法律规则之间的冲突，它不仅能够通过给定的强度信息来评估基于不同法律规则的推理，而且能够通过推理产生不同实质规则的强度信息。它不仅能够处理关于法律规则强度的推理，而且能够处理其他关于法律规则的推理，例如关于法律规则是否有效的推理，关于法律规则是否被排除适用的推理。由于在法律推理中，人们不仅根据法律规则进行推理，而且做出各种关于法律规则的推理，NLAS 的这一能力使它能够应对这种需求。

其次，NLAS 在许多方面都符合法律实践的实际。例如，对于一个法律规则来说，它的例外规则总是强过它，而与它冲突的规则却未必；另一方面，与它冲突的规则一般可以用来得出相反的结论，但它的例外并未如此。NLAS 在逻辑层处理例外，在论辩层处理规则之间的冲突，使得这些有关规则的正确理解都能够得到妥当刻画。再如，在法律实践中，即便一个论证未遇到任何攻击，人们也可以评价它的结论是否获得了足够程度的证立；即便两个论证不相互冲突，人们也可以评价它们哪一个更可信。NLAS 赋予每个论证以独立的强度使得这些评价成为可能。

再次，NLAS 是简洁的、清晰的、易接近的。NLAS 区分实质规则与方法论规则，不仅更符合法律实践的真实情况，而且大大减少了缺省的数量，使得整个系统更为简洁。NLAS 通过在逻辑层与论辩层分别处理一部分可驳斥性，不至于出现杂乱的相互索引，同时也提高了推理的效率。贴近法律实践的方法论规则、缺省数量的限制，以及直观的论辩语义，都使 NLAS 具有较强的易接近性，使得它更有可能成为人们从事法律推理与论证的一种辅助工具。

最后，NLAS 具有很强的灵活性与可扩展性。一方面，几乎所有我们想要的推理类型都可以通过在知识库中增添相关实质规则以及强度信息、增添作为缺省的方法论规则或相关的公理来实现。另一方面，通过扩充语言，NLAS 可以处理道义推理、法律解释推理以及证明责任。

当然,由于 NLAS 试图更接近法律实践,更符合法律推理的真实思维过程以及法律论辩的实际情况,在可判定性、能行性等方面还存在不足。进一步研究仍有必要。

附 录

指导性案例的效力：
对"应当参照"规则的分析

自 2010 年 11 月 26 日最高人民法院出台《最高人民法院关于案例指导工作的规定》（以下简称《规定》）以来，理论界与实务界对指导性案例给予了充分的关注与广泛的讨论。"各种类型、各种规范的研究课题纷纷展开，有关指导性案例的学术研究机构如雨后春笋般纷纷建立，……学术论文的数量［增］多，学术研究的方法与视角多样化，学术作品的质量和水准……日新月异。"[①] 然而，在"指导性案例的效力"这一基本问题上，不同的论者之间仍然存在很大的分歧。[②]

实际上，在《规定》出台之前，人们就对指导性案例的效力问题展开了争论。比如，李仕春教授主张，应在限定指导性案例的适用范围的前提下"赋予［其］规范约束力"[③]；张骐教授认为，指导性案例的效力来源于它是"对法律的正确解释、对法理的正确发展、对法律原则的正确发现"，因此它"不具有制定法所具有的强制约束力意义上的效力"，只具有"说服性与参考性"[④]；而胡云腾、于同志两位法官则认为，指导

[①] 张骐：《再论指导性案例效力的性质与保证》，《法制与社会发展》2013 年第 1 期。
[②] 参见雷磊《指导性案例法源地位再反思》，《中国法学》2015 年第 1 期。
[③] 李仕春：《案例指导制度的另一条思路》，《法学》2009 年第 6 期。
[④] 参见张骐《试论指导性案例的"指导性"》，《法制与社会发展》2007 年第 6 期。在最近的文章中，张骐教授进一步完善了这一观点，认为约束力与说服力不是"非此即彼，而是亦此亦彼"，指导性案例所具有的说服力是有"一定制度支撑的说服力"。参见张骐《再论指导性案例效力的性质与保证》，《法制与社会发展》2013 年第 1 期。

性案例"只具有事实上的拘束力"①。虽然《规定》第 7 条——"最高人民法院发布的指导性案例,各级人民法院审判类似案例时应当参照";以下将这一条文所表述的规则称为"应当参照"规则——对指导性案例的效力作出了规定,但这一争议并未平息。这一方面是由于,"参照""应当参照"的含义尚不明朗,甚至有学者认为,"应当参照"这一概念本身是不成立的②;另一方面则是由于,人们对这一规定本身的合法性尚存疑虑③。之后,虽然最高人民法院在 2015 年 5 月 19 日发布的《〈关于案例指导工作的规定〉实施细则》(以下简称《细则》)第 9 条至第 11 条对指导性案例的适用方式、具体要求等问题作出了进一步的规定,但并未从根本上改变这一处境。

指导性案例的效力不明,不仅会影响到相关问题(比如指导性案例的法源定位)的理论探讨,而且势必会在很大程度上影响它的实践效果。④ 基于此,本书旨在明确指导性案例的效力,以期为案例指导制度的良好运作提供理论支持。概括说来,本书将论证:指导性案例具有实质可废止的法律约束力。论证步骤为:

(1)如果"应当参照"规则不存在合法性问题的话,那么它将使指导性案例具有实质可废止的法律约束力;

(2)"应当参照"规则不存在合法性问题。

文章大体框架如下:第二、三两个部分分别对"应当参照"规则进

---

① 胡云腾、于同志:《案例指导制度若干重大疑难问题研究》,《法学研究》2008 年第 6 期。

② 参见谢晖《"应当参照"否议》,《现代法学》2014 年第 3 期。这一说法言之凿凿,流传甚广;虽然其赖以证立的论证既不精致也不妥当,但结论的鲜明仍然使其具有很强的可传播性。在多次学术交流的场合,笔者都曾听到过这样的说法。反思这一看法也是写作本文的重要动因之一。

③ 如,赵娟:《案例指导制度的合法性评析》,《江苏社会科学》2011 年第 6 期;夏引业:《论指导性案例发布权的合法性困境与出路》,《法商研究》2015 年第 6 期。

④ 参见张骐《再论指导性案例效力的性质与保证》,《法制与社会发展》2013 年第 1 期(谈到"导致[案例应用情况不甚理想]这种情况的原因很多,也很复杂,但是指导性案例的拘束力问题尚未得到恰当定位与充分论证和说明,不能不说是一个原因")。此外,也有其他研究者对指导性案例的效果进行了实证分析,并将实践效果的不甚理想(部分地)归结于它的效力不明。参见赵瑞罡、耿协阳《指导性案例"适用难"的实证研究》,《法学杂志》2016 年第 3 期;石磊、刘松涛《指导性案例参照情况的实证分析》,《人民司法》2015 年第 23 期。

行概念分析与逻辑分析，揭示"应当参照"规则的基本含义与逻辑结构，为第四部分论证（1）做准备。第五部分对"应当参照"规则进行规范分析，通过明确它的合法性来论证（2）。最后是一个简单的总结。

一 "应当参照"规则的基本含义

如果说在《规定》出台之前，人们所争论的主要是指导性案例应当或可以具有什么样的效力的话，那么在《规定》出台之后，讨论的焦点应该转移到指导性案例实际上具有什么样的效力这一问题上来。我们知道，《规定》第 7 条通过"应当参照"规则对指导性案例的效力作出了规定，如果这一条文所表达的规则没有任何合法性问题的话，那么指导性案例实际上具有什么样的效力取决于这一条文旨在赋予它们什么样的效力。而为了弄清楚这一条文旨在赋予指导性案例的效力，我们首先需要理解它所表达的"应当参照"规则的基本含义。为此，这一部分旨在通过对"应当"与"参照"的概念分析来揭示"应当参照"规则的基本含义。此外，对"应当"与"参照"的概念分析具有独立的意义，它至少能说明：在法律条文或日常表达中，"应当"与"参照"的搭配是没有任何问题的，人们能够通过这一搭配赋予相关主体特定种类的义务。

（一）作为四种基本道义概念之一的"应当"

在现代的道义逻辑与法律逻辑中，如果说"权利"等概念是含混的，需要进行细致分析的话，那么"应当"这一概念其实并无任何含混之处。在日常语言中，说"应当做 φ"或者"做 φ 是应当的"，就是说"做 φ 是有义务的"或"必须做 φ"。[①] 道义逻辑对"应当"的处理有两种选择：一种是将它作为一个起始道义概念，从中推出其他道义概念；另一种是以其他道义概念作为起始道义概念，从中推出"应当"。下面主要以第一种处理思路为例来考察"应当"与其他道义概念之间的关系。这既

[①] 谢晖等学者主张应当将"应当"与"必须"区别开来，因为它们表彰了不同的"立法语气"，或反映了立法过程中的不同理念或价值预设。这一说法或许是成立的（在我看来，使用"应当"还是"必须"仅仅是语言习惯问题，尽管这一观点同样缺乏数据材料的支持），但无论是对于规则的强制性效力来说，还是对规则的逻辑形式表达或在法律推理中的实践运用来说，这一区别都是无关紧要的——实际上，在谢晖的上述文章中，这一区分也没有起到增进论证可靠性的作用，而仅起到修辞的作用。

是为了加深对"应当"的理解,也是为了给下文的论证提供知识性的前提。

将"应当"作为起始道义概念,意味着它不能被分析为其他更简单的概念。但可以通过"应当"来定义其他道义概念。首先是"禁止"。"应当"与"禁止"之间的关系为:如果某个行为(具体的行为或行为的模式)是被禁止的,那么不实施该行为就是应当的(如果吸烟是被禁止的,那么不吸烟是应当的);反过来,如果某个行为是应当的,那么不实施该行为就是被禁止的(如果靠右行驶是应当的,那么不靠右行驶就是被禁止的)。① 因此,可以用"应当"定义"禁止"如下:

(3) 禁止 $\varphi \equiv_{def}$ 应当 $\neg \varphi$。

第三个基本道义概念是"许可"。"许可"与"禁止"之间的关系很容易理解:如果某个行为是被许可的,那么它没有被禁止;反过来,如果某个行为没有被禁止,那么它就是被许可的。因此有:

(4) 许可 $\varphi \equiv_{def} \neg$ 禁止 φ;

结合(3)、(4),有:

(5) 许可 $\varphi \equiv_{def} \neg$ 应当 $\neg \varphi$。

(5)意味着"许可"同样可以通过"应当"来定义。说"做 φ 是许可的",就是说"不做 φ 并非应当的",我们可以通过日常生活中的例子来理解。比如,说"吸烟是许可的",就是说"不吸烟并不是应当的"——尽管在日常生活中我们通常并不这样说。

值得注意的是,"许可 φ"意味着"不禁止 φ",但并不一定意味着"不禁止 $\neg \varphi$";换句话说,"许可 φ"并不意味着"许可 $\neg \varphi$"。很明显,当"应当 φ"时,"许可 φ"成立,但"许可 $\neg \varphi$"并不成立。

如果 φ 是许可的,同时 $\neg \varphi$ 也是许可的,那么我们说 φ 是任意的。即:

(6) 任意 $\varphi \equiv_{def}$ 许可 $\varphi \wedge$ 许可 $\neg \varphi$。

---

① 无论"应当",还是"禁止",都只能用以修饰主体的行为,而不能修饰其他对象(比如,主体、事物或非行为的事件)。我们说"小明应当来上课",但我们不说"地球应当围绕太阳转"或者"明天应当下雨"——除非是在另外一种完全不同的意义上使用"应当"(比如,表示经验性的预测)。

结合（5）、（6），有：

（7）任意 $\varphi \equiv_{def} \neg$ 应当 $\neg \varphi \wedge \neg$ 应当 φ。

（7）意味着"任意"同样可以通过"应当"来定义，它看起来比较复杂，但实际上不过是说：说 φ 是任意的，就是说，没有义务不做 φ，也没有义务做 φ；或者说，做 φ 既不是应当的，也不是禁止的。

至此，我们有四种基本道义概念，分别为：应当、禁止、许可与任意。这四种基本道义概念之间存在概念性的联系，不仅可以选取"应当"作为起始道义概念来定义其他的道义概念，也可以通过其他道义概念来定义"应当"。比如，将（3）中的 φ 替代为 $\neg \varphi$，有：

（8）应当 $\varphi \equiv_{def}$ 禁止 $\neg \varphi$。

这是用"禁止"来定义"应当"，同样可以用"许可"来定义"应当"：

（9）应当 $\varphi \equiv_{def} \neg$ 许可 $\neg \varphi$。

需要着重强调的是，"许可 φ"与"任意 φ"并不等值。"任意 φ"蕴含"许可 φ"，但"许可 φ"并不蕴含"任意 φ"。"许可 φ"实际上有两种不同的情况。如果 φ 是任意的，固然 φ 是许可的；但如果 φ 是应当的，φ 也是许可的。即：

（10）许可 $\varphi \equiv_{def}$ 任意 $\varphi \vee$ 应当 φ。[①]

正因为许可 φ 或者是指任意 φ 或者是指应当 φ，在构建或刻画一个行为规范体系时，人们并不将它作为一种独立的行为规范类型。因此，虽然有四种基本道义概念，但只有三种行为规范类型，分别是：

---

① 此外值得注意的是，许可 φ 也并不意味着禁止阻止 φ；或者说，"某人被许可做某事"并不意味着"禁止其他人阻止该人做某事"。比如，虽然张三被许可停车在停车场的唯一空位中，但李四同样被许可可以先停进去的途径来阻止张三停进去。对此问题的讨论，可参见，[意]《法律推理：法律的认知路径》，汪习根等译，武汉大学出版社2011年版，第519—520页。这意味着，"x 有权（利）做 φ"和"x 被许可做 φ"并不是一回事。"x 有权做 φ"，意味着"其他人有不阻止 x 做 φ 的义务"——在有些时候，甚至还可能意味着"一些相关的主体负有为 x 做 φ 提供必备的物质帮助"的义务，比如受教育权或其他的基本人权——而单纯的"x 被许可做 φ"并不赋予任何其他人以任何义务。也正是在这个意义上，霍菲尔德区别"特权"（privilege）或者说"自由"（liberty）——在霍菲尔德看来，二者同义——与"主张"（claim）。See Wesley N. Hohfeld, "Some Fundamental Legal Conceptions as Applied in Judicial Reasoning", 23 *Yale Law Journal*, (1913), pp. 34 – 35.

规定"应当 φ"的义务性行为规范、规定"禁止 φ"的禁止性行为规范、规定"任意 φ"的任意性行为规范。其中,义务性行为规范与禁止性行为规范又合称为强制性行为规范,因为它们均旨在强制相关的主体为或不为某种行为,而不是像任意性规范那样旨在给主体提供自主选择的空间。

(二) 作为推定的排它性理由的"参照"

如果说"应当参照"中的"应当"相对容易理解的话,那么对于何谓"参照",就众说纷纭了。有学者罗列了人们对于"参照"的各种不同理解。[①] 在这些不同的理解中,有两点大致相同的看法:(a) 应当结合"依据"来理解"参照";(b)"参照"具有一定的选择性特征,或者说"参照"意味着并不必须"依据"被参照的对象(办理相关事项)。这两点看法是正确的。这一小节试图在此基础上揭示"依据"与"参照"的含义,并澄清一些含混或错误的认识,比如"参照"就是"可以依据,也可以不依据"[②]。

这里并不试图抽象地谈论"依据"与"参照"的含义,而是把它们放在各自的使用语境中去考察。一般地说,"依据"与"参照"所在的语境可以表述为:"x 依据/参照 S 作出决定 D";其中,x 是行为的主体,S 是依据/参照的对象,而作出决定 D 意味着存在多个可供选择但无法同时实施的行为 φ_1、φ_2、……φ_n(包括 φ_x 与 ¬φ_x 之间的选择)。因此,对"依据"与"参照"的理解可以通过考察 S 是如何帮助 x 在 φ_1、φ_2、……φ_n 中进行选择来进行的。

理性决定的一个重要标志是对事实保持敏感性,而据以作出实施何种行为之决定的事实构成了相应行为的理由。比如,某个企业的经营状况良好是股民买入其股票的理由,而该企业的股票价格已经很高则是股民不买入其股票的理由。一般来说,当主体在决定实施何种行为时,他/她会权衡所有的理由:如果支持行为 φ_m 的理由的集合胜过支持行为 φ_n 的

[①] 参见谢晖:《"应当参照"否议》,《现代法学》2014 年第 3 期。
[②] 我相信,这正是谢晖教授所说的"依循'参照'的本义,法官可以'参照',也可以'不参照'"这一似是而非的表述的本意。参见谢晖《"应当参照"否议》,《现代法学》2014 年第 2 期,第 60 页。

理由的集合，那么实施 φ_m；反之，实施 φ_n。① 比如，如果支持买入某支股票的理由胜过支持不买入该支股票的理由（即反对买入该支股票的理由），那么买入该支股票；或者，如果支持买入此支股票的理由胜过支持买入彼支股票的理由，那么买入此支股票。

在日常生活中，经常发生的情况是，某个主体在作出某个决定时听从或参考其他主体的请求、建议或命令。比如，甲在决定是否购买某一企业的股票之前，想先听听理财顾问乙的意见。现在假设乙建议甲购买该企业的股票。对于乙的这一建议，甲可能采取几种不同的态度。一种是，甲将"乙建议购买"这一事实添加到支持购买的理由的集合中，与支持不购买的理由的集合进行权衡；此时，"乙建议购买"与"该企业经营状况良好"，只是支持购买股票的普通理由。另一种是，甲认为乙在提出建议时已经正确地权衡了所有相关的理由，从而不再进行权衡，而是直接按照乙的建议去做，即购买该企业的股票。此时，"乙建议购买"这一事实就不再只是一个支持购买的普通理由了。这不仅是因为这一事实作为支持购买的理由胜过了支持不购买的理由的集合（"该企业经营状况良好"也可能做到这一点），更主要是因为：这一事实的存在使甲不用再去权衡所有其他相关的理由了；换句话说，它排除了其他的理由。就此而论，当甲对"乙建议购买"这一事实采取第二种态度时，这一事实不仅是支持购买的一阶理由，而且是排除其他理由的二阶理由（关于理由的理由）；正是由于它（这一事实）作为排它性的二阶理由排除了其他相关的理由（包括支持购买的理由与支持不购买的理由），它作为支持购买的一阶理由胜出。此时，我们说，甲"依据"乙的建议作出了购买股票的决定。

从上面的讨论中可以看出，所谓"x 依据 S 作出决定 D"就是指"x 在作出决定 D 的过程中将 S 作为排它性理由（而不仅仅是一个支持相应行动的一阶理由）"。简略地说：

---

① 这里将 φ_x 与 $\neg \varphi_x$ 之间的选择视为 φ_m 与 φ_n 之间的选择的一个特例。对于任意的两个（不相容的）行为 φ_m 与 φ_n 来说，反对 φ_m 的理由即为支持 φ_n 的理由，反之亦然。因此，这里只谈论支持某种行为的理由，而不谈论反对某种行为的理由。

(11)"依据 S"是指"将 S 作为排它性理由"。

值得注意的是,"依据 S"本身是一种行为模式,并不具有任何规范性。在上面的例子中,甲可以依据乙的建议而行动,也可以不依据乙的建议而行动;只有在将乙的建议作为排它性理由时,甲才是在依据乙的建议而行动。如果甲将乙的建议作为一个普通的理由纳入权衡,那么甲就不是在依据乙的建议而行动。

对乙的建议,甲除了将它作为一个普通的理由纳入权衡和作为排它性理由之外,还有第三种可能的态度,即将它作为一种推定的排它性理由。如果 x 在作出决定 D 时将 S 作为推定的排它性理由,那么 x 在作出决定 D 时将 S 作为排它性理由,除非存在例外情况 E(使得按照 S 的要求而行事可能成为非理性的)。比如,在上面的例子中,如果甲将乙的建议作为推定的排它性理由,那么甲买入股票,除非存在例外情况 E(使得买入股票可能成为非理性的);比如,E 可能是乙在提出建议时没有注意到相关的金融法规已经进行了修订(即乙实际上没有权衡所有应当权衡的一阶理由)。但只要不存在例外情况 E,甲就按照乙的建议去做。此时,我们说,甲是在"参照"乙的决定作出决定。就此而论:

(12)"参照 S"是指"将 S 作为推定的排它性理由"。

要理解"推定的排它性理由",一定要把"做 φ,除非存在例外情况 E"和"如果不存在例外情况 E,那么做 φ"这两种不同的心理态度与行为模式区分开来。"将 S 作为推定的排它性理由"是前者而非后者。"如果不存在例外情况 E,那么做 φ"是在"证明不存在例外情况 E"的条件下做 φ;而"做 φ,除非存在例外情况 E"是在"并非证明存在例外情况 E 的条件下"做 φ。"证明不存在例外情况 E"与"并非证明存在情况 E"之间的区别实际上是一般意义上的"证明¬p"与"¬证明 p"之间的区别的一个实例。概括说来,证明¬p 蕴含¬证明 p;但反过来,¬证明 p 并不蕴含证明¬p。① 比如,如果证明了哥德巴赫猜想是假的,那么就不

---

① 证明 p、证明¬p、¬证明 p、¬证明¬p 四者之间的完整逻辑关系:(1)差等关系(前者蕴含后者、后者不蕴含前者):证明 p 与¬证明¬p、证明¬p 与¬证明 p;(2)矛盾关系(既不能同真也不能同假):证明 p 与¬证明 p、证明¬p 与¬证明¬p;(3)反对关系(不能同真、能够同假):证明 p 与证明¬p;(4)反对关系(能够同真、不能同假):¬证明 p 与¬证明¬p。

可能证明它是真的；但反过来，没有证明哥德巴赫猜想是真的，并不意味着证明了它是假的。对于上述两种不同的心理态度与行为模式来说，行为人在缺乏是否存在例外情况 E 的信息时做 φ 符合"做 φ，除非存在例外情况 E"，但不符合"如果不存在例外情况 E，那么做 φ"。反过来，行为人仅在证明不存在例外情况 E 的条件下做 φ 符合"如果不存在例外情况 E，那么做 φ"，但不符合"做 φ，除非存在例外情况 E"。换句话说，如果行为人仅在证明不存在例外情况 E 的条件下做 φ，那么他/她实际上并没有将 S "推定"为决定是否做 φ 的排它性理由，因此也就不是在"参照" S 作出决定。

从上面的讨论中可以看出，虽然"参照 S"意味着"并不是必须依据"，但它也不是简单地"可以依据 S，也可以不依据 S"，而是"依据 S，除非存在例外情况 E"。因此，"参照 S"并不自带规范词"任意"，完全可以和规范词"应当"搭配。

（三）"应当参照"规则的基本含义

根据上文对"应当"与"参照"的概念分析，我们知道：

（13）"应当参照"规则是一个强制性的行为规范，旨在赋予相关主体特定的义务；

（14）"应当参照"规则赋予相关主体的义务是：在审判类似案件时将指导性案例作为推定的排它性理由。

结合（13）、（14）、可以将"应当参照"规则的基本含义明确如下：

（15）各级人民法院在审判类似案例时应当将指导性案例作为推定的排它性理由（或具有将指导性案例作为推定的排它性理由的义务）。

最高人民法院研究室主任胡云腾对"如何理解'应当参照'"的回应是："应当就是必须。当法官在审理类似案例时，应当参照未参照的，必须有能够令人信服的理由。"① 这一说法与此处所说的基本含义基本相符。根据上文对"参照"的分析，所谓"将指导性案例作为推定的排它性理由"，是"将指导性案例作为排它性理由，除非存在例外情况 E"；而非"如果不存在例外情况 E，那么将指导性案例作为排它性理由"。这两种不同的表述赋予了法官不同的证明责任。对于采用了第一种表述的"应

---

① 蒋安杰：《人民法院案例指导制度的构建》，《法制资讯》2011 年第 1 期。

当参照"规则来说,如果法官在审判类似案件时将指导性案例作为排它性理由,并不需要证明不存在例外情况 E;如果法官未将指导性案例作为排它性理由,则需要证明存在例外情况 E'或者用胡云腾法官的话说,"必须有能够令人信服的理由"。

二 "应当参照"规则的逻辑结构

上一部分明确了"应当参照"规则的基本含义,但要深入理解这一规则,我们还需要把握它的逻辑结构——实际上,正是由于没有正确把握该规则的逻辑结构,才导致一些学者对它产生了误解,比如谢晖教授所说的"强行规范与任意规范的悖论"[①]。正如下面即将谈到的那样,"应当参照"规则既是一个法律规则,又是一个行为规范;因此,在刻画该规则的逻辑结构之前,我们首先需要对法律规则与行为规范的逻辑结构等一般性问题有所了解。

(一) 法律规则的来源、性质与基本逻辑结构

在以制定法为主要法律渊源的法律体系中,法律规则一般通过法律条文表达出来。粗略地说,法律条文是立法者在正式的制定法文本中所使用的语句,而法律规则则是立法者通过这些语句所表达出来的规范要求。两者之间的关系大致可以概括为:法律条文是法律规则的载体,法律规则是法律条文的内容。不过值得注意的是,法律条文与法律规则并不是一一对应的。首先,存在一些并不表达任何规则的法律条文。比如,有些法律条文是宣示性的,它们旨在表达相关法律的背景(如《宪法》序言)、根据(如《婚姻登记条例》第 1 条)或目标(如《刑法》第 1、2 条)。[②] 其次,有些法律规则并不是来源于某一个法律条文,而是来源于对多个法律条文的整合(或对某个法律条文的解释),就像有些法律条

[①] 谢晖:《"应当参照"否议》,《现代法学》2014 年第 3 期。
[②] 雷磊在《法律规则的逻辑结构》中也谈到"并不是所有的法律条文都表达法律规则",但他将不表达法律规则的法律条文的范围夸大了。在他看来,定义某个法律概念的"定义性条文"与(比如)规定法律生效时间的"辅助性条文"都不表达法律规则。这种看法是错误的。定义某个法律概念的条文表达了以某类对象的法律属性为法律后果的法律规则,规定法律生效时间的条文则表达了法律生效为法律后果的法律规则。参见雷磊《法律规则的逻辑结构》,《法学研究》2013 年第 1 期。

文表达多个法律规则一样。这是由于，法律条文与法律规则有各自的"逻辑"与要求。概括说来，作为法律推理的前提，法律规则应具有统一的逻辑结构；而为了能够有效地规范社会生活，法律条文则应便于一般公众的阅读、理解。就此而论，对法律规则的清晰表述应是对法律条文的"重构"而非"白描"。

虽然法律条文与法律规则不是一一对应的，但不能据此而认为，存在一些不依赖于法律条文的法律规则。法律推理与一般实践推理的根本区别在于，在法律推理中，作为规范性前提的法律规则必须来源于那些被人们承认为法律的素材；在以制定法为主要法律渊源的法律体系下，这意味着这些法律规则必须或者直接来源于规定在相关制定法中的法律条文，或者来源于得到相关法律条文所表达的法律规则授权的其他法律素材。换句话说，对于某个判决或法律主张的证立来说，可资利用的前提性资源是受限的；而这也正是司法决定与立法决定以及一般政治决定之间的根本区别所在。

任何法律规则都必须来源于法律素材（在制定法背景下，这意味着任何法律规则都必须直接或间接地来源于相关的法律条文），法律规则的这一性质可以称为"有源性"。法律规则的有源性将法律规则与道德规则、习俗规则等区别了开来——也许道德规则与习俗规则也有相应的来源，但它们的来源并没有像法律素材那样被制度化。

法律规则的另外一个重要性质是它的一般性[①]，即法律规则是针对某一类对象（主体、事物、行为或事件等）而非个别对象的。比如，"禁止车辆进入公园"这一规则所针对的不是某个特定的车辆，而是所有能被"车辆"这一概念所涵摄的事物；"对于累犯，不适用缓刑"这一规则所针对的不是某个特定的累犯，而是所有能被"累犯"这一概念所涵摄的

[①] 法律规则还具有其他性质，比如规范性。法律规则的规范性使它区别于描述性的规则（比如自然规律或人群中的行为常规性）。描述性与规范性的根本区别在于符合方向（the direction of fit）。描述性规则的符合方向为从语词到世界（word-to-world），而规范性规则的符合方向则是从世界到语词（world-to-word）。通俗点说，对于描述性规则来说，当出现不符合规则的现象时，人们需要修改规则；而对于规范性规则来说，当出现不满足规则的行为时，人们需要"矫正"行为。对法律规则的规范性以及其他性质的探讨，可参见 George Henrik von Wright, *Norm and Action*, London: Routledge and Kegan Paul, 1963, pp. 2–6。

主体。可以看出，正是法律规则的一般性使其——区别于个别性的指令——能够将某种法律属性或法律后果赋予不特定的对象。为了将法律规则的这一性质刻画出来，从而细致地揭示法律推理的逻辑形式，我们需要一种（至少）包含个体变量（individual variables）与全称量词的逻辑体系；比如，建立在命题逻辑基础上的一阶谓词逻辑。下面就试图通过一阶谓词逻辑的形式来刻画法律规则，以展示其逻辑结构。

为了刻画法律规则的逻辑形式，首先需要了解一个法律规则是由哪些要素构成的。对此问题的认识可以通过一个例子来进行。《国籍法》第4条规定：

（16）父母双方或一方为中国公民，本人出生在中国，具有中国国籍。

这一法律条文规定了一个自然人在什么样的条件下具有中国国籍。因此，很明显的三个要素分别为：规则针对的某类对象（规范对象）、规则赋予规范对象的法律后果以及赋予这一后果所需要满足的法定条件。在这一规则中，规范对象是所有的自然人，法律后果是"具有中国国籍"，法定条件是"父母双方或一方为中国公民"。除此之外，还有一个容易被人们所忽略的要素，即法定条件与法律后果之间的连接形式。对于这一规则来说，法定条件构成了法律后果的充分条件。即，对于任意的自然人来说，只要他/她的父母双方或一方为中国公民，并且本人出生在中国，就具有中国国籍（而非，只有他/她的父母双方或一方为中国公民，并且本人出生在中国，才具有中国国籍）。

从该例中可以看出，法律规则由四个要素构成，分别为：规范对象、法定条件、法律后果与连接形式。但在一阶谓词逻辑中，个体变量 x 既可以在限定的范围内取值，也可以在全域内取值（即不限定 x 的取值范围），此时，x 的取值范围可以通过某个一阶谓词（即特性谓词）来限制。比如，对于"所有的（自然）人都会死"这一命题来说，既可以表示为：

（17）$\forall$（x）（x 在自然人的范围内取值）会死（x）（限定 x 的取值范围）；

（18）$\forall$（x）$\forall$（自然人（x）→会死（x））（不限定 x 的取值范围）。

对于法律规则的逻辑刻画来说，这意味着，规范对象是可以被转化为法定条件的。实际上，只要增设了相应的特性谓词，我们也可以将所有的法律规则都理解为是针对全域中的任何对象的。这样，我们就可以在本体论的意义上将规则的要素删减为三个。比较（16）的两种表达形式：

（19）∀（x）（x在自然人的范围内取值）（父母双方或一方为中国公民（x）∧本人出生在中国（x）→具有中国国籍（x））；

（20）∀（x）∀（自然人（x）∧父母双方或一方为中国公民（x）∧本人出生在中国（x）→具有中国国籍（x）。①

这两个表达式在逻辑上是等值的。但在（19）中，规范对象作为独立的要素而存在，通过"x在自然人的范围内取值"表达出来；而在（20）中，规范对象被处理为法定条件（之一），通过"自然人（x）"这一特性谓词的形式表达出来。可以看出，无论在本体论上，还是在表达上，（20）都更为简洁。因此，可以认为法律规则由三个要素构成，分别为：法定条件、法律后果与连接形式。

如果以法定条件与法律后果之间的连接形式为标准，可以将法律规则区分为充分条件型规则、必要条件型规则与充分必要条件型规则。上文已述，（16）表达了一个充分条件型规则。下面的（21）与（22）分别表达了一个必要条件型规则与充分必要条件型规则。

（21）设立信托，须有确定的信托财产，并且该信托财产必须是委托人合法所有的财产。

（22）"机动车"，是指以动力装置驱动或者牵引，上道路行驶的供人员乘用或者用于运送物品以及进行工程专项作业的轮式车辆。

我们知道，在形式逻辑中，如果p是q的充分条件，那么q是p的必要条件；但在谈论法律规则时，只能说法定条件是法律后果的充分（或必要、充分必要）条件，而不能反过来说法律后果是法定条件的必要（或充分、充分必要）条件。因为在法律推理的过程中，事实作为前提之

---

① 在该规则中，"自然人（x）"蕴含在"父母双方或一方为中国公民（x）"与"本人出生在中国（x）"中，因此可以简写为：（x）（父母双方或一方为中国公民（x）∧本人出生在中国（x）→具有中国国籍（x）。但切不可误以为，在所有的规则中，特性谓词都被其他的法定条件谓词所蕴含。此外，严格说来，该规则为两个规则的合取，因为在法定条件"父母双方或一方公民为中国公民（x）"中出现了析取；而不可能存在一个x同时满足"父母双方为中国公民（x）"与"父母一方为中国公民（x）"。由于这一问题过于复杂且与本文所关心的主题关系不大，这里不进行讨论。

一是给定的，我们只能依据相关法律规则的法定条件是否被满足来判断某一个别对象是否具有相应的法律后果；而不能反过来，从它是否具有相应的法律后果来判断相关规则的法定条件是否得到满足。这意味着，在表达法律规则时，只能采取法定条件在前、法律后果在后的这样一种顺序；因此不能将必要条件型规则表达为类似于"如果［法律后果］，那么［法定条件］"这样的形式。

如果将法定条件放在前面、法律后果放在后面，必要条件型规则可以表达为"如果［并非］［法定条件］，那么［并非］［法律后果］"这样的形式。比如，可以将（21）表达为：

（23）∀（x）(¬（有确定的信托财产（x）∧该信托财产是委托人合法所有的财产（x））→¬ 可以设立信托（x））。

由于对于假言命题来说，原命题等值于逆反命题；这种表达方式在逻辑上并无问题。此外，从规则目的的角度看，这一表达也是妥当的。实际上，（21）的立法目标正是为了排除一些不可以设立信托的情形，而不是给出设立信托的充分条件——设立信托的条件至少还有（比如）行为人具有民事行为能力。

在充分必要条件型规则中，法定条件既是法律后果的充分条件，又是法律后果的必要条件；因此，一个充分必要条件型规则可以理解为一个充分条件型规则与一个必要条件型规则的合并。比如，可以将（22）理解为表达了如下两个规则的合并：

（24.1）∀（x）（以动力装置驱动或者牵引（x）∧上道路行驶（x）∧供人员乘用或用于运输物品或进行工程专项作业（x）∧轮式车辆（x）→机动车（x））；

（24.2）∀（x）(¬（以动力装置驱动或者牵引（x）∧上道路行驶（x）∧供人员乘用或用于运输物品或进行工程专项作业（x）∧轮式车辆（x））→¬ 机动车（x））。

从上面的讨论中可以看出，在基本逻辑连接词（"¬""∧"）的帮助下，无论是充分条件型规则，还是必要条件型规则或充分必要条件型规则，都能够用（25）这样的表达式来刻画：

（25）∀（x）(M（x）→G（x））。

就此而论，（25）为法律规则的基本逻辑结构。

(二) 行为规范的种类与基本逻辑结构

一般地说，行为规范是指赋予某种行为模式特定道义属性的规则。上文已述，行为规范可以区分为义务性行为规范、禁止性行为规范与任意性行为规范。这是根据行为规范赋予某种行为模式的道义属性为标准进行的分类。除此之外，行为规范还可以根据其来源进行分类。有些行为规范来源于习俗或传统（比如餐桌礼仪、嫁娶丧葬等风俗），有些行为规范来源于道德或宗教，也有些行为规范来源于法律或社会团体的规章（比如党章）。行为规范的来源在一定程度上决定了某些主体是否将其作为行为的排它性理由。比如，一些反传统的人可能不会把餐桌礼仪作为行为的排它性理由，不信教的人通常不会把宗教行为规范作为排它性的理由。同样，对法律缺乏"内在观点"的人也很有可能不把来源于法律的行为规范作为排它性的理由。①

对于任何一个完整的行为规范来说，都一定有（所欲规范的）行为模式与（赋予该行为模式的）道义属性这两个要素。比如，"禁止随地吐痰"这一行为规范的行为模式为"随地吐痰"，规范属性为"禁止"。用"μ"表示道义属性（应当、禁止或任意）、"φ"表示行为模式，可以将行为规范简单地表示为：

(26) [μ] 实施 [φ]。②

比如，[禁止] 实施 [随地吐痰]。

任何行为模式都是由行为主体来实施的，有些行为规范限定了行为

---

① 对哈特所谈论的"内在观点"，学界有不同的解读。此处所说的"内在观点"是指对规则的内在接受态度。这可能并不符合哈特的本意。哈特关于"内在观点"的讨论以及相关解读，参见 H. L. A. Hart, *The Concept of Law*, (2nd edition), Oxford: Clarendon, 1994, pp. 82 – 91; Stephen Perry, "Interpretation and Methodology in Legal Theory", in Andrei Marmor, eds. *Law and Interpretation*, Oxford: Oxford University Press, 1995, pp. 121 – 135。

② 对行为的逻辑刻画既可以通过描述行为类型的方式进行，也可以通过描述行为产生的结果（或事态的改变）来进行。此处采用前一种方式。处于"["和"]"之间的为逻辑变量，"实施"为逻辑常量（或者说行为运算符）。在《规范与行为》中，怀特（Georg Henrik von Wright）采用了后一种方式。怀特的刻画引入了对时间与事态变化的描述，虽然更为精致（比如，它能够更加妥当地处理"实施 [¬ φ]"与"¬ 实施 [φ]"之间的关系问题以及"不作为"的问题），但也更加复杂。对于本书所欲处理的问题来说并无太大必要，简单的刻画形式能够满足需要，因此不采用后者。See Georg Henrik von Wright, *Norm and Action*, London: Routledge and Kegan Paul, 1963, chapter 4.

主体的范围。用"A"来表示某类主体，可以将限定主体范围的行为规范表示为：

(27) [μ] 实施$_{[A]}$ [φ]。

比如，"学生应当准时到校"可以表示为：[应当] 实施$_{[学生]}$ [准时到校]。

有些行为规范限定了规范属性的赋予条件。用"C"表示规范条件，可以将此类行为规范表示为：

(28) [C] → [μ] 实施 [φ]。[①]

比如，"进入教堂应当脱帽"可以表示为：[进入教堂] → [应当] 实施 [脱帽]。

一个既限定了主体范围又限定了规范条件的行为规范可以表示为：

(29) [C] → [μ] 实施$_{[A]}$ [φ]。

(29) 是行为规范的基本逻辑结构。有如下几点值得注意。首先，对于任何一个行为规范来说，决定其为强制性或任意性的是它的道义属性，而不是它的行为模式。当"μ"为"应当"或"禁止"的时候，它是强制性的行为规范；当"μ"为"任意"的时候，它是任意性的行为规范。

其次，在以"应当"为道义属性的行为规范中，"应当"经常被省略。比如，行为规范"同一机关制定的法律、行政法规、地方性法规、自治条例和单行条例、规章，特别规定与一般规定不一致的，适用特别规定"与"人民法院审理行政案件，参照规章"，在"适用"与"参照"之前均省略了"应当"。尽管"应当"被省略了，它们所表达的行为规范的强制性并没有被省略。换句话说，行为规范的性质仍然是由被省略的"应当"所决定的，而不是由后面的行为模式（或行为模式的一部分）所决定的。

再次，道义概念不能叠加。类似于"应当应当……"这样的说法是冗余的，类似于"应当任意……"这样的说法则是矛盾的。在日常表达中，我们的确有时叠加使用一些表示道义概念的规范词；比如："应当禁

---

① 当然，所赋予的条件并不一定是充分条件，也可能是必要条件或充分必要条件。但如上文所述，在基本逻辑联接词（"¬""∧"）的帮助下，它们都可以通过（28）这样的形式来刻画。

止吸烟"。此时我们需要小心辨析这些表述，结合语境来把握它的真实含义。比如，"应当禁止吸烟"的真实含义很可能是："应当制定一个规则，该规则为'禁止吸烟'"。

最后，对于行为规范的表达来说，我们同样需要小心辨析的是"可以"这个规范词。在日常交流中，"可以"有时表示"任意"，有时表示"应当"，但几乎从不表示"许可"（或者说"任意与应当的析取"）。[①] 在法律条文中，"可以"通常表示"任意"。比如，"又聋又哑的人或者盲人犯罪，可以从轻、减轻或者免除处罚"。但有时"可以"也可以被理解为"应当"。比如，最高人民检察院 2010 年 7 月 29 日印发的《关于案例指导工作的规定》第 15 条规定："指导性案例发布后，各级人民检察院在办理同类案件、处理同类问题时，可以参照执行。"虽然"可以"通常被理解为"任意"，但如果结合第 16 条"在办理同类案件、处理同类问题时，承办案件的检察官认为不应当适用指导性案例的，应当书面提出意见，报经检察长或者检查委员会决定"来看，这里的"可以"实际上有"应当"之意。[②]

（三）"应当参照"规则的逻辑结构

上文已述，行为规范具有不同的来源。有些行为规范来源于法律素材。比如，"父母对子女有抚养教育的义务"，这一行为规范来源于《婚姻法》相关条文。来源于法律素材的行为规范实际上是法律规则的一种。当然，并不是所有的行为规范都是法律规则，因为不是所有的行为规范都来源于法律素材。同样，也不是所有的法律规则都是行为规范。比如，下面两个法律条文所表达的法律规则都不是行为规范。

（30）财产所有权是指所有人依法对自己的财产享有占有、使用、收益和处分的权利。

（31）国家财产属于全民所有。

这两个条文都不旨在规定某种行为模式的道义状态——（30）旨在

[①] 想象下面的交谈场景。（A）甲（研究生）："你什么时候需要这些材料？"乙（导师）："你可以在两个星期内给我。"（B）甲："在自己的办公室里，你可以吸烟"。结合语境可以推知：（A）例中的"可以"表示"应当"，（B）例中的"可以"表示"任意"。

[②] 参见孙国祥《从柔性参照到刚性参照的嬗变》，《南京大学学报》2012 年第 3 期。

规定"财产所有权"的定义,(31)旨在规定国家财产的所有权归属,因此都不是行为规范。

概括说来,除了行为模式的道义状态之外,还有很多种其他形式的法律后果。包括但不限于:某类主体的法律资格、行为能力,某类事物的法律属性,某类法律实体(比如婚姻关系、合同)的产生或终止,授予某类主体以权利或(权力)①。

就此而论,来源于法律素材的行为规范既是行为规范的一个真子集,也是法律规则的一个真子集。因此我们可以将它们称为法律行为规范。上文所说的"父母对子女有抚养教育的义务"是法律行为规范的一个实例;"应当参照"规则同样是法律行为规范的一个实例。作为法律行为规范,对"应当参照"规则的逻辑刻画既可以采用法律规则的形式,也可以采用行为规范的形式;分别为:

(32) $\forall$(x)(指导性案例(x)→审判类似案件的法官应当参照(x));

(33)[审判类似案件]→[应当]实施[法官][参照指导性案例]。

(32)、(33)均不尽如人意。(32)没有将"应当参照"作为行为规范区别于其他法律规则的特殊性刻画出来,而(33)则没有将它作为法律规则的一般性刻画出来。更加妥当的刻画方式是将两者结合起来。为进行这一结合,我们需要了解如下两点。

首先,有时候,在一个法律规则中,可能出现两个(或多个)个体变量,也可能需要表达它们之间关系的二元(多元)谓词。比如,古罗马《十二铜表法》规定"如被告托辞不去或企图逃避,原告有权拘捕之"。这里的"原告"与"被告"均不特定,要用两个变量来表示,"原告有权拘捕被告"也要用一个二元谓词"……有权拘捕……"来表示。这一规定可表达为:

(34) $\forall$(x)$\forall$(y)(原告(x)∧被告(y)∧托辞不去或企图逃避(y)→有权拘捕(x, y))。

同样,在上述《规定》第7条——"最高人民法院发布的指导性案例,各级人民法院在审判类似案件时应当参照"——中,我们需要一个

---

① 上文已述,授予某个主体以权利或权力做φ,并不只是简单地许可该主体做φ。

二元谓词来表达法官正在审理的案件与指导性案件之间的类似关系。

其次，对于那些限定了主体范围的行为规范来说，它对主体范围的限定也被理解为规范效果的赋予条件（之一），从而采用特性谓词在规范条件中加以表达。比如，"学生应当准时到校"除了表达为"［应当］实施[学生]［准时到校］"这样的形式，也可以表达为：

(35) ∀（x）(学生（x）→［应当］实施[x]［准时到校］)。

根据如上两点，结合法律规则与行为规范的形式，"应当参照"规则可以表达为：

(36) ∀（z）∀（y）∀（x）（最高人民法院发布的指导性案例(z)∧案件（y）∧法官（x）∧正在审理（x, y）∧类似（y, z）→［应当］实施[x]［参照 z］)。

在这一表达中，规范词"应当"表明"应当参照"规则是一个强制性的行为规范。"参照（指导性案例）"则是该行为规范的行为模式；而行为模式与其所处的行为规范的性质并无关系。就此而论，那些认为"参照"表明规范具有任意性的观点是错误的，从这一观点出发而认为的"应当参照"规则是"强行规范与任意规范的悖论"同样是错误的。[①]

三 "应当参照"规则的规范意旨

上面两个部分分别揭示了"应当参照"规则的基本含义与逻辑结构，这一部分试图在此基础上揭示它的规范意旨——如果该规则的合法性不存在问题的话，那么这一揭示将告诉我们指导性案例的效力是什么；而无论该规则的合法性是否存在问题，这一揭示都将告诉我们《规定》第 7 条旨在赋予指导性案例什么样的效力。概括说来，"应当参照"规则的规范意旨为：使指导性案例成为具有实质可废止的法律约束力的裁判标准。

[①] 在谢晖看来，"'参照'这个词本身具有'可以'的选择属性……按照该词本来的规范向度，人们可以选择参照，也可以选择不参照"；因此，在"参照"之前加上"应当"二字是在强行改变不可改变的规则的规范属性，"只能扰乱人们对法律规定的一般理解，并最终影响法律对社会秩序的规范"。谢晖的文章中引用了大量不严谨的表述，使相关讨论变得更加模糊而非更加清晰。但我相信，他的意思是说："参照"这一用语表明它所在的规则是一个任意性规范；而"应当"则表明它所在的规则是一个强制性规范。既然如此，在"参照"之前加上"应当"就成为一种自我矛盾、似是而非的表述了。谢晖的这一说法之所以是错误的，正由于他错以为"参照"本身具有规范性。参见谢晖《"应当参照"否议》，《现代法学》2014 年第 3 期。

要理解这一问题,我们首先需要理解法律规则的二重性。

(一)法律规则的二重性:行为标准与裁判标准的统一

在现代法理学中,有关法律规则二重性的讨论可以追溯到分析法学鼻祖边沁。在《政府片论和道德与立法原理导论》一书中,边沁区分了"行为规范"与"裁判规范",它们的区别在于行为模式与针对的人群。比如,"任何人不得盗窃"为行为规范,它的行为模式为"盗窃",针对的是一般公众;"法官应对实施盗窃的人判处绞刑"为裁判规范,行为模式为"对……判处绞刑",针对的是法官。在边沁看来,虽然行为规范与裁判规范不同,但裁判规范蕴含行为规范:"告诉法官对实施盗窃的人判处绞刑,……具有告诉一般公众'不得盗窃'的效果。"[1] 这似乎意味着,并不需要两套规范来分别指引公众行为与法官裁判,只要一套裁判规范就足够了。这正是凯尔森的想法。在凯尔森看来,当缺乏相应的裁判规范时,行为规范是无用的(如果没有"法官应对实施盗窃的人判处绞刑"这一裁判规范,"任何人不得盗窃"不可能真正发挥它的作用);而当存在相应的裁判规范时,行为规范又是多余的(因为裁判规范已经蕴含了相应的行为规范了)。就此而论,所有真正的法律规则都是命令法官在特定的条件下对行为人施加某种制裁的裁判规范。[2]

虽然从逻辑上说,人们可以通过仅制定一套针对法官的裁判规范(体系)来同时达成指引公众行为与法官裁判的目标(就此而论,凯尔森的说法并非完全没有道理);但实际上并没有哪个法律制度真的只有裁判规范体系。原因是多方面的。首先,这种做法多少有些本末倒置。人们制定法律规则的最初目的是指引人们的行为,而非作为裁判的依据。正如哈特所说:"(法律规则作为裁判依据)仅仅是弥补性的辅助措施,法律的主要功能是在法院之外以各种方式指引行为。"[3] 换句话说,法律规

---

[1] See Jeremy Bentham, *A Fragment on Government and An Introduction to the Principles of Morals and Legislation*, W. Harrison, eds. Oxford: Basic Blackwell, 1948, p. 430.

[2] Hans Kelsen, *General Theory of Law and State*, A. Wedberg trans. Cambridge Mass.: Harvard University Press, 1945, p. 61. 斯堪的纳维亚现实主义法学代表人物罗斯(Alf Ross)也持这一看法:"从逻辑上说,它(行为规范)不是独立的存在。" Alf Ross, *Directives and Norms*, Clark: Lawbook Exchange, 2006, p. 91。

[3] H. L. A. Hart, *The Concept of Law*, (2nd edition), Oxford: Clarendon, 1994, p. 40.

则之所以能成为或应成为裁判的依据,首先是因为它是指引行为的标准。正是在这个意义上,黄茂荣说:"(法律规则)首先系对行为者而发,然后为贯彻其规范系争行为之意旨,才进一步要求裁判者依据系争行为规范而为裁判,从而使这些行为规范具有裁判规范之性质。"① 其次,即便有了相关的裁判规范,行为规范也未必是多余的。在有些学者看来,裁判规范应尽可能详尽,以便为法官提供明确的指引与约束,防止司法"恣意",但行为规范应尽可能简洁,以便于普通公众的阅读与遵循。② 实际上,即便裁判规范是简洁的,通过单独的行为规范也能给普通公众提供更为直接从而也更加明确的指引。

那么,能否将行为规范与裁判规范彻底分离开来呢? 在刑法学领域,科恩曾提出"声响隔离"(Acoustic Separation)的思想实验,认为彻底将行为规范与裁判规范区别开来不仅逻辑上是可行的,而且能够解决一些刑法理论上的难题,比如受胁迫犯罪。③ 也有学者反对这一主张。比如张明楷认为"在媒体发达、交往频繁"的当代社会,"声响隔离"根本无法实现。④

虽然分别制定行为规范与裁判规范这两套规范体系在逻辑上并没有问题——就像从逻辑上说人们可以通过仅制定一套针对法官的裁判规范(体系)来同时达成指引公众行为与法官裁判的目标一样——但没有哪个国家真的这样做。科恩的"声响隔离"仅仅是一个思想实验,罗宾森的立法主张也仅仅是一个改革建议。彻底分离这两套规范不妥当的地方在于:如果行为规范与裁判规范具有大体相同的内容,分别制定两套规范体系显然不必要地增加了立法成本;而如果行为规范与裁判规范在内容上彼此相异,又将危害现代法治的精神。⑤

---

① 黄茂荣:《法学方法与现代民法》,法律出版社2006年版,第123页。
② 参见王永茜《论刑法上裁判规范与行为规范的分离》,《清华法学》2015年第5期。
③ See Meir Dan-Cohen, "Decision Rules and Conduct Rules: On Acoustic Separation in Criminal Law", *Harvard Law Review*, Vol. 93, No. 3, Jan. 1984, pp. 625 – 677.
④ 参见张明楷《行为规范与裁判规范的分离》,《中国社会科学报》2010年11月23日第10版。
⑤ See e. g., Ian Leader-Elliott, "The Acoustic Separation of the Criminal Law Theorist: Meir Dan-Cohen's Harmful Thoughts", *Australian Journal of Legal Philosophy*, Vol. 28, No. 1, Jan. 2003, pp. 123 – 143.

基于上述原因，在现代社会的多数法律体系中，行为规范与裁判规范都是"杂糅"在一起的。有一些法律规则以行为规范的面貌出现，并同时作为裁判的标准。比如，"民事活动应当遵循社会公德，不得损害社会公共利益，破坏国家经济计划，扰乱社会经济秩序"。有一些法律规则以裁判规范的面貌出现，但蕴含着相应的行为规范。比如，"故意杀人的，处死刑、无期徒刑或者十年以上有期徒刑"蕴含"禁止杀人"这一行为规范。[1] 因此，无论是民法学界，还是刑法学界，通说都认为民法或刑法规则既是行为规范，也是裁判规范，或者说，"具有二重性"。[2]

虽然从边沁开始，人们一直习惯于将法律规则的二重性表述为"法律规则既是行为规范又是裁判规范"，但严格说来，这一表述并不准确。法律规则的二重性并不是行为规范与裁判规范的统一，而是行为标准与裁判标准的统一。

首先，指引公众行为的法律规则并不都是行为规范。比如，"未成年人的父母是未成年人的监护人"能够给相关主体提供行为的指引（比如，当未成年人对他人造成财产损失时它可以告诉受害人向谁索赔），因此可以称为行为标准，但无论如何不能称为行为规范——上文已述，只有直接规定某种行为模式的道义状态的法律规则才是行为规范。这些不是行为规范的法律规则同样可以甚至（至少在某些法律体系下）应当成为法官裁判的标准。

其次，裁判规范作为指引法官裁判的规范，实际上是广义的行为规范的一种。因此，如果那些本身不是裁判规范的法律规则被理解为裁判

---

[1] 当然，并非所有的裁判规范都蕴含指引公众行为的行为规范。比如，"人民法院审理案件，除涉及国家机密、个人隐私和未成年人犯罪案件外，一律公开进行"这一裁判规范就不蕴含任何指引公众行为的行为规范。正是在这个意义上，陈兴良教授说，所有的行为规范都是裁判规范，反之则不然；换句话说，存在着并非行为规范的裁判规范。参见陈兴良《中译本序》，[日] 高桥则夫：《规范论和刑法解释论》，戴波、李世阳译，中国人民大学出版社2011年版，第2页。和上述边沁、科恩等学者相同，陈兴良所说的行为规范是指狭义的指引公众行为的行为规范。

[2] 参见梁慧星《民法总论》，法律出版社2011年版，第35—36页；王利明《民法总论》，中国人民大学出版社2009年版，第16页；刘志远《二重性视角下的刑法规范》，中国方正出版社2003年版，第111页；张明楷《行为规范与裁判规范的分离》，《中国社会科学报》2010年11月23日第10版。

规范的话，那么作为行为规范，它们或者是任意性的，或者是强制性的。然而，无论是将这些法律规则理解为任意性行为规范，还是理解为强制性行为规范，都是不妥当的。将它们理解为任意性行为规范的不妥当性是显而易见的。任意性行为规范无法给行为提供确定的指引，它不能告诉行为人如何在不同的行为 φ_1、φ_2、……φ_n 或互补的行为 φ_x 与 $\neg \varphi_x$ 之间进行选择。① 它同样不能被理解为强制性行为规范的原因是：强制性行为规范声称自己应当成为主体行为的排它性理由，比如，"故意杀人的，处死刑、无期徒刑或者十年以上有期徒刑"，这一省略了"应当"的裁判规范实际上是在命令法官"对于任意的 x 来说，只要 x 故意杀人，那么就判处 x 死刑、无期徒刑或者十年以上有期徒刑"，而那些本身不是裁判规范的法律规则并不声称自己应当成为法官裁判的理由。比如，"民事活动应当遵循社会公德"仅声称自己应当成为民事主体从事相关民事活动的理由，并不声称自己应当成为法官裁判的理由——尽管它可以、经常甚至应当成为法官裁判的理由。就此而论，它们可以被理解为裁判标准，但不能被称为裁判规范。

根据上文的讨论，我们可以区分出两种不同的裁判标准。一种直接以裁判规范的面貌出现（比如，"故意杀人的，处死刑、无期徒刑或者十年以上有期徒刑"）；其中有些而非全部蕴含相应的行为标准（狭义的、针对一般公众的行为标准，下同）。另一种不以裁判规范的面貌出现，而是规定了某类对象的法律属性或其他法律后果（比如，"未成年人的父母是未成年人的监护人"），它们可以给一般公众提供直接（当其是针对一般公众的行为规范时）或间接的行为指引；但与裁判规范不同，它们并不声称自己应当成为裁判标准。

对于那些本身并非裁判规范的法律规则来说，虽然它们并不声称自己应当成为裁判标准；但在当前的法律体系下，根据《宪法》《法院组织法》《法官法》的相关规定，同样应当作为裁判标准。换句话

---

① 这意味着，即便是那些针对一般公众的任意性的行为规范，当它们作为裁判标准时，也不能被理解为针对法官的任意性的裁判规范。正是在这个意义上，有学者指出，即便是那些行为人不必遵守的任意（行为）规范，亦拘束法官，从而具有（强制性的）裁判规范的性质。参见朱庆育《私法自治与民法规范》，《中外法学》2012 年第 3 期。

说，它们之所以能够成为具有法律约束力的裁判标准，是基于其他的法律规则。这意味着，如果存在合法的法律规则赋予指导性案例以法律约束力，同样将使指导性案例成为具有法律约束力的裁判标准；而这正是上述《规定》第 7 条所表达的"应当参照"规则所欲达成的规范目标。下一小节将结合（36）——"应当参照"规则的逻辑结构来揭示这一点。

（二）"应当参照"规则旨在赋予指导性案例的约束力类型

首先让我们回顾一下"应当参照"规则的逻辑结构：

(36) $\forall$（z）$\forall$（y）$\forall$（x）（最高人民法院发布的指导性案例（z）$\wedge$ 案件（y）$\wedge$ 法官（x）$\wedge$ 正在审理（x, y）$\wedge$ 类似（y, z）→［应当］实施$_{[x]}$［参照 z］）。

在该规则中，"参照（指导性案例）"是行为模式，"应当"是这种行为模式的道义属性。上文已述，行为规范的性质由道义属性决定，而与行为模式无关。因此，对于这一规则来说，"应当"这种道义属性表明它是一个强制性的行为规范，旨在赋予法官以"参照（指导性案例）"的义务。显然，这种义务的赋予会使"指导性案例"具有某种类型的强制性的约束力。那么是什么样的约束力呢？这一小节的论证试图揭示："应当参照"规则旨在赋予指导性案例的是法律约束力，而非一些学者所认为的事实约束力[①]，也非其他类型的规范约束力。为认识这一问题，我们首先需要厘清各种不同的约束力之间的区别。

从逻辑上说，任何能够给法官审理案件提供确定指引的规则都可以作为裁判标准。但可以作为裁判标准，并不意味着它实际上的确被法官作为裁判标准所依据或参照；而实际上的确被作为裁判标准，也不意味着它应当作为裁判标准。就此而论，我们需要将逻辑、事实与规范这些不同层面上的问题区别开来，并据此将事实约束力与规范约束力区别如下：

(37) 当且仅当一个规则 R_n 在实际上经常或者总是被法官作为裁判标准，R_n 具有事实上的约束力；

(38) 当且仅当"R_n 应当被作为裁判标准"这一规范性主张能够得到

[①] 如，肖源：《案例指导制度：法律的另一种存在》，《人民法院报》2010 年 8 月 23 日第 7 版。

有效的证立，R_n 具有规范上的约束力。

我们知道，对规范性主张 c_1 的证立要以另一个规范性主张 c_2 为前提（之一），以此类推。最终所需的作为基本前提的规范性主张 c_n 可能来源于人们的价值共识、正确的道德理念、宗教教义或被制度性确认的法律规则。根据 c_n 的来源不同，我们说 c_1 在不同的意义上得到了有效证立。就此而论：

（39）当且仅当"R_n 应当被作为裁判标准"这一规范性主张能够得到法律意义上的有效证立，R_n 具有法律上的约束力。

人们一般认为，在目前的法律体系下，司法机关中的上下级关系、诉讼中的审级关系以及相关的制度设计保证了指导性案例的事实约束力。比如，有学者指出："指导性案例必然会对法院的审判起到一定作用，违反指导性案例的，将可能导致案件被上级法院推翻，法官也可能面临司法管理方面惩罚和纪律处分的危险，下级法院的法官一般而言会遵循案例，因此具有'事实上的拘束力'。"[①] 然而，也有学者认为，由于我国通常是两审终审制，"通过审级案件实际上难以到达省一级的高院和最高法院，[因此]试图根据审级的监督赋予指导性案例事实上的拘束力大部分情况下是无法实现的。"[②] 根据一些学者的实证考察，后一种主张更符合实际。[③] 正因为此，最高法院旨在通过"应当参照"规则赋予指导性案例以法律约束力，以增强其获得事实约束力的可能性。

对于"应当参照"规则旨在赋予指导性案例的是法律约束力，而非事实约束力，存在如下几种反对意见。首先，人们可能认为，指导性案例是案例，而非规则；作为案例，法官在审理类似案件时能够参考其裁判理由，但无法直接遵循其裁判结论。[④] 对此反对意见，需要澄清的是，"指导性案例具有法律约束力"是一个简略的说法，实际上所说的是"指导性案例的裁判要点"具有法律约束力。这点已被《细则》第 9 条——

---

① 张超：《从事实拘束力到法律拘束力》，《法律方法》2014 年第 1 期。
② 孙国祥：《从柔性参考到刚性参照的嬗变》，《南京大学学报》2012 年第 3 期。
③ 如，李友根：《指导性案例为何没有约束力》，《法制与社会发展》2010 年第 4 期。张骐教授在调研中发现，比起最高人民法院发布的案例，基层法院更加关注其上级法院所发布的案例。这也是对后一种说法的验证。参见张骐《试论指导性案例的"指导性"》，《法制与社会发展》2007 年第 6 期。
④ 参见冯文生《审判案例指导中的"参照"问题研究》，《清华法学》2011 年第 5 期。

"各级人民法院正在审理的案件,在基本案情和法律适用方面,与最高人民法院发布的指导性案例相类似的,应当参照相关指导性案例的裁判要点作出裁判"——予以确认。而裁判要点所表达的正是作为裁判标准的规则。"裁判要旨是……对指导性案例中所蕴含的裁判规则的概括、归纳和总结;裁判规则是裁判要旨的内容,裁判要旨是裁判规则的形式。"①

与此相关的另外一个反对意见认为:"最高司法机关对于地方司法机关办理的已经发生法律效力的案件,通过一定的程序加以确认,其效果只应当限于承认其做法正确,对于其他案件包括其后办理的案件具有指导作用而不具有强制约束力。否则就等于在某种程度上确立了判例制度或者赋予了地方司法机关一定的司法解释权。"② 这一反对意见误以为规则的来源完全决定了它能否成为具有法律约束力的裁判标准。虽然有些规则之所以能够成为具有法律约束力的裁判标准,是因为它来源于制定法条文,比如那些直接以裁判规范的面貌出现的法律规则。但这并不意味着所有规则都是基于其来源而成为具有法律约束力的裁判标准的。实际上,对于所有那些不是直接以裁判规范的面貌出现的法律规则 R_x 来说,它们之所以能够成为具有法律约束力的裁判标准,并不是由于它们来源于制定法条文,而是由于存在另外一些合法有效的规则 $m\text{-}R_x$,能够作为证立"R_x 应当作为裁判标准"的前提。

此外,还有一种可能的反对意见是,如果指导性案例具有法律约束力,那么它应当能够作为依据在裁判文书中援引;但《细则》第 10 条明确规定:"各级人民法院审理类似案件参照指导性案例的,应当将指导性案例作为裁判理由引述,但不作为裁判依据引用。"实际上,一个规则是否具有法律约束力仅取决于法官是否具有(法律上的)义务将其作为裁判标准,而与它是否适宜作为裁判依据在文书中引用并无必然联系;或者至少可以说,一个规则是否能够或应当作为裁判依据引用,并不完全取决于它是否具有法律约束力,还存在其他方面的考虑。

最后,最常见也最重要的一种反对意见认为:"参照"这一用语表明,指导性案例并不像制定法那样必须被遵从,换句话说,"它存在不被

---

① 张骐:《指导性案例中具有指导性部分的确定与适用》,《法学》2008 年第 10 期。
② 蒋安杰:《检察机关案例指导制度的构建》,《法制资讯》2011 年第 1 期。

'适用'的可能性,这说明指导性案例的拘束力或者说权威性要比制定法弱"①;就此而论,它不太可能具有制定法所具有的法律约束力。这一反对意见以下面这一错误假定为前提:

(37) 如果一个规则是具有法律约束力的裁判标准,那么当它的法定条件满足时,法官就一定有义务实现其法律后果。

(37) 的错误之处在于忽略了作为裁判标准的法律规则的可废止性,即对于任何法律规则来说,都可能存在某种例外情形,在该情形中,虽然规则的法定条件得到了满足,但它的法律后果并不应当得到实现。比如,对于规则:

(38) ∀(x)(故意毁坏财物(x)→应当判处三年有期徒刑(x))

来说,在正常情况下,当法定条件满足时,法官应当实现其法律后果。比如,在事实:

(39) 故意毁坏财物(张三)

成立时,将(38)适用到(39)上,得出结论:

(40) 应当判处三年有期徒刑(张三)。

然而,如果张三故意毁坏财物的行为是其进行正当防卫的方式,那么(40)这一结论就不再成立了,如果除了(38),在该法律体系下还存在下面这样一个规则的话:

(41) ∀(x)(正当防卫(x)→不承担刑事责任(x))

从这个例子中可以看出,虽然规则(38)是有法律约束力的,但这并不是说,只要它的法定条件满足,法官就一定有义务实现其法律后果。换句话说,有法律约束力的来源于制定法条文的裁判标准同样"存在不被适用的可能性"。

一个可能的反对意见是:法官所依据的裁判标准并不是(38),而是(38)与(41)相结合而形成的规则(42),或者说(38)只是(42)的一个粗略版本:

(42) ∀(x)(故意毁坏财物(x)∧¬正当防卫(x)→应当判处三年有期徒刑(x))。

这样一来,当张三的行为不是正当防卫的时候,法官应当依据该裁

---

① 雷磊:《法律论证中的权威与正确性》,《法律科学》2014年第2期。

判标准得出结论（40），而当张三的行为是正当防卫的时候，（42）的法定条件没有得到满足，因此法官不应当依据它得出（40）；而应当依据（41）得出结论：

（43）不承担刑事责任（张三）。

换句话说，在这一反对意见看来，法律规则之所以具有可废止性，是因为它们没有被精确、完整地表达出来；如果我们先行整合所有法律素材并提取出完整、融贯的规则体系，那么法律规则的可废止性实际上是可以避免的。从逻辑上说，这一反对意见所提出的避免法律规则可废止性的方案是可以实现的，虽然真正实践起来可能困难重重。问题在于，这种做法将给法律实践带来一些严重的不便。

首先，考虑到例外情形的多样性，它将使法律规则过于臃肿。比如，对于故意毁坏财物来说，除了正当防卫之外，紧急避险是另外一个例外情形；此外，还有毁坏自己的财物、得到他人同意、职务行为。如果将已知的这些例外整合到规则（38）中，将使规则成为：

（44）$\forall$（x）（故意毁坏财物（x）$\land \neg$ 正当防卫（x）$\land \neg$ 紧急避免（x）$\land \neg$ 毁坏的财物是自己的（x）$\land \neg$ 得到他人同意（x）$\land \neg$ 职务行为（x）→应当判处三年有期徒刑（x））。

这样一个臃肿的规则虽然说并非不可适用，但适用起来是比较困难的。

其次，这种做法不利于分配不同的证明责任。在真实的诉讼实践中，一般来说，诉方需要证明规则的法定条件得到了满足，而辩方则需要证明不存在例外。比如，在上例中，诉方需要证明张三实施了故意毁坏行为，辩方则需要证明该行为是正当防卫或存在其他例外情形。如果例外情形也是法定条件的话，那么则需要诉方去证明并非该行为是正当防卫或存在其他例外情形。可以看出，例外情形与法定条件具有不同的性质。将它们整合到同一个法律规则中显然模糊了它们之间的区别。即便对于独自进行法律推理的主体来说，这一区别仍然是存在的。当从事法律推理的主体缺乏法定条件是否得到满足的信息时，是无法得出任何结论的；但如果缺乏的是例外情形是否存在的信息，则可以直接推定例外情形不存在。

此外，出于司法效率的考虑，人们也不太可能在考虑所有可能的例外情形之后才去适用某个法律规则；而是倾向于直接假定不存在例外情形而直接适用（简单的）规则，除非有证据表明的确存在例外。

基于如上理由，采用简单的、可废止的法律规则作为裁判标准，更有利于法律实践与法律推理。[①] 此时，当我们说一个法律规则具有法律约束力时，并不意味着只要该规则的法定条件得到了满足，它的法律后果就一定应当得到实现；因为该规则可能被其他的合法有效的法律规则所废止。

在逻辑上说，作为裁判标准的规则既可能被其他合法有效的法律规则所废止，也可能被没有制度性来源的例外所废止。比如，在某个案件中，虽然某个相关规则的法定条件得到了满足，但如果赋予相应的法律后果会与该规则背后的目的相冲突的话，人们也会考虑是否适用该规则。我们可以将有制度性来源的例外的废止称为形式废止，将缺乏制度性来源的例外的废止称为实质废止。

第一部分对"依据"与"参照"进行了概念分析，结合该分析可以得知：如果我们将《宪法》《法院组织法》《法官法》相关条文中所说的"依照法律审理案件"中的"依照"理解为"依据"的话，那么这些规则的规范意旨就是赋予那些作为裁判标准的法律规则仅可形式废止而不可实质废止的法律约束力。相应地，当一个行为规范要求法官"参照"某个裁判标准时，则意味着该行为规范试图赋予该裁判标准可实质废止的法律约束力，因为它要求法官将该裁判标准"推定"为裁判的排它性理由。换句话说，"参照"这一用语并不像一些学者所设想的那样，表明了指导性案例不具有强制性的法律约束力，而是表明指导性案例所具有的强制性（强制性通过"应当"表达出来）法律约束力是实质可废止的。

四 "应当参照"规则的合法性

上一部分揭示了"应当参照"规则的规范意旨，并论证了如果这一规则本身不存在合法性问题的话，它将使指导性案例成为具有实质可废

[①] 此外，对于法律规则的知识表达来说，这种方式也有利于实现知识单元的模块性，即人们可以在不改变旧的知识体系的前提下增添新的知识单元。而如果采用复杂规则的形式，每次加入例外，都要改变原来的规则。关于法律例外情形的逻辑表达，可参见 H. Prakken, *Legal Tools for Modelling Legal Argument: A Study of Defeasible Reasoning in Law*, Dordrecht: Springer, 1997, chapter 5。

止的法律约束力的裁判标准。这一部分试图论证，这一规则并不存在合法性问题。规则的合法性有两个层面：形式合法性与实质合法性。规则在形式上具有合法性是指它来源于有效的法律条文，或者说是有效的法律条文所表达的内容（或其逻辑后承）；而规则的实质合法性则是指它的内容的合法性。我们先来看"应当参照"规则的形式合法性。

（一）"应当参照"规则的形式合法性

"应当参照"规则旨在赋予指导性案例强制性的法律约束力，这一意旨能否实现首先取决于表达它的法律条文是否有效；而这又取决于最高人民法院是否有权（力）以《规定》这种规范性文件的形式赋予下级法院在审判过程中参照指导性案例的义务。

有学者将法院的司法权归结为审判权、监督权与司法解释权，认为在这三种权力中都不存在设定案例指导制度的权力，并根据"权力法定是一切公权力存在的前提条件，没有法律依据的权力是非法的、无效的"，进而得出"在现有法律规定以及由此所确立的最高人民法院司法权力框架下，案例指导制度的［形式］合法性存在问题"这一结论。[①]

也有学者认为最高人民法院设定案例指导制度实际上是行使内部行政权力的产物，是以行政手段处理司法问题，因此"有违法之虞"："从发布主体、形式以及内容上看，《关于案例指导工作的规定》与上述列举的具有行政管理性质的规章制度具有相同性质，最高人民法院通过内部行政管理性文件来创立一项司法制度的行为明显有权力扩张的趋势。"[②]

为案例指导制度的形式合法性辩护的学者多认为设定案例指导制度的权力来源于司法解释权。根据《人民法院组织法》《全国人民代表大会常务委员会关于加强法律解释工作的决议》和《各级人民代表大会常务委员会监督法》的相关规定，最高人民法院有"对于在审判过程中如何具体应用法律、法令的问题进行解释"的权力。[③] 于是有学者认为，如果指导性案例是司法解释的一种形式，那么就可以为最高人民法院设定案

[①] 参见赵娟《案例指导制度的合法性评析》，《江苏社会科学》2011年第6期。
[②] 张超：《从事实拘束力到法律拘束力》，《法律方法》2014年第1期。
[③] 2015年新修订的《立法法》对最高人民法院进行法律解释的权力做了进一步的明确与限定。

例指导制度找到权力来源了。反对者则认为，指导性案例并不是司法解释的一种形式，"司法解释需要特别程序，而指导性案例没有，所以指导性案例毕竟不是司法解释"[①]；因此，设定案例指导制度的权力并不来源于司法解释权。[②]

实际上，最高人民法院设定案例指导制度的权力并不是来源于司法解释权，也不是来源于内部行政权，而是来源于监督权。首先，设定案例指导制度的权力并非来源于它的内部行政权，虽然《关于案例指导工作的规定》在发布主体、形式上类似于《关于人民法院预防和处理执行突发事件的若干规定（试行）》《关于专利、商标等授权确认类知识产权行政案件审理分工的规定》类似，但它们在内容与性质上显然不同。后面这些规范性文件是关于法院内部的分工、协调、人事等内部行政事务的（或者不严肃地说，它们多多少少属于司法机关的"私事"）。前者则涉及具有约束力的裁判标准问题，最高人民法院显然不能基于内部行政权对该问题进行规范。

其次，特别需要澄清的是，最高人民法院设定案例指导制度的权力也不是来源于司法解释权。在上文中，已有学者指出这一点，但主要是通过说明指导性案例不是司法解释来进行论证的。这一论证是有问题的。其一，下一小节将要说明，指导性案例属于《人民法院组织法》等中所说的"具体应用法律问题的解释"的一种形式（即便它不属于《最高人民法院关于司法解释的若干规定》中所说的"司法解释"），这意味着，如果设定案例指导制度的权力是否来源于司法解释权取决于指导性案例是否是广义上的司法解释的话，那么该权力的确来源于司法解释权。其二，实际上，最高人民法院设定司法解释制度的权力同样不是来源于司法解释权；换句话说，即便指导性案例的确是司法解释，其设定案例指导制度的权力也并非来自于司法解释权。为了理解这一点，我们一定要把最高人民法院发布司法解释与指导性案例的权力与其设定相关制度的权力区别开来。

我们知道，最高人民法院发布司法解释的权力来自于《人民法院组

[①] 张骐：《再论指导性案例效力的性质与保证》，《法制与社会发展》2013 年第 1 期。
[②] 赵娟：《案例指导制度的合法性评析》，《江苏社会科学》2011 年第 6 期。

织法》等相关法律，但这些法律仅规定了最高人民法院有权对审判工作中具体应用法律问题进行解释，并未规定这些解释性文件的效力问题。就此而论，最高人民法院通过行使它的司法解释权所能做的仅仅是制定司法解释，它无法通过行使司法解释权赋予其发布的司法解释以法律约束力，换句话说，它无法通过行使司法解释权来给下级法院增设（依据司法解释进行裁判的）义务。而这正是《关于司法解释工作的规定》的规范目标（之一）。因此，最高人民法院通过该规定设定司法解释制度的权力并不是来源于司法解释权。

如果最高人民法院设定司法解释制度的权力并不是来源于司法解释权，那么它来源于什么权力呢？答案只可能是监督权。最高人民法院的监督权从根本上说来源于《宪法》第 127 条的规定："最高人民法院是最高审判机关。最高人民法院监督地方各级人民法院和专门人民法院的审判工作，上级人民法院监督下级人民法院的审判工作。"在一些学者看来，应对《宪法》的这一原则性规定做狭义上的理解，这里的监督仅指《法院组织法》第 13 条第 2 款所规定的"最高人民法院对各级人民法院已经发生法律效力的判决和裁定，上级人民法院对下级人民法院已经发生法律效力的判决和裁定，如果发现确有错误，有权提审或者指令下级人民法院再审"。[①] 然而，如果是这样的话，《法院组织法》第 29 条对最高人民法院监督权的再次规定就成为多余的了。

从学理上说，监督包括事前监督、事中监督与事后监督。既然《宪法》《法院组织法》并没有对监督形式进行限制，就没有理由认为它授予最高人民法院的监督权仅是指事后监督。就此而论，最高人民法院同样有权进行事前监督。事前监督通常采取制定规范性文件、批准预算等形式。比如，有学者对人大的监督权进行了分析，认为它包括五个方面的监督，分别为：权限监督、人事监督、工作监督、财政监督、质询监督；其中作为事前监督的权限监督采用的形式为"通过立法形式，规定行政机关和司法机关的职权范围和行为模式"[②]。再如，《银行业监督管理法》第 15 条规定了对金融机构的事前监督："国务院银行业监督管理机构依照

[①] 夏引业：《论指导性案例发布权的合法性困境与出路》，《法商研究》2015 年第 6 期。
[②] 张智辉：《法律监督三辨析》，《中国法学》2003 年第 5 期。

法律、行政法规制定并发布对银行业金融机构及其业务活动监督管理的规章、规则。"最高人民法院通过制定规范性文件赋予"具体应用法律问题的解释"以法律约束力是其行使监督权进行事前监督的一种方式,并不是有些学者所说的"将监督权拓展为监督指导权"①。

　　曾任职于全国人大常委会的蔡定剑教授认为,《宪法》第127条所说的监督"主要是指上级人民法院对下级人民法院在审判活动中是否正确适用进行监督。体现在最高人民法院对各级人民法院已经发生法律效力的判决和裁定,人民法院对下级人民法院已经发生法律效力的判决和裁定,如果发现确有失误,有权提审或指令下级人民法院再审;有权审判检察院按照审判监督程序提起的案件;可以通过对审判过程具体运用法律的解释纠正审判过程中的违法和不当行为等。"②这里所说的"通过对审判过程中具体运用法律的解释纠正审判过程中的违法和不当行为等"略有不妥,因为"违法与不当行为等"是无法通过进行"解释"来纠正的;但它们能够通过"解释"来预防,即进行事前监督。如果做此合理化理解的话,那么蔡定剑教授的说法同样支持了最高人民法院的监督权包括通过设定司法解释制度来进行事前监督的权力。

　　如果指导性案例是"具体应用法律的解释"的一种形式(下一小节将确认这一点),那么最高人民法院通过《关于案例指导工作的规定》赋予指导性案例以法律约束力同样是其行使监督权的一种方式。正因为此,最高人民法院研究室主任胡云腾谈到《规定》的法律依据时说:"人民法院组织法第二十九条规定:'最高人民法院是国家最高审判机关。最高人民法院监督地方各级人民法院和专门人民法院的审判工作。'[该]法律……为案例指导制度的建立,提供了立法依据……"③

(二)"应当参照"规则的实质合法性

　　对于一个法律规则来说,它的规范意旨能否实现,不仅取决于它是否来源于有效的法律条文,而且取决于它的内容是否合法;换句话说,

---

① 夏引业:《论指导性案例发布权的合法性困境与出路》,《法商研究》2015年第6期。
② 蔡定剑:《宪法精解》,法律出版社2006年版,第442页。
③ 胡云腾等:《统一裁判尺度、实现司法公正》,《中国审判》2011年第1期(原文还提到《规定》的政策依据,此处省略)。

其规范意旨的实现不仅依赖于它的形式合法性，而且依赖于它的实质合法性。上一小节明确了"应当参照"规则的形式合法性，这一小节旨在明确它的实质合法性。首先需要说明的是，此处所讨论的是"应当参照"规则的"实质合法性"，而不是它的"实质正当性"。当且仅当一个规则不与其他任何优位于它的规则相冲突的时候，该规则具有实质合法性；当且仅当一个规则在道德上可证立时，该规则具有实质正当性。具有实质合法性的规则不一定具有实质正当性，反之亦然。规则的规范意旨的实现依赖于它的实质合法性，并不依赖于它的实质正当性。

对于"应当参照"规则来说，对其实质合法性的担忧集中在两个问题上。一是，它旨在使指导性案例成为具有法律约束力的裁判标准，从而可能侵占立法机关的立法权（即与《宪法》第58条、《立法法》第7条等规定立法权的条文所表达的规则相冲突）；二是它给下级法院的审判工作增设了义务，从而可能侵犯下级法院的独立审判权（即与《宪法》第126条、《法院组织法》第4条等规定独立行使审判权的条文所表达的规则相冲突）[①]。

有学者试图以长期的司法实践为根据来化解第一个担忧。"长期以来，受'立法宜粗不宜细'的指导思想和立法机关的专业性偏低的影响，我们的法律除了少数例外，往往都是简约型的，充斥着大量的一般性条款。……虽说人大常委会承担立法解释的职能，但除了在刑法领域，它并不进行立法解释。'立法的有意沉默'与'禁止司法沉默'之间形成了基本的张力关系。同时，作为立法解释与司法解释之区分基础的规定……在实践中是被废弃不用的。……[这导致]最高人民法院实际上的立法功能很可能已经成为我国立法权力运作机制的一个有机组成部分，甚至必不可少的一个部分。"[②] 还有学者暗示，这一担忧并不必要，因为立法机关并不担忧。"全国人大常委会似乎不但没有[对最高人民法院的'立法']横加指责，反而一如既往地将不少应当法定的事项交给最高人民法院通过司法解释等方式进行实践，甚至将某些法律交由最高人民法

---

① 如，赵娟：《案例指导制度的合法性评析》，《江苏社会科学》2011年第6期。
② 雷磊：《指导性案例法源地位再反思》，《中国法学》2015年第1期。

院独家起草，确实令不少学者大跌眼镜。"①

　　这一论证思路的问题首先在于混淆了事实问题与规范问题：（长期以来的）实然的司法实践是一回事，司法实践的应然状态则是另一回事。其次，即便它能够说明最高人民法院在某种程度上行使立法权是合理的，从而是具有实质正当性的，也不能说明它是合法的或者并非侵占立法机关的立法权。最高人民法院的某种行为模式是否合法或者侵占了立法权，取决于这一行为模式的性质与相关法律规则的内容，而不取决于这种行为模式是否长期以来被人们所践行，也不取决于它在特定的社会背景下是否具有合理、正当或者立法机关对这种行为模式的态度（当然，如果立法机关的态度以法律的形式确定下来则是另一回事）。

　　实际上，这两个担忧都可以通过阐明指导性案例是"具体应用法律的解释"的一种形式得以化解。上文已述，根据《人民法院组织法》《全国人民代表大会常务委员会关于加强法律解释工作的决议》和《各级人民代表大会常务委员会监督法》的相关规定，最高人民法院有作出"具体应用法律的解释"的权力。如果指导性案例是"具体应用法律的解释"的一种形式，那么它显然没有侵占立法机关的立法权。

　　同样，如果指导性案例是"具体应用法律的解释"的一种形式，"应当参照"规则也没有侵犯下级法院的独立审判权。法院的独立审判权来源于《宪法》第 126 条的规定："人民法院依照法律规定独立行使审判权，不受行政机关、社会团体和个人的干涉。"在有些学者看来，该条同样适用于对最高人民法院的权力限制；换句话说，"最高人民法院也不得干涉各级人民法院……独立行使审判权"②。这一看法是正确的。但值得注意的是，各级法院不仅有独立审判的权力，还有遵循法律、接受监督的义务。1954 年《宪法》对独立审判权的规定为："人民法院独立行使审判权，只服从法律。"在蔡定剑教授看来，1982 年《宪法》之所以不同于 1954 年《宪法》，是由于"修宪者认为，1954 年《宪法》的规定有些绝对……根据我国的实际情况，人民法院［不仅要服从法律，还］必须

---

① 李仕春：《案例指导制度的另一条思路》，《法学》2009 年第 6 期。
② 赵娟：《案例指导制度的合法性评析》，《江苏社会科学》2011 年第 6 期。

接受国家权力机关的监督"①。如果指导性案例是"具体应用法律的解释"的一种形式，那么最高人民法院强令下级法院在审判类似案件时参照指导性案例就成为监督下级法院遵循法律的一种形式，从而并不侵犯下级法院的独立审判权。正由于指导性案例是不是"具体应用法律的解释"的一种形式，直接关系到"应当参照"是否会侵占立法机关的立法权、侵犯下级法院的独立审判权，最高人民法院研究室主任胡云腾强调："人民法院的指导性案例，从其性质上看是解释法律的一种形式，……在此需要明确的是，指导性案例所具有的……不是造法而是释法的作用。"②他的这一说法是正确的，下面就试图为这一说法作出具体的论证。

不少学者都曾提到，指导性案例并不是最高人民法院《关于司法解释工作的规定》中所说的司法解释。③这一看法无疑是正确的。指导性案例与司法解释在制定程序等方面有诸多不同。但这并不意味着它不是"具体应用法律的解释"的一种形式。换句话说，《关于司法解释工作的规定》并未穷尽所有"具体应用法律的解释"的形式——虽然该《规定》第2条规定"人民法院在审判工作中具体应用法律的问题，由最高人民法院作出司法解释"；但这一条文旨在确认最高人民法院是针对人民法院在审判工作中具体应用法律的问题作出司法解释的权力机构，而非限定"具体应用法律的解释"的形式。就此而论，指导性案例是否是"具体应用法律的解释"的一种形式并不取决于它是否具有司法解释的程序或法源地位，而只取决它是不是在具体的审判工作中提出的、是否针对具体的法律条文（这两点关系到是不是"具体应用法律"），以及所提供的是不是解释性规则（这关系到是不是"解释"）。指导性案例来源于生效的判决，相关法律条文是指导性案例的结构性要素之一，前两点要求显然是满足的；因此问题的关键是指导性案例所提供的裁判标准究竟是不是解释性规则。为回答这一问题，需要了解何谓解释性规则。

我们知道，任何规则的适用都需要经过判断这一环节。比如，对于

---

① 蔡定剑：《宪法精解》，法律出版社2006年版，第440页。
② 蒋安杰：《人民法院案例指导制度的构建》，《法制资讯》2011年第1期。
③ 如，陈兴良：《案例指导制度的规范考察》，《法学评论》2012年第3期；夏引业：《论指导性案例发布权的合法性困境与出路》，《法商研究》2015年第6期。

"禁止机动车进入公园"这一规则（R₁）来说，执法者要想适用它，首先要判断他/她碰到的对象 a 是不是机动车。如果是机动车的话，那么适用 R₁；反之则不适用 R₁。当 a 是一辆卡车时，执法者能够明确地判断出 a 是机动车，他/她适用 R₁ 作出禁止 a 进入公园的推理过程可以刻画为：

(45) 推理形式 I：

(45.1) ∀（x）（机动车（x）→禁止进入公园（x）），(45.2) 机动车（a）

(45.3) 禁止进入公园（a）

其中，(45.1) 与 (45.2) 分别为给定的规则前提与事实前提，(45.3) 为最终结论。

但并不是所有的时候执法者都能够明确地判断出 a 是不是车辆。比如，当 a 是一辆电动车时，(45.2) 是否成立并不显而易见。此时，为了确定是否适用规则，执法者要首先对"机动车"进行解释，以判断哪一个是成立的：

(46.1) ∀（x）（电动车（x）→机动车（x））；

(46.1') ∀（x）（电动车（x）→¬ 机动车（x））。

如果 (46.1) 成立，那么判断 (45.2) 成立；如果 (46.1') 成立，那么判断 (45.2) 不成立。当 (46.1) 成立时，执法者适用 R₁ 作出禁止 a 进入公园的推理过程可以刻画为：

(46) 推理形式 II：

(46.1) ∀（x）（电动车（x）→机动车（x）），(46.2) 电动车（a）
(45.1) ∀（x）（机动车（x）→禁止进入公园（x）），(45.2) 机动车（a）

(45.3) 禁止进入公园（a）

在 (46) 中，给定的规则前提与事实前提分别为 (45.1) 与 (46.1)，由于 (46.2) 中的谓词是"电动车"，而 (45.1) 中的谓词是"机动车"，而"电动车"是否在"机动车"的外延之内并不清楚，因此只从这两个前提出发是无法得出任何结论的。只有通过引入另一个前提 (46.1) 得出中间结论 (45.2)——在 (45) 中，(45.2) 是给定的事实前提，(45.3) 才能被推导出来。被引入的 (46.1) 即为解释性规则。

通过调整推理步骤的次序，(46) 这一推理形式也可以改写为：

(47) 推理形式 III：

(45.1) ∀（x）（机动车（x）→禁止进入公园（x）），(46.1)

∀（x）（电动车（x）→机动车（x））

（47.1）∀（x）（电动车（x）→禁止进入公园（x）），（46.1）电动车（a）

（45.3）禁止进入公园（a）

在（47）中，（47.1）作为从给定的规则前提（45.1）与解释性规则（46.1）中推导出来的中间结论，是解释性规则的另一种类型。

当然，（46.1）并不是凭空产生的。为了得出（46.1），人们有时对"机动车"进行定义，这一定义采取这样的形式：

（48.1）∀（x）（$M_1(x) \wedge M_2(x) \ldots M_n(x) \leftrightarrow$ 机动车（x））。

其中 $M_1(x) \wedge M_2(x) \ldots M_n(x)$ 表达了 x 成为机动车的充分必要条件。有了这样的定义后，人们便可以根据电动车是否全部具备这些条件，来判断（46.1）与（46.1'）何者成立。假设成立的是（46.1），那么推理过程如下：

（48）推理形式 IV：

（48.1）∀（x）（$M_1(x) \wedge M_2(x) \ldots M_n(x) \leftrightarrow$ 机动车（x））

（48.2）∀（x）（$M_1(x) \wedge M_2(x) \ldots M_n(x) \rightarrow$ 机动车（x）），

（48.3）∀（x）（电动车（x）→$M_1(x) \wedge M_2(x) \ldots M_n(x)$）

（46.1）∀（x）（电动车（x）→机动车（x））

其中，（48.1）以及它的两个合取肢同样是解释性规则的另一种类型。

无论是（46.1）还是（47.1）或（48.1），它们都是为了适用（45.1）这一给定的规则（R_1）而服务的；换句话说，它们并没有改变规则，最终被适用的仍然是 R_1。正是在这个意义上，它们是解释性规则，而不是续造性规则。

我们可以通过两个续造性规则的例子来更好地认识这一点。仍然以 R_1 即"禁止机动车进入公园"这一规则为例，假设执法者碰到的对象是救护车，虽然他/她能够明确地判断它是机动车，但从规则的目的或其他的实质性理由出发，他/她仍然可能决定不禁止它进入公园。或者他/她所碰到的对象是一匹暴躁的、容易给公园内行人带来危害的马，虽然他/她明确地判断它不是机动车，但从规则的目的或其他的实质性理由出发，他/她仍然可能决定禁止它进入公园。在这两种情况下，如果我们仍然认为他/她是依据相关的规则而作出决定的，那么他/她所依据的规则并不

是 R_1，而是经过修正的 R_2 与 R_3：

(49)（R_2）∀（x）(机动车（x）∧¬ 救护车（x）→禁止进入公园（x))；

(50)（R_3）∀（x）(机动车（x）∨马（x）→禁止进入公园（x))。

可以看出，与（46.1）、（47.1）、（48.1）不同，（49）与（50）改变了原规则。一个规则究竟是解释性的还是续造性的，取决于该规则被引入到相关的推理过程中之后，是否改变了给定的规则前提。由于指导性案例所提供的裁判要点并不旨在改变相关条文所表达的规则，而是为适用这些规则而服务的解释性规则——在已发布的指导性案例中，多数案例提供的解释性规则是（47.1）这种类型的，如指导性案例27号"臧进泉等盗窃、诈骗案"，指导性案例28号"胡克金拒不支付劳动报酬案"；也有一些提供的解释性规则是（48.1）这种类型的，如指导性案例47号"意大利费列罗公司诉蒙特莎（张家港）食品有限公司、天津经济技术开发区正元行销有限公司不正当竞争纠纷案"，因此指导性案例是"具体应用法律的解释"的一种形式。

综上，在法律条文中，"应当"与"参照"的搭配并无问题，这样一种搭配旨在赋予相关的行为主体以特定的义务，即将被参照的对象作为推定的排它性理由；最高人民法院《关于案例指导工作的规定》第7条所表达的"应当参照"规则没有任何逻辑问题，不存在所谓的"强行规范"与"任意规范"的悖论，它就是（针对法官裁判的）强制性规范；该规则旨在赋予指导性案例实质可废止的法律约束力；该规则的形式合法性与实质合法性均无问题；指导性案例是具有实质可废止的法律约束力的裁判标准。

主要参考文献

一 中文专著

1. 蔡定剑：《宪法精解》，法律出版社2006年版。
2. 陈波、韩林合：《逻辑与语言：分析哲学经典文选》，东方出版社2005年版。
3. 陈波：《逻辑哲学研究》，中国人民大学出版社2013年版。
4. 陈景辉：《实践理由与法律推理》，北京大学出版社2012年版。
5. 丁世飞：《人工智能》（第2版），清华大学出版社2015年版。
6. 国家法官学院、德国国际合作机构：《法律适用方法：刑法案例分析》，中国法制出版社2012年版。
7. 韩林合：《〈逻辑哲学论〉研究》，商务印书馆2016年版。
8. 黄茂荣：《法学方法与现代民法》，法律出版社2006年版。
9. 解兴权：《通向正义之路：法律推理的方法论研究》，中国政法大学出版社2000年版。
10. 孔祥俊：《法律方法论》，人民法院出版社2006年版。
11. 雷磊：《规范、逻辑与法律论证》，中国政法大学出版社2016年版。
12. 梁彗星：《民法总论》，法律出版社2011年版。
13. 梁慧星：《裁判的方法》（第3版），法律出版社2017年版。
14. 刘志远：《二重性视角下的刑法规范》，中国方正出版社2003年版。
15. 罗仕国：《科学与价值：作为实践理性的法律推理导论》，中国社会科学出版社2008年版。
16. 舒国滢等：《法学方法论问题研究》，中国政法大学出版社2007年版。
17. 涂纪亮、陈波主编：《蒯因著作集》（第1—6卷），中国人民大学出版社 2007 年版。
18. 王洪:《制定法推理与判例法推理》,中国政法大学出版社 2016 年版。
19. 王利明:《法学方法论》,中国人民大学出版社 2012 年版。
20. 王利明:《民法总论》,中国人民大学出版社 2009 年版。
21. 王万良编著:《人工智能导论》(第 4 版),高等教育出版社 2017 年版。
22. 王泽鉴:《民法思维:请求权基础理论体系》,北京大学出版社 2009 年版。
23. 邢滔滔:《数理逻辑》,北京大学出版社 2008 年版。
24. 杨仁寿:《法学方法论》,中国政法大学出版社 1999 年版。
25. 张保生:《法律推理的理论与方法》,中国政法大学出版社 2000 年版。
26. 张斌峰:《法律推理新探:语用学与语用逻辑的视角》,中国政法大学出版社 2014 年版。
27. 张传新:《自适应道义逻辑与法律推理研究》,山东人民出版社 2011 年版。
28. 张骐:《法律推理与法律制度》,上东人民出版社 2003 年版。
29. 周建武:《逻辑学导论:推理、论证与批判性思维》,清华大学出版社 2013 年版。
30. 邹碧华:《要件审判九步法》,《法律出版社》2010 年版。

二 中文译著

1. [奥] 伊尔玛·塔麦洛:《现代逻辑在法律中的应用》,李振江等译,中国法制出版社 2012 年版。
2. [波兰] 耶日·施特尔马赫,巴尔托什·布罗泽克:《法律推理方法》,陈伟功译,中国政法大学出版社 2015 年版。
3. [德] 贡塔·托依布纳:《法律:一个自创生系统》,张骐译,北京大学出版社。
4. [德] 卡尔·拉伦茨:《法学方法论》,陈爱娥译,商务印书馆 2003 年版。
5. [德] 莱奥·罗森贝克:《证明责任论》(第 5 版),庄敬华译,中国法制出版社 2018 年版。

6. ［德］莱因荷德·齐佩利乌斯：《法哲学》，金振豹译，北京大学出版社 2013 年版。

7. ［德］罗伯特·阿列克西：《法、理性、商谈：法哲学研究》，雷磊译，中国法制出版社 2011 年版。

8. ［德］罗伯特·阿列克西：《法：作为理性的制度化》，雷磊译，中国法制出版社 2012 年版。

9. ［德］罗伯特·阿列克西：《法律论证理论：作为法律证立理论的理性论辩理论》，舒国滢译，中国法制出版社 2002 年版。

10. ［德］魏德士：《法理学》，丁晓春、吴越译，法律出版社，2013 年版。

11. ［德］乌尔里希·克卢格：《法律逻辑》，雷磊译，法律出版社 2016 年版。

12. ［荷］阿尔诺·R. 洛德：《对话法律：法律证成和认证的对话模型》，魏斌译，中国政法大学出版社 2016 年版。

13. ［荷］巴特·维赫雅：《虚拟论证：论法律人及其他论证者的论证助手设计》，周兀译，中国政法大学出版社 2016 年版。

14. ［荷］范爱默伦、斯诺克·汉克曼斯：《论证分析与评价》（第 2 版），熊明辉等译，中国社会科学出版社 2018 年版。

15. ［荷］范爱默伦主编：《论证理论手册》（全 2 册），熊明辉等译，中国社会科学出版社 2020 年版。

16. ［荷］雅普·哈赫：《法律逻辑研究》，谢耘译，中国政法大学出版社 2015 年版。

17. ［美］E. 博登海默：《法理学、法律哲学与法律方法》，邓正来译，中国政法大学出版社 2004 年版。

18. ［美］安德雷·马默主编：《法律与解释：法哲学论文集》，张卓明等译，法律出版社 2006 年版。

19. ［美］保罗·蒂德曼，霍华德·卡哈尼：《逻辑与哲学：逻辑导论》（第 9 版），张建军等译，中国人民大学出版社 2017 年版。

20. ［美］布雷恩·Z. 塔玛纳哈：《论法治：历史、政治和理论》，李桂林译，武汉大学出版社 2010 年版。

21. ［美］富勒：《法律的道德性》，郑戈译，商务印书馆 2005 年版。

22. ［美］凯斯·R. 孙斯坦：《法律推理与政治冲突》，金朝武译，法律出版社 2004 年版。
23. ［美］尼古拉·雷舍尔：《推定和临时性认知实践》，王进喜译，中国法制出版社 2013 年版。
24. ［美］欧文·M. 柯匹，卡尔·科恩：《逻辑学导论》（第 13 版），张建军等译，中国人民大学出版社 2014 年版。
25. ［美］史蒂芬·卢奇：《人工智能》（第 2 版），林赐译，人民邮电出版社 2018 年版。
26. ［美］斯蒂芬·雷曼：《逻辑学是什么》（第 3 版），杨武金译，中国人民大学出版社 2014 年版。
27. ［美］特伦斯·安德森等：《证据分析》（第 2 版），张保生等译，中国人民大学出版社 2018 年版。
28. ［美］托马斯·库恩：《科学革命的结构》，金吾伦等译，北京大学出版社 2003 年版。
29. ［美］约翰·R. 塞尔：《意向性：论心理哲学》，刘叶涛译，上海世纪出版集团 2007 年版。
30. ［美］约翰·波洛克等：《当代知识论》，陈真译，复旦大学出版社 2008 年版。
31. ［美］詹姆斯·雷切尔斯、斯图亚特·雷切尔斯：《道德的理由》（第 7 版），杨宗元译，中国人民大学出版社 2014 年版。
32. ［日］高桥则夫：《规范论和刑法解释论》，戴波、李世阳译，中国人民大学出版社 2011 年版。
33. ［瑞典］亚历山大·佩策尼克：《论法律与理性》，陈曦译，中国政法大学出版社 2015 年版。
34. ［瑞典］亚历山大·佩岑尼克：《法律科学：作为法律知识和法律渊源的法律学说》，桂晓伟译，武汉大学出版社 2009 年版。
35. ［以］约瑟夫·霍尔维茨：《法律与逻辑：法律论证的批判性说明》，陈锐译，中国政法大学出版社 2015 年版。
36. ［意］乔瓦尼·萨尔托尔：《法律推理：法律的认知路径》，汪习根等译，武汉大学出版社 2011 年版。
37. ［英］丹宁勋爵：《法律的训诫》，杨百揆等译，法律出版社 1999

年版。

38. ［英］尼尔·麦考米克：《法律推理与法律理论》，姜峰译，法律出版社 2018 年版。
39. ［英］尼尔·麦考密克：《修辞与法治》，程朝阳等译，北京大学出版社 2014 年版。
40. ［英］苏珊·哈克：《逻辑哲学》，罗毅译，商务印书馆 2006 年版。

三　英文专著

1. Alan Hausman, Howard Kahane & Paul Tidman, Logic and Philosophy: A Modern Introduction, (11th ed.), Boston: Wadsworth Publishing, 2010.
2. Aleksander Peczenik, On Law and Reason, New York: Springer, 2008.
3. Alf Ross, Directives and Norms, Clark: Lawbook Exchange, 2006.
4. Arend Soeteman, Logic in Law, Dordrecht: Kluwer, 1989.
5. Arno R. Lodder, Dialaw: On Legal Justification and Dialogical Models of Argumentation, Dordrecht, Boston, London: Kluwer, 1999.
6. Bart Verheij, Virtual Arguments: On the Design of Argument Assistants for Lawyers and Other Arguers, Berlin: T. M. C. Asser Press, 2005.
7. C. Perelman & L. Olbrechts-Tyteca, The New Rhetoric: A Treatise on Argumentation, Notre Dame: University of Notre Dame Press, 1969.
8. Chaim Perelman & Lucie Olbrechts-Tyteca, The New Rhetoric: A Treatise on Argumentation, John Wilkinson & Purcell Weaver trans., Notre Dame: University of Notre Dame Press, 1973.
9. Charles Hamblin, Fallacies, New York: Methuen, 1970.
10. D. N. Walton, C. Reed & F. Macagno, Argumentation Schemes, Cambridge: Cambridge University Press, 2008.
11. D. N. Walton, Legal Argumentation and Evidence, University Park, PA: Pennsylvania State University Press, 2002.
12. David Muttart, Empirical Gap in Jurisprudence: A Comprehensive Study of the Supreme Court of Canada, Toronto: University of Toronto Press, 2007.
13. David Ross, The Right and the Good, Oxford: Clarendon Press, 1930.
14. Dov M. Gabbay, Philosophy of Logic, Amsterdam: Elsevier, 2007.

15. Edward H. Levi, An Introduction to Legal Reasoning, Chicago: University of Chicago Press, 2013.
16. Frederick Schauer, Thinking Like a Lawyer: A New Introduction to Legal Reasoning, Cambridge MA: Harvard University Press, 2009.
17. G. E. M. Anscombe, Intention, Cambridge, Mass.: Harvard University Press, 2000.
18. Georg Henrik von Wright, Norm and Action, London: Routledge and Kegan Paul, 1963.
19. Giovanni Sartor, Legal Reasoning: A Cognitive Approach to the Law, Dordrecht: Springer, 2005.
20. H. L. A. Hart, The Concept of Law, Oxford: Clarendon, 1994.
21. Hans Kelsen, General Theory of Law and State, A. Wedberg trans. Cambridge Mass.: Harvard University Press, 1945.
22. Henry Prakken, Logical Tools for Modelling Legal Argument, Berlin: Springer, 1997.
23. Jaap Hage, Reasoning with Rules, Dordrecht: Kluwer Academic Publishers, 1997.
24. Jaap Hage, Studies in Legal Logic, Dordrecht: Springer, 2005.
25. John L. Pollock, Cognitive Carpentry: A Blueprint for How to Build a Person, MA: MIT Press, 1995.
26. Jordi Ferrer Beltrán & Giovanni Battista Ratti, eds. The Logic of Legal Requirements: Essays on Defeasibility, Oxford: Oxford University Press, 2012.
27. N. MacCormick, R. Summers R, Interpreting Statutes: A Comparative Study, Dartmouth: Aldershot, 1991.
28. Philippe Besnard, Anthony Hunter, Elements of Argumentation, MA: MIT Press, 2008.
29. Prakken, Legal Tools for Modelling Legal Argument: A Study of Defeasible Reasoning in Law, Dordrecht: Springer, 1997.
30. R. H. Johnson & J. A. Blair, Logical Self-defense, New York: McGraw-Hill, 1994.

31. Ralph Johnson, Manifest Rationality: A Pragmatic Theory of Argument, Manhwa, NJ: Lawrence Erlbaum Associates, 2000.
32. Rene Dirven & Marjolijn Verspoor, Cognitive Exploration of Language and Linguistics, Amsterdam & Philadelphia: John Benjamins, 2004.
33. Robert Alexy, A Theory of Constitutional Rights, Oxford: Oxford University Press, 2002.
34. Robert E. Rodes & Howard Pospesel, Premises and Conclusions: Symbolic Logic for Legal Analysis, New Jersey: Prentice-Hall, 1997.
35. Robert Pinto, Argument, Inference and Dialectic, Dordrecht: Kluwer, 2001.
36. Roberto M. Unger, Law in Modern Society, New York: Free Press, 1976.
37. Ronald Dworkin, A Matter of Principle, Cambridge, MA: Harvard University Press, 1985.
38. Ronald Langcker, Foundations of Cognitive Grammar (1), Stanford: Stanford University Press, 1987.
39. Stephen E. Toulmin, The Use of Argument, Cambridge: Cambridge University Press, 1958.
40. Stephen F. Barker, The Elements of Logic, New York: McGraw-HILL, 2003.
41. Stephen Levinson, Pragmatics, Cambridge: Cambridge University Press, 1983.
42. T. R. S. Allan, Law, Liberty, and Justice: The Legal Foundations of British Constitutionalism, Oxford: Oxford University Press, 1993.
43. Wesley C. Salmon, Logic, New Jersey: Prentice-Hall, 1973.
44. William Twining, Rethinking Evidence: Exploratory Essays, Cambridge: Cambridge University Press, 2006.

四　中文论文

1. 陈金钊:《司法过程中的法律方法论》,《法制与社会发展》2002年第4期。
2. 陈坤:《重申法律解释的明晰性原则》,《法商研究》2013年第1期。

3. 陈坤：《"开放结构"与法律的客观性》，《法制与社会发展》2016 年第 1 期。
4. 陈坤：《所指确定与法律解释》，《法学研究》2016 年第 5 期。
5. 陈坤：《概念涵摄与规则适用：一个概念与逻辑的分析》，《法制与社会发展》2017 年第 5 期。
6. 陈兴良：《非家庭成员间遗弃行为之定性研究——王益民等遗弃案之分析》，《法学评论》2005 年第 4 期。
7. 陈兴良：《故意毁坏财物行为之定性研究》，《国家检察官学院学报》2009 年第 1 期。
8. 陈兴良：《故意毁坏财物行为之定性研究》，《国家检察官学院学报》2009 年第 1 期。
9. 董玉庭、于逸生：《司法语境下的法律人思维》，《中国社会科学》2008 年第 5 期。
10. 冯文生：《审判案例指导中的"参照"问题研究》，《清华法学》2011 年第 5 期。
11. 胡云腾、于同志：《案例指导制度若干重大疑难问题研究》，《法学研究》2008 年第 6 期。
12. 胡云腾等：《统一裁判尺度、实现司法公正》，《中国审判》2011 年第 1 期。
13. 蒋安杰：《检察机关案例指导制度的构建》，《法制资讯》2011 年第 1 期。
14. 焦宝乾：《法的发现与证立》，《法学研究》2005 年第 5 期。
15. 雷磊：《法律论证中的权威与正确性》，《法律科学》2014 年第 2 期。
16. 雷磊：《指导性案例法源地位再反思》，《中国法学》2015 年第 1 期。
17. 雷磊：《走出"约根森困境"？》，《法制与社会发展》2016 年第 2 期。
18. 李仕春：《案例指导制度的另一条思路》，《法学》2009 年第 6 期。
19. 李友根：《指导性案例为何没有约束力》，《法制与社会发展》2010 年第 4 期。
20. 林琳、赵芳：《疑难案件中的法官裁判思维》，《山东审判》2009 年第 3 期。
21. 缪四平：《法律推理与法律论证》，《逻辑与认知》2004 年第 4 期。

22. 桑本谦：《"法律人思维"是怎样形成的》，《法律和社会科学》2014年第1辑。

23. 沈宗灵：《法律推理与法律适用》，《法学》1998年第5期。

24. 石磊、刘松涛：《指导性案例参照情况的实证分析》，《人民司法》2015年第23期。

25. 苏力：《法律人思维？》，《北京大学法律评论》2013年第2辑。

26. 孙国祥：《从柔性参照到刚性参照的嬗变》，《南京大学学报》2012年第3期。

27. 王洪：《论法律推理与司法判决推理》，《哲学研究》2003年增刊。

28. 王永茜：《论刑法上裁判规范与行为规范的分离》，《清华法学》2015年第5期。

29. 武宏志：《美国语境下的"法律人思维"》，《法学家》2009年第3期。

30. 夏引业：《论指导性案例发布权的合法性困境与出路》，《法商研究》2015年第6期。

31. 谢晖：《"应当参照"否议》，《现代法学》2014年第3期。

32. 熊秉元：《论社科法学与教义法学之争》，《华东政法大学学报》2014年第6期。

33. 张超：《从事实拘束力到法律拘束力》，《法律方法》2014年第15卷。

34. 张骐：《指导性案例中具有指导性部分的确定与适用》，《法学》2008年第10期。

35. 张骐：《再论指导性案例效力的性质与保证》，《法制与社会发展》2013年第1期。

36. 张智辉：《法律监督三辨析》，《中国法学》2003年第5期。

37. 赵娟：《案例指导制度的合法性评析》，《江苏社会科学》2011年第6期。

38. 赵瑞罡、耿协阳：《指导性案例'适用难'的实证研究》，《法学杂志》2016年第3期。

39. 郑成良：《论法治理念与法律思维》，《吉林大学社会科学学报》2000年第4期。

40. 朱庆育：《私法自治与民法规范》，《中外法学》2012年第3期。

五 英文论文

1. Alejandro J. Garcia, Guillermo R. Simari: "Defeasible Logic Programming: An Argumentative Approach", Theory and Practice of Logic Programming, Vol. 4, No. 2, 2004.
2. Bart Verheij: "Artificial Argument Assistants for Defeasible Argumentation", Artificial Intelligence, Vol. 150, No. 1 – 2, 2003.
3. Chaim Perelman: "What is Legal Logic", 3 Israel Law Review, Vol. 3, No. 1, 1968.
4. Conor Casey: "Legal Indeterminacy: Causes and Significance", Trinity College Law Review, Vol. 18, No. 1, 2015.
5. Douglas N. Walton, Giovanni Sartor & Fabrizio Macagno: "An Argumentation Framework for Contested Cases of Statutory Interpretation", Artificial Intelligence and Law, Vol. 24, No. 1, 2016.
6. Douglas N. Walton: "What is Reasoning? What Is an argument?", Journal of Philosophy, Vol. 87, No. 8, 1990.
7. Eugenio Bulygin: "What Can One Expect from Logic in the Law?", Ratio Juris, Vol. 21, No. 1, 2008.
8. Frederick Schauer: "Formalism", Yale Law Journal, Vol. 97, No. 4, 1988.
9. Frederick Schauer: "On the Supposed Defeasibility of Legal Rules", Current Legal Problems, Vol. 51, No. 1, 1998.
10. George C. Christie: "Objectivity in the Law", Yale Law Journal, Vol. 78, No. 8, 1969.
11. Gerhard Brewka: "Cumulative Default Logic: In Defense of Nonmonotonic Inference Rules", Artificial Intelligence, Vol. 50, No. 2, 1991.
12. Grayfred B. Gray: "Reducing Unintended Ambiguity in Statutes: An Introduction to Normalization of Statutory Drafting", Tennessee Law Review, Vol. 54, No. 3, 1987.
13. Grigoris Antoniou: "A Tutorial on Default Logics", 31 ACM Computer Surveys, Vol. 31, No. 1, 1999.
14. H Jakobovits, D Vermeir: "Robust Semantics for Argumentation Frame-

works", Journal of Logic and Computation, Vol. 9, No. 2, 1999.

15. H. L. A. Hart: "Positivism and the Separation of Law and Morals", Harvard Law Review, Vol. 71, No. 4, 1958.

16. Hendrick Kaptein: "E Contrario Arguments in Law: From Interpretation to Implicit Premises", International Journal for the Semiotics of Law, Vol. 6, No. 3, 1993.

17. Henry Prakken & Giovanni Sartor: "A Dialectical Model of Assessing Conflicting Arguments in Legal Reasoning", Artificial Intelligence and Law, Vol. 4, No. 3 - 4, 1996.

18. Henry Prakken: "An Abstract Framework for Argumentation with Structured Arguments", Argument & Computation, Vol. 1, No. 2, 2010.

19. Henry Prakken: "The ASPIC + Framework for Structured Argumentation: A Tutorial", Argument and Computation, Vol. 5, No. 1, 2014.

20. Henry Prakken: "Abstract Rule-based Argumentation", IfCoLog Journal of Logics and Their Applications, Vol. 4, No. 8, 2017.

21. Ian Leader-Elliott: "The Acoustic Separation of the Criminal Law Theorist: Meir Dan-Cohen's Harmful Thoughts", Australian Journal of Legal Philosophy, Vol. 28, No. 1, 2003.

22. Jaap Hage and H. B. Verheij: "Reason-Based Logic: A Logic for Reasoning with Rules and Reasons", Law, Computers and Artificial Intelligence, Vol. 3, No. 2 - 3, 1994.

23. Jaap Hage: "A Theory of Legal Reasoning and a Logic to Match", Artificial Intelligence and Law, Vol. 4, No. 3 - 4, 1996.

24. Jaap Hage: "Law and Defeasibility", Artificial Intelligence and Law, Vol. 11, No. 2 - 3, 2003.

25. Jeremy Waldron: "Is the Rule of Law an Essentially Contested Concept (in Florida?)", Law & Philosophy, Vol. 21, No. 2, 2002.

26. John Dewey: "Legal Method and Law", Cornell Law Quarterly, Vol. 10, No. 2, 1924.

27. John McCarthy: "Circumscription: A Form of Non-Monotonic Reasoning", Artificial Intelligence, Vol. 13, No. 1, 1980.

28. Joseph C. Hutcheson, Jr.: "The Judgement Intuitive: The Function of the 'Hunch' in Judicial Decision", Cornell Law Quarterly, Vol. 14, No. 3, 1928/1929.
29. Joseph Raz: "On the Autonomy of Legal Reasoning", Ratio Juris, Vol. 6, No. 1, 1993.
30. Julian S. Weitzenfeld: "Valid Reasoning by Analogy", Philosophy of Science, Vol. 51, No. 1, 1984.
31. Jörgen Jörgensen: "Imperatives and Logic", Erkenntnis, Vol. 7, No. 4, 1937/1938.
32. Keith S. Donnellan: "Reference and Definite Descriptions", Philosophical Review, Vol. 75, No. 3, 1966.
33. Ken Kress: "Legal Indeterminacy", California Law Review, Vol. 77, No. 2, 1989.
34. Kenney Hegland: "Goodbye to Deconstruction", Southern California Law Review, Vol. 58, No. 1, 1985.
35. Kevin D. Ashley: "Reasoning with cases and hypotheticals in HYPO", Int. J. Man-Machine Studies, Vol. 34, No. 6, 1991.
36. Lon Fuller: "Positivism and Fidelity to Law: A Reply to Professor Hart", Harvard Law Review, Vol. 71, No. 4, 1958.
37. Maarten Henket: "On the Logical Analysis of Judicial Decisions", International Journal for the Semiotics of Law, Vol. 5, No. 2, 1992.
38. Marek J. Sergot, Fariba Sadri, Robert A. Kowalski, et. al.: "The British Nationality Act as a Logic Program", Communications of the ACM, Vol. 29, No. 5, 1986.
39. Mark Tushnet: "Defending the Indeterminacy Thesis", Quinnipiac Law Review, Vol. 16, No. 3, 1996.
40. Martin Caminada, Dov M. Gabbay: "A Logical Account of Formal Argumentation", Studia Logica: An International Journal for Symbolic Logic, Vol. 93, No. 1, 2009.
41. McDermott & Doyle: "Non-monotonic Logic 1", Artificial Intelligence, Vol. 13, No. 1, 1980.

42. Meir Dan-Cohen: "Decision Rules and Conduct Rules: On Acoustic Separation in Criminal Law", Harvard Law Review, Vol. 93, No. 3, 1984.

43. Noel B. Reynolds: "Grounding the Rule of Law", Ratio Juris, Vol. 2, No. 1, 1989.

44. Olufemi Taiwo: "The Rule of Law: The New Leviathan?", Canadian Journal of Law & Jurisprudence, Vol. 12, No. 1, 1999.

45. Ota Weinberger: "The Logic of Norms Founded on Descriptive Language", Ratio Juris, Vol. 4, No. 3, 2007.

46. Phan Minh Dung: "On the Acceptability of Arguments and Its Fundamental Role in Nonmonotonic Reasoning, Logic Programming and N-person Games", Artificial Intelligence, Vol. 77, No. 2, 1995.

47. Philip Leith: "Fundamental Errors in Legal Logic Programming", The Computer Journal, Vol. 29, No. 6, 1986.

48. Pietro Baroni, Massimiliano Giacomin: "On Principle-based Evaluation of Extension-based Argumentation Semantics", Artificial Intelligence, Vol. 171, No. 10–15, 2007.

49. Raymond Reiter: "A Logic for Default Reasoning", Artificial Intelligence, Vol. 13, No. 1, 1980.

50. Robert C. Moore: "Sematic Considerations on Nonmonotonic Logic", Artificial Intelligence, Vol. 25, No. 1, 1985.

51. Ronald Dworkin: "Hard Cases", Harvard Law Review, Vol. 88, No. 6, 1975.

52. Rudy Engholm: "Logic and Laws: Relief from Statutory Obfuscation", Journal of Law Reform, Vol. 9, No. 2, 1976.

53. Scott Shapiro: "On Hart's Way Out", Legal Theory, Vol. 4, No. 4, 1998.

54. Susan Haack: "On Logic in the Law: Something, but not Everything", Ratio Juris, Vol. 20, No. 1, 2007.

55. Trudy Govier: "Challenge and response by Carl Wellman", Informal Logic Newsletter, Vol. 2, No. 2, 1980.